中外文明传承与交流研究书系

日本军国主义教育研究
（1868—1945）

赵亚夫　著

创于1897　The Commercial Press

图书在版编目（CIP）数据

日本军国主义教育研究：1868—1945/赵亚夫著．—北京：商务印书馆，2023
（中外文明传承与交流研究书系）
ISBN 978-7-100-21995-2

Ⅰ. ①日… Ⅱ. ①赵… Ⅲ. ①军国主义－教育研究－日本－1868－1945 Ⅳ. ① D731.31

中国国家版本馆 CIP 数据核字（2023）第 120961 号

权利保留，侵权必究。

中外文明传承与交流研究书系
日本军国主义教育研究
（1868—1945）
赵亚夫　著

商　务　印　书　馆　出　版
（北京王府井大街36号　邮政编码 100710）
商　务　印　书　馆　发　行
三河市尚艺印装有限公司印刷
ISBN 978 - 7 - 100 - 21995 - 2

2023 年 10 月第 1 版	开本 710×1000　1/16
2023 年 10 月第 1 次印刷	印张 24

定价：120.00 元

首都师范大学历史学院
中外文明传承与交流研究书系

编委会成员（按姓氏拼音为序）

郝春文　梁景和　梁占军　刘　城　刘乐贤　刘　屹
史桂芳　郗志群　晏绍祥　姚百慧　袁广阔　张金龙
张　萍

总　序

这套中外文明传承与交流研究书系,是首都师范大学历史学院于2021年获批北京人文科学研究中心后,开始策划出版的一套旨在集中反映本院教师在"中外文明传承与交流"这一主题下所作出的科研创新成果。书系拟分甲种和乙种两个系列。甲种确定为专著系列,乙种则为论文集系列。

首都师范大学历史学院力争入选北京人文科学研究中心,目的在于发挥自身在发掘和传播中华优秀传统文化,以及培养具有全球视野的各类高级复合型人才方面的经验和优势,强化为北京"四个中心"建设的服务意识,力争服务并解决国家重大战略需求,为构建中国特色人文社会科学话语体系贡献力量。是首都师大历史学科在新时代、新形势下,加强自身学科建设,加强社会服务意识,加强科研攻关能力,加强复合型人才培养的重要举措。我们有基础、有实力,也有信心,在"中外文明传承与交流"研究方面,做出足以代表北京人文社科最高水平的科研成果,以及提供足以解决北京市乃至国家现实需求的社会服务。

首都师范大学历史学院的前身是1954年成立的北京师范学院历史系。自创系伊始,我们建系的第一代教师就十分注重中国史和世界史协同发展。几位老先生当中,成庆华、宁可先生治中国古代史,谢承仁先生治中国近代史;戚国淦、齐世荣先生分别治世界中世纪史和现代国际关系史。他们为历史学科的发展奠定了基础,留下了"敬畏学术,追求卓越"的宝贵精神财富。2003年,历史系开始设立考古学学科,并于2004年开始招收文物专业的本科生。历史系改为历史学院后,2011年,一举获得教育部历史学门类下三个一级学科博士点,成为学院学科建设上一座新的里程碑。从此,首都师大历史学院也成为全国范围内为数不多的、按完整的历史学门类建设、三个学科协同发展的历史院系。

近二十年来,历史学院三个一级学科都有了较快的发展,并形成了自己的特色，有了明确的发展目标。其中世界史在连续几次学科评估中保持全国第三，至今仍是全校各学科在学科评估中排名最靠前的学科。除了我们的老前辈打下的坚实基础外，也是因为世界史学科的后继者们，具有勇于挑战自我、开辟新路的"敢为人先"的精神。世界史一方面保持了传统的优势学科方向，如世界上古中世纪史、国际关系史。另一方面则在国内率先引进全球史的学科理论，并对国别区域研究赋予新时代的新内涵。中国史是全国历史院系普遍都很强的学科。首都师大的中国史研究，从一开始就不追求"大而全"，而是把有限的力量集中在自己优势的方向上去。如出土文献的整理研究，包含简帛学和敦煌学等"冷门绝学"，秦汉、魏晋南北朝、隋唐、宋等断代史研究，近代社会文化史研究，并在历史地理学、宗教史研究等方面有新的拓展。考古学重点发展的是新石器时代至三代考古，特别是在中华文明起源研究、手工业考古等方面具有优势。此外还着重发展文物博物馆、文化遗产、科技考古等专业方向。

社会在发展，时代在进步，历史学的发展也应该在保持原有优势的前提下不断开创新的增长点。强调服务社会，强调学科交叉，等等，这些都要求我们在三个一级学科协同发展方面要有新的举措。

有鉴于此，首都师大历史门类，将建设"中外文明传承与交流"人文科研中心作为一个重要的契机，力争在过去三个学科互相支持、共同发展的基础上，进一步深化三个学科在具体科研课题方面的交流与合作。历史学院有三个一级学科博士点的有利条件，完全可以在中外文明起源与传承研究、中外文明交流互鉴研究等方面，实现合作攻关。虽然目前书系第一批的著作和论文集还有"各自为战"的意味，但我们的最终目标是能够推出代表中国历史学科最高水平的、能够充分体现历史学三个一级学科之间互通互补的科研成果，以及探索历史学三个一级学科之间，乃至与历史学之外其他学科之间交叉合作的研究模式。只有这样，才能达到"中外文明传承与交流"北京人文科学研究中心建设的目标。

编委会

2022年6月

目　录

绪　论 /1

第一章　近代天皇制的历史来源与现实定位
引　言 /23
第一节　近代天皇制的历史传统 /23
第二节　明治维新造就的近代天皇制 /36
第三节　自由民权运动蕴涵的思想特质 /49

第二章　国体观念是军国主义教育的根基
引　言 /53
第一节　文明开化与国体的冲突 /54
第二节　《教育敕语》的军国主义底色 /63
第三节　"敕语体制"需要的修身教育 /72

第三章　国家主义教育和军国主义教育一体化
引　言 /87
第一节　武士道的传统与近代化 /89
第二节　森有礼的国家主义教育 /103
第三节　国家主义是军国主义教育的基石 /112

第四章　被战争强化的军国主义教育

引　言 /123

第一节　甲午战争对军国主义教育的影响 /124

第二节　日俄战争加速完成军国主义教育过程 /140

第三节　在殖民地实施的军国主义教育 /149

第五章　明治军国主义教育遗产的继承与发挥

引　言 /158

第一节　从明治到大正的学校军事化教育 /159

第二节　大正民主运动中的政党政治 /166

第三节　大正民主运动时期的社会思潮与教育 /172

第六章　两次世界大战期间的军国主义教育

引　言 /185

第一节　两次大战期间的教育改革 /185

第二节　教育现场的思想善导及其后果 /198

第三节　从中日关系看日本军国主义的走向 /209

第七章　纳入法西斯体制的军国主义教育

引　言 /215

第一节　法西斯运动的兴起 /216

第二节　法西斯行动的展开 /225

第三节　法西斯主义教育进程 /236

第八章　"总动员体制"下的军国主义教育

引　言 /248

第一节　"总体战"思想与教育 /249

第二节　"总动员"体制下的教育特征 /253

第三节　"总动员体制"下的教育改革 /270

第九章 走向灭亡的军国主义教育

引　言 /279

第一节　"大东亚共荣圈"贯彻"战争即建设"的方针 /280

第二节　国民的"炼成"教育 /285

第三节　愚蠢的皇国民"炼成"内容 /290

第四节　"大政翼赞会"与军国日本的覆灭 /300

结　论 /315

主要参考书目 /325

附录一　大事年表（1867—1946）/339
附录二　历代内阁总理大臣一览表 /368
附录三　历任文部（卿）大臣一览表（1871.9—1946.1）/371

绪 论

日本军国主义教育是一个相对冷僻的研究方向，却也是重要的公众话题。由于历史经验、现实政治和民族情感等多种因素的相互作用，导致人们对于相关知识和议题的理解，既有非常敏感的一面，也有简单行事的一面。尤其是在网络环境下，各种知识和观点的传播速度快，覆盖面广，模棱两可甚至错误的部分，很容易形成公众的误判。

2000年以后，国内不缺系统且深入的日本军国主义研究。但是，对于日本军国主义教育的整体研究仍然不足。无论着眼相关的历史或教育研究，还是针对现实政治和社会的需要，我们都需要一部完整的日本军国主义教育史，其中的理由自不待言。尤其在面对日本右翼分子歪曲历史的各种行径时，我们能否以言之凿凿的事实去揭穿他们编造的历史谎言，更加凸显了学术研究的重要性。据此，本书基于一般史料撰写一部通俗的日本军国主义教育史。

一、需要深化军国主义教育研究

在世界范围内，中小学的历史教育承担着培养学生爱国心的任务，这已是一种共识。但是，作为第二次世界大战战败国的日本，情况则格外特殊。在美国占领时期[1]，日本人忌讳使用"爱国心"一词，更不要说"爱国主义"的概念了。甚至连"爱祖国""爱乡土""爱家乡"这些与国家意识相关的概念，也在忌讳之列。按照占领军的民主改革原则，这些概念也不能见诸报纸、杂志、广播和教科书。直到20世纪80年代，"爱国"和"国防"的观点，在教育界也是被主流观点轻蔑或否定的。[2]

---

[1] 指1945年8月美国开始对日本的占领和管制，到1951年9月在旧金山会议上签订媾和条约，美国才单方面与日本片面媾和。

[2] 当时的基本政策是民主化、非军事化、阻止共产主义的影响等。

京都学艺大学教授平野武夫在《新的爱国心及其教育》中，对于日本人为什么忌惮"爱国心"或"爱国主义"，给出了如下解释：一是因为战败而丧失了民族自豪感；二是反感自负的、军国主义的爱国心；三是在铲除忠君观念的同时，也伤及到爱国教育，毕竟过去讲的爱国与忠诚天皇是一回事；四是当时的经济萧条，致使利己主义思想和行为泛滥；五是战后政治和经济的现实环境，不允许复活过去的爱国心；六是原子弹爆炸带来的后果之一，便是人们的价值观趋向于及时行乐；七是保守阵营和革新阵营、资本主义社会和社会主义社会对于爱国主义的理解各执一词，与其思想混乱，不如予以搁置；八是废黜修身教育后，爱国心教育失去主修课程（即教育课程非道德化）的地位。①

毋庸置疑，上述表述是一种事实、一种研究。如果换个研究视角的话，人们还可以看到其他的事实和研究。我写这本书的初衷，一是基于资料呈现天皇制军国主义教育的基本事实，二是这些基本事实可以为理解和探究现实问题提供历史思考角度。例如搞清楚下面三个问题，除了需要历史常识外，专业研究所提供的事实证据或许更不可或缺。

（一）一个印度法官如何成了右翼分子眼中的大护法

在日本，有多处神社和寺院立有印度法官拉达·宾诺德·帕尔（Pal, R. B.）的纪念物。其中，最著名的是1975年在神奈川县箱根落成的帕尔纪念馆，以及2005年靖国神社树立的"显扬帕尔碑"。神社和寺院本是宗教场所，把一个非宗教背景的外国人放置在这种地方特加纪念，自然别有用心。

1946年1月22日，根据同盟国的授权，在东京设置"远东国际军事法庭"（或称"东京国际军事法庭"）。26日，又依照《远东国际军事法庭宪章》的规定，由美、中、英、苏、澳、法等11国，各派一名法官、一名检察官组成了国际法庭。国际法庭庭长是澳大利亚法官威廉·威勃（Webb, W.），检察长由美国人约瑟夫·贝里·季楠（Keenan, J. B.）担任。中方的法官是梅汝璈，检察官是向哲浚。29日，远东国际军事法庭对28名甲级战犯②提出起诉。5月3日，在东京市谷区原陆军省大礼堂开庭对战犯进行审判，历经两年半，于1948年11月下达判决结果，东条英机等7人被判绞刑。其余21人，除大川周明通过精神

---

① 坂口茂：『近代日本の愛国思想教育』上卷，株式会社ストーク1999年版，第7頁。
② 东条英机、土肥原贤二、板垣征四郎、松井石根、广田弘毅、木村兵太郎、武藤章（这7人被判为绞刑）；荒木贞夫、平沼骐一郎、星野直树、木户幸一、畑俊六、小矶国昭、松冈洋右、桥本欣五郎、南次郎、水野修身、冈敬纯、大川周明、大岛浩、佐藤贤了、重光葵、嶋田繁太郎、白鸟敏夫、铃木贞一、东乡茂德、梅津美治郎、贺屋兴宣。

鉴定被免予起诉外，均被判为有罪。

帕尔是印度法官，他以殖民地代表身份参加东京审判，也是唯一认为日本的28名甲级战犯全部无罪的法官。其理由是：（1）侵略战争是一种国家行为，国际法追诉的对象是国家而不是个人；（2）侵略战争依照国际法是犯罪行为，但其主体依然是国家，国际法不能判定个人有罪；（3）正因国际法裁判的对象是国家，所以它也没有针对个人的裁量规定；（4）国家在战争中负有道德责任，但并不承担法律责任；（5）按照刑法原理，犯罪必须有犯罪者的主观故意，个人参加战争则不属于故意犯罪。

他的"意见书"长达1235页，主要论点是所谓的"个人无责论"。帕尔承认南京大屠杀是日军暴行，并予以谴责，他也认为直接责任者理应承担法律责任。令人匪夷所思的是，他竟然强调"抽象有罪、具体无罪"。也就是说，日本作为国家有罪，应承担"道德责任"，但是个人"无罪"，也无所谓战犯。如此荒谬透顶的辩护，亦非正常人所为。

帕尔1886年生于印度贝加鲁州那蒂阿市（今孟加拉）的一个富裕家庭，从小目睹印度人民被英国殖民者的盘剥欺压，埋下了深刻的民族主义种子。在加尔各答大学读书时，他参加甘地（Gandhi, M. K.）领导的非暴力不合作运动，还与著名诗人泰戈尔（Tagore, R.）同为反英运动斗士。

1905年9月，日本打败俄国，年仅19岁的帕尔欣喜若狂，他表示："这是亚洲人民的骄傲，大长了亚洲人民的志气。"1924年，帕尔获得法学博士。1944年，出任加尔各答大学副校长。出色的业绩，使他自带一种职业自负，并形成了特立独行的性格。此外，他出任远东国际军事法庭大法官的1946年，印度还没有脱离英国的殖民统治，他的身份是殖民地代表。也就是说，帕尔的对日态度，带有强烈的对抗殖民者的情绪和个人表现。

然而，无论帕尔出于什么原因罔顾事实，在听到他的主张后，板垣征四郎、松井石根、东条英机都为之"肃然起敬"，并指望他能成为自己的救星；也不管帕尔的意见书在远东国际军事法庭法官中多么另类，日本国内的右翼分子和政客一直相信，帕尔的原意就是"日本不承担任何战争责任"，正如田中正明等人整理的"日本无罪论"一样[①]。至于日本政府的态度，吉田茂内阁（1952、1953）、

---

① 田中正明：『正義を奪い返せ——パール判事の日本無罪論』，共通の広場1952年版；『日本無罪論：真理の裁き』，太平洋出版社1952年版；『パール判事の日本無罪論』，小学館2001年版。另，中島岳志：『東京裁判批判と絶対平和主義』，白水社2012年版；都筑陽太郎：『パール判事の日本無罪論を現代に問う』，飛鳥新社2018年版。

佐藤荣作内阁（1966）三次邀请帕尔访日，已经表达得非常清楚了——借助帕尔的身份宣传日本"无罪论"。更为过分的是，佐藤荣作授予帕尔的"功勋瑞宝章"也间接表达了昭和天皇的想法。

（二）政府如何在历史教科书问题上兴风作浪

1945年9月20日，文部省要求用墨迹涂抹中学以下教科书中的军国主义和极端国家主义内容。10月30日，联合国驻日盟军最高司令部（简称GHQ）命令开除教师中的军国主义分子；12月15日，命令神道与国家分离，同时禁止教授《国体本义》和《臣民之道》；同月31日，命令"停止修身、日本历史及地理教学"。至此，战前的军国主义教育宣告结束。

1946年1月1日，昭和天皇发表《人间宣言》，其"现人神"①身份（神格）被否定。5月，文部省发行小学历史教科书《国家的进步》（上下）②，尽管该书剔除了神话，部分修正了皇国史观，仍然受到井上清、柳田国男等著名学者的批评，认为它旧迹过重。1947年，实施美式"六三三"学制，设置"社会科"③，在制度上为民主教育开辟了一条新途径。

1947年10月，文部省成立"教科用书编集委员会"④，不仅吸纳了《国家的进步》的批评者加入委员会，而且明确把"追求和平、爱国的历史教育"作为新教科书的编写宗旨。

但是，清算军国主义教育的时间极为短暂。1950年11月，文部大臣天野贞祐即公开表示恢复修身教育。为了不被人抨击，他发明了"宁静的爱国心"这个概念。紧接着，1951年3月，首相吉田茂在参议院演讲，披露自己要恢复"纪元节"的愿望；1952年9月，他甚至借朝鲜战争之机，强调为了奠定新的军备基础，理应开展新的历史、地理和道德教育。显然，这已经违背了GHQ的命令。1955年8月，民主党教科书特别委员会撰写的报告书《令人担忧的教科书问题》中，公开指责"教科书的赤化"倾向。1957年7月，文部大臣松永东重提爱国教育，要求特设"道德时间"。⑤1958年，岸信介政府又加大了对教科书

---

① 旧时，用于称暂时化为人形出现在世上的神。
② 1946年9月发行。执笔者有家永三郎、丰田武、冈田章雄、大久保利谦。
③ 照搬美国课程"Social Studies"，将原有的历史、地理和修身课程作为一个学习领域。其宗旨：培养民主主义社会的合格公民。
④ 委员有井上光贞、冈田章雄、尾锅辉彦、儿玉幸多、远山茂树、松岛荣一、森末义彰、和歌森太郎等11人。
⑤ 佐藤神雄：『戦後歴史教育論』，青木書店1976年版，第99頁。

的控制，开始把《学习指导要领》（相当于《教学大纲》）①作为教科书审定基准，使其具有法令性质。也是从这一年开始，历史教科书认定，甲午战争提高了日本的国际地位。

20世纪五六十年代的教科书事件，莫过于东京教育大学教授家永三郎的历史教科书诉讼案。家永编纂的高中《新日本史》由于客观描述了中日战争、原子弹爆炸等史事，反而在政府审定过程中以"史实选择不当""书稿流于评论"等理由，被判定为"不合格"。从1956年到1965年，家永的历史教科书无论如何修改都难以通过。

事实上，不是家永没有按照《学习指导要领》进行修改，而是文部省故意为之。美其名曰：教科书不能涉及主观描述，即使是选择的图片也不许有主观导向。家永则认为，这样的教科书审定制度已经违反了《日本国宪法》（1946）和《教育基本法》（1947）。于是，向东京地方法院状告文部省，到1997年8月最终胜诉，前后长达32年。②

20世纪80年代开始，"历史教科书事件"频出。1980年1月，自民党机关报《自由新报》提出"如今教科书应该正常化的建议"。3月，《周刊·世界和日本》连载《社会科教科书的偏向》一文，发起对50年代以来的教科书批判。最终导致1982年文部省审定教科书时，直接把"侵略"改为"进出"，并将南京大屠杀改为"占领南京"。之后，除个别教科书外，大多采用模糊处理。③1986年，由"保卫日本国民会议"④主编的《新编日本史》出版，它高调编制"复古基调的日本历史"。1988年，国土厅长官奥野诚亮公开否认侵略历史，说日本"当年没有侵略意图"，"卢沟桥事件也是偶发事件"。1989年即平成元年，日本政府"解体"战后的社会科教育体系，同时要求学校在入学和毕业仪式上升

---

① 文部省（2001年后的"文部科学省"）开始颁布《学习指导要领》，作为审定教科书的依据，它规定学科教学的指导思想和基本内容。
② 详见王智新、刘琪：《揭开日本教科书问题的黑幕》，世界知识出版社2001年版，第43—54页。另见家永三郎：『家永三郎対談集：教科書裁判の30年』，民眾社1995年版。
③ 历史教科书研究是一个专门领域，需要根据《学习指导要领》、出版社类型、编写内容和发行范围等情况进行具体研究。到目前为止，日本的教科书仍实行审定制，即初、高中都有多套教科书，而且内容和风格差异较大，不宜一概而论。如东京书籍、山川出版、三省堂、第一学习社、清水学院、帝国书院、日本文教、教育出版、实教出版、育鹏社、桐原书店、明成社堂、自由社等。
④ 该会1981年10月27日成立，会长加濑俊一是原日本驻联合国大使。发起人有索尼公司名誉会长井深大，明治神宫权宫司（仅次于宫司的神宫官职）副岛广之，世界经济调查会理事长木内信胤等20余人。有关教科书编写宗旨，见歴史教育者協議会编：『危険な日本史像とその背景：「新編日本史」の分析と批判』，あゆみ出版1986年版，第243—248頁。

"日之丸"（国旗）、唱《君代》（国歌），而且在历史教育中增添了日俄战争主帅东乡平八郎这个军国主义代表人物，立即遭到民间进步组织的强烈反对。

进入 90 年代，右翼活动更加活跃。比如众议员石原慎太郎和法务大臣永野茂门煽动日本人要肃清"战后认识"，并称南京大屠杀是"中国人捏造出来的谎言""根本不存在"；通产大臣桥本龙太郎在回答议员咨询时，也说："日本是否针对亚洲邻国发动过侵略战争，这是一个微妙的定义上的问题。"

1993 年 8 月 23 日，沦为在野党的自民党设立"历史·检讨委员会"，顾问就是奥野城亮、桥本龙太郎这样的右翼政要，其委员有近百人之多，集中了各领域有影响力的精英分子。该委员会决定以 1995 年为最后期限，全面总结"大东亚战争"，并围绕教科书问题组织"国民运动"。果然，1995 年 8 月由"历史·检讨委员会"编集的《大东亚战争的总结》一书出版，可谓该组织反动思想的集大成作品。① 其编写宗旨是：回击"细川讲话"的精神②，"确立以公正的史实为基础的日本人自身的历史观"③。

《大东亚战争的总结》一书，公然为日本侵略亚洲和中国的历史翻案，并肆意歪曲历史。他们叫嚣"卢沟桥事变"是"共产系统的过激分子所为"，日本方面"非常隐忍自重，努力避免使该事件扩大"；然而"我国的和平努力被辜负"了；④ 还称伪满洲国是"名副其实的王道乐土，一派桃源风光"；⑤ 重提"南京大屠杀是虚构和捏造的"陈词滥调。⑥ 全书贯穿"大东亚战争"是"解放亚洲的战争"等反动思想，集中体现了日本政界和学术界右翼势力的历史观。

1996 年 6 月，自民党新保守主义议员组成"正确认识历史议员联盟"。同年 8 月，以藤冈信胜为首的"自由主义史观研究会"发动了一场"从中学历史教科书中删除慰安妇内容"的运动。翌年 9 月，"保卫日本国民议会"与这场"运动"合流。12 月，新的右翼组织"新历史教科书编撰会"成立，其骨干成员

---

① 歴史·検討委員会编：『大東亞戦争の総括』，歴史·検討委員会 1995 年版。
② 1993 年 8 月 23 日，首相细川护熙在就职后，首次发表施政演说。他表示："过去，我国的侵略行为和殖民统治给很多人带来了难以忍受的痛苦和悲伤，为此再次表示深刻的反省和歉意。"另，1995 年 8 月 15 日，在日本"战败 50 周年"活动中，首相村山富市就历史问题发表讲话，他说："对日本曾经的殖民地统治和侵略战争，向受害国人民表示深刻的歉意和由衷的歉意。"他们成为"检讨委员会"的攻击对象。
③ 日本历史研究委员会编，东英译：《大东亚战争的总结》，新华出版社 1997 年版，第 612、614—615 页。
④ 中村粲：《大东亚战争的起因》，转引自《大东亚战争的总结》，第 23—25 页。
⑤ 名越二荒之助：《大东亚战争和亚洲的心声》，转引自《大东亚战争的总结》，第 228 页。
⑥ 田中正明：《虚构的"南京大屠杀"》，转引自《大东亚战争的总结》，第 361—366 页。

多是高级知识分子，如会长西尾干二是电气通信大学教授、副会长藤冈信胜是东京大学教授、高桥史郎是明星大学教授、涛川荣太是松下村塾塾长、秦郁彦是千叶大学教授、林健太郎是东京大学名誉教授。其会员规模不下200人。他们在《产经新闻》《正论》《文艺春秋》《创造》《诸君》等杂志发表大量文章，宣传"大东亚战争是自卫战争"，慰安妇问题属于"个人卖春问题，与国家无关"，"南京大屠杀、'三光作战'都是谎言"；大肆宣扬新国家主义，美化侵略战争，把战后历史教育说成是"自虐史"。① 由这个组织编纂的初中《新历史教科书》（扶桑社），竟然在2001年也被日本政府审定合格。

简言之，20世纪八九十年代，政府官员否定战争责任的一系列言论和行为，包括以首相身份参拜靖国神社，致使政界和民间的"新保守主义"或右翼活动愈演愈烈。他们打着"重振民族精神"的旗号，为"十五年战争"（1931—1945）翻案，还生造出"自虐史"一词。独创大学教授中村粲对此毫不掩饰地说："在战后将近50年的时间里，日本流行着一种极其自虐的历史观点。现在，这种观点几乎已发展到了顶点。我衷心希望历史研究委员会能够作为一个行动组织，促使自虐性的国民精神向着健康的方向转变，帮助自民党重新恢复健康的体质。"其理由是："战争几乎都是涉及国家主权的战争"；"是日本首次将俄罗斯势力从朝鲜，从南满洲驱逐出去"；"正是有了军国日本，才爆发了日俄战争，正是有日俄战争，亚洲才得救了。"② 毋庸置疑，他们既为"皇国史观"翻案，也明目张胆地想复活"维护日本的生命线""解放亚洲的圣战""对抗列强瓜分亚洲的正义战争"等军国主义思想。当然，在这里又一次体现了帕尔"辩护"的恶果。

（三）爱国心有无重返天皇制军国主义的可能

昭和天皇发表《人间宣言》后，他的"现人神"身份就不存在了。依据《日本国宪法》，天皇对于国家和国民而言，只有象征意义。从制度上说，战后日本已无法回到天皇制国家。尤其是教育界，其进步的、民主的力量大过保守的、极端的势力。加之包括《儿童权利宣言》（1959）、《儿童权利公约》（1989）在内的各种世界公约，对复活天皇制军国主义具有制约作用，如不能强制儿童信仰什么或不信仰什么，这是儿童权利；政府不得强迫学校升"国旗"（日之

---

① 久保井槻夫：『教科書から消せない歴史：「慰安妇」消除は真実の隐蔽』，明石书店1997年版，第11、23、31—32页。
② 中村粲：《大东亚战争的起因》，转引自《大东亚战争的总结》，第4、7页。

丸）[①]和唱"国歌"《君代》[②]，这是教育原则。但是，历史是会变的。制度与现实之间也存在悖论。

保守政府在利用历史经验和国民情感时，总能以"爱国心"的名义行不法之道。比如吉田茂早在1951年提出复活"纪元节"[③]的想法；1957年如果不是在野党和国民的强烈反对，岸信介内阁有可能就把这件事坐实了。到1967年2月11日，佐藤荣作内阁终于以纪念"明治一百周年"为由，使"建国日"成为国家法定节日，实际恢复了"纪元节"。随后，文部省所审定的教科书删去了所有关于反省战争责任的内容。

经过20世纪六七十年代经济的高速增长期，政府见缝插针不断渗透爱国心教育，试图恢复道德教育，以致战前教育开始发酵，并一定程度地培植了爱国教育的土壤。

例如，1974年12月，内阁做了一项《关于年号制度、国旗、国歌的舆论调查》。调查对象分为20—24岁、25—29岁、30—39岁、40—49岁、50—59岁、60岁以上六个年龄组；调查内容的选项有三个："觉得合适""觉得不合适""不知道"。

关于"日之丸"：20—24岁年龄组，认同率最低，有22%的人不关心；50岁以上年龄组，有90%的人"觉得合适"。总体上看，赞成使用国旗的人，占84%；4%的人否定；12%的人不置可否。

关于《君代》：20—24岁年龄组，有57%的人认同；60岁以上的人，认同率高达88%。平均认可度，也有77%。

[①] "日之丸"有天皇乃"日之御子"的意思。它最早出现在大宝律令之时（701年正月），以后出现过"锦之御旗"（南北朝）、"旭日旗"（蒙古来袭）。"日之丸"是幕末萨摩藩打出的旗帜（1854）。戊辰战争中，萨摩、长州军队同时使用绣有"菊花"的"锦之御旗"和"日之丸"，以便利用皇室强调自己的正当性和权威性。1870年1月27日的《太政官令》，以"日章旗"为国旗，成为军舰和商船的统一旗帜。在侵略战争中，"日之丸"是"武运长久""为国出征"等军国主义行为的象征。日本战败后，很长一段时间没有法定的国旗。直到1999年8月颁布《国旗国歌法》。

[②] "君代"开始只是一首古代的"短歌"，意思是："我君代代传，千代乃八千代！直到石头变巨岩，再至巨岩长青苔。"它还是一首祝寿歌。1869年，萨摩炮兵队长大山岩与野津镇雄、大迫喜右卫门、河村纯义受横滨英国步兵军乐队教师芬顿的启发，共同为日本国歌挑选歌词。1870年9月8日，在东京越中岛天皇视察萨摩、长州、土佐三藩军队时，首次演奏这首古歌。1876年中村祐庸作了修改。1880年7月，再由西元义丰、林广守等修改，成为"洋风和声"的《君代》。1882年定为国歌。此后，文部省发布的《小学唱歌集初编》中，将歌词翻译成八句现代语，中心思想是"祖国荣光"，成为纯粹的军国主义歌曲。

[③] 这是传说中神武天皇的即位日，战前叫"纪元节"；现在是"建国节"，无异于日本国的诞生日。1951年的这一天，全国约600所神社庆祝第一个"建国节"，同时也有40余所神社组织了反对"建国节"的活动。

1976年为庆祝"昭和天皇在位50年",《学习指导要领》已布置"日之丸"和《君代》在学校教育中的地位。翌年,防卫厅长官三原朝雄公开发言,要求学校在入学式和毕业式上"升国旗","唱国歌"。显然,这严重违背了战后的民主教育原则。1984年2月,自民党为了让"升国旗""唱国歌"制度化,还成立了以奥野诚亮为首的"教育问题联络协议会"。在此背景下,文部省在1985年做了有关"升国旗、唱国歌"的调查,目的是制造舆论声势。

结果是:小学毕业典礼有升国旗仪式的学校,占94.7%;入学式,占93.3%。在中学和大学,毕业式上升国旗的学校,分别占93.7%和85%;入学式上升国旗的学校,分别占92.9%和84%。小学毕业式上唱国歌的学校,占75.8%;入学式,占58.5%。在中学和大学,毕业式上唱国歌,分别占68.3%和56.1%;入学式上唱国歌,分别占68.3%和54.2%。[①]由此可见右翼活动的效果。

1989年颁布新的《学习指导要领》,事实上把尊敬天皇、认同"日之丸"和《君代》,乃至了解神话的教学内容,都塞进了社会科教育、历史教育和道德教育。1990年11月,政府动用公帑举行天皇登基典礼,并举行"大尝祭",当时引起了较大规模的抗议活动。其实,进步团体和民众要反对的恰是"天皇元首化"的右翼倾向。至今,学校不能使升国旗、唱国歌常态化,也是民间力量强大使然。

另一个敏感问题,就是参拜靖国神社。它既涉及对军国日本发动侵略战争的历史认识,也体现日本国内对军国主义的普遍态度。当然,还反映日本的未来走向。

从1969年佐藤荣作内阁到1974年田中角荣内阁,自民党6次提过关于参拜靖国神社的提案,没有结果。1977年8月15日,福田起夫仍公然以首相身份参拜靖国神社。以后,接连有官僚集体参拜。1978年又将东条英机等14名甲级战犯移入靖国神社"合祀",不仅伤害了被侵略国家和人民的情感,更为重要的是这种行为等于承认这些甲级战犯是为天皇和国家捐躯的"英灵"。因此,中国、韩国、新加坡等国提出强烈抗议。进入80年代后,日本政府又搞起了"战后政治总决算"。1985年中曾根康弘又以首相身份到靖国神社进行"公式参拜",说明自民党的历史观非常顽固了。

总之,认清上述现实问题,需要对日本军国主义教育史有较为全面且深入的研究。从学术角度看,研究日本军国主义教育,既是日本军国主义研究的组

[①] 歴史教育者協議会編:『日の丸・君が代・天皇・神話』,地歴社1990年版,第234—235頁。

成部分，同时也为深化相关的日本研究提供视角和成果。即使仅是出于现实需要，也有理性认识和防止日本军国主义死灰复燃的意义。

二、本书的编写思路及其主要特点

考虑到日本军国主义教育内容的广泛性和复杂性，以及当下历史研究所承担的向公众普及历史常识的任务，本书遵循三个编写原则：一是尽可能超越传统的学科视野，着眼政治、历史和文化等深层原因，而非拘泥于陈述或批判具体的教育现象；二是呈现多角度、多方面的资料，既厘清基本事实，也强调历史背景；三是基于文献陈述事件，利用事件构成历史，抑或是旨在叙事而非评论，以便放大读者的评判空间。

（一）天皇制军国主义教育的相关研究

笼统地说，天皇制军国主义教育的源头，从1868年算起，到1945年日本战败结束，前后70余年。如果细分的话，颁布《教育敕语》之前的明治教育，不能说就是军国主义教育。整体而言，至迟到1890年，军国主义教育才得以全面展开。

因为"全民皆学"（1872）和"全民皆兵"（1873）是相辅相成的关系，自明治初年到昭和二十年的日本政府，始终把教育视为军国日本的精神基础。当然，军国主义教育史也是日本军国主义的精神史。研究这样的历史，必然涉及政治、社会、经济、文化、军事、教育各方面的文献和研究成果。正是因为相关研究范围过宽，而且作为研究的文献来源出自日文的缘故，本书在裁减资料时，除了基于日文基本资料外，也较多地省略了其他特具专业性的资料，如军部的直属学校。

1. 中国学者的相关研究

戴季陶曾感慨道："'中国'这个题目，日本人也不晓得放在解剖台上解剖了几千百次，装在试验管里化验了几千百次。我们中国人却只是一味地排斥反对，再不肯做研究工夫，几乎连日本字都不愿意看，日本话都不愿意听，日本人都不愿意见，这真叫作'思想上闭关自守'，'智识上的义和团'了。"[①] 这话反映了20世纪早期中国人对日本的一种研究态度。因为他道出的这个现象，与中国遭受日本侵略所承受的苦难具有特殊的直感，导致人们喜欢引用这段话去作理智和情感上的反思。然而，从研究视角看，改变它不易。

---

① 戴季陶：《日本论》，海南出版社1994年版，第16页。

据当代学者的统计，民国时期的日本史研究著作，总计有307种。① 这或许与当时的反日情绪及蔑视日本的心理有关。

第一，甲午战争前后的日本研究。

近代中国的日本研究，以"师日"为开端。比如黄遵宪的《日本国志》（1895），曾以"日本明治维新成功的经验来指点中国革新变法的道路，用日本资产阶级取得的权益来表达中国民族资产阶级的要求，给予中国知识分子很多新鲜的启迪"②。再如康有为的《日本变政考》（1898），为了改良的目的，在记述明治维新改革措施时，逐一加了按语，成为"百日维新"的教科书。③

更早一些的作品，有何如璋的《使东述略》（1877）、张德彝的《欧美环游记·经日本东渡记》（1877）、王韬的《扶桑游记》（1879）、李筱圃的《日本纪游》（1880）、傅云龙的《游历日本图经馀记》（1887）、黄庆澄的《东游日记》（1893）等。④甲午战争后，除形成了留日高峰外，官吏、文人、实业家去日本取经的人增多，对于日本的考察和研究随之深入。如姚锡光的《东瀛学校举概》（1899）、张大镛的《日本各校纪略》（1899）和《日本武学兵队纪略》（1899），都是从中国人的视角考察日本师范学校、陆军学校的范例。⑤

这些主张"师日"的人，大致可分为三类：一是朝廷官员。如著有《考察政治日记》（1909）的载泽，即是宗室大臣（"出洋五大臣"之一）；著有《出使九国日记》（1897）的戴鸿慈，也是"出洋五大臣"之一。何如璋是第一位出使日本的大臣，黄遵宪曾是驻日参赞。二是像梁启超、王韬这样的社会名流。三是留日学生。如著有《癸卯旅行记》的钱单士厘，她的身份比较特殊，是著名外交官钱恂的夫人。

第二，受日本军国主义影响的军国民思想。

1902至1903年前后，中国开始流行"军国民"思想，影响较大的作品，如蔡锷在《新民丛报》创刊号发表的《军国民篇》、蒋方震在《新民丛报》第22期发表的《军国民教育》，以及梁启超在《新民说》中提倡的"尚武论"。他们都提倡全国皆兵主义，主张用军人精神（爱国心、公德心、名誉心及质素与忍

---

① 李玉、汤重南主编：《中国的日本史研究》，世界知识出版社2000年版，第38页。
② 王晓秋：《黄宗宪〈日本国志〉初探》，载中日文化交流史研究会编：《中日文化交流史论文集》，人民出版社1982年版，第249页。
③ 李玉、汤重南主编：《中国的日本史研究》，世界知识出版社2000年版，第37页。
④ 钟叔河编：《走向世界丛书》第1、4、7、9、10册，岳麓出版社2008年版。
⑤ 王宝平主编：《晚清中国人日本考察记集成·教育考察记》上册，杭州大学出版社1999年版，第1、23、57页。

耐力）作为国魂，以达到强国的目的。

1906年，学部《奏请宣示教育宗旨折》中说，如果想祛除中国"私、弱、虚"的问题，应该提倡"尚武精神"，并要求"今朝廷锐意武备，以练兵为第一要务"。而利用教育挽回风气的话，则需要"中小学学堂各种教科书，必寓军国民主义，俾儿童熟见而习闻之"。[①]

1912年9月，教育部公布的《教育宗旨》规定："注重道德教育，以实利教育、军国民教育辅之，更以美感教育完成其道德。"显然，这是日本教育政策的翻版。到1915年1月，袁世凯《颁定教育要旨》，重申了尚武教育。但是，日本实行军国民教育的三个前提（国家统一、国家至上、军人地位显赫），三大理念（全民皆兵、全民皆学、地税改革），三大政纲（富国强兵、文明开化、殖产兴业），以及尊崇的国体观念（天皇制绝对主义），在中国却不具备。[②]

以上事实和研究，虽不在本书中被直接呈现，但对于定位和引申相关问题具有重要意义。

第三，日本军国主义教育研究尚待提升。

新中国的日本史研究成果，主要集中在1979年以后[③]，又以最近的20年最为丰富。其中，万峰著《日本军国主义》（生活·读书·新知三联书店，1962）、蒋立峰和汤重南主编《日本军国主义论》（河北人民出版社，2005）、朱冬生著《日本军国主义的侵略战争》（解放军出版社，2008）、步平著《靖国神社与日本军国主义》（黑龙江人民出版社，2011），对于本研究具有重要的参考价值。相关的教育研究成果同样较多，这里不再赘述。

总体而言，中国学者对日本军国主义的研究越来越重视，研究成果也具有丰富性、公正性和深刻性。研究军国主义教育，则有助于加强专题研究。于公众历史而言，又能够为传媒中的军国主义教育批判提供必要的事实。

2. 日本学者的相关研究

20世纪50年代，京都大学教授井上清针对日本国内复活军国主义的现象，撰写了《日本的军国主义》一书。该书探析了日本军国主义的产生和发展过程，明确指出天皇制军国主义以侵略为生的特征。[④]

---

① 舒新城编：《中国近代教育史资料》上册，人民教育出版社1980年版，第222—223页。
② 舒新城编：《中国近代教育史资料》上册，人民教育出版社1980年版，第251—252、226页。
③ 参见李玉、汤重南主编：《中国的日本史研究》，世界知识出版社2000年版，第42—43页。
④ 井上清：《日本的军国主义》（第1、2册），商务印书馆1959年版。另外，井上清：《日本现代史》，生活·读书·新知三联书店1956年版；井上清、铃木正四：《日本近代史》，商务印书馆1972年版。他的著作在我国史学界有着广泛影响。

20世纪70年代以后，以国家主义、军国主义、法西斯主义为主题的研究逐渐增多，其中的代表作本书所列参考书目已有呈现，不再赘述。这里着重提一提，为了纪念明治维新一百周年，日本政府和原帝国大学及出版社，组织编辑出版了数目可观的史料，包括文件、文书、报章、回忆录、日记以及多种档案资料。本书重点参考的文献有：外务省编《日本外交文书》（世界文库，1969—1973）、内务省编《明治初期内务省日志》（图书刊行会，1975）、近代日中关系史研究会编《日中问题主要关系资料集》（龙溪书舍，1976）、神田修与山住正己编《史料日本的教育》（学阳书店，1978）、外务省编《日本外交年表及主要文书》（原书房，1978）、海后宗臣编《日本教科书大系》（讲谈社，1978）、[1]今井清一和高桥正卫等编《现代史资料》（MISUZU，1963—1996）[2]、国策研究会编《战时政治经济资料》（原书房，1982）、奥田真丈等编《教科教育百年史（资料编）》（建帛社，1985）、内阁制度百年史编纂委员会编《历代内阁总理大臣演说集》（大藏省印刷局，1986）、真藤建志郎编《资料"天皇诏敕"选集》（日本事业出版社，1986）、日本国政事典刊行会编《日本国政事典》（丸善株式会社，1987）[3]、长浜功编《国家精神总动员民众教化动员史料集成》（明石书店，1988）、《陆海军军事年鉴》（日本图书，1989）[4]、帝国教育复刻版刊行委员会编《帝国教育》（雄松堂，1988—1993）、东京大学出版会编《枢密院会议议事录》（东京大学出版会，1984—1996）、大町桂月编《日本人论丛书》（大空社，1996）、佐伯有义等编《武士道全书》（国书刊行会，1999），等等。

总体来看，20世纪80年代以后，对天皇制军国主义的研究，出现了专题多样化、视角个性化、方法以实证为特色的研究态势。然而，有深度的研究成果仍不多见，研究成果缺少反思仍是普遍存在的问题。正如吉田裕在评价日本人的战争观时所说：为了忌讳和逃避追究天皇的责任，人们尽量不去触动军部和战争话题；只看到战争给国民生活带来的不良影响，却不愿意与过去的战争观发生本质性的纠葛——日本人似乎同时成为加害者和受害者。[5] 因此，不少日本学者习惯以"客观叙述"掩盖或模糊某些事实，渐渐地日本民众也比较接受这样的观点。

---

[1] 该套史料1961—1966年初版，1978年再版。
[2] 该套史料由多人编集，1962年出第1卷，1989年出第45卷，1989年后又出版若干续卷。
[3] 该套史料根据1958年版本复刻。
[4] 该套史料根据1937年版本复刻。
[5] 吉田裕著，刘建平译：《日本人的战争观》，新华出版社2000年版，第227—231页。

（二）本书的内容结构及其编写说明

本书专论天皇制军国主义教育的各种问题。其中，绪论一章、结论一章，本论九章。

第一章至第三章，旨在厘清天皇制军国主义教育确立时期的理论和现实问题。重点有三：一是知道它有着怎样的历史文化渊源，探寻建立天皇制国家和军国主义教育体系的现实联系；二是了解形成天皇制军国主义教育的各种机制，揭示日本成为天皇制国家并推行军国主义教育具有必然性；三是阐释国体教育在维护天皇制国家及建构军国主义教育过程中所起的基础性作用。

第四章至第九章的主体内容，呈现了不同时期、不同层面的天皇制军国主义教育过程和特征，比如战争与教育、社会思潮与教育、"内地教育"与殖民地教育等内容及其关系。从时间来看，第四章涉及明治时期的两大战争：甲午战争和日俄战争；第五、六章主要叙述大正时期或两次世界大战期间的社会思潮和教育改革；第七章至第九章，则反映昭和时期的战争与教育全貌。

本书每章开始有一个引言，扼要地介绍与本章内容相关的时代背景，具有提纲挈领的作用。自此以下分三个层次把握研究课题并叙述具体内容："节"是我们要讨论的具体问题，并为读者提供相关的事实和研究成果；其中有若干分析问题的视角，包括基本事实和研究者视角两部分。全书最后的三个附录，或便于读者整体把握事实间的因果关系（如年表），或有助于读者进行相关问题的检索（如文部大臣一览表）。

天皇制军国主义教育涉及很多领域，而且形成复杂的交叉内容。为了使本书内容具有条理性和开放性，采用了主题编写方式。九章即九个主题，主题内设三到四个专题，再按照时序编集史实及其问题。

另外，本书较多使用了日文资料，主要考虑两点：为读者提供相关事实和观点的资料来源；便于读者通过日方资料辨析日本学者利用何种资料研究何种问题。需要注意的是，（1）凡是一手资料皆注出篇名，如明治天皇：「大正復古ノ大號令」出自井原頼明編『増補皇室事典』。「」是篇名，『』是书名。（2）某些注释附加了拓展资料，如在直接引用王智新、刘琪著《揭开日本教科书问题的黑幕》一书的资料时，另附家永三郎著『家永三郎対談集：教科書裁判の30年』。（3）日文资料按照原文标注习惯，如使用『』等。总之，这样做的目的，既是为了读者检索方便，也在着眼本书所用资料的准确性。

三、贯穿军国主义教育研究的核心概念

研究天皇制军国主义教育，常常使用若干含义相近或在内涵上相互交叉、语义具有连带关系的概念，诸如军国主义、国家主义、极端国家主义、民族主义、法西斯主义、天皇中心主义、日本主义、国粹主义、民粹主义、家族主义等。不是说每个概念都对应一个特定的教育阶段，或者是一个历史阶段只对应某个主义，恰恰是因为历史的复杂性，致使某些概念或主义共同塑造了特定时期的教育观念和思潮。比如19世纪80年代即已形成的国家主义教育体制，兼有天皇中心主义和日本主义的教育观；20世纪30年代的极端国家主义教育观，则与法西斯主义教育观并无二致。

总之，概念是对事实的抽象，甚至就是研究者头脑里的事实。不同的学者基于不同的理论或派别，有着各自的分类、分期、归纳及其解释。然而，事实本身则复杂得多。因此，本书对关键概念作了简化处理。其一是用国家主义、军国主义和家族主义概念，贯穿全书的教育思想和活动，视其为构成了天皇制军国主义教育的基本原理；其二是从教育观方面探究这三个概念的复合性质，以便读者能够认知天皇制军国主义教育深层原因的基本要素及其相互关系；其三是直接采用日本学者的基本认识，不再就其认识来源（如西学流派）进行分析。这样做，也有两个意图：了解日本人认识该问题的底色；知道这些概念已是日本人的看法。

（一）国家主义教育观

Nationalism一词，或称国家主义，或称民族主义。在教育领域，又可以引申为爱国主义。近代方有国家主义概念，它既关乎国家独立、国家意识、民族自决、民族意识等国家观念，也极易诱发极端的民族主义，进而形成偏执的国家和民族观念。没有哪个近代国家，不从事构建国家和民族观念的启蒙事业。

从古代国家到近代国家，日本通过明治维新建立起来的国家主义观念，在其完成近代化国家转型过程中，的确起过重要而且积极的作用。

在德川幕府后期，已经出现以富国强兵为目的的新思想。如1798年，本多利明在《西域物语》中曾说道："理想的国家不是中国，而是西洋；唯有学习西洋的天文学、航海术和政治形态，才是日本的出路。"据此，他规划了未来日本的扩张之路，先开发虾夷，再夺取桦太（库页岛南部）。1822年，佐藤信渊写了《经济要录》《经济要略》和《垂统秘录》，主张基于土地及其他生产资料实现国有化，使日本成为一个绝对主义国家。1842年，佐久间象山在《海防八条》中说：鉴于鸦片战争的教训，日本应该建立西洋式的近代军队，并打开国门与万国

贸易，因此有必要加强海防。显然，这些主张已经具有鲜明的国家主义倾向。

伴随着幕府政治、经济、社会的全面颓废，民族危机愈加严重。为了实现国家统一，完成尊王攘夷的任务，需要一整套的国家观念。以吉田松阴主持的松下村塾为例，即以传承幕末的国家主义或国粹主义者为特色。一是主张开国攘夷，既向西方学习，也反对醉心于西洋的态度；二是强调国家统一要基于天皇权威，拥护绝对主义的国家观念；三是为了彰显国家优势或国际地位，日本需要将被迫开国或是在欧美那里损失的东西，从朝鲜和中国补偿回来。简言之，18世纪末的日本已有强国思想，到了19世纪，明治维新的目标是将它变成现实。

事实上，明治维新以后的国家主义观，表现为形形色色的强国主义思想和行为。即便是在自由民权运动中比较温和的强国主义，也都带有对外扩张倾向。一方面在民族危机背景下，维新领导者们容易相信和接受列强的丛林法则，另一方面捣毁封建制度的思想来源、组织力量以及国家和民族理论，本身就是构建近代国家的政治行为，加之地缘环境、闭关锁国、列强压迫、文化粗陋等因素的综合作用，日本的国家主义一开始就具有超强的功利性。虽说早期国家主义者的强国意识，在争取国权、修改不平等条约和推进近代化方面起了积极作用，也在一定程度上活跃了自由民权思想，但当日本冒险打赢甲午战争后，国家主义在本质上便与军国主义趋同了。历史证明，尽管国家主义不是日本的原生观念，但是日本的国家主义毕竟只适宜本国的土壤，在别的地方则无法生长。在扎根日本的初期，它离不开两个历史条件：

第一个是经由《大日本帝国宪法》（1889）和《教育敕语》（1890）所确立的以天皇为中心的国家制度，也是把扩张国权作为基本国是的国家制度。据此，政府强调"人民与国家一致协和"，并以实现"雄飞海外"的目的。[①] 所以，国家主义者必须鼓吹军国主义。他们要求利用军事优势欺凌邻国，在行动上一再扩大日本的"利用线"，以此作为维护自己的国际地位的手段。

第二个是纵容服务于天皇制的道德主义复活，从最初的"废佛毁释"（1868），要求"祭政一致"（1869），到颁布《大教宣布诏书》（1870），搬出"八神"、天神地祇和历代皇灵，树立以天皇崇拜为核心的国家神道。明治维新政府在不到三年的时间里，就使神道"国教化"了。[②] 以后的"国体明征"运动，以及各

[①] 佐藤能丸：『明治ナショナリズムの研究：政教社の成立とその周辺』，芙蓉书房1998年版，第41页。
[②] 1869年7月，设置神祇官。神祇官在管理皇室祭祀事务的同时，也掌握全国的神社和神官。此时把神社分为官币社、国币社、府藩县社、町村社、乡社。同时，派宣教使到各地推动"国教化"运动。1871年"废藩置县"后，"神祇官"地位降格。1872年3月，废宣教使，改"神祇省"为"教部省"。虽说文明开化中止了"国教化"运动，但是神道作为"国教"的位置没有改变。

种国民精神动员等,进一步促使国家主义与神道结合,并主宰了日本人的精神世界。如此的道德基础,致使日本人为了天皇,可以违背甚至破坏一切他们认为不对的规则。"爱国"唯有"爱天皇"。这倒应了西方的那句谚语:"专制国家最多只有一个爱国者,就是专制君主自己。"①

20世纪20年代后期,日本进入垄断资本主义时代。国家主义者与法西斯主义者的界限十分模糊。在行动上,以排外主义为特征,对内推行独裁,镇压进步人士和组织,对外支持军部发动侵略战争;在思想上,他们是愚蠢而又顽固的天皇中心主义信徒,过分迷信国体,破坏国际秩序,梦想统治世界,甚至不惜与世界为敌。

教育中的国家主义观念,混合了军国主义、日本主义或国粹主义。其内核是天皇主义或尊崇天皇的日本主义。它提倡的爱国就是绝对忠诚天皇,因为国不过是以天皇为本宗的家;没有本宗的家,便没有臣民的国。军国主义则是"强国护家"的途径和手段。因此,自明治维新之后,教育始终围绕忠君爱国思想展开,只是不同时期侧重点各异而已。如果生硬地划分为若干阶段,反而模糊了军国主义的本相,或形成何时产生何时结束的枝节问题。

需要强调的是,在日本的国家主义者看来,道德教育和军事教育是相辅相成的关系。据此设计和实施的教育,主张让日本人产生道德和强国的双重优越感。所以也必须以先进国家自居,将自己视为亚洲盟主,并刻意贬低中国和朝鲜;把侵略战争说成是帮助亚洲各国摆脱西方的殖民统治,是在承担重塑亚洲秩序的责任。历史学家入江昭称其为"侵略式的博爱主义"②。

再有,国家主义的教育观与个人主义、自由主义以及社会主义、世界主义的教育观格格不入。一个重要原因便是国家主义的第一目的即富国强兵,国家主义者认为,强兵是强国之本,富国乃是强国之果。因此,教育要重视良民、良兵两项任务,即忠良之臣民、骁勇之武士。所以,不仅禁止能够动摇国家主义强国信念的其他主义,而且强迫人们接受日本的国家观。引申之,国家主义的核心价值首先是承认天皇信仰。这也是世界其他地方的国家主义绝不曾有的东西。

着眼国家主义的教育观,以下三点尤其值得关注:一是作为日本近代化不可或缺的国家意识,它在迸发近代思想力量的同时,也使国民执迷于虚构的神

---

① 〔英〕约翰·密尔著,汪瑄译:《代议制政府》,商务印书馆2008年版,第39页。
② 入江昭:『日本の外交:明治維新から現代まで』,中央公論社1966年版,第111頁。

国观念；二是国家主义是天皇制军国主义的理论来源和精神基础，以致军国主义的张力取决于国家主义的强度，即国家主义越极端，军国主义越疯狂；三是国家主义的思想基础是天皇主义的国体论，若天皇制轰塌的话，不仅国家主义的实体不存在了，作为国家机器的控制系统必定瘫痪。

据此，国家主义的基本走向是一个逐渐被扭曲为集体性偏执和躁动的状态，并最终成为典型的非人道主义的教育观。这也是日本虽然利用国家主义在东亚强大一时，但通过侵略战争始终不能成功转型为近代文明国家的主要原因。

（二）家族主义教育观

Familism 一词，无论译成"家族主义"还是"家庭主义"，都是一个血缘关系体的概念，切断了血缘或超越血缘，乃至模糊了血缘，便无所谓 Familism。

从社会学角度说，家族主义首先是一种以家族、宗族为核心组织起来的传统社会制度，包括家长制、祭祀共同祖先、财产继承权，以家为中心的经济分配模式等。同时，它也基于特定社会制度形成相应的道德伦理观念和文化认同，比如以血缘为纽带形成个人与家庭制度休戚与共的关系。

从政治学角度看，构成国家主义的基本要素，如国土、国权、民族、民权、政府、文化等共同体意识，只有超越了家族主义意识才能确立。否则主权、人权、权力、权威、公议、公德、安全、法治、利益等认知，都可能搅合进其他私权、私法、私德、私议等自私观念，而使国家意志、国家权威、国家利益受损。抑或是说，近代的国家主义在理论上排斥古代的家族主义，因为二者的核心价值观相互抵触。[①]

建立在"王政复古"基础上的近代日本，则用天皇主义把国家主义和家族主义捏合起来，二者是包容关系而非对立关系。在教育领域，灌输给国民的国家思想如同于家族主义的国家观。

据此，日本的军国主义教育始终维护天皇主义的道德观，并使道德教育的地位高于其他教育。这种道德教育有两个突出特点：第一，坚守皇国思想。强调天皇万世一系。所以，必须相信日本是神国，天皇是"现人神"。进而树立日本独一无二、宇内第一或万国不能匹敌的观念。第二，夯实臣民观念。以家族主义认识为基础，尊崇儒家道德，信奉伦理纲常，强调通过修身抵制不良思想，

---

① 从西方政治学国家理论中很容易辨识出日本国家主义和家族主义的关系，完全不是西方主流的东西。如从〔意〕马基雅维利的《君主论》（商务印书馆 2005 年版）和〔英〕霍布斯的《利维坦》（商务印书馆 1985 年版），到〔英〕鲍桑葵的《关于国家的哲学理论》（商务印书馆 2006 年版）和〔英〕白芝浩的《英国宪法》（商务印书馆 2010 年版）。

仇视社会主义及无政府主义运动，追求奉公灭私的德育目标。

1890年颁布《教育敕语》以后，不断强化的"敕语体制"，既规定了天皇有左右政治和道德的双重大权，又赋予天皇干涉和决定国民道德观和社会观的双重功能。[①] 在"敕语体制"内，自由主义和功利主义的教育主张，虽然借助政治运动时有作为，但始终不占上风。复古主义和国粹主义所鼓吹的忠君爱国思想，其核心内容就是基于家族主义建立起来的国体观。

事实是，自甲午战争开始，国家主义的核心价值观就与家族主义的核心价值观趋同了。概括地说，爱国等于忠君，忠君基于孝道。其伦理关系犹如家国一体、以国为家。针对儿童所做的解释即是：皇室为宗家，万世一系；君民一家，天皇是父，臣民如子。引申之，天皇是最大的家长，故曰"克孝"；天皇不仅是一国之君，还是"现人神"，故曰"克忠"。所谓忠孝"异名同义一理"，就是说在国家层面，只要绝对忠诚天皇，就达到了"克忠克孝"的境界。因此，"敕语体制"提倡和维护的忠君爱国思想，本质上是推行家族主义的国家观。

20世纪二三十年代，家族主义的国体观支配着国家主义、国粹主义和日本主义教育观，目标是培养"忠良臣民"。它要求学生遵奉《教育敕语》，养成"一旦危急，则能义勇奉公，以辅佐天壤无穷之皇运"的志操。于是，修身课程贯穿"惟神之道""八纮一宇""灭私奉公""尽忠报国"的观念；历史课程宣扬神话，美化战争，大幅增加军人传记等内容；地理课程则夸大国土和自然风景，鼓吹种族优劣论和神国论；国语、唱歌等课程，强调从情感、志气方面煽动军国主义情绪。太平洋战争爆发以后，教育进入"战时体制"，修身、历史等"皇国民科"，更是把家族主义的国家观用于"炼成"皇国民。[②]

简言之，家族主义教育观等同于家族主义国家观。在天皇制军国主义教育体系中，它还支配着日本人的世界观。据此，尽管日本人建立了近代教育体制，但是格局甚小；它的义务教育普及较快，但日本人的意识、观念的根底仍很落后。军国主义教育对日本而言，的确培养了"忠良臣民"。然而，在对外战争中，他们则成了"日本鬼子"。

---

① 大田尧著，王智新译：《战后日本教育史》，教育科学出版社1993年版，第12页。
② "炼成"，有锻炼和成就皇国臣民的意思。1941年，"大政翼赞会"用该词替代"教育"，以适应总体战或战时体制的要求。按照竹下直之的解释，"炼成"的本义是，以皇国之道为原则，集中儿童正确的总体能力，养成皇国民的基本素质。竹下直之：『道义の世界観と教育』，青叶书房1943年版，第168页。

（三）军国主义教育观

Militarism 一词，主要指以尚武、扩张为立国之本的政治观念。作为一个高度政治性的宣传词汇，它具有很强的煽动性。

丸山真男认为："军国主义是一个国家或社会群体，为了战争或策划战争所采取的政治措施或制度。它将经济、政治、教育及文化等国民生活各领域，从属于军事价值的思想及行动模式，并让军事在国家各领域中占有绝对的地位。"[1]

猪木正道认为："军国主义是对军备扩张、好战，并期待与他国作战中获得巨大利益的批判。凡是列强或强国，都具有一定的军国主义特质。单纯的扩军并不是军国主义，只有将政治、经济、教育等一并导向军备，而且以对外扩张作为国家强盛的基础，并用武力方式解决国际争端者，才是军国主义国家。"[2]

18 世纪的军国主义，以腓特烈二世（Friedrich II）在位时期的普鲁士最为著名。俗语道："他让军队拥有国家，而不是国家拥有军队。"到 19 世纪，俾斯麦（Otto Eduard Leopold von Bismarch）利用"铁血政策"，不仅统一了德意志，也使军国主义演变得更加炉火纯青。

日本早期开明的政治家、学者，以及后来很多军部要员，都对德意志情有独钟，以致日本不仅推崇德意志的哲学、政治学、法学（宪法学）、教育学和军事学，而且也要以德为师，把日本打造成一个彻底的军国主义国家。[3]

明治维新初期，新政府依靠封建武士的力量，完成了国家统一，并确立了以天皇为中心的中央集权制。在这个过程中，不仅《征兵条例》（1870）和《征兵诏书》（1872）一开始就把常备军当成皇军来建设，而且在实施《征兵令》（1873）以后，大量农民出身的士兵也同样充当了皇军。这是因为，藩阀利用近代军队起家，他们既控制政府制定法规，也依靠皇军树立权威；"全民皆兵"的口号，本身就带有军国主义性质，所谓"良兵"，恰恰是为天皇制国家卖命的人。为此，政府还给军人最高荣誉——死后进入靖国神社，成为守护天皇和国家的"英灵"。1878 年的《军人训诫》和 1882 年的《军人敕谕》，则以律条形式要求军人恪守本分：一是绝对服从天皇，二是奉行武士道精神，三是好战且蔑视国际准则。要知道这些特质，除了定格天皇制军国主义国家的特质外，也

---

[1] 丸山真男：『現代政治の思想と行動』，未来社 1979 年版，第 285 页。
[2] 猪木正道：『軍国日本の興亡：日清戦争から中日戦争へ』，中央公論社 1995 年版，第 2 页。
[3] 日俄战争后，日本人十分鄙视俄国人。之后，咒骂英人、美人、俄人是"鬼畜"。可是，德国人在 20 世纪初给日本人扣上了"黄祸论"的帽子，却很少见日本人骂德国人。

通过教育普及到了所有国民。①

从明治二十七年（甲午战争）到昭和二十年（日本战败）的半个世纪里，日本有一半的时间在进行侵略扩张，另一半时间则始终处于准备战争的状态。为了打赢战争，不仅要求统一信仰——绝对忠诚于天皇，而且需要不断强化举国一致体制——实行总力战。

以第一次世界大战为契机，日本政治、经济、文化受各种社会思潮影响，形成了短暂的活跃现象，其近代化水平有了长足发展。但是，政党政治、护宪运动、自由主义思潮、裁军、殖民地人民的反日运动等因素，不但没有打断军事独裁的进程，反而使得天皇制军国主义更为猖獗。

其一，在帝国主义阶段，日本与列强的竞争更为激烈。客观上它要求列强确认，"满蒙"是日本"永久的生存保障"，包括占领中国东北地区也是"日本生存最低限度的条件"。②主观上这种强盗逻辑，通过战争和教育已铸成国民的普遍共识，而且在习惯了使用暴力之后，更是欲壑难填，它总以为目标尚未达成。

其二，国内的民主运动，存在着动摇天皇制的危险。事实上，不仅是社会主义运动和共产党组织要否定天皇制，而且九一八事变和二·二六事变等军事行动，也实际构成了对天皇制的威胁。当然，政府和军部更惧怕左翼运动。结果是，左翼运动越活跃，右翼行动越极端，吊诡的是军国主义反倒成为制衡因素。

其三，日本已经是一个天皇制军国主义国家，它一方面扩充军备、扩大战争乃至实行军事独裁，政府从中捆绑着各种国家利益，另一方面日本严重依赖对外掠夺发展经济，同时又很难抵御经济危机的打击，尤其是遇到全球性经济危机时，政府更指望利用军国主义的举国体制来解决问题。

天皇制军国主义的本质是天皇绝对主义，这也是日本军国主义的本源。按照《大日本帝国宪法》的规定，天皇总揽统治权，而且作为"现人神"神圣不可侵犯，政府实则在行使天皇的权力。日本古代的天皇制，从未达到这种程度，在近代世界，也只有日本推行绝对主义的天皇制。③

据此，再看军国主义的教育观，以下特征尤为突出：第一，道德教育与军事训练并重；第二，通过武士道培养"和魂"意识；第三，军部主导军事教育，

---

① 井上清：『日本帝国主義の形成』，岩波書店 1980 年版，第 10—11 頁。
② 宇垣一成著，角田順校訂：『宇垣一成日記』第 1 册，みすず書房 1968 年版，第 556 頁。
③ 長部日出雄：『天皇はどこから来たか』，新潮社 2001 年版，第 304—305 頁。

并逐步覆盖各级、各类军事训练；第四，利用思想善导、精神动员或勤劳动员运动，宣传极端的民族主义情绪，并形成仇视主义观念；第五，把青年训练纳入预备役或后备役；第六，利用教科书、军歌、媒体等，极力美化战争，营造歌颂军人的社会氛围；第七，将奉公灭私制度化；第八，设置最高级别的教育机构，高度统一教育行政，全面动员和整合国家的精神资源。

简言之，天皇制军国主义在国家层面，过分强调对外战争意识，过高估计自身的军事实力和国家优势，因此需要绝对忠诚天皇、服从政府。天皇制军国主义在教育层面，突出全民皆学的效果，重视普及各类教育，视义务教育为臣民教育基础，在长期的穷兵黩武的环境中，不断提高国家教育的军事化程度，并在越来越封闭的条件下，把每个国民炼成战争工具。据此，天皇制军国主义教育观完全与人类的共同价值观背道而驰。

第一章　近代天皇制的历史来源与现实定位

引　言

日本学者久保义三在《昭和教育史》一书中，从八个方面概括了天皇制与教育的关系：一是天皇制国家始终都在加强和提高天皇统治的正统性和神权性；二是《教育敕语》糅合了各种道德观和价值观，并对臣民教育具有彻底的支配力；三是《大日本帝国宪法》为"敕令主义教育"提供了法律保障；四是基于"记纪神话"系统地灌输国体观念和"皇国史观"；五是采用"奉读敕语""奉拜御真影"以及参拜神社等"祭政教一体"活动，强化天皇是"现人神"的意识；六是直接派遣现役军人到学校对学生进行军事训练和军国主义教育；七是强制殖民地实施"皇国民"教育；八是相继兴起"国体明征""国民精神总动员""大政翼赞"等政治运动，最终形成了天皇制法西斯国家。[1]

无疑，天皇制是军国主义教育的根源。抑或是说基于天皇制的军国主义教育，即是一个人为建构的思想和文化控制系统。它孕育于明治维新的国家制度，但其文化传统或精神能力却又依赖于古代神学，这也是日本近代化的独有现象。

第一节　近代天皇制的历史传统

古代天皇制开始于圣德太子的改革。604年4月3日[2]，圣德太子在奈良的斑鸠宫召集群臣，颁布了日本最早的成文法《十七条宪法》。它以"和为贵"开篇，其条文杂糅了儒家、佛教、道教和法家等诸多章句，如"君则天之，臣则

---

[1]　久保義三：『昭和教育史：天皇制と教育の史的展開』上，三一書房1994年版，第22—37頁。
[2]　本书所记时间，根据日本历法改革，以1872年12月为线，之前是阴历，之后是阳历。

地之","率土兆民,以王为主","地欲覆天,则致坏耳","君言臣乘","群臣有礼,位次不乱","百姓有礼,国家自治",等等。^①之后,大和朝廷^②内的君臣关系逐渐得以确定。到646年发布《大化改新诏书》时,天皇作为一国之君的形象已经树立起来。

一般而言,奈良(710—794)和平安(794—1192)时代是古代天皇控制政权的时期。而事实上,自842年的"承和之变"后,天皇多是统而不治了,真正的权力在贵族手里。^③1192年武士集团在镰仓开府,到1868年江户幕府灭亡,这680余年是日本的封建时期^④,将军掌握全国大权。其间,日本名义上是"公武二元"体制,实际上天皇和贵族集团的权威性大跌。比如镰仓幕府时期的"京都守护",专门用来监视皇室;室町幕府时期,由将军处理外国事务;江户幕府在1615年发布《禁中并公家诸法度》,由幕府规定朝廷秩序,以及天皇和贵族的生活和行动,此时的天皇再无任何权威。

明治维新不仅使天皇重新回到全国政治中心的位置,而且维新派极力把明治天皇塑造成全能的近代君主。他们既教天皇学习剑术和马术,培养其尚武善斗的气质,也借助古风和古俗尽快恢复天皇制。尤其是1889年2月11日颁布的《大日本帝国宪法》,将一切权力集中于天皇,确立了近代的绝对主义天皇制国体。1890年颁布《教育敕语》,逐渐构建起严密的"敕语体制",并依附这一体制全面培养"良民"和"良兵",以便向所有国民灌输这样的爱国思想:天皇神圣,因为他是"现人神";国家神圣,因为它由万世一系的天皇统治;政府值得信赖,因为它是扶翼天皇的政府;军队威武,因为它效忠于天皇;日本国民无与伦比,因为他们肯为天皇献身。

---

① 舍人親王:『日本書紀』卷二十二「推古天皇十二年」。新訂增補国史大系『日本書紀』前篇,吉川弘文館1983年版,第142頁。
② "大和"是日本的旧国名,以今奈良为中心,也称"倭州"。5世纪,大和统一日本。以后,人口及势力遍及全日本,并主宰日本历史和文化,故有用"大和"代称日本、"大和魂"代称日本精神、"大和族"代称日本人的说法。这里的"大和朝廷",指7世纪的大和政权。
③ 从810年"药子之变"(藤原冬嗣),经842年"承和之变"(藤原良房)、866年"应天门之变"(藤原良房),到969年"安和之变",都是贵族控制着皇室。其中,仁明、文德、清和、阳成、光孝、宇多、醍醐、朱雀、村上、冷泉、圆融、花山、一条、三条、后一条、后朱雀、后冷泉、后三条这18位天皇,都是娶藤原家的女儿为后。具体来说,9世纪中期到11世纪中期,天皇基本上处于虚位。
④ 按照日本历史的时代划分,从镰仓幕府开府到安土桃山时代,称为"中世"(12世纪初—16世纪中叶);从安土桃山时代到江户幕府灭亡,称为"近世"(16世纪中叶—19世纪中叶)。"中世"和"近世"都是封建社会。

一、神话中的肇国史

日本神话与其他民族的神话不尽相同，具有一种凌驾于自然和社会的主观异己性。抑或是说，"远古流传的绚丽多彩的神话世界经过史书编纂者们的加工，被改造成了所谓的脉络单一的天皇家族的形成史，也就是日本的肇国史"[①]。

（一）"记纪神话"的滥觞

"记纪"，指《古事记》和《日本书纪》这两部官撰史书，它们分别成书于712年和720年。《古事记》是日本现存最早的物语体史书，《日本书纪》则是日本最早的编年体史书。

《古事记》由安万侣根据舍人稗田阿礼的口述编成，分上中下三卷。上卷"神代"，讲述肇国神话；中卷记第1代神武天皇到第15代应神天皇的事迹；下卷记第16代仁德天皇到第33代推古天皇的事迹。它的编纂目的若用一句话来概括，叫作"理清神国经纬，确定王化鸿基"[②]。通俗一些说，就是用历史记录的方式确认古代天皇的世系和业绩。作为史书《古事记》也有故事来源，如《帝皇日继（帝纪）》（天皇家系的记录）和《先代旧辞（旧辞）》（过去的故事）。但是，据说安万侣并未看过这些文献。[③]

《日本书纪》有三十卷，由舍人亲王率诸多贵族集体撰写。从681年着手编写"旧辞"，到720年全书完成，前后用了39年。它的资料体量非常庞大，包括《帝纪》《本辞》《风土纪》，以及各种官府记录、中国史籍、朝鲜记录，还有大量政府公文、个人手稿和传记故事、公家传记故事等。内容以建国神话开篇，世系部分从神武天皇到持统天皇，共记录了41代天皇。另外，除和歌、童谣外，其他内容都是用汉字书写的。

日本传统的"记纪神话"或"正统神话"，都源于这两部史书中的"神代"部分，因为它们是官撰（或敕撰）正史，也就具备了与生俱来的权威性。其撰写目的，都是巩固以天皇为中心的中央集权制，所以"记纪"已将各类古籍中的神灵信仰加工成了天皇家谱。

本来"记纪"有关开天辟地的故事与其他古老民族（尤其是中国）的神话相比，并无特别之处。如"古天地未剖，阴阳不分，混沌如鸡子，溟涬而含芽。及其清阳者，薄靡而为天。重浊者淹滞而为地。精妙之合搏易，重浊之凝场难，

[①] 蒋立峰：《日本天皇列传》，东方出版社1991年版，第3页。
[②] 日本古典文学大系67卷『日本書紀』上册，岩波書店1983年版，第12—23页。
[③] 《旧辞》等资料早于《古事记》约二百年，安万侣了解这些材料也是通过稗田阿礼口述的。

故天先成而地后定。然后，神圣生其中焉。故曰：开辟之初，洲壤浮漂，譬犹游鱼之浮水上也"。倒是"肇国神话"凸显了日本特色，如"天地之中生一物，状如苇芽，便化为神，号国常立尊"。还有，"自国常立尊，迄伊弉诺尊、伊弉册尊，是谓神世七代者矣"①。虽在原创性方面未见高妙的地方，但论及民族性还算是别具一格。相比而言，《古事记》的记载更为古拙一些。试比较：

  众天神诏示伊邪那岐命和伊邪那美命二神去修固那漂浮着的国土，并赐给一支天沼矛。二神站在天浮桥上，把矛头探入海中，咕噜咕噜地搅动海水。提起矛时，从矛头滴下来的海水，积聚成岛。这就是淤能基吕岛。②
  天神谓伊弉诺尊、伊弉册尊③，曰："有丰苇原千五百秋瑞穗之地，宜汝往修之。"乃赐天琼戈。……二神立于天雾之中曰："吾欲得国。"乃以天琼矛指垂而探之得磤驭虑岛，则拔矛而喜之曰："善乎！国之在矣。"④

显然，这都是按照"天皇神圣"的思路编制的。下面自然该是日本人的直系祖先登场了。故说伊弉诺尊、伊弉册尊造成国土之后，便降落在此并结为夫妇。他们创造了八大岛和诸神。"天下之主"天照大神，也是受伊弉诺尊（伊邪那岐）之命主宰天界的。至此，组成国家的三要素统治者、国土、人民就全了。

  天照大神敕天稚彦曰："丰苇原中国⑤是吾儿可王之地也。然虑有残贼强暴横恶之神者，故汝先往平之。"待天稚彦大功告成，曰："欲以此皇孙代降。"天照大神乃赐天孙"琼琼杵尊八坂琼曲玉及八咫镜、草稚剑三种宝物"降临尘世。
  琼琼杵尊在日向地方娶妻生子，经三代到神日本磐余彦尊（即神武天皇），终于在日本列岛的大和地方建立了日本历史上最早的国家。⑥

---

① 舍人親王：『日本書紀』卷一「神代上」。新訂增補国史大系『日本書紀』前篇，吉川弘文館1983年版，第1、4頁。
② "命"，作"神"解；天沼矛，即镶玉的长枪；天浮桥，即天地间的通路；淤能基吕岛，即自然凝结的岛。安万侣著，邹有恒、吕元明译：《古事记》，人民文学出版社1979年版，第4页。
③ 《古事记》中的伊邪那岐命、伊邪那美命和《日本书纪》中的伊弉诺尊、伊弉册尊是同一对神。
④ 舍人親王：『日本書紀』卷一「神代上」。新訂增補国史大系『日本書紀』前篇，吉川弘文館1983年版，第6、8頁。
⑤ 意为芦苇草原中的国土。
⑥ 舍人親王：『日本書紀』卷二「神代下」。新訂增補国史大系『日本書紀』前篇，吉川弘文館1983年版，第66—69頁。

根据历史研究，神武天皇有可能是今奈良县橿原市一带（古代的磐余地方）的地方势力，或是一方的氏族首领。所谓神代，即是神话而已。按照今天的学术标准，上述记载无论国土还是国君，并无太多可考的价值。

（二）天皇制是中央集权的需要

在神话里，第一代"人君"神武天神即位于公元前660年。"皇学"（或"国学"）依此认定天皇家"万世一系"，代代相继至今，从未间断。然而，根据考古学以及江上波夫等著名学者的研究，历史事实并非如此。

简言之，公元3世纪的天皇家仍是日本列岛上众多部族中的一支，只不过较为强大而已。① 到5世纪大和统一日本时，天皇才有了较为稳定的统治地位。② 用"天皇"一词代替"大王""大君"作为最高统治者的称谓，则始于圣德太子摄政时期（593—622）。③ 最典型的例子是，608年小野妹子④作为遣隋使所携带的国书中，写着"东皇帝敬白西皇帝"⑤。

> 其国书曰："日出处天子致书日没处天子无恙"云云。帝览之不悦，谓鸿胪卿曰："蛮夷书有无礼者，勿复以闻。"⑥

依照传统的"东亚秩序"，日本的王不能称自己是"帝"，以前也没有先例，所以招致隋炀帝的不满。但是，当时的大和统治者对东亚局势已具备洞察力，向中国派遣使臣亦非只是从中国摄取先进文化（特别是礼制），以备确立以天皇为中心的中央集权制。它还有一个意图，就是在军事上确保与加罗⑦的紧密

---

① 如《汉书·地理志》："乐浪海中有倭人，分为百余国，以岁时来献见"。《后汉书·东夷传》："自武帝灭朝鲜，使驿道于汉者三十余国。"《三国志·魏志·东夷传》所记邪马台国卑弥呼王更为详细，也只能认其为倭王。井上光贞：《日本国家的起源》，岩波书店1993年版，第29—40、148—161页。
② 此时大和渐次统一日本。从"倭五王"的情况看，"天皇统治"应该比较稳定了。门胁祯二：《倭五王时代》，载日本历史学研究会、日本史研究会编，北京编译社译：《日本历史讲座》（第一卷），商务印书馆1964年版，第28—47页。
③ 《万叶集》中，推古天皇（592—628）以后，仍多次出现"王""皇""大皇""大君"等与天皇对等的词汇。如持统天皇（686—697）时候的长皇子、轻皇子、弓削皇子、新田部皇子、明日皇子等人的诗歌中，沿用"大君""大王"称谓。当然，这些与诗歌创作有关，但称谓并不严格或是事实。岸俊男编：『王権をめぐる戦い』，中央公論社1986年版，第51頁。
④ 小野妹子前后两次率遣隋使到达长安。首次是607年7月3日。
⑤ 舍人親王：『日本書紀』卷二十二「推古天皇十六年」。新訂增補国史大系『日本書紀』後篇，吉川弘文館1983年版，第151頁。
⑥ 《隋书》卷八十一《东夷·倭国》，中华书局1973年版，第1827页。
⑦ 位于朝鲜半岛南部，曾是任那（369—562）的一部分。关于任那国，日本史料尤其丰富。

关系，并准备与新罗开战。因为那时的朝鲜政权受中国保护，采用如此唐突或无礼的做法，也是一种外交试探。当然，它希望"日出处皇帝"一语，能够表达大和朝廷与中国平等交往的意愿，这是圣德太子的聪明之处。

大和朝廷郑重采用"天皇"称谓，是在实施《大宝律令》(702)以后。有学者认为，这也是受到唐朝皇帝自称天皇的影响。[1]无疑，"天皇"和"天皇制"都是日本学习和吸纳隋唐文化的结果。尤其是天皇制，可以说就是中央集权制和律令制的产物，与上述神话没有直接关系。确立天皇制的直接原因：一是大和统一后需要统一的王权；二是从隋唐直接输入了先进的国家制度；三是扩大王权要求提升统治者的权威性。

（三）"万世一系"的说法不足为信

历史学家井上清曾说："记纪神话"是由宫廷皇族和贵族编造出来的东西，因此具有极强的政治功利性。甚至它都不是民族的神话，而是被神化的天皇家谱。"关于伊弉诺尊、伊弉冉尊产生国家的故事，假如真正是由古人的生活当中产生出来的话，那么就应该产生山川、草木、鸟兽、鱼虫等，也就是说应该产生自然世界和国家。而且，当产生这一国家时，虽然也有由于女神是先找的男神，所以产生的婴儿是个残废的男尊女卑的思想，但这是很久以后的后世思想，并不是民间的想法，而天照大神作为太阳神的行动则是完全没有的。"[2]

从天皇系谱看，神武天皇的即位年代是根据秦汉时期流行的谶纬学，从推古天皇九年（601）上溯1260年推算出来的。所以，"记纪"有关第1代神武天皇至第9代开化天皇的记载，前后有很多相互矛盾的记录和表述。比如神武天皇被称为"始驭天下之天皇"，意思是最初统治国家的天皇。第10代崇神天皇又被称为"御肇国天皇"，意思还是开国的天皇。[3]一般认为，崇神天皇可能确有其人，前面的八代无从考信。再从天皇的生卒年看，前十六代天皇中有十二位的年龄超过百岁。[4]这也是为了凑足"神武纪元"最初的1000年臆造出来的结果。还有，从第2代绥靖天皇到第9代天皇，有"欠史八代"之说，即历史是空的。另外，从562年到770年，共出了6位8代女天皇，即推古天皇、皇极

---

[1] 有学者认为，天武天皇时，或由《飞鸟净御原令》规定天皇称谓。总之，日本何时正式启用天皇称谓，没有定论。但是，"天皇"一词源于中国，学界没有异议。
[2] 井上清著，阎伯纬译：《日本历史——国史批判》，生活·读书·新知三联书店1957年版，第42页。
[3] "始驭天下之天皇"和"御肇国天皇"的日语发音相同。
[4] 如神武天皇127岁。从第5代孝昭天皇到第13代成务天皇，都在百岁以上。按照天皇顺序为114岁、137岁、128岁、116岁、111岁、120岁、140岁、106岁、107岁。隔了1代，神功天皇100岁，应神天皇110岁。最长寿者是仁德天皇，活了143岁。实在难以置信。

天皇（齐明天皇）、持统天皇、元明天皇、元正天皇、孝谦天皇（称德天皇）[①]，按照后世的皇室继承规定，也难以自圆其说。如果再把第21代雄略天皇和第25代武烈天皇的各种荒唐、暴虐的行为放进来的话，至少"万世一系"的天皇家的道德外衣是穿不住了。

事实上，明治维新以前，天皇实际具有最高权威的历史也就大约800年，其中"以天皇为中心实行中央集权制"的时期至多400年。人们承认日本天皇和皇室的存续时间很长，而且只允许本宗族通婚，具有历史性和代表性，但说它"万世一系"则纯属捏造。至于天皇和皇室的神圣性，镰仓幕府、室町幕府、江户幕府已做了否定的回答。在武士拥有最高权力的时代，天皇被架空，皇室的影响非常微弱，以致讲天皇的家事，也成为人们茶余饭后的余兴，并不当真。既没有把天皇神化，也没有把它置于日本人精神生活的中心，更不普及由天神产生国家直至天孙降临，"天壤无穷神敕一切"的观念。[②]

文化史家江上波夫从"天神"和"国神"两大系列考察了日本民族及天皇的起源，指出"天神乃是降来日本，并征服或统治了原住那里的国神"这个传统，应该作为日本民族外来说的佐证。例如《古事记》中"此地向着朝鲜，朝日直射、夕阳所照的国"一句[③]，说明"天神"及所系之族人是从朝鲜南部来到出云（今岛根县东部）、筑紫（今九州北部）地方的。"我们认为天神（外来民族）——特别是它的天孙系支（天皇系）来到日本的路线，是沿着如下地点的：东满、北鲜（高句丽）——南鲜（伽罗、任那）——北九州（筑紫）——畿内。"[④]这就是著名的"骑马民族说"。

1948年5月，在东京举行的"日本民族·文化的源流和日本国家的形成"的座谈会上，冈正雄、八幡一郎、石田英一郎和江上波夫认为，日本的国家起源建立在东北亚骑马民族对日本征服的基础上。

到70年代，江上波夫根据新的考古发现和有关大陆骑马民族研究的新成果，再度扩充史料，进一步阐释了自己的"骑马民族说"。他的主要依据

[①] 即33代、35代（37代）、41代、43代、44代、46代（48代），皆在飞鸟、奈良时代，以学习唐代文化，形成并繁荣日本古代文化为特色，史称"女帝时代"。
[②] 井上清著，阎伯伟译：《日本历史——国史批判》，生活·读书·新知三联书店1957年版，第44页。
[③] 有两种解释：一是不毛之地；一是古代朝鲜，见《古事记》，人民文学出版社1979年版，第46页。
[④] 江上波夫著，张乘志译：《骑马民族国家》，光明日报出版社1988年版，第105页。

是古坟文化前后两期①有着本质区别，包括古坟文化后期所见"原封不动的大陆北方系骑马民族文化"，说明这种文化不是有选择的融入本土的，而是由外部直接带进来的新文化。再如古坟文化前期没有饲马，后期的王侯贵族或已骑马，而且军事要地明显增多；骑马民族既在陆上展开征服，也进行渡海远征，具有较强的扩张性。简言之，前期古坟文化的主人是从事农耕的倭人，后来他们不情愿地被一支从大陆经由朝鲜半岛直接进入日本的骁悍的骑马民族征服了。②

另据史家推测，这支骑马民族很可能是朝鲜半岛南部"三韩"中的辰韩。③在3世纪后期，辰韩衰落，辰韩王向倭（日本列岛）寻求发展，打进了北九州。所谓"天孙降临"，应该是辰韩王在日本的第一次建国。也有学者推论，日本第一次建国的国王就是崇神天皇。以后，他们征服了畿内（奈良、京都一带）地方，建立大和朝廷，并东迁首都，在日本又实现了第二次建国。到5世纪，统一日本。

其他著名的日本民族来源说，还有新井白石在18世纪提出的"肃慎说"，他认为日本人是从中国东北地区移居到北海道后，再逐渐分布到其他地方；小金井良精在前人"コロボックル起源说"（"阿伊奴小人说"）基础上提出的"阿伊奴说"，他比较了绳文时期（距今1万年左右）人骨和北海道近代阿伊奴人的骨骼，得出阿伊奴人是日本人祖先的结论。随着基因科学的进步，还会出现更多的研究结果。

总之，日本民族绝不是神的子孙，甚至"大和民族"都不是日本列岛的原初民族。从"倭"到"大和"，糅合过不同的外来民族。即便是"大和"④，其统一之路也用了大约200年。到7世纪出现"日本"国名，则是200年之后的事了。这说明，日本的国家起源同样有一个较漫长的过程。

（四）"肇国神话"进入历史教科书

历史一旦成为政治工具，在教育上通常会具备三个特征：一是无论它如何

---

① 从3世纪到6世纪后半叶，分早中晚三期。3世纪到4世纪后半叶是早期；4世纪后半叶到5世纪后半叶是中期；5世纪后半叶到6世纪后半叶是晚期。这里所说的"古坟时代后期"，指5—6世纪的古坟文化。主要特点：使用铁器；大量归化人；制造国家神话；埴轮（陶器）出土丰富，包括士兵；大和政权的大王具有权威地位。
② 江上波夫著，张乘志译：《骑马民族国家》，光明日报出版社1988年版，第89、97页。
③ 据说，由秦人所建，故又称"秦韩"。《日本书纪》称他们是秦朝人。
④ 三世纪的邪马台国的发音是"yamatai"，与大和的发音"yamato"相似，故有学者认为，"大和"源于古代的邪马台。

追溯历史，实际都是出于当下政治的需要，历史不过是现实的投影，如近代的天皇制所强调的自古有之；二是越强调民族的或国家的记忆就越是钟情于从古代去找源头，而且尤其在乎确认一脉相承的真理性知识，如赋予"记纪神话"不可替代的作用；三是体现政治权力的教科书，绝不会在编写过程中给创意或创作留下任何余地，因为余地代表着能够自由发挥，当天皇制需要编制"国定教科书"时，自由发挥就等同于纵容思想混乱。

明治初年，受自由民权运动的影响，学校采用民间撰写的历史教科书，思想和风格多样。1883年7月，新政府采用教科书认可制，公布了被禁用的教科书目录，同时结束了自由撰写历史教科书的阶段。其实，文部省最初刊行的《史略》（1872）和《日本略史》（1875），已经是以天皇为中心的皇国史了，只是它还不具有唯一性。

在政府看来，历史教育既是阐明爱国心的教育，也是鼓吹忠君思想的手段。在此基础上，"知晓历史沿革及其史迹"才有意义。如果历史课程和历史教科书，"只是为了了解历史沿革和史迹，以及揭晓人情风俗、产业、学艺等事物变迁，则会滋生弊端"。政府希望历史教育旨在"涵养国家意识，育成尊王爱国心"，或是说"通过历代事迹，焕发尊王爱国的志气，启发国家观念以及本国特有的精神气象"。[①]

1891年11月17日，《小学教则大纲》公布以后，历史教科书都要写成"天皇历代史"。如山县悌三郎编撰的《帝国小史》（1893）、笠间益三编撰的《新撰日本史略》（1887）、学海指社编撰的《新撰帝国谈》等，开篇就写"天照大神住在高天原"。[②]无论是"编年体"还是"纪事本末体"，御用的编著者只不过是在剪裁"记纪"等文献材料。最终结果是：其一，历史教学一经"国定"，历史知识就被政治化和道德化了。就文部省的审定标准而言，主要看的是历史知识能否满足历史学的政治功能，而不是以符合历史事实为标准。其二，不断拔高统一标准以便教科书高度程式化，因为唯有内容高度一致，才能达成"养成忠君爱国志气"的目标。

从第二期国定教科书（1909）到第五期国定教科书（1940），虽在编制技术上有所改变，但撰写的内容越改越陈腐。历史教科书的编撰宗旨：旨在强调天皇乃是"现人神"、日本乃是神国的观念；教学内容无外"天照大神是天皇陛

---

① 文部省：「歴史科の副旨」，『教育報知』第90号，1887年10月29日，第4页。
② 海後宗臣监修：『図説教科書のあゆみ』，横山印刷株式会社1971年版，第237页。

下的御祖先，大神的御德普照四方"；"大神诏曰琼琼杵尊：'那个地方是我子孙可王之地，皇孙你应去建立统治，兴隆皇位且与天地共存。'"① 如此地复制"记纪神话"，已经让教科书内容隐晦难懂，概念深僻。在教学中，老师不讲学生不懂。"懂了"，也是没懂！因为只有死记硬背一种方法，无所谓懂还是不懂。

  寻常小学国史的目次：天皇陛下的御祖先、天照大神的御德、素戈鸣尊斩大蛇、天孙降临、神敕土地、奠定国体基础、授予三种神器、皇大神官、神武东征、平定大和、神武天皇即位大礼、纪元元年和纪元节、御祖先祭祀诸神、神武天皇祭、平定熊袭、向东国进军、平定虾夷、日本武尊的性格、征讨新罗、征三韩、神功皇后的性格。②

概言之，强调"肇国神话"是向臣民灌输国体观念的手段。作为教化载体的教科书，这部分内容在形成国体信仰方面，至少突出了两方面的作用：其一，意识到日本是个神国。在世界上，不仅独一无二，而且万国不可匹敌。其二，坚信日本民族的尚武精神源于天神的意志，因为是天照大神的子孙，所以为国征战沙场，既是自古以来的传统，也是天皇子民的天职。

二、北畠亲房和本居宣长的天皇论
（一）北畠亲房的神国论

  北畠亲房是日本历史上的著名公卿，他为了"叙述皇统正理相传的情况"，在1339年完成了《神皇正统记》一书。该书开宗明义写道："大日本神国也。天祖始肇国基，日神永传皇统，唯我国是也，异朝无与伦比，故曰神国。"③ 因为是神国，而且在世界上独一无二，那就必须明确它的独特性在哪里。他认为，"凡我国之所以殊诸方者，乃神国也。神国之所以有灵异者，乃持宝器也"④。即是说，神器作为神国（或国家）信仰的工具，以保全皇统为根本。因此"唯有我国自开天辟地之初以迄今，皇位继承未有偏差，即使由一宗之旁系继承，亦

---

① 这里以文部省编撰的『寻常小学國史』（上卷，1934年版）为例，其他版本的内容大同小异。原文转引自海後宗臣、仲新编纂：『日本教科書大系』第20卷，講談社1962年版，第8页。
② 海後宗臣、仲新编纂：『日本教科書大系』第20卷，講談社1962年版，第8—13页。
③ 北畠親房著，岩佐正校注：『神皇正統記』，岩波書店1975年版，第15页。
④ 北畠亲房：《神器传受篇》，转引自日本历史学研究会、日本史研究会编，北京编译社译：《日本历史讲座》第8卷，商务印书馆1964年版，第51页。

必归于正系，而保全皇统。但此乃神明誓约之灵验，所以异于他国者也"①。神器则"为我国之神灵，皇统一脉相传，确见于各神敕中。三种神器之传世犹如日月星辰之在天"②。具体言之，神器中的镜和剑象征天皇掌握政权的正统性，玉则是天皇祖先灵魂的象征。北畠之所以反复强调神器，除了强调天皇的正统性外，还在于通过它的神秘性增强天皇统治的权威性。

历史上，忽必烈于1274年、1281年两次征日都失败了。当时的御用学者便借此鼓噪神道威严，并用"神风"解释日本胜利的原因。北畠亲房在论及蒙古不能侵袭日本的理由时，也说"因神明显威现形，我国才得以保全"；"虽为末世，但神明之威德仍不可思议，誓约之不渝，由此可以推知"。③如果说北畠的解释与其他人有什么不同的话，那便是他更善于利用日本自然环境的封闭性等客观原因，打造出了神国的主观神秘性，并赋予天皇家族在政治和宗教方面的特权，进而有意夸大神国的存在意义。也可以说，他在追求"皇统按正理相传"的同时，也奠定了国体论的基础。

在北畠亲房死去500年后，当割据的封建社会开始向统一的近代社会过渡的时候，这种以"皇统"为中心的神国思想，也就自然地复活了，并很快成为明治政府推行新的国家政策的御用工具。

（二）本居宣长的神道论

本居宣长是日本国学发展到高峰阶段的代表人物，他把国学中合理的成分加以歪曲后塞进了"创世神话"，由此建立了自己的神学观念。其理论的主要特点是"要人们把'神典'中所写的统统作为真理加以信奉，并依据《古事记》神代卷创造了神学的世界观和复古神道"④。他以毕生精力研究《古事记》，试图从中发扬日本"皇统一系，君臣一体，祭政一致，忠孝一元"的"惟神大道"，并认为"我皇国之古道，天地自然，既圆亦平，人之心词难以尽言，故后人难以德知"⑤。因此，他排斥"汉意"过重的《日本书纪》，主张摒弃一切根据佛教和儒教观点对《古事记》所做的解释。他坚信《古事记》的"神代卷"就是真理性事实，认定"天照大御神"是最高的神。

---

① 北畠亲房：《神皇绍运篇》，转引自日本历史学研究会、日本史研究会编，北京编译社译：《日本历史讲座》第8卷，商务印书馆1964年版，第52页。
② 北畠親房著，岩佐正校注：『神皇正統記』，岩波書店1975年版，第37页。
③ 北畠親房著，岩佐正校注：『神皇正統記』，岩波書店1975年版，第160页。
④ 永田广志著，陈应年、姜晚成、尚永清译：《日本哲学思想史》，商务印书馆1983年版，第159页。
⑤ 斎藤晌：『日本の世界観』，朝倉書店1943年版，第108页。

针对本居宣长的执着，日本学者永田广志做了如下分析：

> 他所以这样否定了天御中主尊或者国常立尊作为最高神的资格，而主张产灵神和天照大御神的尊严，是因为前个神在《古事记》和《日本书纪》中只是作为最初的神记载下来，并没有说它是最高神，与此相反，产灵神则作为万物的祖神，即皇祖神，天照大御神则完全是作为皇祖受到尊崇的缘故。这就是说，"抑夫天地始成，一切诸神、万国人类、万物，皆由于高皇产灵尊之产之神德而生成，故可称为天地诸神万物之大祖者，此御神也"。

> "所谓君臣，只是由于天照大御神开始统治高天原，成为其君，才有群臣之分，前此，无所谓君臣。"（《伊势二宫割竹之辨》）因此，"传于皇国之道，正是神代所传来，其基本是由于高御产灵神、神御产灵神之产灵，由伊弉那歧、伊弉那美二神开始，由天照大御神继续传行之道"。（《答问录》）像这样，把创造世界的根本原理归于产灵神，以及诸神的尊卑关系不是根据天神和国神来区别，而是结合皇统来决定，这是宣长所倡始的复古神道的重要特点之一。①

这段文字阐明了两个观点：一是本居宣长要恢复古神道的起点是天照大神；二是强调日本神话的特征是政治神话，即以皇室系谱为基础，天皇作为万世一系的统治者，不仅正统而且正当。根据这个原理，天照大神就理所当然地被解释为"普照世界的太阳"；日本之所以是"万国之冠"，道理就在"它是普照四海八方的天照大御神出生的本国，因而它是万国之本源的国家"。他在《玉匣》中肯定地说："本朝的皇统，乃是普照世界的天照大御神的后嗣，正如天壤无穷的神敕所说，直到万世后代也不动摇，只要有天地，就一直传续下去。"②

与之前的"国学家"③，如荷田春满④、贺茂真渊⑤的复古思想相比，本居宣长

---

① 永田广志著，陈应年、姜晚成、尚永清译：《日本哲学思想史》，商务印书馆1983年版，第159页。
② 永田广志著，陈应年、姜晚成、尚永清译：《日本哲学思想史》，商务印书馆1983年版，第161页。
③ 江户中期兴起的区别于一切外来思想文化的新学问，又称"和学"或"皇学"，它以研究阐发本国固有文学、历史、和歌、法制和神道为己任，以弘扬本国古道（日本思想）为目的。第一期代表人物下河边长流、户田茂睡、契冲；第二期代表人物荷田春满、贺茂真渊、本居宣长；第三期代表人物平田笃胤。
④ 荷田春满出生在伏见稻荷神社的神官之家，自幼学习神典和歌文。曾向幕府上书在京都建立国学学校，即著名的《创学校启》。他认为，唐宋诸儒伪造学说，不值得重视；主张专心揣摩古人原意，致力于宣扬日本的固有思想和精神，并用"皇国"称谓日本。
⑤ 贺茂真渊出生在远江贺茂神社的神官之家，是荷田春满的入门弟子，一生致力于古典研究，痛斥儒佛为伪善之学，其作《国意考》《万叶考》《歌意考》皆以遵从古道和合乎人性为研究主旨，并用"皇御国"称谓日本。本居宣长、加藤美树、村田春海、塙保己一等著名的"古道派"学者，都曾做过他的门生。

更突出了"顺考古道而为政"的思想。他的神道理论被弟子平田笃胤①进一步发挥，建立了以"皇国乃真神本域之所""皇孙嗣世终古而不易""君臣大义乃立人伦、安天下之本"等思想为内核的敬神尊皇的观念。② 平田笃胤的"尊王攘夷论"再经过其信徒佐藤信渊演化为"对外经略论"和"世界混同论"，最终成为"尊王倒幕"最有力的实践理论。

三、明治维新树立的天皇观念

倒幕派的各方势力，无论是谁都需要天皇重新回到政治舞台的中心。首先，天皇是唯一在政治和信仰两方面都具有正统性的权威，能够凝聚推翻幕府的各种力量。其次，皇室和贵族集团恢复天皇制的努力一直存在，尽管幕府有着严格的法律限定，防止其威胁到武家统治，但是日本未曾改朝换代，一个重要原因是幕府需要借助天皇的精神权威确保自己的合法性和崇高性，如授予其"征夷大将军"称号。所以，即便是幕府颁布的最严格的《禁中并公家诸法度》，也规定天皇"以学问为第一"，研究古道和和歌等，抑或允许天皇家享有最高的神权和文化权。

所以日本皇室自大和朝廷始存续了一千余年，以致其"道统"的政治价值只是被暂时搁置而已。一旦需要确定天皇的政治权威，既能够借助"记纪神话"打出信仰旗号，又可以利用皇室存续的政治力量唤起新的政治势力，"以神的名义"清算旧的政治势力。

正是因为江户时代发展起来的国学和神道③，以及山崎暗斋的"垂加神道"④等学说，才使近代的天皇制有了复古的理论基础。⑤ 又因为幕末"攘夷图存"的迫切任务，致使保守派和开明派的对外态度大致相同，进而促使"国体论"得

---

① 平田笃胤生在秋田佐竹的藩士之家，跟随本居宣长学习古道。他具有热情激烈、矢志不渝的性格，以国学立场排斥一切外来学问。历史上，把春满、真渊、宣长、笃胤并称为"国学四大人"。
② 笘崎博生：《神道史概说》，そうよう出版社 2000 年版，第 131 页。
③ 《周易正义》卷三《观》："观天之神道，而四时不忒。圣人以神道设教，而天下服矣。"阮元校刻：《十三经注疏》上册，中华书局 1980 年版，第 36 页。
④ 山崎暗斋，京都人，曾在妙心寺修炼佛法。游学土佐，入朱子学，还俗。又从度会延佳、吉川惟足学习神道，创"垂加神道"，强调尊王，也是最早的倒幕派领袖。其学派称"崎门"，著名的门生有佐藤直方、浅见䌹斋、三宅尚斋，史称"崎门三杰"。
⑤ 17 世纪的德川幕府儒学繁盛，既有为加固幕府统治的"朱子学"，代表人物如藤原惺窝和林罗山，也有注重实践的"阳明学"，代表人物如中江藤树、熊泽蕃山，还有主张直接理解孔孟精义的"古学"，代表人物如山鹿素行、荻生徂徕。其中的忠孝观念和伦理思想可以直接成为忠君爱国理论。事实上，浅见䌹斋倡导的"尊王精神"和《靖献遗言》，影响了众多倒幕义士。

以借"记纪"等古典著作复活,并最终成就了国家神道的主导意识。以后,国学借助研究神道成为显学,它也是"和魂(日本精神)"的来源。

但是,《日本书纪》这样的古籍仍保留"佛主神从"的痕迹。如用明天皇"信佛法尊神道"[①],孝德天皇"尊佛法轻神道"[②]。这里的"神道"都是依附于佛法而言的。因此,无论是北畠亲房还是本居宣长,都不允许有悖于"惟神之道"的解释,他们强调天皇的绝对权威,抑或是让神道彻底地脱离"所奉之神乃佛的化身"的地位。明治政府直接运用的就是如此的神道思想,并把国民养成目标定位在了"日本民族独一无二的优越性"上面,抑或是"日本主义的民族情绪"基于神道信仰。据此,也利用伊势神宫和靖国神社为代表的"国家神道",把"天皇信仰"和"爱国思想"聚焦于国体观念,力图通过国家制度不断推出各种精神运动,致使臣民生活被彻底地政治化和军事化。

例如1869年,政府在发布《太政官令》的同时,恢复了"祭政一致"制度。1870年发布《大教宣布诏书》时,又将"神德皇恩""人魂不死""天神造化""皇国国体""皇政一新"等20余条"德目",作为教育国民的新条律。以后,伴随着从战争中赢得的越来越膨胀的利欲心,进而要求臣民牢固"现人神"信仰。军国主义教育更是宣扬"为天皇和国家捐躯是生命的最高价值"的理念,因为这样可以进入靖国神社成为国家的保护神。为此,就必须否定自身的"私有性",包括人权和自由。[③]犹如荒木贞夫大将所说:日本人的"真正使命是弘布和宣扬皇道以达于四海。力量不是非我等介意之事,吾人何必忧虑物质之事?"[④]

第二节 明治维新造就的近代天皇制

1866年12月25日,孝明天皇突然去世。1867年1月9日,年仅16岁的睦仁亲王即位。1868年8月27日,举行即位礼。9月8日,改元"明治"[⑤],规

---

① 舍人親王:『日本書紀』卷二十一「用明天皇元年」,新訂增補国史大系『日本書紀』後篇,吉川弘文館1983年版,第119頁。
② 舍人親王:『日本書紀』卷二十五「孝德天皇元年」,新訂增補国史大系『日本書紀』後篇,吉川弘文館1983年版,第151頁。
③ 梅原猛著,卞立强、李力译:《森林思想》,中国国际广播出版社1993年版,第6页。
④ 荒木贞夫:《向全日本民族呼吁》,转引自〔美〕本尼迪克特著,孙克民、马小鹤、朱理胜译:《菊花与刀》,浙江人民出版社1987年版,第20页。
⑤ 《周易正义》卷九《说卦》:"圣人南面听天下,向明而治。"《十三经注疏》上册,中华书局1980年版,第94页。

定"一世一元",由此开始了明治时代。

1868年1月3日,在京都的鸟羽、伏见两地,萨摩和长州藩兵向幕府军开战,打响了戊辰战争。紧接着,新政府发出讨伐幕府将军德川庆喜的命令。3月14日,天皇发布《五条誓文》,确立了建设新国家的大政方针。

翌年1月14日,萨摩、土佐、长州三藩代表会议首先决定"版籍奉还"。6月17日,各藩完成了"版籍奉还",同时废除公卿、藩侯称号。25日,新政府任命藩知事274人。随后推出一系列政策,展示了新的政府形象。例如29日,在东京建立"招魂社"(后来的"靖国神社"),以国家名义祭奠戊辰战争死难者。8月15日,改"虾夷地"为"北海道",扩大国家直辖范围。另外,在10月,《君代》诞生,以后被指定为天皇仪式中的专用曲。①

1870年1月,新政府发布《大教宣布诏书》。翌年2月,政府从萨摩、土佐、长州三藩募兵,组成"亲兵"。7月14日,天皇召集56藩知事,宣布《废藩置县诏书》。同月,修改《太政官制》,以天皇为中心的中央集权政体最终完成。

1872年8月,新政府颁布《学制》,推行"全民皆学"政策。翌年,颁布《征兵令》,在建立近代常备军的同时,也奠定了"全民皆兵"制度。11月设置的"内务省",以"治安优先"为理念,把"束缚就是保护","在君主国必须提高君权"作为警察国家的指导原理,进而强制人民对天皇的信仰。②

明治维新的最终目的是实现富国强兵,"藩阀官僚"③也以此为口号,以天皇的名义控制人民。与此相适应,教育吸纳欧美"技艺",竭力宣传天皇万世一系的尊严,强化绝对主义的国家意识,以便达到凝聚民族力量,摆脱民族危机,成为世界一等国家的目的。需要注意的是,明治政府从一开始就是"全面皆学""全面皆兵"并行,这也是军国主义教育的基础。

一、促成封建制度崩溃的内因

德川后期,幕藩体制陷入封建危机之中。主要表现在:农业耕种面积停滞不前,农村人口减少,歉收、饥荒频繁发生;由幕府到各藩都陷入了严重的财

---

① 1880年11月3日天长节这一天,在宫中宴会上演奏《君代》。海军省建议内务省把《君代》作为天皇祝寿礼的专曲。
② 1872年,萨摩藩出身的川路利良到欧洲考察警察制度,回国后立志把日本建成"警察国家"。1873年11月,大久保利通首倡建立内务省并任内务卿,把府县长官任免权掌握在自己手里。川路利良是警视局负责人,大久保利通政策的具体执行人,后被称为"日本警察之父"。
③ 按照"藩籍"结成派系势力,叫作"藩阀"。

政危机；武士阶级尤其是下级武士日益贫困化；幕府为了挽救封建危机的享保改革（1716—1735）、宽政改革（1788—1793）、天保改革（1841—1843）均告失败。[1]"开港"之后，社会上的各种矛盾更是错综复杂。归纳其内部矛盾：

第一，农民异常贫困。幕府的"国用"越是不足就越变本加厉地预征年贡和增设各种苛捐杂税，致使农民起义频繁暴发，仅 1861 年到 1867 年的 7 年间，共发生暴动 194 次，平均每年二十七八次。农民的起义以及脱离土地、堕胎和弃婴等反抗斗争[2]，致使农村的凋敝现象愈加严重。

第二，孕育于封建制度之内的资本经济萌芽，促使工商业地方化、普遍化。这种经济的基础源于德川幕府特殊的社会结构。

1. 从武士结构看，将军之下是"三百诸侯"，诸侯之下是五千著名旗本[3]，旗本之下是一万五千御家人[4]和约一百万名武士。因土地兼并、运用新式武器加强了作战能力等原因，地方大名（藩主）的独立性大大增强。但对于广大的中下级武士，反而更难保住自己的"封地"，仅靠向领主领取"禄米"过活的人越来越多，使他们成为都市生活中的消费者，促进了经济繁荣和货币发展。[5]

2. 由于幕府体制的经济活动是以藩的单位独立展开的，而且其商品交换又发生在以下三个环节：领主和武士必须将米换成货币，以向城市手工业者购买手工业制品；以耕织为活的农民需调剂余缺，剩余的东西需要出卖；城市手工业需出卖手工业制品，购买米和农副产品。[6]

因此，一方面刺激了大名和武士的贪财欲望，导致压迫农民更甚和道德堕落，另一方面也促进了商品经济的发展进程。到 18 世纪末，巨富的商人已经可以凌驾于诸侯了。甚至到了如果"有一个诸侯不偿还放款商人的贷款，他们就和同业协商，约定对其他人也停止贷款"的地步。[7]

---

[1] 吴廷璆、武安隆："资产阶级革命与明治维新"，载《世界历史》编辑部编：《明治维新的再探讨》，中国社会科学出版社 1981 年版，第 3 页。

[2] 在 18 世纪中期，农民因苛税、饥馑等原因，大量涌入城市。根据关山直太朗的统计，1867 年，全国城市中（町人）人口的 21.7% 不是本地出生的，其中大部分来自农村。井上清著，吕明译：《日本现代史》（第 1 卷），生活·读书·新知三联书店 1956 年版，第 44 页。堕胎和弃婴是农村人口减少，生产力下降的另一个原因。井上清、铃木正四著，杨辉译：《日本近代史》上册，商务印书馆 1972 年版，第 36 页。

[3] 家禄在一万石以下、五百石以上，可以直接进见幕府将军的武士。

[4] 直属于将军的下级武士。

[5] 野吕荣太朗著，张廷铮译：《日本资本主义发展史》，五十年代出版社 1953 年版，第 39—40 页。

[6] 严立贤：《日本资本主义形态研究》，中国社会科学出版社 1995 年版，第 234 页。

[7] 野吕荣太朗著，张廷铮译：《日本资本主义发展史》，五十年代出版社 1953 年版，第 49 页。

对于一般工商业者来说，幕府与各藩以增产兴业、奖励商品生产为名，乱加的税收和对商品销售权的强制，以及为弥补财政亏空向商人发放的"藩札"①，则大大束缚着他们的发展。加之包买商和高利贷对广大农村地区的渗透，使各阶级之间的矛盾越趋尖锐。

第三，德川幕府赖以维持正常社会秩序的身份等级制度，以及武士特权被瓦解了。"幕府自四代将军家纲以后支出增加，收入支绌，金银采掘又减少，财政困难。1830年以后赤字年达六七十万两。到维新前夕幕府财政濒于破产。商人缴纳的税款'御用金'成为幕府财政收入的重要源泉。"然而"大名由于奢侈生活和'参觐交代'②的靡费，也不断从商人贷款。大名常因债务而受富商大贾控制，用为家臣，侍如上客。大名不能豢养武士，武士失去禄米。有的成为浪人，有的改业去作教师、医生、商人等。商人献金可以取得以往只有武士享有的带刀特权，武士招商人为养子以解决经济困难"③。

开港以后，下级武士的生活已无法维持，致使他们"怨主如仇敌"。不过，此时也有像西南诸藩那样得益于改革而崛起的例子。④应该说，正是由于中下级武士认识到政治变革的必要性，以及自身严重的贫困化，使得他们与腐朽的上级武士之间的矛盾到了不可调和的地步。

第四，幕府的改革再三失败，公家（贵族）与武家（幕府）的矛盾尖锐化。但由于长期的政治压抑（如《公家诸法度》的限制），以及自身的阶级弱点，公家没有革命的气魄和力量。因此，皇室和公家都希望借助"尊王党"和"攘夷党"的力量，迫使幕府"大政还朝"。

历史学家野吕荣太郎说："日本商人决不能成为明治维新政治革命之积极的有意识的执行者。但是，集中于他们手中的货币，却彻底地侵蚀了封建制度的经济基础，并且，还多多少少有意识地对于扰乱封建的身份关系本身起了作用。"⑤农民尽管是封建制最大的受害者，但是力量相当分散，而且习惯了采用逃避的办法去做消极抵抗。

只有中下级武士能够承担改革任务：一是他们具有"下剋上"的传统，只

---

① 各藩以粮食或其他出产物为基础，经幕府核准而发行的纸币，有"藩札""金札""银札"等名称。不能兑换为纸币，并强行流通。
② 德川幕府为了控制各地诸侯（大名）规定：每隔一年诸侯必须由领地到江户谒见将军，以防范诸侯谋反。
③ 《周一良集》第四卷，辽宁教育出版社1998年版，第180页。
④ 指萨摩（今鹿儿岛县）、长州（今山口县）、土佐（今高知县）、水户（今茨城县）、肥前（今佐贺、长崎县）。它们较早地接触到西洋文化（兰学），并吸纳下级武士参与藩政改革。
⑤ 野吕荣太朗著，张廷铮译：《日本资本主义发展史》，五十年代出版社1953年版，第50页。

要有符合武士道德标准的理由，他们就可以执行革命的行动；二是作为统治阶级，中下级武士具备较高的文化水平，也具有一定的政治眼光，特别是较早接触西方文明地区的武士；三是18世纪中后期兴起的"藩黉"（即藩校）和私塾，培养了一批有见识的人才；四是天皇和贵族集团支持"倒幕运动"；五是18世纪中叶以来流行的尊王论，奠定了知识武士推翻幕府政治的理论基础。

二、"尊王"与"攘夷"并行

"尊王"者，强调君臣大义，尊崇天皇，维护天皇制，鼓吹日本是神国且比其他国家更为卓越，以山崎暗斋、山鹿素行和德川光圀的学说最为典型。"攘夷"者，同样确信日本民族的优越性，把外国人视为"夷狄"，主张完备海防以抵御外国侵略。开始的时候，"尊王"者"反幕"但不"倒幕"；"攘夷"者则既"反幕"也"倒幕"。到1862年"尊攘合流"，并最终在1867年10月迫使德川庆喜"大政还朝"。12月9日，明治天皇发布《王政复古大号令》，最终结束了具有265年历史的德川幕府。

> 自今，彻底废黜摄政、关白、幕府等旧制，即置总裁、议定、参与三职可行万机。诸事始创于神武，神祇、军务、朝堂、社会各类事务，皆当竭尽公议。为洗刷旧来骄惰之污习，与天下休戚，勉励各种才智，并以尽忠报国之诚为奉公之本。①

水户藩的藩主德川光圀是"水户学"的奠基人，正是他的"尊王斥霸"思想给幕末改革带来了一股清流。他认为，当时社会有两个"通弊"：学问与事业分离；文与武（思考与行动）相左。因此有了统合学问与事业，力求文武一致，改革幕府文政局面的主张。② 其中一个重要举措便是召集"崎门"学者编集《大日本史》（汉语文言文写成），目的是恢复大义名分，以及阐明独一无二的国体。

> 光圀睹王室之衰微，思有以振作之，始不顾幕府之猜忌，直接交通朝廷，事天皇至恭谨，复与京都公卿结姻戚。……尽其力所及，以表尊王之意，使幕府知戒惧，而他藩知大义名分之所在。③

---

① 明治天皇：「大政復古ノ大號令」，井原頼明编：『増補皇室事典』，冨山房1942年增订版，第416页。
② 宇野哲人、竹岩造等：『藩學史談』，文松堂书店1943年版，第375页。
③ 周一良：《〈大日本史〉之史学》，载德川光圀编：《大日本史》（第一册），安徽人民出版社2013年版，第17页。

"水户学"所培植的复古尊王的意识,也孕育出了国家统一的思想。著名的言论如横井小楠:"怎样可以富国?怎样可以强兵?须将大义布于四海!"吉田松阴:"天下乃天朝之天下,非幕府之私有。"大原小金吾:"外寇乃天下之寇,非一国(指藩国)之寇。要尽天下之智力。"① 在当时,这些主张起到了聚集义士和思想启蒙的作用。至于为什么需要强调和宣传"一君万民"的思想,大隈重信如是说:

> 当今已陷入沼泽,若国家仍维持封建之四分五裂,危险之至。所谓人寡则求助天,今则无处可求。外部威胁,迫在眉睫,无应对之方。于是乎,托福于万世一系的皇室,以成为日本统一之基。若非如此,据人文之发展,武断政治、封建政治,已不合时宜。自然统一之时,必将到来。然若无愿望,七百年封建政治,无以速亡。……依据人文之发展,大义名分之声起。虽甚为微弱,然兹有国难,无论如何,必须统一国家。以此之力,同担困难,除此之外,别无他途。此一精神猛然而起,就产生了攘夷党、勤王党。勤王党、攘夷党结为一体,产生了尊王攘夷,终成一民族之大运动。②

但是,要把集中体现民族精神的"尊皇论"真正提升到颠覆封建社会理念的地位,还必须用"公论"(国民的民族意识与愿望)代替幕府的"私意"(维护幕府统治的主张),并将旨在排挤外部压力的"海防论"转化为"富国强兵论",代表人物有本多利明③和佐藤信渊④。前者主张用"大日本"的观念,后者则基于"皇国"的观念,路子是一个,运用绝对主义的国家权力实现富国强兵的目标。而吉田松阴的"明皇道而建国体"愿望,则是由《安政五国条约》激发出来的。⑤

---

① 石田一良:『日本文化史概論』,吉川弘文館1971年版,第452—453頁。
② 丸山真男著,王中江译:《日本政治思想史研究》,生活·读书·新知三联书店2000年版,第282、287页。
③ 本多利明认为,日本停滞的原因是被儒教、佛教和神道束缚了,故需废除汉字,打破闭关锁国政策,向西方学习天文学、航海术以及政治形态,用重商主义政策扩张领土。他的具体计划体现在"北方对策"中,即首先控制虾夷地区(后北海道)。本多利明的代表作是1798年写成的《西域物语》。
④ 日本著名思想家,其学问集儒学、国学和兰学于一身,尤以倡导西学著称。1822年成书的《经济要略》,将"经济"定义为:"经营国土,开发物产,资以安邦济民之学问。"1823年撰写的《垂统秘录》又提出废止士农工商身份,实行土地国有化,建立绝对主义国家,向海外扩张等主张。
⑤ 1858年安政五年,幕府与美国、荷兰、俄国、英国、法国签订的不平等条约。日本开放横滨、长崎、函馆三埠为自由贸易港,国门被列强强行打开。

然而，幕末的皇权运动仍有两种思路。一派主张用和平手段让德川庆喜交出政权，并由他组成"公武政体"（贵族与武士联合执政），提出者是土佐藩的山内容堂、后藤象二郎和坂本龙马。萨摩藩的小松带刀赞成这一主张。另一派主张诉诸武力恢复皇权，剥夺德川幕府的一切权力，提出者是萨摩藩的西乡隆盛、大久保利通及长州藩的木户孝允等。[1]

这也是在明治初期，政府的各项政策，几乎都要经过一番斗争才能折中解决的缘故。天皇在其中虽不直接做出肯定或否定的裁决，但有着特别的协调作用，不同派别为了获取优势，也都会竭力利用天皇的威信。在戊辰战争中，主战派占据优势，就是天皇重心偏倚的结果。

三、宣布"国是"和颁布"国宪"

1860 年 3 月 3 日，发生的"樱田门外事件"[2]，表明幕府并未因"公武合体"[3]而得到安宁。1867 年 5 月 21 日，土佐藩士乾退助（后板垣退助）、中冈慎太郎等同萨摩藩的西乡隆盛、小松带刀在京都会面，密谋举兵倒幕事宜。6 月 13 日，后藤象二郎上京，接受坂本龙马的《舟中八策》。22 日，土佐藩的中冈慎太郎、坂本龙马、后藤象二郎和萨摩藩的西乡隆盛、大久保利通等人，举行"三棵树旗亭会议"，以《舟中八策》为蓝本，结成以推翻幕府统治为目的的"萨土盟约"。与此同时，他们大肆渲染孝明天皇到大和参拜神武天皇陵（1863）以及明治天皇"御笔信"（1868），借势把天皇打扮成"宣布国威于四方"的神灵。

从 1867 年 10 月"大政奉还"，到 1869 年 6 月戊辰战争结束，即是维新力量使用武力确立近代天皇制国家的时期。他们打起"锦御旗"，"代幼君号令天下"，并使天皇御驾亲征，客观上起到了宣扬天皇神威的作用。[4] 另一方面明治天皇密集发布的《讨幕密敕》《王政复古大号令》《开国诏书》《五条誓文》等诏书[5]，也

---

[1] 简单地说，土佐藩主要代表公议整体派，萨、长两藩则是倒幕派，导致日本政治在一开始，便是多元的、复杂的，产生派别、分歧和对抗也是自然的。中村康雄：『天皇の詔勅』，新人物往来社 1992 年版，第 144 页。

[2] 1858 年，彦根藩主井伊直弼担任幕府大老后，顽固维持幕府的旧秩序，兴"安政大狱"，残酷镇压反对派，并签署《安政五国条约》。1860 年 3 月，井伊直弼在樱田门外登城途中，被水户、萨摩两藩的 18 名浪士刺杀。他的死，成为政局转变的信号。

[3] 指幕府与贵族之间的暂时联合，他们都需要借助天皇权威，稳定统治秩序。初期以幕府为中心，后期以雄藩为中心。

[4] 田中惣五郎：『日本軍隊史』，理論社 1954 年版，第 61 页。

[5] 井原頼明编：『増補皇室事典（詔書編）』（冨山房 1942 年版）中收录明治元年的"诏书""敕令"就有 10 则，第 415—447 页。

彰显了他在明治维新中所扮演的政治角色。其中,《五条誓文》是明治维新的思想源头,也是明治维新的大政方针。

(一)《五条誓文》具有开明和保守两面性

《五条誓文》以越前藩参与[①]三冈八郎(后名由利公正)的《议事之体大意》为蓝本,再加入土佐藩参与福冈藤次(后福冈孝悌)的《会盟》。最后,由木户准一郎(后名木户孝允)校订。但是,木户总觉得不满意,便自撰《盟约》,并以此为定稿。其实,无论哪一稿,都以"提倡国民遵从个人立场迈入新时代"为出发点,不仅符合世界潮流,而且反映了当初日本的有识之士决心效仿"三权分立"建立资本主义政治的意愿。如《议事之体大意》的原案写道:"一、实现平民志向,凝聚人心;二、士民同心,盛行经纶;三、广纳贤才;四、万事决断于公论。"《盟约》的原案是:"一、兴办议会,万事决断于公论;二、求知识于世界,以振起皇基;三、破旧来之陋习,遵从宇内通义。"[②]

在群臣联名上"奉答书"恳请"亿兆安抚,宣布国威"之后,1868年3月14日[③],天皇率公卿、诸侯在京都御所紫宸殿举行了向诸神誓词的仪式,17岁的天皇宣读了五条"建国宣言":

一、广兴会议,万机决于公论;

二、上下一心,大展经纶;

三、公卿与武家同心,以至于庶民,须使各遂其志,人心不倦;

四、破历来之陋习,立基于天地之公道;

五、求知识于世界,大振皇基。

兹欲行我国前所未有之变革,朕当身先率众誓于天地神明,以大定国是,立保全民之道。尔等亦须本斯旨趣齐心致力![④]

作为指导明治维新的国是思想,《五条誓文》包含了两种新精神:一是倡导开明进取的近代治国理念;二是把广开议会、万机决于公论、求知识于世界作为新政府的现实任务。同时,还发表了天皇的《宣布国威御笔书》,其中立下

---

① "参与"是大和朝官职的旧称谓,1867年重置,意味着延续上千年的以天皇为中心的中央集权政治体制。参与的地位,仅次于总裁和议定,由公卿和诸侯出任。

② 坂口茂:『近代日本の愛国思想教育』上卷,株式ストーク1999年版,第23页。

③ 因为预定3月15日向江户城发动总攻,所以在这天发表《五条誓文》,寓意建设新国家的开始。

④ 明治天皇:「五箇條ノ御誓文」,井原頼明编:『増補皇室事典』,富山房1942年版,第416页。

"开拓万里波涛，宣布国威于四方"[①]的宏愿，这也为军国主义的国策埋下伏笔。

4月21日，新政府公布了被视为《五条誓文》制度化的《政体书》[②]，也称《太政官制》。该制规定："天下之权力皆归太政官，使政令无出于二途之患"；"太政官之权力分为立法、行政、司法三权，使无偏重之患"。但是，日本掌管"三权"的"三官"，与西方不完全一致。其立法官即议政官，司法官即刑法官，而行法官则包括神祇官、行政官、会计官、军务官和外国官。

具体言之，"三官"不得相互兼任。而且规定亲王、公卿、诸侯以外的官员不得升任一等官，这叫作"敬大臣"。另外，"为官者不得私在家中与他人议论政事"。诸官任期四年，并通过公选投票的方法选用官员。

议政官分上下两局，上局由公卿和诸侯组成，下局成员是府、藩、县代表。《官制》规定："各府、各藩、各县施政令亦应体会誓约，唯不得以一地之制通用于他地，勿私授爵位，勿私铸货币，勿私雇外国人，勿与邻藩或外国订立盟约，目的在于不使小权犯大权，不使紊乱政体也。"[③]显然，既限定地方权限，维护中央集权制，也给地方自治留有余地。

1868年1月17日，修改"三职制"新设副总裁一职，由三条实美和岩仓具视二位公卿出任，其下设参与（诸藩）若干，分掌神祇、内国、外国、海陆军、会计、刑法、制度"七科"。

《政体书》发布，即时改革官制，中央政府设议政、行政、神祇、会计、军务、外国、刑部七官，由太政官（总理）直辖。

议政官由原来的32名减为10名，其中公卿6名，藩主4名；参与（诸藩士）由原来的102名减为11名，成员都是萨、长、土、肥、越五藩的领导人。

当时共置9府、21县，273藩。戊辰战争一结束，首先是萨摩、土佐、长州、肥前四藩"版籍奉还"。随后是261名藩主"版籍奉还"，他们同时被任命为"知藩士"，成为明治政府的首批地方官。[④]

[①] 明治天皇：「國威宣佈ノ宸翰」，井原頼明编：『增補皇室事典』，冨山房1942年版，第416頁。
[②] 福冈孝悌和副岛种臣参照美国的《联邦论》和福泽谕吉的《西洋事情》写成，很多内容就是直译。
[③] 東京日日新聞：「内閣制以前的政治機構」，日本国政事典刊行会编：『日本国政事典』，日本図書センター1987年版，第3頁。
[④] 根据宇野俊一等编『日本全史』整理，講談社1991年版，第908—910頁。

第一章　近代天皇制的历史来源与现实定位

至于权力的架构和功能，最突出的一条是由"太政官"掌管百官和政事。或是说由"辅相"三条实美和岩仓具视二位公卿，"负责掌管辅佐天皇、奏宣议事、督理国内事务、总判宫中庶务等大事"，并为实现天皇亲政作了准备。

由于这部基本法，生搬硬套美国的体制，也没有充分考虑到强藩的政治诉求，尤其是天皇地位仍过于模糊，很快就被新法代替。翌年7月8日，模仿大宝①古制，修改"政体书体制"，将行政各"官"改为"省"，设"两官六省"。"两官"是指神祇官和太政官，而且神祇官位在太政官之上；"六省"仍由太政官掌管，包括民部、大藏、兵部、刑部、宫内、外务六省。另外，设置专门管理北海道、桦太开拓和行政事务的开拓使。至此，形成了近代的"祭政一体"的政体。②这注定了日本的"近代"制度和理念，从一开始就与西方的近代政治不同。

> 大宝律令规定的"二官八省制"（中央）："二官"是神祇官（执行祭礼）和太政官（一般行政）。太政官又分左大臣、太政大臣、右大臣。其中，左大臣（左弁官）掌管四省事务，即中务省（辅佐天皇政务）、式部省（官员人事、仪礼事务）、治部省（外交、宗教事务）、民部省（户籍、租税事务）；右大臣（右弁官）掌管四省事务，即兵部省（军事事务）、刑部省（裁判、刑罚事务）、大藏省（财政、保管事务）、宫内省（宫廷事务）。③

官制改革的另一个结果，则是扩大了西南强藩的势力。经过两轮改革，在政府的实权人物中，除三条实美和岩仓具视外，其他公卿几乎都被排除掉了。通过"奉还版籍"和"华族称号令"，各地的旧藩主也遭淘汰。1871年7月29日，再行官制改革，设置正院、左院、右院。规定"正院"由天皇亲临总理（明治天皇亲政），致使太政大臣及左右辅弼等，都只执行"辅佐天皇，总揽行政，统辖祭祀、外交、宣战、媾和、订约之权，以及海陆军之事务"的一般政务了。④以天皇为中心的国家体制，到这个时候已经大功告成了。

---

① 指701年颁布的《大宝律令》。它是日本仿照唐律制定的第一部成文法典，内容涉及职官、行政、田户、军事、刑法等。
② 升味准之辅著，董果良译：《日本政治史》第一册，商务印书馆1997年版，第103页。
③ 根据宇野俊一等编『日本全史』整理，講談社1991年版，第110页。
④ 太政大臣由三条实美公爵担任，右大臣由岩仓具视公爵担任，参议有木户孝允、西乡隆盛、大隈重信、板垣退助。右院之职，由岩仓具视任外务卿（以后是副岛种臣）、大久保利通任大藏卿、山县有朋任兵部大辅。政府中，一个旧藩主也没有。这时，"藩阀体制"已经诞生了。

上自陛下，下至百官僚属，应主义一致而不动，目的相同而不变，更应奋励万机一新之精神、携受陛下信受而为股肱、以国家为重之海陆军及警视之威势于左右，凛然临下，使民心战栗。①

（二）将天皇"定于一尊"

1889年2月11日上午10点40分，在皇宫正殿举行颁布《大日本帝国宪法》仪式，明治天皇从内大臣三条实美手里接过《宪法》卷轴，念完《宪法发布敕语》后，再交给首相黑田清隆。仪式虽然只进行了10分钟，但其象征意义不可小觑，它既是日本国家近代化的重要标志，也同时定位了近代天皇制的法律地位和意义。

在此之前，自由民权运动中就出现过各种宪法草案，如山田显义等撰写的《日本宪法希望案》、植木枝盛执笔的《东洋大日本国国宪案》。②其中，多反映了"主权在民"思想，而且主张保障国民的自由权和抵抗权，即便承认天皇并保留君主制，也需得到议会认可。但是，这些"宪政"主张，离明治政府所需要的"帝国宪法"还是太远。在1876年至1880年间，元老院3次起草宪法，但均未通过。1882年改由伊藤博文负责宪法制定工作。为此，他于1882年3月至1883年8月，专门到普鲁士和奥地利考察西欧的宪法。

1884年7月7日，政府制定《华族令》，定公、侯、伯、子、男五个爵位，并明确由宫内省主管户籍和身份，目的便是确保皇室的利益和天皇大权。翌年12月22日，废太政官制，设置内阁。同时设立内阁总理大臣、宫内大臣、外务大臣、内务大臣、大藏大臣、陆军大臣、海军大臣、司法大臣、文部大臣、农商大臣、递信大臣，除宫内大臣外，其他皆为内阁大臣。③

首相伊藤博文以及内阁的政务责任中，最重要的义务依然是辅弼天皇，当务之急是制定《宪法》，以确保天皇的绝对权威。到1886年6月，伊藤博文和法制局长官井上毅、首相秘书官伊东巳代治和金子坚太郎一同讨论宪法起草事务。第一稿于第二年10月完成。1888年4月，伊藤博文将宪法草案奉呈天皇。

---

① 《岩仓公实纪》，转引自依田憙家著，卞立强等译：《日中两国现代化比较研究》，北京大学出版社1997年版，第95—96页。
② 植木枝盛是自由民权运动著名的思想家，他于1881年8月脱稿的《东洋大日本国国宪案》有18编219条。其中用30条规定了自由权，包括废止死刑、国籍自由等；还规定了民选立法院，实行广泛的人民参政等。当时他只有25岁。
③ 内阁大臣11人中，伊藤博文等4人来自长州藩，松方正义等4人来自萨摩藩，谷干城等3人来自土佐藩。

之后，他辞去首相就任枢密院院长。因为枢密院是天皇的最高咨询机关，在这个时候亲自担任院长，更有利于使宪法完全体现政府的既定方针，并能够顺利得到通过。

关于宪法的本质，1887年9月28日，伊藤博文在宫中对地方官训示中已有阐释："我立宪政体之大义，乃基于立国之源，遵循祖宗之遗训。且斟酌时宜，优重臣民之权利，以便伸畅公议。"关于宪法的执行原则，则是："待今圣亲裁之后，惠赐予一国臣民。"但是无论如何，立宪的目的都是要确保"祖宗以来国体之尊严"[①]。所以那些"深望勿加损坏"君权的人们，可以放心了。因为，其一是宪法是以君权为基础，而不遵循欧洲的主权分立的精神；其二是制定宪法"均不外乎诏述皇祖皇宗贻于后裔之统治洪范"。一句话，采用立宪制以后，天皇绝对主义的本质不会有改变。[②]

在《帝国宪法》即将公布的1889年2月2日，首相黑田清隆在鹿鸣馆对地方官的训示中，再次重申："以我国体为基本，遵循祖宗之遗训，固定永远之基业。"至于国民的福利基础，则依赖于国体的巩固，包括"将于明年召开的帝国议会"，也是为了臣民们能够"饮仰圣上无疆之恩德"[③]。

1889年2月5日，枢密院审议通过《皇室典范》《帝国宪法》和《议院法》《众议院议员选举法》《贵族院令》。枢密院还选择2月11日隆重举行宪法颁布仪式，因为这一天是神武天皇即位日。由此看出，明治政府对此多么处心积虑。而由明治天皇在新落成的宫殿上大令群臣，并亲自宣读颁布宪法的《告文》和《发布宪法敕语》，更是直接宣示了天皇对于国家的不容置疑的神圣地位。

《帝国宪法》第一条：大日本帝国由万世一系之天皇统治。第二条：皇位按《皇室典范》之规定，由天皇男子孙继承。第三条：天皇神圣不可侵犯。第四条：天皇乃国家元首，总揽统治权，并依本宪法各条之规定行使之。第五条：天皇在帝国议会之协助、赞同下行使立法权。第七条：天皇召集帝国议会，天皇可命令其开会、闭会、停会及解散众议院。第十一条：天皇统帅陆海军。第十三条：天皇执行宣战、讲和及缔结各种条约。第十八

---

① 伊藤博文：「地方長官に対する訓示」，内閣制度百年史編纂委員会編：『歴代内閣総理大臣演説集』，大蔵省印刷局1985年版，第2頁。
② 远山茂树著，邹有恒等译：《日本近现代史》，商务印书馆1983年版，第90页。
③ 黑田清隆：「地方長官に対する訓示」，内閣制度百年史編纂委員会編：『歴代内閣総理大臣演説集』，大蔵省印刷局1985年版，第5頁。

条：作为日本臣民之必需条件，由法律规定之。第二十条：日本臣民按法律所规定，有服兵役之义务。第二十一条：日本臣民按法律所规定，有纳税之义务。①

简言之，根据《帝国宪法》，议会和政府都是服从于天皇个人的国家机构。虽然基本上采取了责任内阁的立场，但大臣的政治责任，对天皇是直接的，对议会则是间接的（第五十五条）。另外，只有天皇拥有修改宪法的动议权，即以敕命形式将议案提交给议会讨论（第七十三条）。这就将行政指导权、军事指挥权、司法裁判权（须以天皇名义发布），都集中在了天皇手里。天皇成了日本"唯一的最高统治者"和"唯一的最高统帅"。这也与"人民统治"的民主政治大相径庭。

引申之，《宪法》虽然规定国民享有自我财产保护，以及居住、通信、信教、言论、出版、集会自由等基本人权，但却是以天皇恩赐的方式给予国民的，这意味着天皇和政府具有限制国民权利的权力。例如，当战时或国家发生紧急情况时，政府可以"不能妨碍天皇实施大权"为由取缔国民权利。（第三十一条）所以对臣民而言，天皇所赐予的真正权利只有服兵役、纳税和接受臣民性质的国民教育。②

同时颁布的《皇室典范》③等法律，与《宪法》一同构成了近代天皇制的宪政基础。其独特之处，一是天皇的权力来源为"肇国神话"，尽管近代天皇的神圣性和权威性体现在了宪政中，但就历史观和世界观而言仍属于传统范畴的东西；二是近代天皇制在政治观和文化观方面具有民族国家成分，究其根本则又排斥民主、民权、自由、法治等近代理念，无论是"宇内雄飞""八纮一宇"，还是"宣布国威于四方"，都是基于日本的国体观和天皇制。尤其在战争中，日本军国主义者暴露出来的狭隘性、野蛮性和掠夺性，也与日本帝国的封建性和残缺的近代性有着直接关系。

---

① 高木八尺编：『人權宣言集』，岩波書店1991年版，第387頁。
② 井上清著，吉林大学日本研究所译：《天皇的战争责任》，商务印书馆1983年版，第13—16页。
③ 《皇室典范》的制定，也是由伊藤博文领导完成的。但早在1881年岩仓具视的施政"大纲领"中，就规定了帝位继承法（皇室宪则）。1886年6月，又起草了《帝宝典则》。这些都是制定《皇室典范》的蓝本。

第三节　自由民权运动蕴涵的思想特质

自由民权运动若以 1881 年为界的话，之前的参与者主要是政府官僚、政治家、知识分子，故称为"上层民权运动"；之后的参与者主要是豪农、富商及自由民权志士，故称为"下层民权运动"。

一、自由民权运动昙花一现的主因

1874 年 1 月 12 日，板垣退助、后藤象二郎和副岛种臣等人，创建了日本最初的政党团体"爱国公党"，其矛头直指大久保利通为首的"有司专制"[1]。暂且放下藩阀之间的利益诉求等因素不表，"盟约"基于天赋人权理论，提出"通议权理"的主张，已是十分可贵了。据此，他们也把设立"民选院"作为自己的奋斗目标。数日后，副岛种臣、由利公正、江藤新平等人拟定了《设立民选议院建议书》，并于 17 日提交给政府（左院）。《建议书》写道："察方今政权之归所，上不在帝室，下不在人民，而独归有司。"[2] 同时，要求赋予人民参政议政的权利，由此掀起了自由民权运动。

可是不过两个月，就因"佐贺之乱"等原因，该党自行解散。4 月 10 日，板垣退助又在高知县联合片冈健吉、林有造等人，以自由和人权为主旨，创立"立志社"，口号是开民智，树新风，发展人民福祉，追求人权和自由。片冈健吉还特意组织了"立志学舍"和法律研究所，专门宣传民权思想。与此同时，各地受其影响纷纷成立爱国社。

1874 年 12 月，加藤弘之的《国体新论》一书出版。他说："国家之主眼在人民，因有人民才有君主，才有政府。"引申之，"因国家主眼完全在人民，故君主、政府之职掌，概言之，除保护人民、补益其生命、权利及诸业之开明外，再别无一事"[3]。这一理论无疑成为自由民权运动的浓墨重彩，与世界进步潮流一致。

然而，明治政府虽然需要积极推进国家的近代化，但它并没有选择发展自由资本主义的宪政国家模式。事实上从学习洋学开始，无论西化的主张多么极

---

[1] 1873 年 11 月 10 日，设置内务省，大久保利通任内务卿。不久，内务省逐渐扩大职能，如将大藏省的户籍寮、驿递寮、租税寮，工部省的测量司，司法省的警保寮纳入其中。特别是掌握府县长官的任免权之后，内务省已是内阁的核心部门，因而有"大久保利通独裁"一说。其实，一方面西乡隆盛、木户孝允脱离政府后，从声望到实力，造成大久保利通一家独大的现象；另一方面维新派本来在政见上就多有分歧，现在大久保手握实权，板垣、后藤虚位，故严厉抨击"有司"（相关部门）专制。

[2] 安冈昭男著，林和生、李心纯译：《日本近代史》，中国社会科学出版社 1996 年版，第 234—235 页。

[3] 依田熹家著，卞立强等译：《日中两国现代化比较研究》，北京大学出版社 1997 年版，第 102 页。

端，日本人却始终固守传统。文化学者认为，这是岛国文化使然，形制可以改变，本质则坚持而又顽固。或许功利主义的政治观更能说明问题，近代化服从于天皇制，恰恰因为"主权在君"满足富国强兵的国策，而"主权在民"则举步维艰。因此，明治政府必须对天皇制国家构成威胁的自由民权运动，采取相应的反制措施。

其一，1875年6月28日，依据《太政官令》制定"诽谤律"（8条）和"报纸条例"（16条），禁止在公开场合批评政府和官员，否则以诽谤罪论处。批论天皇和皇室更是大罪。[①] 按照这些法律，政府可以根据自己的意图确定禁言范围。如果是遇到经济危机等特殊时期，稳定社会治安就是最好的借口。如川路利良所说：在警察成为人民保姆的同时，也形成了"治安优先"的警察国家。[②]

其二，采用"诏敕"策略显示政府权威。例如1874年5月，明治天皇发布的《颁议院宪法诏》，强调"朕于践祚之初，基于神明旨意，即拟定以律法形式，召集全国人民之代议人，广开言路，上下协和，畅通民情"[③]。意思是说，即使召开议会也并非自由民权的结果，而是天皇的意志和恩赐。

其三，1879年8月发布《教学圣旨》，旨在用儒家道德诠释天皇信仰，并以此阻止自由主义等非国家主义、家族主义思想对国民的侵蚀。1880年4月颁布《集会条例》，要求所有政治结社、集会必须事先申请，获得警方同意方可组织和活动，否则视为非法。同时，禁止军人、学生、教师参加政治议论和演说，或是加入政治性组织。1881年6月公布的《小学教员心得》，禁止教师"涉及政治及宗教"，而且不能有"执拗矫激之言论"。此时，政府的目的只有一个，培养国民"振作尊王爱国之志气"，进而削弱自由民权运动带来的影响。

其四，1882年1月颁布《军人敕谕》，其背景就是不断高涨的自由民权运动开始波及到军队。山县有朋深感情况严重，便命西周、井上毅、福地源一郎起草《敕谕》，并力图采用忠节、礼仪、武勇、信义和素质等信条，去隔离自由民权思想，使军队真正成为维护天皇制的柱石。

客观上说，1889年2月颁布的《大日本帝国宪法》和1890年7月实现总选

---

① "诽谤律"被纳入1882年实施的刑法；"报纸条例"延续到1909年。
② 1873年11月，由内务省掌管全国警察权。1874年1月，在东京设置警视厅。2月，改"罗卒"为"巡查"。统一警视人员制服，并佩戴黄色袖箍，日本向警察国家迈出了第一步。
③ 明治天皇：「國會開期ノ勅諭」，井原頼明編：『増補皇室事典』，冨山房1942年版，第426頁。

举，也是自由民权运动的结果。① 然而，必须看到天皇制与立宪民主之间存在着尖锐矛盾，以及《大日本帝国宪法》无法成功地调和二者的关系，它最终认可的仍然是天皇神圣不可侵犯的权威性。而1890年10月颁布的《教育敕语》，则把宪法确定的天皇制固化为国民的具体思想和行动，如承认"君民一致"的国家观及"克忠克孝、义勇奉公"，以及无条件服从"天壤无穷之国运"的臣民义务。

总之，自由民权运动有其进步意义，如其主张制定宪法、开设议会、减轻地租、修正不平等条约、保障人民的言论和集会自由等。仅从内容看，它是资本主义的民主运动。但是，它毕竟是维新领导人之间分歧、对抗的产物。当反对派以个人身份加入政府时，便会放弃党派；在政府中被架空后，又会下野组织党派再次成为反对派，以致他们似乎总是不满政府、裹挟民意，却没有系统的政治纲领和持久的政治路线。所以，在现实面前天皇制才是"铁打的江山"。

二、军国主义教育是富国强兵政策的产物

明治时期的对外战争，以及服务于战争的军国主义教育，无不是明治领导者在选择近代模式时，各种国家理念相互撞击后的现实结果。其中，既有藩阀之间的联合与分裂，又有世界潮流与传统认知之间的结合与抵触；既依赖强国主义使日本在短期内步入列强之列，也不得不面对在国际竞争中因力不从心而时时陷入窘境。当各种矛盾交织在了一起，并形成了缠斗局面，统一意志、上下一心、举国一致体制，就是制胜法宝。对政府而言，利用天皇统一意志相对简单。一是通过宣传和法制编造天皇的神秘性和神圣性，使之产生巨大魔力；二是在制度上做到"祭政一致"，将神权通过道德教育作用于国民意识，以便达到凝聚国民精神的目的；三是在政治斗争中，始终把握国家至上原则，并直截了当地使用富国强兵政策。

明治时期的日本并不缺少有见识的思想者，而且任何时候都不乏传播世界先进观念的先锋者。如福泽谕吉所言："天不生人上人，也不生人下人。"② 加藤弘之所警觉的司法权"若独掌国君之手"，则会有"动辄陷于暴虐之蔽"的危险。③ 问题在于，无论历史还是现实，日本都难以接受这样的新思想。

---

① 我国学者吕万和认为，它虽然存在着先天性缺陷，但仍使日本摆脱了封建社会的人治，向资产阶级近代民主政治跨出了决定性的一步。事实上，日本也是亚洲第一个"宪政国家"。吕万和：《简明日本近代史》，天津人民出版社1984年版，第111页。
② 福泽谕吉著，群力译：《劝学篇》，商务印书馆1984年版，第2页。
③ 依田憙家著，卞立强等译：《日中两国现代化比较研究》，北京大学出版社1997年版，第99页。

首先，日本没有任何"民治""民有""民享"的基础，只有根深蒂固的"主从"观念。其次，日本是被迫开国，明治维新的基本诉求是，既要摆脱被列强奴役的危险，还要使自己也成为先进国。后者决定了它要步列强的后尘。比如军国主义者的理想对象是普鲁士，而非英美；自由民权论者的效仿者同样如此。再次，日本的国际环境复杂，似乎只有"富国强兵"一途。即便"强民"，也是"强兵之民"而非"富国之民"。抑或是说强兵才是富国之本，为此则必须弱民。

因此，政府一直在瓦解育成民主思想的社会基础，它并没有费太大周折就把国家迅速导入战争体制了。即是说，国民还来不及看到民主、自由、人权的曙光，就被侵略战争刺眼的国家利益蒙蔽住了双眼。吉田茂在《激荡的百年史》中讴歌明治领导人的冒险精神[1]，其实就是明治政府不遗余力地推进国家主义政策，特别是在教育领域，通过日益完善的敕语体制，有力地钳制了国民信仰和军国主义情感。他们信服今天的国家力量来源于历史传统，也认同基于家族主义排斥民主主义、民权思想和社会主义思潮的正当意义。

简言之，明治政府始终希望用大政府理念集中更多权力以实现富国强兵的愿望，而且认为依赖军队从外国攫取巨大利益是理所当然的选择，因为日本不具备独立积累原始资本的能力。据此，政府又必须彻底地维护作为其权威性唯一来源的天皇制。这也是中江兆民等人主张君主"统而不治"的宪政体制，最终被《大日本帝国宪法》否定的主要原因。以后，军部能够通过"帷幄上奏权"和"二元军制"任意践踏民主、民权范围内的一切规制，同样因为在天皇制政治结构中军部的位置高于政府。[2]搞清楚这些基本思路，再展开具体的军国主义教育内容，就不至于孤立地去看某些教育现象和战争问题，比如日本兵作战为什么不要命，而是愿意静下心来分析它们的来龙去脉。

---

[1] 吉田茂著，孔凡泽、张文译：《激荡的百年史》，世界知识出版社1980年版，第11、21页。
[2] 《帝国宪法》第12条，规定军令长官辅佐天皇行使军令权，国务大臣不负其责。另外，1889年12月24日，颁布《内阁官制》。其中第7条规定："凡有关军事机密和军令问题上奏天皇，除按天皇旨意下发内阁之文书外，均需由陆军大臣、海军大臣向内阁总理报告。"1890年、1893年修订的《参谋部条例》，实际可让军部凌驾于政府。

第二章　国体观念是军国主义教育的根基

引　言

　　如果说镰仓幕府时期的亲鸾、道元、日莲①三僧，按照佛教义理形成日本最初的国体概念，再经北畠亲房建构成古典的"国体论"的话，那么德川幕府时期的山鹿素行、本居宣长、会泽正之斋、平田笃胤等人的"国体论"，就是近代日本精神的直接来源。

　　近代日本的"国体论"即是体现"日本魂"或日本精神。它较之古代的"国体论"糅入了近代国家和民族意识观念，并将"天皇制的优越性"凌驾于世界其他国家和民族之上。或从"万世一系"的信仰，解释天皇的神圣性和唯一性。因此，国家信念的起点，便是对天皇的绝对忠诚。

　　然而，强劲的西学、西风也迫使"国体"面对世界潮流。稍显粗浅的见解，如佐久间象山的"东洋道德，西洋艺术；精粗不遗，表里兼该"；横井小楠的"明尧舜孔子之道，尽西洋器械之术"；以及桥本左内的"器械艺术取彼方，仁义忠孝存我方"等等主张。会泽正志斋较早认识到儒学伦理和皇室信仰的关系，并提出了系统的"国体"观念。②但无论是"和汉洋才"，还是"和魂洋才"，本质上还在"尊王攘夷"。

　　对于天皇而言，没有"开国"和"攘夷"就没有"王政复古"，更不能行使天皇权力和权威治理国家。③所以，让日本融入世界是"开拓万里波涛"的前提，

---

① 镰仓时期的著名僧人，分别属于曹洞宗、净土真宗和日莲宗。参见杨曾文、源了圆主编：《中日文化交流史大系·宗教卷》，浙江人民出版社1996年版，第252、150、205页。
② 石田一良：『日本文化史概論』，吉川弘文館1971年版，第453頁。
③ 1868年1月10日，天皇发布《王政复古致各国使臣国书》，正式照会各国元首："从前条约使用大君名称，自今而后在与各国交通仅许称天皇。"

而要实现"宣布国威于西方",则必须依赖"宇内第一"的国体优势。事实上,明治政府的政治和教育改革,也是围绕国体观念推行国家主义和军国主义政策。

对于臣民而言,忠诚与孝道是基本道德。在颁布《教育敕语》以后,认知国体、忠君爱国和义勇奉公便被一体化了,正所谓"政体可变,而国体不移"[①]。即使是不反对天皇制,但有"误导之嫌"的观点一样予以禁止。天皇是神,拥有无限权力。政府是天皇的扶翼,其权威性源于它能够体现天皇的意志。臣民只要忠诚于天皇,就必须服从政府,其品质便是义勇奉公。

用"国体观念"或"皇国精神"严格束缚臣民,这是近代日本历史的一大特质。政府通过没完没了的"国民运动",消耗并剪除社会中的一切自由因素。它采用最简单、粗暴但却有效的思想控制办法,凝聚服务于天皇制的国民精神。[②] 如此的教育传统或特征,值得反思而不是赞扬。

第一节 文明开化与国体的冲突

文明开化是日本近代的明智之举。没有文明开化,日本很难摆脱沦为列强殖民地的命运。即便是明治天皇也力图做国民的榜样,他带头喝葡萄酒、喝牛奶、吃牛肉,而且到处巡视、抛头露面。然而,凡事皆有悖论且过犹不及。更何况明治政府所建构的天皇制国家本身也不可能彻底地文明开化。

一、从岩仓使团出使欧美到鹿鸣馆开馆

为了实现"求知识于世界"和"富国强兵"的目的,明治政府组成了以右大臣岩仓具视为正使,大藏卿大久保利通、工部大辅伊藤博文为副使的出国考察代表团。1871年11月12日,使团从横滨出发驶向美国。其基本任务有两个:第一是修约,即与欧美列强商讨修改幕末签订的一系列不平等条约。第二是取经,即考察欧美先进国家的政治、经济、社会、文化、教育情况。概括地说,就是按照近代国家的规矩,"呈递国书,修聘问之礼;考察各国文物制度,制定

---

① 纪平正美:『日本の精神』,岩波书店1938年版,第279页。
② 还有一点值得注意:在引入"家族制"观点时,也不能笼统地说天皇就是"大和民族的家长",因为古代天皇制与近代天皇制在"国""家"观念方面,无论伦理还是政治在认知上都是有差别的。在近代,"国"的概念有一体性,所谓"家长",也是"国"之"家长",象征全民族。国学家、神学家乃至后来的国家主义者、国粹主义者所阐发的"国体论",其着眼点就是建立天皇与"国"的天然联系,中心思想是强调忠诚天皇即忠诚国家,反过来亦然。古代天皇制则远没有达到这个程度。

建国方略；举行修约预备谈判"①。

岩仓使团遍访美国、英国、法国、比利时、荷兰、德国、俄国、丹麦、意大利、奥地利和瑞士等地的政府、议会、工厂、学校和农村，详细考察了各国的政治制度、法律理论与实施、经济制度与财务、工商业实况、军事制度改革与现状及教育、社会福利等。

从使团的人员结构看，高级成员平均年龄30岁，除了伊藤博文一人，其他人多无出国经历。但是年龄优势让他们更为敏锐和大胆，而且还避免了经验羁绊，也适宜在国外从事深入考察。另外，像伊藤博文、大久保利通和木户孝允，已有丰富的外事经验，这对于他们考察什么以及回来要做什么起了很大作用。

1873年9月13日，岩仓具视回国，使团圆满地完成了预期任务。②与此同时，日本国内大行"文明开化"之风。最为突出的表现是：国民在文明、开化的名义下，主动地吸收西方知识和文化，意味着"日本觉醒"的开始。③

自1871年始，"文明开化"一词流行开来，社会上出现了各种新鲜事物，人们甚至把模仿西洋生活方式作为时尚。另外，福泽谕吉的《西洋事情》和中村正直的《西国立志篇》，起到了推波助澜的作用。其他在1873—1874年流行的作品，还有加藤祐一的《文明开化》、松林春辅的《开化千字文》、大塚宪斋的《文明千字文》、小川为治的《开化问答》、西村兼文的《开化之本》以及山口又市郎的《开化与自满》。

在建筑方面，从1868年开始，有了用砖瓦盖成的洋房和宾馆。到1872年，东京银座区已经出现了洋房街。在生活方面，浅草区有了牛肉屋，售卖牛奶、黄油、奶酪，相当具有人气；若干西餐店开业；官员和书生穿上了西装，剪短发的人逐渐增多。整个70年代，"提倡食兽肉，戴帽子、打蝙蝠伞、穿洋鞋等等，一时间也使一般百姓的生活在外观上有了改变。政府方面则流通了新货币，改正历法、创办学校，更新裁判诉讼制度。派出所、人力车、火车、汽船等，都是当时的新奇事物。'若三人相遇，必说文明开化新鲜事'"④。

在思想方面，被誉为"日本伏尔泰"的福泽谕吉是当之无愧的启蒙家。他于1872年发表的《劝学篇》，大胆地挑战了封建的学问和道德。到1876年，包

---

① 升味准之辅著，董果良译：《日本政治史》第一册，商务印书馆1997年版，第114页。
② 岩仓具视出访期间，由西乡隆盛、大隈重信、板垣退助等组成留守政府。另，大久保利通已于5月26日回国。
③ 吉田茂著，孔凡、张文译：《激荡的百年史》，世界知识出版社1981年版，第12页。
④ 西田直二郎：『日本文化史序说』，改造社1937年版，第628页。

括盗版在内该书发行了 300 万册以上。他还以《时事新报》和庆应大学①为活动舞台，主张：（1）排除"权力偏重"，即社会价值不能集中在政治权力方面，像经济、学问、教育、宗教等各个文化领域，理应反对政府介入而保留"独立心"；（2）要求在国际权力的政治旋涡中保护和伸张日本国权，提出"一身独立才能一国独立"的主张。因为担心外国势力以内乱为借口插手日本内政，他曾构想实现"大君的君主政治"。对于国体论，福泽认为，"于民权似大为不便，但于巩固政治中心、维持行政秩序则大为便利"。同时，他也警告统治者不要悖于"人类的行为越单一，其思维便越专一；其思维越专一，其权力便越偏一"的原则。②

在政府中，木户孝允和伊藤博文都是开明派领袖。前者主张"民富则国强"，"人民没有知识而且贫陋，维新的美名就是空的"；后者强调"必须学习万国学术，让知识照亮每个人"。③

19 世纪七八十年代，自由民权运动高涨，新政府一面积极和各国修约，一面强行移植欧美文化。1883 年 11 月 28 日，坐落在东京内山下町的鹿鸣馆竣工。这一天的傍晚 6 时，外务卿井上馨夫妇以主人身份举办开馆仪式，参加者包括皇族、大臣、各国公使及各界达官显贵，以及特邀嘉宾近 1300 人。"鹿鸣"，取自《诗经·小雅·鹿鸣》："呦呦鹿鸣，食野之苹；我有嘉宾，鼓瑟吹笙。"明治政府希望借此展开崭新的"鹿鸣馆外交"。

以鹿鸣馆为象征，明治政府的欧化政策也导致了各种幼稚舆论，诸如废黜汉字，全部使用罗马字母；"全盘西化"，用英语替代日语；同外国女人结婚，改良人种等。在百姓中，争抢"舶来品"的现象也屡见不鲜。当然，也有提倡幼儿期喝牛奶，强健民族体质等相对理性的建议。

这个时期文明开化的特点是：其一，它是明治新政府和先进知识分子的一种信念，特别是年轻的领导者，大多有过留学经历或研究过欧美的近代制度，他们不同程度地接受西方的理性主义和近代的科学主义。在福泽谕吉、大隈重信、大久保利通、木户孝允、板垣退助等人的文章、信札中，可以领略到与强

---

① 1853 年，福泽谕吉创办了"兰学塾"。1863 年，"兰学塾"改称"英学塾"。1869 年，"英学塾"改称"庆应义塾"，现简称"庆大"。办学主旨："博览万国史籍，通晓治乱兴衰的学问，善于彼此比较，切勿偏于一端，以免发生谬误。"

② 丸山真男著，区建英译：《福泽谕吉与日本近代化》，北京师范大学出版社 2018 年版，第 2—4、40、51 页。

③ 山住正己：『日本教育小史』，岩波書店 1994 年版，第 24 页。

国意识相关的西学影响。其二，明治政府的政治行为，有着极强的功利色彩，如大久保利通为建立近代官僚体制所做的努力。应该说，明治"三大政策"本身就是行动的目标。所以，无论是"修约"还是富国强兵，需要的是立竿见影的作为，而非去争理念上的是非，"鹿鸣馆外交"即是一个典型事例。其三，近代天皇制的政治结构及其走向，不可能为"全盘西化"提供思想和社会基础，这也注定了任何自由主义思想，在日本只会昙花一现；其四，作为新思想、新事物的接受主体——知识分子和富裕的城市市民，在精神世界和生活世界方面存在着诸多矛盾的地方，而且很难协调。在政府中，"开明派"最终趋于保守，以致文明开化退潮，复古主义再兴。

二、《大教宣布诏书》与宣教使

伊藤博文在《上废藩建议书》中说，新政府"对内以奉慰神武天皇之神灵"，"对外以神国为资本威慑万国"①。引申说，对内人民因敬畏天皇的权威，而忠诚于天皇，进而信赖效劳天皇的政府；对外利用愚忠所表现出来的不怕死的精神，成为世界强国。当然，这也是天皇制的理想状态。据此，神权非常重要，而且必须让国民在其世俗生活中感到神灵无处不在。

在新政府成立伊始，处理神祇事务成了针对近代天皇制信仰的重大工作。1868 年 3 月 14 日，明治天皇发布《国威宣布之宸翰》，旨在恢复古道。仅这一年内，新政府就三次改革神祇行政机关。起初叫"神祇事务科"，改后提升为"神祇事务局"，直至设置"神祇官"，专门负责祭祀天神地祇、列祖列宗以及神道教化事业。翌年 7 月 8 日，公布"太政官制"时，又将"神祇官"的地位置于"太政官"之上，使其执掌祭典、诸陵、传教三大职责。因此，为"祭政一致"的国体奠定了基础。②

宣教使由神祇官管辖，他们的基本任务是兴盛神道，让人民不做基督教的信徒。1870 年 1 月 3 日，《大教宣布诏书》公布，它开宗明义道："朕恭惟天神，天祖立极垂统，列皇相承继之。"即把"诸事诸业"归宗于"神武创业之始"，进而可以达到"祭政一致，亿兆同心，治教明于上，风俗美于下"的效果。至于为什么要这么做，它给出了两个理由：一是纠正幕府时代以来社会上"污隆

---

① 《世界历史》编辑部编：《明治维新的再探讨》，中国社会科学出版社 1981 年版，第 172 页。
② 安冈昭男著，林和生、李心纯译：《日本近代史》，中国社会科学出版社 1996 年版，第 141 页。

道之显晦"的现象；二是"宜明治教，以宣扬惟神之大道"。[1]

宣教使分大、中、小三个级别，另外还有讲义生。用神祇官的话说，他们的任务就是向人民宣传国教主义思想，让臣民深刻地认识到"天皇是天照大神的子孙，也是日本的主宰"，以此加强天皇行使神权的权威性。天皇也希望如此，故说"汝群臣、众庶其体斯旨"。虽然在1871年7月新修订的官职中，"神祇官"变成了"神祇省"，地位降到了"太政官"之下，但是从同年11月举行的"大尝祭"[2]，以及政府把"神武天皇祭""纪元祭"定为国家祭日，并在宫中建造八神殿等政府行为看，表明以"现人神"天皇为中心的国家神道，已处在国家政治结构的核心位置，行政权高于宗教权，也不会动摇天皇制国家的基础。而宣教使的作用，则在推动国民生活与之相符。另外，自1868年3月始，在各地发生的"废佛毁释"运动，也达到了巩固天皇制和提升天皇信仰的目的。[3]

1871年7月18日，设置文部省。1872年3月，废除神祇省，宣教使也随之停止，其"大教宣布"的使命，由文部省承担。4月，政府设置"国民教化教导"一职，以大教正为最高指导者，以下到训导共分14级，参加者有神官（巫师）、僧侣、国学家和儒学家。同月，出台《教导规则》，主要有三条：其一，以敬神爱国为本义；其二，明确天理人道；其三，奉戴天皇，遵守朝旨。其实，宣教使的职权范围有所扩大，而且也被常态化了。

1873年正月，在东京开设"大教院"，奉祀"天御中主神""高皇产灵神""神皇产灵神"和"天照大御神"，说明国家神道的建设已经完备。[4] 同年，还专门为教导人员拟定了讲义题目，内容包括："神道皇恩、人魂不死、天神造化、显幽分界、爱国、神祭、镇魂、君臣、父子、夫妇、大袚；皇国国体、皇政一新、道不可变、制可随时、人异禽兽、不可不教、不可不学、外国交际、权利义务、役心役形、政体各种、文明开化、律法沿革、国法民法、富国强兵、租税赋役、产物制物。"[5] 这些内容与1870年神祇官发表的《宣教使心得》如出

---

[1] 宫原诚一等编：『資料日本現代教育史』第4卷，三省堂1979年版，第24页。
[2] 新天皇即位后第一次进行的"新尝祭"（向"皇祖"诸神供奉当年的新谷），称为"大尝祭"。它在即位大礼后举行，新天皇通过与"皇祖"天照大神"共食"新谷酿造的酒而与祖先神灵合体，新天皇因此也成为"神"。"记纪"中"天孙降临"天照大神在斋庭赐予稻穗的神话（"稻作文明"的起源）。《皇室典范》第11条，登基令第4条及第18条，记有其程式。
[3] 1868年3月28日，政府颁布《神佛分离令》，打击佛教，推崇神道。以后，逐步树立了国家神道的权威地位。到1872年，神祇省确立天皇权威主义的任务大功告成。
[4] 菅崎博生：『神道史概説』，そうよう2000年版，第146页。
[5] 安冈昭男著，林和生、李心纯译：《日本近代史》，中国社会科学出版社1996年版，第142页。

一辙，只是更加直白易懂，方便一般百姓接受。如"敬慎威仪之事"需要"昭明皇祖大道，尊信皇祖之大教，依赖死生不惑之神明，敬慎自我之言行，以身作则，先导天下庶众"；"熏陶信徒，排斥先辈儒佛"需要"须深刻领悟大教之御旨，不能有诱导错误"抑或"解读敕谕时，严禁牵强或穿凿附会的发挥，以惑世人"等。[1]

到1874年时，专职神官约有4200人；僧侣约有3000人。这些人分布在全国各地，同样承担着非常具体的布道（以神道为主）任务。

三、短命的《学制》及其结果

明治元年，以玉松操、平田铁胤、矢野玄道为首，在东京和京都恢复了古典教育系统，比如京都的"汉学所""皇学所"、东京的"昌平学校"等。但是，这种复古主义的做法，虽然能够恢复皇道主义教育，但与政府的"三大政策"仍相去甚远。在明治维新领导人看来，要达成"富国强兵""殖产兴业"和"文明开化"的目标，就必须顾及国民的开化程度，而当务之急恰恰是革除旧弊。据此，理应由中央统辖全国教育事务，包括确定国家主义和天皇主义的教育方针。于是，在1871年果断废除古制，设置文部省。

（一）《学制》及其《被仰出书》

1871年7月，代理文部卿大木乔任宣布，将在全国实施近代学校制度，并组成以箕作麟祥为主席的12人"学制筹备会"，其中10人有留学经历，都是当时一流的洋学者。翌年正月，文部省将新学制提交左院。6月，送太政官审阅。8月3日正式公布《学制》，全篇213条。

《学制》前言《被仰出书》[2]开宗明义道："人人自立其身，治其产，昌其业，以遂其生者，唯修身开智，增进才艺，并无他途。"[3]或用一句话概括，就是"学问乃立身之本"。显然，这是受了福泽谕吉《劝学篇》的影响。有研究者认为，《学制》的教育理念，是用奖励国民皆学作为手段，推行实用主义的教育观。其"立身治产"的主张，既突出了个人主义的教育思想，本身也是一种强国主义

---

[1] 宫原诚一等编：『资料日本现代教育史』第4卷，三省堂1979年版，第24页。
[2] 在太政官发布的《关于奖励学事的指示》公告中，结束部分有"右之通被，仰出候条"一句，意思是"如右文所示执行"。因其所指示的内容简意赅，十分明确且重要，人们即将其视为《学制》的前言，称为《被仰出书》。本书直接采用这个术语。
[3] 文部省：「学事奖励に関する被仰出书」，奥田真丈监修：『教科教育百年史资料编』，建帛社1986年版，第33页。

的表达。教育学者奥田真丈因此强调：必须看到"一身之独立"服务于"一国之独立"的近代化目的，这是进步的、文明的观念。据此，《被仰出书》的教育观，既基于国家富强的理念，也促进国家富强的行动。从强国的立场出发，个人的立身、治产、昌业，都需要以国家为先。①

其实，福泽谕吉所说的"民权"，也是建立在"国权"基础上的"民权"。《被仰出书》中要求"邑无不学之户，户无不学之人"，即是把教育作为夯实国权的工具来看的。当然，教育也是改造国民观念的手段。对于刚刚开启近代化大门的日本来说，这是极高的标准。《学制》之所以出问题，不是因为效法法国的学制，将"全国学政统一由文部省管辖"，而是它不切实际的冒进。如规定：全国分八个大学区，每个学区设大学一所；每个大学区设三十二个中学区，每个中学区设中学一所，全国八大学区共设256所；每个中学区设二百一十个小学区，每个小学区设小学一所，每大学区6,720所，全国共设56,760所；小学为初等教育阶段，一般人民均须接受；寻常小学分上下两等，各就学4年，不论男女都须毕业；14岁入中学，也分上下两等，各就学3年。②

实施如此庞大的《学制》，仅财政一项就难以落实。于是政府就把新建学校的许多费用附加给了农民。加之为了贯彻"全民皆学"的政策，地方政府赋予警察纠察学童上学的权力。同时，要求入学儿童需要佩戴注明家长名字和家庭住址的胸牌，借以区别没有上学的儿童。一旦遇到该上学而不去上学的儿童，警察会按照条例惩罚"父兄过失"。即便如此，因为小学的费用过高——每月需要支付50钱（当时的米价一升约七钱），一般百姓依然负担不起，便有了家长以植树等出劳力的形式代学费的政策。③

教育、纳税、兵役是明治政府强迫国民要履行的三大义务。尽管《学制》"全民皆学"的思想，在内容上看不出政治性，但推行"全民皆学"的目的则是承担臣民义务。所以政府动员视学、校长、教师、学生、警察，以及水道、扫除等政府雇佣者，一齐进行监督，并制定了各种惩罚办法，强行确立"公教育"体制。④也就是说，这样的"以立身为本"的教育理念，为了贯彻国家主义的政治意念，失去的恰恰是教育本该有的自由、选择属性。

---

① 奥田真丈監修：『教科教育百年史』，建帛社1986年版，第132頁。
② 文部省：「学制」，奥田真丈監修：『教科教育百年史資料編』，建帛社1986年版，第34頁。
③ 宮原誠一等編：『資料日本現代教育史』第4卷，三省堂1979年版，第3頁。
④ 安川壽之輔：「日本の近代教育と軍国主義」，小川太郎編：『軍国主義教育の歴史』，明治図書1970年版，第13—14頁。

《学制》的积极意义至少有三点：其一是明治政府在贯彻"以国家为先"理念的同时，也一定程度地承认"个人的存在和价值"等近代教育原则。如大久保利通所说："国家的强弱取决于国民的富裕与智识程度。"① 其二是强调执行"实利主义"的教育政策，用"实学"反对"腐学"，谋求实现"三大政策"的真实效果。其三是树立了四民平等的教育观念，着眼于国民的普通教育。

（二）《教育令》及国家主义教育改革

1873年，反抗学制、征兵制和新地租②的事件此起彼伏。为了缓解国内的反抗斗争，平息因朝廷分裂带来的内乱③，明治政府以"我藩属琉球人民遭受杀害"为由，决定于1874年2月6日出兵台湾。5月17日，西乡从道率兵侵犯台湾。同月，日军在台遭遇抵抗。10月31日，在英国斡旋下，日本向清政府勒索50万两白银。11月16日，日本决定撤兵。紧接着，日本又挑起江华岛事件，开始了更大规模的军事冒险。从"琉球处置"④到"仁川开港"，随着攫取的海外利益不断增加，日本政府更加依赖战争手段解决国内问题。军事冒险行动成为近代化的推进器，大凡棘手的问题似乎都希望诉诸武力，就连教育改革也采用战争思维。

1879年9月29日，废止《学制》，颁布《教育令》。关于废除《学制》的原因，伊藤博文毫不掩饰地说：一是平息各地起义；二是西南战争导致政府财政相当拮据；三是自由民权运动的高涨，反政府潮流影响到了时局的安定。为了保证政府的既定政策得以顺利进行，必须制定更为灵活的教育制度。⑤

主持制定《教育令》的文部大辅田中不二麿，曾随岩仓使团出访欧美，以后又专门去美国考察过教育行政。他的这种经历让《教育令》打上了自由主义教育的烙印。《教育令》仅有47条：它废除了学区制；较大程度地减少了标准学习时间，放宽入学规定；削弱中央对公共教育体制的控制，由各地民众公开选出的学务委员会管理学校，提倡委员会与教师会议共同拟订学校课程。⑥

《教育令》虽然考虑到民权运动所主张的"官民调和"，以及一般百姓的承受能力，但是由于违背了"全民皆学"的国家干涉主义精神，还是遭到异常强

---

① 大久保利通：「教育と國家」，『教育時論』第23号，1885年12月5日，第2页。
② 1873年1月，颁布《征兵令》，推行"全民皆兵"制；7月，颁布《地租改正条例》，一方面承认农民土地私有，另一方面因地价、地租高，又使很多农民失去土地。
③ 以"征韩论"为引子，政府内部的"外战派"和"内治派"分裂，也称"明治六年政变"。
④ 自1872年日本单方面宣布"琉球藩"，到1879年强行设置冲绳县，日本把这一过程称为"琉球处置"。
⑤ 奥田真丈监修：『教科教育百年史』，建帛社1986年版，第134页。
⑥ 文部省：「教育令」，奥田真丈监修：『教科教育百年史资料编』，建帛社1986年版，第43页。

烈的批评。比如"国民尚不领会教育作用",故"治民之愚,理应由政府干涉教育";"地方可借财政匮乏之由,不去承办学校";等等。翌年,文部大臣河野敏镰上报《教育令改正案》,概括了反对者的意见,总结为一句话,便是《教育令》于"强民""强国"两方面都漏洞百出。①

1880年6月,明治天皇巡视东山、东海教育,事实上是用自己的行动支持宫中保守派领袖元田永孚的复古主义主张。8月30日,文部省禁止福泽谕吉的《通俗国权论》《通俗民权论》和加藤弘之的《立宪正体论》等27种图书作为教科书。9月11日,再增加14种不适用的教科书。12月中旬,文部省通令各府县防止不适用的教科书流入学校。在政府正式颁布第二个《教育令》之前,已经把声势造得很大。

12月28日,政府颁布新订《教育令》。虽说在教学方式上更接近生活化,但本质上却是"复归国家干涉主义"。在修订理由中,它尤其强调"教育是关系国运之大事",应由国家掌握教育事权;《学制》因实施时间过短,未完全发挥功效,所以要通过强化中央集权"挽回普通教育之衰颓"局面,而不是相反;因为此次的教学计划和培养目标,严格遵照了《教学圣旨》精神,所以教学必须按照规定执行,不得随意发挥。

1881年5月4日及6月8日,文部省接连颁布了以国家主义为教化目的的《小学校教则纲领》和《小学教员心得》,以及《学校教员品行检查规则》《师范学校教则大纲》等,它们的中心思想都是"养成尊王爱国之志气"②。

比较而言,(1)《学制》的"全民皆学"主张,受福泽谕吉等启蒙主义思想家影响,基调是自由主义的;新订《教育令》的"全民皆学"思想,则围绕皇权主义,极力倡导复古主义,明确倾向国家主义。(2)《学制》的蓝本源自法国和英国,《教育令》的蓝本换成了普鲁士。前者的教育观主要服务于个人主义和自由主义,后者的教育观增加了浓重的专制王权色彩。(3)《学制》针对"三大政策",致力于开民智;《教育令》虽仍有这一层意思,但其"国家至上"的理念,已让"国民的教育观"转型到了"皇民的教育观"。也就是说,以后的"立身主义"教育必须以献身帝国(皇国)为前提。所以说1880年的《教育令》是国民教育臣民化的标志并不为过。

---

① 奥田真丈监修:『教科教育百年史』,建帛社1986年版,第136页。
② 宫原诚一等编:『资料日本现代教育史』第4卷,三省堂1979年版,第74—83页。

第二节 《教育敕语》的军国主义底色

颁布《教育敕语》之前,"洋学派"(或"开明派")开启了新时代的大门,以致西洋文化出尽风头。他们主张用"实学"代替"腐学",强调用功利主义和个人主义的教育观实现文明开化。"复古派"(或"国粹派")则认为,洋化是导致"追求末节,品行不端,风俗败坏"的罪魁祸首,已经严重腐化了传统的社会风气,并危害到以天皇为中心的国家秩序,理应恢复道德主义的教育观予以矫正。两派各执一词,到19世纪末,终以一场高层的"德育论战"收场。

一、《教学圣旨》与德育论战

"德育论战"的导火索,是1879年元田永孚借笔录天皇意见的机会,撰写并发表《教学圣旨》。8月,《教学圣旨》和《小学条目二件》作为"敕谕"传达给重臣和文教当局。其内容如下:

> 教学之要,在明仁义忠孝,深究知识才艺,以克尽人道。此乃我祖训国典之大旨,本寓于上下一体之教也。然近来(之社会风尚),专崇信知识才艺,追逐文明开化之末节,破品行且伤风化者尤甚。之所以如此,乃于维新伊始,持破陋习、广求知识于世界之卓见,一时取西洋之所长;虽奏日新之效,却生仁义忠孝置后之流弊,徒以洋风竞争。朕唯恐将来,势至不明君臣父子之大义,细思极恐。鉴此并非我邦教学之本意也。故自今而后,须基于祖宗训典,专一于明辨仁义忠孝。道德之学亦主述孔子,以使人人崇尚诚实品行。据此,各科之教学,理应随其才器而日益长进,力求道德才艺,本末兼备,务将至确、至正之教学布满天下,使我邦独立之精神,无愧于宇内。①

很明显,《教学圣旨》把"竞尚洋风"视为社会流弊,并强调借助儒家的仁义忠孝养成国民道德,也可以将其看成是复兴儒家道德的宣言,而仁义忠孝则如教学宗旨。故曰"幼少始"即将仁义忠孝"先入为主",并以实用的方法"深入脑髓"。作为教学方法,或运用古今忠臣义士、孝子节妇的图画,培养儿童的道德观;或"道德才艺,本末兼备",反对"只教一些高尚的东西";或只是

---

① 勅諭:「教学聖旨」,奥田真丈監修:『教科教育百年史资料编』,建帛社1986年版,第42页。

"善说洋语",而不能做事。历史学家远山茂树认为,它的指导思想就是对基于文明开化主义的《学制》进行正面的攻击。①

同年9月,明治天皇就"改革教育,以矫正风俗"一事,询问伊藤博文有什么看法。伊藤博文便委托井上毅起草了《教育议》。他们强调,教育改革要剔除的坏东西只有两个:其一是"狡诈尚利,不知廉耻;长于争讼,不顾情谊;不知礼让,衰败伦理"的人和事;其二是"动辄激扬辩论,煽动人心,破坏国体,易酿成祸乱"的人和事。因为明治维新是"古今非常之变革",而且过去锁国时间过久,禁锢了人们的思想,所以现在忽然开放,有些人言过其实并不足为奇。还有,过去是封建社会,只有武士专权,现在废除了武家政治,人们得一时之刺激,因此出现"风俗紊乱"的社会现象,不仅暂不宜禁止,而且也势不可止。至于教育方面的失策之处,责任并非都在教育。相反,教育还是挽救危局的重要手段。事实是,"颁布学制以来,各地遵奉执行,至今日方见成效。但毕竟时日尚浅,或有求之形而失掉精神者"。不过,也必须看到"文明开化再过数年即可奏效"的趋向。所以"不可放弃开明政策",而让"保护旧时陋习"的势力抬头。②

他认为,强调儒教必有大弊,如"空谈之士多矣,且无用于国民幸福",更何况"现今之书生,大抵出自汉学学生之种子,汉学生往往开口即说政理,振臂而论天下事"。但是,今天的时代要求却是矫正空谈,"广求工艺技术百科",以及"专期实用,积累精微密察岁月,专一志向,消磨浮薄激扬",也只有这样才能够富国强兵。相比之下,"将至确、至正之教学布满天下"的宏愿,其实也是一种空想。③

同月,元田永孚以天皇侍讲的身份,撰写《教育议附议》一文对伊藤博文进行反驳。他说:《圣旨》所列"风气败坏之现象"十分清楚,此乃"圣意",毋庸置疑。仁义忠孝作为"矫正风俗紊乱"的手段,只能依据"四书""五经",以及国学中的伦理解释。《圣旨》并不排斥西方伦理,但必须严格筛选"洋书中身行性理和修行内容"。至于"敬承祖训而阐明之"的国教,根本就没有重建的道理。④

---

① 远山茂树著,邹有恒等译:《日本近现代史》第1卷,商务印书馆1983年版,第26页。
② 伊藤博文:「教育議」,宮原誠一等編:『資料日本現代教育史』第4卷,三省堂1979年版,第27頁。
③ 伊藤博文:「教育議」,宮原誠一等編:『資料日本現代教育史』第4卷,三省堂1979年版,第29頁。
④ 元田永孚:「教育議附議」,宮原誠一等編:『資料日本現代教育史』第4卷,三省堂1979年版,第29—30頁。

元田永孚与伊藤博文之间的"论争"，映衬出明治维新后日本人究竟选择何种价值观的复杂背景。其中，天皇本人的政治意志（无论他是否受制于藩阀势力）起着风向标的作用。用"圣旨"形式发布"教学"意见，以及元田借"圣旨"批驳伊藤的观点，都显见出天皇制国家的整体走向。抑或说"宫中派"或"国粹派"的儒家道德导向，本身就是天皇本人的意志——其中最重要的因素仍是天皇制本身。紧接着，文部省于1880年设置"编辑局"，局长是著名的国家主义者西村茂树。4月，西村按照《教学圣旨》精神，编辑出版儒家道德教材《小学修身训》；8月，禁用27种小学教科书；10月，宫内省为《君代》作曲。文部省推行以尊皇爱国思想为中心的国家主义教育全面展开。[①]

1882年8月，宫内省发行《幼学纲要》。元田永孚为该书作序，他开宗明义道："教学之要，在明本末。本木明，则民志定。民志定，而天下安。"并说："自六经传我仁义道德之说，益明愈广，虽世运隆替，学科迭兴，而至教之要，则莫复加焉。夫本于道德，而达于知识；始于彝伦，而及于事业，教学之要也。故道之以仁义，教之以忠孝，使天下之民志一定于兹。"所以"夫三尺之童，知死于忠孝者，我邦固有之俗也"[②]。与《教学圣旨》比较，《纲要》在国民教育指向方面更加具体，仁义忠孝的落脚点，就是"定民志"。

概括地说，"德育论战"并不是单纯的德育教育问题，而是确立怎样的天皇制国家的教育观问题。当时的论战者，都明白这一点。像中江兆民和福泽谕吉这样的启蒙思想家，发表文章尖锐抨击复活儒教的行为，如中江的《干涉教育》（1881）、福泽的《德育如何》和《德育余论》（1882），只是坚守了学者的本分，对复古潮流产生不了什么影响。倒是元田永孚的《国教论》（1884）和西村茂树的《日本道德论》（1887）作用更大，因为他们代表国家发言，事实上也是他们让儒家道德教育充分地服务于天皇制国家。

二、"第二宪法"《教育敕语》

颁布《教育敕语》的背景，主要有两个：一是明治天皇在各地视察时，深感人们过于关注知识和技艺，而忽略了道德品质。于是，内阁决定编集天皇有关德育的箴言并作为教育的指导方针；二是1890年召开的地方长官会议成了矫正"欧风强劲"现状的导火索，与会者强烈呼吁在全国掀起德育运动。当然，

---

① 海後宗臣编纂：『日本教科書大系』近代编（第1卷），講談社1961年版，第13頁。
② 海後宗臣编纂：『日本教科書大系』近代编（第2卷），講談社1962年版，第129頁。

这也是"德育论战"的持续效应。

1890年5月,山县有朋任命芳川显正为文部大臣,督促他抓紧整顿道德教育。芳川又把起草教育敕语的任务,布置给了曾翻译塞缪尔·斯迈尔斯(Smiles, S.)《西国立志篇》(《自助论》)的中村正直。中村完成《教育敕语》的初稿后,交给了法制局长井上毅。井上认为,初稿较为粗糙,而且不满在哲学、宗教、政治方面的诸多错误,便自己重新撰写。这一稿得到元田永孚的支持,并亲自动手做了修改。

10月30日,明治天皇在宫中召见首相山县有朋和文部大臣芳川显正,下赐《教育敕语》。文部省当日颁布,并即刻行动起来"奉读敕语"。翌日,向全国教育部门发出训令,要求所有教育者都要"研磨熏陶之务,不可怠慢"。[1]

> 诏敕是法律命令之外,天皇向国民表达个人意志的正式公文书。
> 敕语与诏敕不同,天皇在没有政府部门参与的情况下,即可发布敕旨。它也没有固定格式,甚至不附年月日,不需要大臣留副本。明治天皇多用敕语。[2]

因为《教育敕语》把《大日本帝国宪法》所确立的臣民义务,从教化的角度具体化和概念化,并使之成为"皇国民教育"的大宗旨,所以也被誉为"第二宪法"。[3] 据此,军国主义教育也被法制化了。之后,围绕《教育敕语》精神形成的"敕语体制",不仅体现了日本近代教育的基本特性,而且作为日本臣民的价值观,夯实了近代天皇制的信仰基础,其影响力涉及政治、文化、外交等诸多方面。

> 朕惟我皇祖皇宗,肇国宏远、树德深厚。我臣民,克忠克孝,亿兆一心,世济厥美,此乃我国体之精华。教育之渊源,亦实存于此。尔臣民,孝于父母、友于兄弟,夫妇相和,朋友相信;举止恭俭,博爱及众;修习学业,以启智能,成就德器;进而广行公益,扩展世务;亦须珍重国宪,遵守国法。一旦危急,则能义勇奉公,以辅佐天壤无穷之皇运。如是,则

---

[1] 森川辉纪:『教育勅語への道——教育の政治史』,三元社2011年版,第18页。
[2] 中村康雄編集:『天皇の詔勅』,新人物往来社1992年版,第12页。
[3] 高嶋伸欣:『教育勅語と学校教育:思想統制に果した役割』,岩波書店1990年版,第28页。

不独为朕之忠良臣民,亦足以显彰尔祖先之遗风。斯道,实乃我皇祖皇宗之遗训,子孙臣民俱应遵守,使之通古今而不谬,施内外而不悖。朕与尔臣民拳拳服膺,咸其一德。

明治二十三年三十日　御名御玺①

从"朕惟我皇祖皇宗"到"亦实存于此"为第一段,以明确"教育之渊源"为目的。从"尔臣民"到"亦足以显彰尔祖先之遗风"为第二段,列举基本的道德项目,强调依据这些"德目",培养"一旦危急,则能义勇奉公,以辅佐天壤无穷之皇运"的忠良臣民。从"斯道"到"咸其一德"为第三段,则是全文思想的概括语。它以"国体观"为轴心,显示天皇统治的权威性,并在这个基础上阐述由"皇祖皇宗之遗训"产生的"德目",当然它也具有"无谬性"。正是按照"无谬"的道德实践,才能达成"扶翼皇运"的目的。②

如果把颁布《教育敕语》前后的重大事件联系起来考察,更容易理解它的影响力。其一,它与1882年颁布的《军人敕谕》密切相关,共同构成了日本军国主义教育的精神支柱;③其二,《教育敕语》在理念上,将《帝国宪法》确定的臣民义务具体化、法制化;其三,《教育敕语》的内容,实际规定了所有臣民必须遵守的道德观或价值观。④

为了能够贯彻《教育敕语》精神,1890年9月26日,文部大臣芳川显正在内阁会议上建议,"选耆德硕学之士,著述敕谕衍义,并由本大臣审定教科书,以充实伦理修身之正课"⑤。随后,文部省任命曾留学德国的帝国大学教授井上哲次郎编写《敕谕衍义》。参加编写的人员,还有中村正直、加藤弘之、井上毅、岛田重礼等,都是鼎鼎大名的人物。最后,由芳川文部大臣定稿发行,成为"唯一正统的读本"。进入20世纪后,伴随着日本军国主义的疯狂扩张,《教育敕语》的汉、英、法、德等各种译本纷纷出笼。在殖民地和占领区,它充当

---

① 明治天皇:「教育ニ関スル勅語」,奥田真丈監修:『教科教育百年史資料編』,建帛社1986年版,第54頁。
② 长山靖生:『「修身」教科書に学ぶ偉い人話』,中央公論社2017年版,第204頁。
③ 1890年2月,在地方长官会议上,政府要求通过振兴教育的议案。首相山县有朋表示,要积极推进德育。其目的,既是落实"德育论争"的成果,也是利用宪法抵制日益高涨的自由民权运动。他担心自由民权运动会分散国力,所以极力主张统一国民的价值观,并从国际视野(对外扩张)形成国民的军国意识。为此,他任用心腹芳川显正为文部大臣,强行向学生灌输军国主义思想。
④ 平田諭治:『教育勅語の国際関係史研究』,風間書房1998年版,第26頁。
⑤ 平田諭治:『教育勅語の国際関係史研究』,風間書房1998年版,第10頁。

了宣扬日本"国体"和深化殖民地政策的角色。①

三、颁布《教育敕语》以后的学校教育

颁布《教育敕语》的第二天，井上毅欣然地表示，教育者因其"突然降临"，而感到"无限满足"。话虽然夸张，但也足见政府将国民思想定于一尊的急迫态度。事实也是，为了凸显日本国家的教育特性，各地、各方面突然兴起了"国民教育问题"的集体讨论，而且相当热烈。②如副岛师范学校校长能势荣站在教育学立场，对"国民教育"做了如下概括：凡是与维护国家独立和长治久安，并能够将国民教育、道德教育、知识教育三者融合起来，而且指向涵养国民志气的教育活动，都是具有国民特性的教育。③日本弘道会会长西村茂树的观点，更具有典型性。他认为，过去的忠君爱国和勇武节义等"本邦美德"，概括地说，就是讨敌（复仇）、自杀（名节）、带刀（尚武）。虽然这些品质在过去与百姓无关，现在的国民也无须照搬，毕竟那曾是仅占总人口十五分之一的"侍"（武士）的美德，但是作为振兴国民志气、扩张国威的手段，需要利用它们维护国力、发扬国威。④西村还是学者中较早把战争与教育、尚武与道德进行整合思考的人。

总之，具有日本特性的国民教育，即是以忠君爱国为核心的国家主义教育。贯彻国家主义的教育过程，也是由国家观代替个人观，或是用"国德"抑制"私德"的过程，其本质是尊君主、强国家、弱民智。据此，《教育敕语》的基本精神，则标志着忠孝、节义、勇武、廉耻等"国德"，便成了至高无上的道德意志。

（一）"奉读"与"奉拜"制度化

文部大臣芳川显正直言，在他出任文部大臣期间（1890 年 5 月至 1891 年 6 月）最重要的工作，便是依照天皇有关教育的《箴言》整顿全国教育。《教育敕语》颁布后，对于整顿"思想混乱"来说，一是方向明确——"忠""孝"并举，再不能使"忠君""爱国"分离，或者是对二者进行随意解释；二是性质清

---

① 1910 年，文部大臣菊池大麓编辑的《汉英法德教育敕语译纂》出版。日本帝国主义采取"从属"先进国，向后进国扩张的双重政策，尤其是对朝鲜和中国的台湾地区，《教育敕语》即是"同化教育"工具，发挥了极其恶劣的作用。
② 江木千之曾定义"国民教育"，说它是"反映一国特性的教育"。山住正己：『日本教育小史』，岩波书店 1987 年版，第 58 页。
③ 坂口茂：『近代日本の愛国思想教育』上卷，株式ストーク 1999 年版，第 418 页。
④ 西村茂樹：「本邦の三美徳」，『教育報知』第 262 号，1891 年 4 月 18 日，第 16 页。

楚——国民教育的重点就是爱国心，一言以蔽之，让国民知晓国柄，信仰举世无双的国体。①

据此，《教育时论》《教育报知》《大日本教育会杂志》等主流的教育刊物，围绕"国体教育"和"尊王爱国"等主题，大肆宣扬忠君爱国思想。像"国家教育社"等团体，就利用《国家教育》（1890年10月创刊），将国民教育、国民精神完全建立在"日本魂""日本主义""国体主义"基础上，同时对其他流派的国民教育、国民精神论进行抨击和剿杀。不过，对国民教育产生根本性影响的因素，还是建立以天皇信仰为中心的"德育泛化"②制度。

1891年6月17日，文部省以敕令形式颁布《小学祝日大祭日仪式规程》，将"敕语教育"制度化。它也是天皇制教育的重要举措，借此政府不断强化军国主义教育乃至法西斯主义教育。

第一条 在纪元节、天长节、③元始祭、神尝祭及新尝祭之日，全校举行集体仪式，形式如下：
（一）所有人向天皇陛下、皇后陛下御影最敬礼④，同时奉祝两陛下万岁。
（二）校长或指定某教师奉读《教育敕语》。
（三）校长或指定某教师训话，即基于《教育敕语》阐释圣意，内容须围绕历代天皇之盛德和鸿业，祝日和大祭日之由来，以涵养忠君爱国之志气。
（四）合唱适宜祝日和大祭日的歌曲。
第二条 在孝明天皇、春季皇灵祭、神武天皇祭及秋季皇灵祭之日，全校举行仪式，形式同第一条之（三）（四）款。⑤

同年，大日本教育会会长辻新次向文部大臣大木乔任提出《关于两陛下御真影下赐全国寻常小学的建议》。相关的其他建议者，以教育家田中勇吉的《关于皇上御真影的若干建议》最为具体。该建议说道："由宫中省统一向学校下赐御真影"；"获得内务大臣许可，方能奉制两陛下御真影"；"禁止一切贩卖御真

---

① 坂口茂：『近代日本の愛国思想教育』下卷，株式ストーク2001年版，第24頁。
② 即让家族中心主义的儒家道德、日本主义的武士道教育贯穿于所有教科。
③ 纪元节在2月11日，现在称"建国纪念日"；天长节在11月3日，是明治天皇的诞生日。
④ 指向天皇和皇后的照片或画像行最高礼节的敬礼，要求表情十分郑重，内心充满敬意，身体自然前倾90度，这也是典型的军国主义或天皇主义教育用语之一。
⑤ 文部省：「小学校祝日大祭日儀式規程」，『大日本教育會雜誌』第128号，1893年5月24日，第57頁。

影的行为";"由内务大臣强令学校妥善保存御真影"等。①9月26日,文部省通令各校执行的就是这些内容。同年,大日本教育会也建议:为了不使神圣贵显的天皇形象被污图,禁止其他卑微画品等与"御真影"放在一起,禁止出售天皇肖像及印有天皇形象的商品,目的就是确保天皇具有神格,并使其存在的意义绝对化。

1893年5月5日,文部大臣井上毅发布文部省第9号令,重申各校举行"敕语奉读"和"御真影奉礼"。具体执行情况,列举两例。一是香川县关于保存《教育敕语》和"御真影"的办法:

一、设置奉置所为御真影并敕语誊本之别室,面积须在半坪以上。
一、奉置所须一目了然。
一、天皇照片须置于玻璃框中,且上锁奉置匣内。
一、敕语誊本卷轴须奉藏于上锁之匣中。
一、御影并敕语誊本匣中钥匙,由校长或首席教师掌管,奉置所钥匙须由专人掌管。②

二是群马县上野教育会关于《教育敕语》及"御真影"的保护规则如下:

一、御影由坚固的白木箱藏之,选校内一室藏之,若有单独建筑,须加锁保存;若无特别地方放置,须选清净场所并以幔幕与其他东西隔离,故需要格外重视。
一、敕语誊本藏于坚固的白木箱内,御影须奉置其侧;须选清净之地并上锁奉置。
一、校长或首席教师平素须承担保护御影及敕语誊本之责,不可冒犯其尊严,若遇非常灾变,须第一时间奉移御影及敕语于避难处。
一、校长及首席教师不在校时,当选他人值守。
一、奉藏所之装饰须素朴、庄严。③

---

① 田中勇吉:「皇上ノ御真影ニツキテ、當局者ニ望ム所アリ」,『教育報知』第257号,1891年3月14日,第12頁。
② 「御真影及敕語謄本奉管法」,坂口茂:『近代日本の愛国思想教育』上巻,株式ストーク1999年版,第408頁。
③ 「御真影並敕語謄本奉藏方要領」,『教育報知』第344号,1892年3月5日,第21頁。

各道府县的"敕语奉读会"如雨后春笋竞相破土，纷纷表达"臣民忠心服膺敕语之教育大本"。如山梨县知事嶋锡胤训令全县所有教职员"至诚贯穿圣意"，要求学校各仪式必须"奉读敕语"。为了"尽力认真研磨熏陶"，必须定时就学习心得进行交流。① 与此同时，东京大学教授井上哲次郎和内藤耻叟围绕《教育敕语》本义展开争论，最终是井上的观点成为主流。从他的《敕语衍义》（1891）看②，臣民有三项任务："知伦理要义、国体尊严和忠君本旨。"其实，这也是"敕语体制"要完成的臣民教育。

（二）愚蠢的行为与不敬事件

"奉读"其实是件苦差事。"奉读"者原则上必须由校长担任，要求其态度要庄重，情感要充沛，声音要洪亮，吐字要清晰；诵读一气呵成，中间绝对不能间断，更不能咳嗽一声，否则就是"大不敬"。而"元始节"和"纪元节"，都在一、二月最寒冷的季节，户外"奉读"很容易咳嗽、流鼻水，如果因此弄脏衣服，或使面目污秽，同样会给自己带来麻烦。在军人督导下，情况或许更加严苛。如报德会会长花田仲之助（原陆军大佐）就要求"奉读"时，校长站位必须正确，不得拖延时间；见到"御真影"时，如神降临般地表示无比敬意，头不可乱动，表情自然庄重，整个过程如履薄冰。③

然而，因灾害天气未保护好"御真影"、敕语副本的事，也常有发生。比如第一个为保护"御真影"而死的教师叫枥内泰吉，他被《东京朝日新闻》（1896年6月27日）称为"忠死之士"④，并成为"忠君爱国"的典范。如果不幸成为"不敬者"，重者因自责、被责而自杀，轻者被革职。如1891年1月9日在东京第一高等学校新年开学仪式上发生的内村鉴三"不敬事件"就是典型，他因"无礼"而被革职。⑤

围绕《教育敕语》的教育活动，着实强化了军国主义教育。比如写入教科书并成为军国主义教育象征的二等兵木口小平。本来作为士兵去打仗，死伤没什么可说，木口却被塑造成家喻户晓的人物。其事迹其实很简单：木口是个号手，1894年随步兵第21联队进入朝鲜。7月29日，在成欢之战中，他的左肺被打穿，仍然紧握军号尽力去吹。9月15日，日军攻战平壤，打开了玄武门。

---

① 「勅語奉読会心得」，『教育報知』第246号，1890年12月13日，第17頁。
② 本书同时参考了1942年广文堂出版的井上哲次郎著《教育敕语衍义：释明》。
③ 坂口茂：『近代日本の愛国思想教育』（大正民主下），タウンニュース社2009年版，第755頁。
④ 本段两例第八章均有详细过程。
⑤ 山住正己编：『戦争と教育：四つの戦前と三つの戦後』，岩波書店1997年版，第72—73頁。

陆军一等兵原田重吉在接受记者访问时，说了木口的"事迹"，正好为记者提供了宣传素材，便制造了"忠勇美谈"。之后，小学修身教科书要学"即使死了，也没有放弃军号"的（象征）义勇奉献精神。[①] 此时，还谱写了军歌《喇叭之声》，内容血腥而贲张，充满了军国主义的嚣张气焰。

甲午战争前后，学校的军国主义气氛愈加浓重，甚至到了否定"校内沉静等品行方正之准则"的程度，大声说话、急走、嬉戏等，不仅不再是不良行为，而且还让厮杀声充斥校园。

第三节 "敕语体制"需要的修身教育

修身教育特指品德教育，它既是道德教育的核心科目，也是抵御"思想混乱"的第一重要的科目。早在1885年，文部大臣榎本武扬就力主"儒家主义"教育。西村茂树所著《日本道德论》（1887），着重强调了儒道的"五伦六德"，主张学校教育应注重善待自我、善待自家、善待家乡、善待国家、善待他国的新教育。[②]

另外，元田永孚致力于忠孝爱国的"一体化"，加藤弘之和重野安驿则主张"君民同祖"论。《教育敕语》颁布后，这些理论或主张顺理成章地成为国家的主导思想。因为以"忠孝"为基础国家观，就是伦理主义的国体观和爱国心。虽然"修习学业，启发智能，成就德性"是个人行为，但是"忠孝"一体的家族主义观念，从根本上否定了个人主义。抑或说个人修德是为了获得更高的奉公道德，所以其目的最终还是要能够灭私。

一、确立"忠君爱国一体论"

1872年的《学制》，蕴涵着两种基本精神，一种是个人主义和功利主义的精神，另一种是国家主义和日本主义的精神。直到1890年"大日本教育会"召开"全国教育者大会"时，国家主义中仍包含个人主义因素。同年成立的"国家教育社"，尤其强调"养成忠君爱国的元气"。这时候，国家的教育方针开始转向。正如文部省官僚江木千之所说："国民教育必须实施国家至上政策，要适

---

① 文部省1903年版《寻常小学修身书》（第二学年），海後宗臣编纂：『日本教科書大系』近代编（第3卷），講談社1962年版，第15頁。
② 西村茂樹：「日本道德論」，『教育時論』第63号，1887年1月15日，第9—11頁。

应'国家特性',并反映固有的语言、文字、风俗和国体";对日本而言,"就是奉戴万世一系的天皇,视其为最伟大的光辉和幸福的来源"。同时,日本的教育需要遵从两个方向:一是国体教育,日本人从小就应该有"日本绝冠世界的意识"。要知道,这样的观念关系着国家存亡。二是忠君爱国教育,包括尚武论、排外论及世界观,以便具有"振奋意气"和"敌忾心"的作用。①

据此,必须将"忠君""爱国"的二元论,改变为"忠君爱国一体论"。首先,视"君"为"国",培养"君国一体"的观念。君是天皇,爱国就是爱天皇。其逻辑是,"忠君"才是"爱国",而且对天皇必须绝对忠心,只有做到这一点,才谈得上对国家能够绝对忠诚。其次,国即是扩大的家,有国才有家。天皇既然是一国之主,也就是最大的家长。因此对天皇尽孝,也是最大的孝。同理,正因为天皇与臣民一体,尽孝亦能尽忠,所以必须做到"忠孝一体"。再次,天皇是"现人神",为天皇"克忠克孝"即是"敬神崇祖"的具体化。因此,树立家族主义的国家观念,也赋予了"敕语体制"以无上权威。

从理论方面看,泽柳政太郎如是说:"孝针对的是儿女与双亲的关系,须言听计从;忠则是臣子对君王报恩,可杀身成仁。用于教育,则需先感化儿童,以备将来能为国尽忠。"穗积八束进一步论述道:"盖以'家'的观念为基础,将其推至国,达成'家国一致''忠孝一本'的观念,并一以贯之。"引申说,穗积的"忠孝论"基于对家的理解,其观点着眼于9个方面:(1)家依赖家长权力形成宗族团体;(2)家的观念源于对祖先的崇拜;(3)家由祖先神灵护佑其子孙;(4)家长必须具有权威;(5)家长的地位具有合法性;(6)家以男系宗族维新风俗、制度和道德等;(7)日本固有的家的观念即是忠孝;(8)把家的观念推广开来形成国家观念,民族则是在始祖神威下结成的血缘共同体;(9)家长的权力须得到充分阐释。②

据此,再看"忠是立国之大道","孝是人伦之要义",或"对于国家须尽忠,对于父母须尽孝"这类话,问题就出来了!它们把"忠"和"孝"分开了。中国有"忠孝不能两全"的说法。但在日本的"皇学"家那里,这话是错的。既然"君民同祖",天皇又是全体国民的"总本家",那么"尊皇"与"奉祖"应该是一回事。又因为忠和孝的对象都是天皇,所以忠孝自然一体。其他,如"忠君爱国论""君臣一体论"等,内在逻辑一样,只是说辞不同而已。

---

① 坂口茂:『近代日本の愛国思想教育』上卷,株式ストーク1999年版,第305頁。
② 坂口茂:『近代日本の愛国思想教育』上卷,株式ストーク1999年版,第451、485頁。

二、修身教育的特殊地位

尽管修身教育在《学制》(1872)中已受到重视，但是未达到"国粹派"(或"复古派")的期望。在学校教育所有教科(教学科目)中，"修身科"的位次仅列第6位，在它之前有缀字、习字、单词、会话和读本(后来的"国语科")。到了中学，"修身科"的地位更低一些，初级中学排在所有教科的14位，高级中学则在第11位。颁布《教育令》(1880)时，政府强行扭转了这种局面。以《小学校教则纲领》(1881)为标志，修身列在了所有教科的首位。[①] 再后的《幼学纲要》(1882)，更为明确地指出："少年儿童入学后最要紧的教育是以忠孝为本、仁义为先。"与此同时，导入了意识形态教科的概念，这也是"皇国民科"的滥觞。

其实，维新之后"道德不振"的原因有很多，例如封建道德体系随着幕府的倒台自然崩坏；明治维新的"三大政策"，成为近代西方文明和道德流行的时代背景；新政府自己构建的天皇制，必然导致新旧思想、观念和文化的相互对立与冲突。再如，在所有批评中，以"醉心于欧美教理，生吞活剥西欧文化，只谋求开化的皮相"最为普遍。而从教育现象方面进行判断，则以"偏重于西方文明的智育优点，而忽视东方文明的德育圭臬"最有代表性。能势荣将这种现象概括为"古之学者为己，今之学者为人"。[②] 但是，无论"智育偏重论"也好，还是"道德衰退论"也罢，都是御用官僚和学者的夸大其词，一般民众远未到"醉心于欧美教理，生吞活剥西欧文化"的程度，只是因环境变化略有感受而已。数百上千年来，他们的道德主要是持守家业、维护家风、艰辛劳作，甚至连忠义、孝悌、信义的旧道德，也跟他们没有直接关系。

然而，渲染"道德不振"的理由本就不在过去的百姓究竟有怎样的思想、观念基础，而是新政府理应导向怎样的国民观念。因此强行实施的国民教育也不深究传统中不同等级的各自道德，而是立足于当下如何凝聚人心，并防范那些潜在的不良影响。显然，从传统道德中找到共同信仰，并赋予为我所用的近代国家和民族的内涵，要比颠覆传统，重新树立新道德、新观念、新信仰现实得多，更何况明治政府所追求的强国主义政策，本来也视国民为臣民，无论"为君尽忠"或"一死报国"在过去是否与其百姓发生关系，现在都必须作为传统道德继承下来。简单地说，批判"道德不振"现象的本意，还是重塑"日本精神"，并使之成为全体日本人的道德准则。

---

① 以下是读书、习字、算术、地理、历史、图画、博物、物理、化学、生理、几何等。
② 坂口茂：『近代日本の愛国思想教育』上卷，株式ストーク 1999 年版，第 88 頁。

概言之，明治政府针对日本式的近代化制造出新的道德体系。它没有沿着福泽谕吉开辟的自由主义道路进行探索，就像《被仰出书》那样去实现"人人皆学"的理想，或是落实自由民权运动的主张，使国民在君主立宪体制下个人的基本权利也得到发展；而是围绕天皇中心主义一再提高儒家的道德统制力，最后以颁布《教育敕语》的方式，确立了新的道德体系。其突出特点是：（1）忠孝，既是核心道德，也是国体观念；（2）"家族主义国家观"具有独断专行的特质，容易形成极端的教育行为；（3）臣民不需要开智和启蒙，而只适宜教化和灌输，因为他们是帝国役使的工具；（4）臣民的工具性质，决定了教育只能是高度异化的教学，而且作为驯化的教学不宜复杂，必须采用唯一标准化、绝对化的内容和形式，最容易产生效率和效果；（5）阻断一切传播自由思想的途径，除不断调整相关制度外，没有比宣传或洗脑更见效的办法了。

　　还应该看到，从确立"忠君爱国"的宗旨，到彻底蜕变成为"炼成皇国民"，修身教育（或道德教育）经历了不同时期，过程也是相对复杂的。其中，最值得关注的问题，还是战争与教育的关系。比如甲午战争、日俄战争、侵华战争中，修身教育如何加强"灭私奉公"教育，以及作为"皇国民"的第一教科，在义务教育阶段对全体臣民究竟施加了怎样的不良影响。

三、修身教育实践及其问题解决

　　1880年在修订《教育令》时，"修身科"已居各科之首。关于"忠孝"教育，依然强调以养成个人品质为必要条件，学习方式是围绕"德目"培养应有的道德观念和行为。如小学一年级讲"自己的责任，对父母兄弟的责任"，要点是不违背父母的意志，兄弟之间应和睦相处。再以此类推到"对教师的责任，对朋友的责任"。到高年级才涉及"对国家的责任"，包括尊崇皇室的内容。大致来说，小学一至四年级的大部分内容，重点是夯实私德基础。从四年级的第三学期往后，强调"养成尊王爱国的志气"。所以复古派认为，小学低年级的教学内容需要进一步排除自由主义教育的影响，否则不能达到修身教育目的，解决办法是让忠君爱国教育贯穿始终。

　　颁布《教育敕语》，特别是甲午战争和日俄战争以后，修身教育尤其强调"国家的、社会的道德"，即便是学习相关的个人道德内容，也要视其为"公德教育"的日常规范。甚至用针对师范生[①]的顺良、信爱、威重的所谓"三素质

---

① 1872年5月29日，在东京开设师范学校，以养成有资质的教师。

（或三气质）"来要求小学生。

（一）修身教育实践及其"德目"

学校的道德教育，在 19 世纪 70 年代已经是"儒教主义"一家独大了。比如 1876 年，西村茂树创立"东京修身学社"，力推儒教主义道德。以元田永孚为代表的"宫中派"，则一贯强调用儒家道德诠释天皇中心主义思想。颁布《教育敕语》后，儒家道德成为国粹主义和日本主义的政治伦理，奉行据此培养国民"忠君爱国"思想和国体观念的原则。19 世纪 80 年代以后的道德教育，不仅关乎修身、历史等人文课程的指导思想，而且泛化到整个学校教育。

道德伦理学家西村茂树认为，"今日小学德育要以养成尊王爱国之志气为第一要务，而且尊王与爱国是同一观念"。为了实现这个目标，他尤其强调师范教育的责任应该是："丰富学生尊王爱国之志气，注意平素之行为，具备申明忠孝大义之本领。"引申之，学生必须认识到："个人之幸福和利益，皆建立在国家存在的基础上"，因为"有国家方有个人之幸福和利益。若欲谋求个人幸福和利益，必先达成国家之目标"。法学家岭八郎也认为，日本历史成就了"家国一体"的体制，"皇权即家长权，服从君王即服从家长"。针对今天的教育而言，理应"脱去西洋臭气，力图维护国体，维系民心"。[①]

将上述观念用于教学实践，即是"基于敕语真髓培养爱国心"，并落实"国家独尊"的观念。东京第一高等中学教师小中义象作了这样的解释："高耸的富士山，绚烂的樱花，皆非国体。国体者，犹如言一国之特性。""我国的国体乃三千年来绵延不绝之臣民服膺于万世一系的天皇！"[②]

关于养成"敕语精神"的问题，各地学校则在夯实"德目"方面下足了功夫。例如东京府教师向后保太郎在他的《修身教学之基础》中给出的方案。[③]

一、尊王。叙述天恩之优渥，敬拜御真影，说明国体本义，以日常琐事为警示，始有提振尊敬皇室之心。

一、爱国。涵养爱国心，视学校为国家缩影，始有爱校之心。

一、孝。涵养在校学生之孝心，视教师如父母，服从教师管教亦如听

[①] 坂口茂：『近代日本の愛国思想教育』上卷，株式ストーク 1999 年版，第 458、479 頁。
[②] 小中義象：「天長節の演説」，『教育時論』第 204 号，1890 年 12 月 15 日，第 11 頁。
[③] 向後保太郎：「修身教授ノ基礎」，『教育報知』第 292 号，1891 年 11 月 25 日，第 11—12 頁。

第二章　国体观念是军国主义教育的根基　　　　　　　　　　　　　77

命于父母，始有端正操行之心。

一、友爱、信义。友爱兄弟，诚信朋友，始有爱他人性命之信义。譬如帮助他人摆脱危难时刻，探望病人，凭吊家族死者，履行承诺，且持深切之态度。

一、恭俭。涵养恭俭之德，做事认真，珍惜一本一纸一笔，始有杜绝购买无度、浪费物品之心。

一、夫妇。（略）

一、独立、自治。涵养独立自治之心，教师须具体指导学生身边事物，始有自律和他律之心。

一、博爱。涵养博爱之心，始有不乱杀生（飞禽走兽草虫鱼虾之类）专注慈爱之心。

一、刚毅。涵养刚毅之心，始有畏惧之心。譬如贵人面前不能放肆，亦须改正不必要之恐怖，如听到雷声不能哭泣。

一、公益。谋图树立公益之心，始有维护全校学生利益之心。譬如听从教师指导进行捡拾碎玻璃等公益时，以防伤害到其他同学等。

一、国宪、国法。始有遵守校规校则之心。

一、义勇。涵养义勇奉公之心，譬如向教师报告学校附近失火、需搬运学校书籍器具、有不良儿童和坏人进校、发生暴行等情况。

一、国威。以自身行动对外显现国威，具有勤勉修行、尊重学术操守的态度，具有超越其他学校之举。

一、世务。（略）

一、征兵。振起征兵入伍之义务心，以遵守校则为始端。

再如，香川县下那珂郡下琴平寻常小学校长进藤直温编的《寻常小学校修身科教师用书》所列"德目"37个，更倾向于行为训导，如孝行、守训、友爱、交友、守约、立志、勤学、忍耐、俭素、正直、仁慈、诚实、报恩、忠节、义勇、公平、敏智、安分、摄养等。[①]

从编制课程和教科书的角度看，"德目"以板块为单元，不同学段循环学习有关学校、家庭、个人、国民、社会、国家等修身内容。编制方法多以人物为中心体现"德目"的教学思想。

---

① 進藤直温：「寻常小学校修身科教师用书」，『教育报知』第333号，1892年9月13日，第18頁。

关于学校：学校、教师、学习、游戏、时间、整顿、姿势、教室

关于家庭：家庭、家族、父母、兄弟姐妹、主人、祖先、亲族、友爱、孝行、召使、子女

关于社会：朋友、约束、正直、过失、共同、社会、度量、产业、他人、同情、谢恩、礼仪、公益、慈善、亲切、公众、博爱、外国人、自由、老人

关于个人：知识、忍耐、学问、勤勉、自营、出世、立身、德行、勇气、迷惑、反省、节制、谦逊、品位、言语、清洁、身体、衣服、食物、信用、金钱、生物、规律、男女、职业、仁勇

关于国家、国体：天皇、皇后、大日本帝国、忠义、爱国、皇室、皇族、日之丸（国旗）、兵役、纳税、公民、勇气、教育、议员选举、法律、祝日祭日、国民义务

总体认知：优秀的日本人；好儿童；复习[①]

1894年7月，《教育报知》第432号对"敕语德目"作了归类，围绕"克忠克孝"分国家义务和个人义务两大类。"国家义务"可再分为对国家义务、对社会的义务、对朋友的义务，对应的是"克忠"。"个人义务"可再分为对父母的义务、对兄弟的义务、夫妇的相互义务、对自己的义务，对应的是"克孝"。[②] 很显然，日本臣民的道德修行，除了尽义务，还是尽义务。其中最看重的实践能力，也就是如何尽义务：一个是意志力，另一个是判断力。前者强调行重于思，所以也叫"德义能力"；后者则要基于敕语的道德本性，对行为、现象的善恶进行判断。[③]

（二）修身教科书的编纂与使用问题

唐泽富太郎在《教科书的历史——教科书和日本人》中，把日本教科书分为8个时期。1872—1879年，以翻译国外教科书为主流；1880—1885年，儒教主义的教科书复活；1884—1903年，政府实施教科书审定制。以后是国定教科书时期，共分5期，时间是1904—1909年、1910—1917年、1921—1935年、1937—1940年、1941—1945年。

---

① 坂口茂：『近代日本の愛国思想教育』上卷，株式ストーク1999年版，第188—189頁。
② 坂口茂：『近代日本の愛国思想教育』補卷，株式ストーク2004年版，第484頁。
③ 沢柳政太郎：「敕語と道徳教育」，『大日本教育會雜誌』第129号，1893年6月24日，第22頁。

总体来看，凡是与社会进步运动有所互动的时候，教科书的编写思想也相应开明一些，如第1、4期的教科书。相反，教科书的内容就保守、刻板甚至反动，如第2、3、7、8期的教科书。① 至于教科书的内容形式、知识处理和编制技术等有了哪些改进，并不是衡量教科书质量的重要指标。

修身教科书自身的发展也说明了这一点。明治初期日本从欧美先进国家汲取知识，翻译包括修身在内的多种教科书，如福泽谕吉翻译的《童蒙解》、箕作麟祥翻译的《劝善训蒙》等，都用了一个"蒙"字，表明它的启蒙性质。但是，由于内容是照抄别人的东西，与日本人的生活离得过远，再加上过头的文明开化意识导致的刻意模仿，也给教学带来麻烦。② 直到1880年，西村茂树基于文部省新教育方针编纂的《小学修身训》出版，以东洋道德为中心的修身教科书才算问世，同时也复活了儒家教科书。

以1883年版《小学修身书》为例，其开宗明义就说："孝，德之本也。"③ 全书贯穿家族主义的社会原理，同时体现强烈的国家主义意识。所谓"复活儒教伦理"，并不是原封不动地把旧的东西塞进去，而是要求契合国家的近代化需要，并以树立近代的天皇制国家观念为准则。从根本上说，教科书要确保天皇的统治地位和权威。政府之所以如此看重保守的儒教，就因为它在稳定社会秩序和控制人们思想方面的独特作用。比如把"孝"作为修身教科书的基本原理，旨在将家族伦理转换为国家伦理，便于推行"忠君爱国"的国家主义教育。当国家主义教育原则确立之后，又可以因"思想统一"而产生"国家力量"，进而由政府驱使国民承担各种"国家义务"。

然而，有关教科书的作用，甚至在是否需要修身教科书等问题上，一直存有争议。所谓"思想混乱"，其实是说政府的文教政策若不统一，便无法体现道德教育的权威性。当时急需解决两大问题：

第一，是否需要编制修身教科书。主要分为两派意见：一是主张道德教育以采用"口授法"为宜。1886年9月25日，《教育时论》还为此开辟专栏进行讨论，全国有17位教师参与，除长崎的村田政宽外，其他16人都赞成"口授法"。大致的理由是：(1)儿童的道德教育重在感化，而非专事背诵章句；(2)儿童难以理解道德教条，应省去文字解读；(3)讲故事符合儿童天性，有利于

---

① 唐澤富太郎：『教科書の歴史：教科書と日本人の形成』，創文社1980年版，第1—2頁。
② 海後宗臣編纂：『日本教科書大系』近代編（第1卷），講談社1965年版，第8頁。
③ 海後宗臣編纂：『日本教科書大系』近代編（第2卷），講談社1965年版，第198頁。

达到修身目标;(4)过早囿于文字、理义,不宜培养儿童修身的兴趣。二是强调教科书的重要性,主张修身教育要依据文本强制去做。

但是,持后一种观点的人们,针对教科书制度也存在分歧。一种观点强调应采用自由选择制,由民间出版教科书,政府不要进行限制,如岐阜县教师堀义一在《小学教科书的撰定》一文中,提示人们要警惕政府滥用教育主权。另一种观点要求实施审定制,政府不仅要干预教科书编写过程,而且需要统一出版教科书。如西村茂树和元田永孚强烈抨击"口授法",认为只有国家统一编纂和发行教科书,才会避免教学随意的现象。更为重要的是,控制了教师的教学行为,就等于把握了道德教育的正确方向。①

1891年10月,文部省在修订修身教科书使用方针时,决定自己牵头编写修身教科书。同月17日,《教育报知》第285号以"修身教科书"为题做进一步讨论,实际是在统一思想。其结果是:拥护政府的教科书政策,结束了道德教育乱象;在教学方法上,除否定"口授法"外,也不赞成"唯书本的奴隶"的教法。另外,伴随着"开明派"的身影越来越少,其观点越来越模糊②,政府实施"国定教科书"制度的时机也就成熟了。

第二,修身教科书是否采用国定制。应该说,政府统一教科书是早晚的事。在颁布《教育敕语》以后,思想教育定于一尊已是政府确定的意识形态。只是文部省的权力有限,而且自身危机重重。人们指责文部省是"无策""无力""无逻辑"的"三无"部门,甚至有人出来呼吁取消它。恰逢此时,出现了教科书贿赂事件,该事件不断发酵,反倒救了文部省,并推动"国定教科书"立即上马。不过,对社会的公开理由,还是在建立"敕语体制"中存在问题,如多版本教科书对于《教育敕语》的解读出现混乱现象,损害了其"作为国民教育大纲"的价值。以下是"大日本教育会"委员松本贡归纳的"国定教科书"争论焦点:

---

① 坂口茂:『近代日本の愛国思想教育』上卷,株式ストーク1999年版,第145頁。
② 1890年前后,围绕国家法理—忠君爱国思想或忠孝观念—各派在《教育报知》杂志展开争论。例如,西村正三郎认为,国家观念是当今世界潮流,但是需要区分国家义务和个人权利。普选、言论自由、天赋人权属于个人权利;而涉及产业、军备、教育事业,则是国民对国家尽义务。西村茂树也主张,在国家优先前提下,应该重视个人权利。能势荣的著名观点是,日本"以德治国"的传统优于欧美的"以法治国"。元良勇次郎则认为,日本的旧道德教育有必要补充新道德(法治),否则就落后了。到1892年,文部大臣大木乔任在贵族院公开批判"天赋人权论"后,内藤耻叟又从学术方面,把世界主义、个人主义视为国家主义、家族主义的对头,指责它们破坏了日本道德的"忠孝"根基。严格讲,这是"折中派"和"国粹派"的争论。

赞成者的理由：(1) 弥补"口授法"的缺点，统一教科书可避免教学的随意性；(2) 在现实中，教师资质不理想，专业教师严重不足，统一教科书可确保教学达到一般水准；(3) 统一教科书可确保贯彻有一致性的德育方针；(4) 统一教科书可更好地承载敕语精神；(5) 统一教科书可提高道德教育的权威性。

反对者的理由：(1) 修身教育适用于讲述法和讲解法；(2) 修身教育不以知识和记忆为目的，躬身实践更为重要；(3) 教科书内容非常有限，不能用教科书限制修身教育；(4) 应该信赖教师，尤其是历史和国语教师都具有处理教学内容的丰富知识；(5) 每周1、2个小时的教学时间，不可能要求太多；(6) 购买教科书对于农村、山区家庭是一个不小的负担。[1]

1891年7月，文部省发布《修身教科用图书审定标准》，其检定要点：(1) 基于敕语宗旨，本着人道的实践方法；(2) 分学生用教科书和教师教学指导用书两种；(3) 小学低年级男女使用同一种教科书，小学高年级男女使用的教科书有所区别；(4) 教学内容以本国人物事迹为主，采用故事形式；(5) 修身教科书的文字、文章须符合学生的接受能力。[2]

当时获得出版资格的出版社需按照检定标准编写教科书，如金港堂书籍会社（社长原亮三郎），邀请三宅米吉、西村正三郎、庵地保、能势荣；大日本图书会社（社长佐久间贞一），邀请井泽修二、安积五郎等；普及社，邀请田中登作、西村正三郎；文学社，邀请山县悌三郎等。从编写者可以看出，主要是原文部省官僚、师范学校校长和中学校长，其性质、功能、守旧程度等，不言而喻。以后，政府任用御用学者编写教科书成为规制。

1892年9月，文部省推迟了教科书审查时间。到翌年1月17日，再次召开教科书审定会。此时，出版商贿赂教科书审查委员的事情，在报纸上被披露并持续发酵，即"教科书丑闻"。特别是在甲午战争后，一方面政府强势鼓噪"忠君爱国"思想，要求必须使"忠君"和"爱国"一体化，即贯彻"二即是一，一即是二"的国家观念。另一方面民间力量痛击"教科书丑闻"，包括官僚和教科书编辑者的金钱关系、出版发行过程中的贿赂行为、检定标准失去公平，以及教科书剽窃其他著述等问题。与此同时，著名学者和教育家伊泽修二、能势荣、

---

[1] 坂口茂：『近代日本の愛国思想教育』上卷，株式ストーク1999年版，第567頁。
[2] 文部省：「修身教科用書検定標準」，『教育報知』第295号，1891年12月26日，第10—11頁。

内藤耻叟、日下部三之介等，也提出了自己的主张：（1）阻止一切不当的竞争行为；（2）扩大教科书审定范围和区域；（3）被审定的教科书必须隐去作者信息；（4）审定委员会须有能力采用最佳教科书；（5）府县须选用审定通过的教科书。紧接着，文学社、富山房、集英堂、八尾、坂上等出版社发表意见书，也公开反对教科书的自由竞争。

自1893年发生"教科书丑闻"，实际上统一教科书的时机就瓜熟蒂落了。翌年，"学制研究会"首倡修身教科书国定制。第二年，在贵、众两院的推动下，修身教育率先使用国费编写教科书。至于这样做的原因，贵族院议员马屋原彰说了以下五点：一是修身教科书若以一人之力编纂难以周全，就其学识和精力而言，个人不能胜任，必须由国家组织编写方可弥补编写上的不足；二是现在出版的修身书甚多，但缺乏完全适用的教科书；三是本来就"缺乏熟达老成的教师"，教科书版本过杂的话，不宜贯彻国家意志；四是以国家力量编写教科书，既能够降低课本价格，又可以提高编写质量；五是统一教科书即统一思想，或者是说，统一思想需要"德育归一"的教科书，这对于臣民教育尤其重要。①

1896年2月，贵族院提出："修身教育关乎国家事权，须动用国费编纂教科书。"三年后，众议院再次呼吁"修身教科书对于滋养儿童德性，教导人伦纲常至关重要"，为了"实现德育归一，政府需迅速着手编纂教科书"，1898年11月，教育家汤本武比古正式提出《适用国费编纂小学修身教科书建议案》②，得到谷干城、加藤弘之、伊泽修二、杉浦重刚、篠田利英、田中敬一、胜浦鞆雄等众多著名学者响应。

值得一提的是，1898年6月，文部大臣尾崎行雄废除了"小学教科书审议会"，理由便是它"百害无一利"。这个"百害"，其实是指审议会成员接受出版商贿赂等犯法行为，在制度上很难禁止。但是，他的决定未获众议院批准。不到一年的时间就又恢复了"教科书审议会"。

此时，贵族院的态度更为明确，即修身、历史教科书与国家的关系至大至深，理应由政府统一编写和发行。表面看，在是否裁撤"教科书审议会"问题上，文部省或文部大臣说了不算。但是，更深层的原因还有两个：一是甲午战争以后军国主义的势头大涨，文部省内的开明派官员和政策，已难有呼应，包

---

① 海後宗臣编纂：『日本教科書大系』近代编（第3卷），講談社1978年版，第617頁。
② 湯本武比古：「小学校修身科用図書国費編纂ニ関スル建議案」（議員提案），『教育時論』第488号，1898年11月5日，第27—28頁。

括自由民权运动积累下来的影响力都在下降；二是保留"教科书审定制"与强化政府权力一致，"审定"的实质就是实现国家控制。

1900年4月2日，文部省任命"修身教科书调查委员会"成员，由加藤弘之出任委员长，委员有井上哲次郎、中岛力造、井上圆了博士，以及高岭秀夫、伊泽修二两位高师校长，文部省方面代表是普通学务局局长泽柳政太郎，共7人。也就是说，原有的其他委员都换了，但是在制度上如何堵漏"教科书贿赂"的再度发生，应对措施毫无建树，故当即遭到批评。《土佐民报》撰文道："日本人之短处，就在于短视者太多，长远者过少。究其原因，无外一种宗教信仰且由锁国滋生之弊端。若欲矫正短视之弊，万不可使用偏执之教育家和宗教家。"①

于是，1901年1月12日，文部大臣松田正久发布《追加小学校令实施规则》，明确指出，"凡接受金钱、礼物、汇票等相关利益者，或官员、学校职员等领有公私职务者，或以酒宴请客吃饭、旅游、接待之名招待者，或为教科书相关人员支付旅费及住宿费用者，或诱导及威逼官员、学校职员就范者"，皆属于不当贿赂。② 其实这也是常见的受贿的范围和手段，松田大臣只是列举了不许做的事，如何在制度上加以杜绝还是没有解决办法。

1902年12月，对"教科书事件"相关者进行公开宣判，共检举收受贿赂者200余人，被公判者116人，包括官员69人，恐吓者1人，渎职者1人，诈欺者1人，违反小学校实施规则者44人。其中，有知事、政府视学官、师范学校校长、中学校长、郡视学官、小学校长等各类领导。同年，文部大臣菊池大麓借此事再次督促尽快采用国定教科书，并要求舆论监督文部省的发行过程和编写质量。

1903年2月5日，内阁总理、内务大臣、文部大臣共同提出"国定教科书案"。基本确定采用更为严格的审查制度，也允许自由选用审定通过的教科书。但是，"学制委员会"的伊泽修二、江原素六、汤本武比古、波多野传三郎4位学者，还是联名反对这个方案。他们主张：应该按照菊池大臣所定方针办；允许教育专家对国定教科书发表广泛意见；由东京书籍组合向国会提出教科书编纂主旨；文部省编纂的教科书与民间编纂的教科书并行使用。

5月29日，众议院提出《关于教科书审查决议案》，指责文部省在处理教科书事件时优柔寡断，甚至说这是"教育权威的全面堕落"。为此，文部大臣菊

---

① 『土佐民報』原題：「修身教科書委員に就て」，『教育時論』第543号，1900年5月15日，第19頁。
② 松田正久：「文部省第2號令」，『教育時論』第568号，1901年1月25日，第2頁。

池大麓引咎辞职，陆军大将儿玉源太郎接任文部大臣。同时，文部省明确小学教科书著作权归文部省所有。

然而，关于教科书"国定制"的争论并未因此停止，倒是各派的观点愈加鲜明。比如政府官员至少分为两派，普通学务局局长泽柳政太郎赞成教科书国定制，总务局局长冈田良平和前文部省次官奥田义人反对教科书国定制。

学者的意见大致也分为两派：加藤弘之、井上哲次郎、辻新次等人赞成教科书国定制。加藤还提出了国定教科书的三种方式，即设置专门机构编制、政府委托、设立特别资金召集善本。也就是说，他并不排斥"自由采用"的制度。久保田让、镰田荣吉、江原素六等人，则反对教科书国定制。他们认为，民间完全有能力自由编纂优质的教科书，采用国定教科书反而会使教科书事业倒退。"教科书流弊"的责任本来在文部省，不会因为国定就减少文部省的过失，目前最应该做的事乃是完善审查制度。江原素六甚至说："自由著述，自由出版，属于人民既得权利，政府剥夺这种权利实属非常不道德；一旦教科书被定于一尊，必会为国民铸型一种观念，因而导致他们思想狭隘和行为盲从。"[①]

此时，最有名的争论发生在教育家樋口勘治郎和文部省官僚森冈常藏之间。首先，樋口在《教育学术界》发文指出，国定教科书是政府的盲从行为。他批评"举国一致、忧世爱国"的本质就是主张军国主义。其观点如下：(1)真善美不能官定；(2)初等教育应传授普遍真理；(3)国定教科书有显而易见的缺点；(4)很难确定什么是最好的编纂方法；(5)合作编纂教科书是愚蠢之举；(6)世界教科书都有其通病；(7)统一教科书是对中央集权的误解；(8)官方刊行教科书是否可能；(9)解决教科书贿赂事件有其他途径和办法；(10)应该考虑减轻不必要的国民负担。[②]

森冈针对樋口的观点，批评道：他只是研究教育学的一介书生，而且分不清楚真理研究和实践研究的界限；用欧美学说套用于日本教育，不仅不能解决问题，还会带来诸多风险。他也承认"真善美不能官定"的说法，但同时认为，在《教育敕语》确定了德育的根本任务之后，真理和实践便不再截然分离，况且国定制并不压制学者研究真理。[③]虽然这是典型的官腔，却也难以辩驳。

倒是东京第一高等女子学校主任市川源三看得明白，他撰文从理论、政策

---

① 坂口茂：『近代日本の愛国思想教育』補卷，株式ストーク 2004 年版，第 38 頁。
② 樋口勘治郎久：「教科書國定制度を難ず」，『教育学術界』第 8 卷第 8 号，1904 年 2 月 5 日，第 2—6 頁。
③ 坂口茂：『近代日本の愛国思想教育』補卷，株式ストーク 2004 年版，第 174 頁。

和实施三个方面，具体分析了樋口和森冈的争论。他认为，樋口的"真理研究"以思想自由为出发点和立足点，之所以否定教科书国定制，最关键的问题是这一制度违背了世界潮流。森冈则完全站在国家主义的立场，其论据疏误甚多。总之，樋口和森冈的根本分歧，其实就是自由主义教育观和国家主义教育观的对立。①

另外，菊池大麓认可"教科书国定制"，也不意味着只有文部省统一编写、统一出版一种方式，而是指经过文部省审定通过后，在全国范围内限定选用"统一标准"的教科书。但是，1904年2月5日，文部大臣久保田让发布的《关于小学修身书建议书》，则要求修身教科书的编纂宗旨，必须"以忠孝爱国等大义为其主脑"，"修身教科书当揭示忠孝之道，以及维护国家之大义"。其内容所落实的目标，必须体现"敕语精神"，并视忠君爱国思想为"我国固有的国民道德"；必须反映忠孝道德、祖先崇拜和皇室崇拜等信仰。同时强调教学标准要由政府来定，审定也由政府来做，而且必须是政府圈定编审人选。

同年4月，政府的"国定教科书"政策一经推出，文部省统一编纂、审定和发行的格局已定。它不仅彻底结束了1887年3月以来的教科书审定制，而且用国费编纂、出版的教科书，为了突出国家意志和政府权威，完全抛弃了教育专家提出的开明方案。

总之，"教科书丑闻"或"教科书事件"加速了政府推行教科书国定制的进程，各种相关的争论也帮助政府澄清了国定制的思路。从官方的理由看，国定教科书能够有效防止出版社的投机行为；能够更好地运用教科书达到国家的教育目的；也避免了教科书因过多反映学者个人观点造成的弊端。从国民的经济负担看，"因采用国定教科书制，教科书的定价便宜了约1/3，家庭支出每年的负担减轻了300万日元"②。

但是，从教学效果看，官撰教科书也使教师的观点钝化，因为是集体编纂且个人无责，导致教科书内容平庸化；统一编纂的教科书，无法体现地方的实际教育情况；严重缺失的国外教育内容，增加了盲目排外的风险；因政府能力有限，导致教科书供给不当。这个结论不是出于某个人的批评或是一般学者的观点，而是文部省普通学务局局长泽柳政太郎，根据官方调查和数据，向贵族

---

① 市川源三：「樋口、森岡二兄の論爭を讀む」，『教育学術界』第11卷第3号，1905年6月5日，第70—71頁。
② 唐澤富太郎：『教科書の歷史：教科書と日本人の形成』資料編，創文社1980年版，第211頁。

院所作的使用国定教科书后的情况通报。[1]

　　概言之，在推行国定教科书的同时，政府成功地窒息了所有的自由思想，只允许国家主义和军国主义教育发威。到1909年"第一期国定教科书"结束时，作为忠君爱国、忠孝一体思想的核心课程修身、历史、地理倍受重视，具有一般教科没有的神圣性和权威性[2]。再经过侵略战争的狂躁粉饰，泛道德教育既使军国主义如鱼得水，也让"国体观念""皇国史观"到处蔓延。直到日本投降接受教育民主化改革，这样的道德教育才被终止。

---

[1] 坂口茂：『近代日本の愛国思想教育』補卷，株式ストーク2004年版，第105頁。
[2] 后藤三郎：「愛國心振起論」，『國家教育』第3号，1890年12月12日，第18頁。

第三章 国家主义教育和军国主义教育一体化

引　言

　　1853年6月3日，马修·培理（Perry, M. C.）率4艘军舰强行闯入江户湾的浦贺，要求日本接受菲尔莫尔（Fillmore, M.）总统的国书，开港并与美国通商。幕府在惊慌之余彻夜商讨对策，但面对坚船利炮和美方的强硬态度却无计可施。一直到12日，培理离港前向幕府下最后通牒，说是在第二年春天，他会率领更多的战舰回来交换国书。幕府的代表户田氏荣和井户弘道仍呆若木鸡，不知如何应付。15日，幕府不得不把"黑船来航"一事主动上报朝廷。

　　1854年3月，幕府先与美国签订《日美亲和条约》，开放了下田、箱馆两个港口。1858年6月，又签订了《日美修好通商条约》，给予美国最惠国待遇。到1859年5月，幕府和美、英、俄、荷、法签署《五国自由贸易协定》后，神奈川、长崎和箱馆三个港口完全开放，外国人除了能够自由贸易外，还获得了治外法权等其他利益。①

　　在"黑船来航"的同时，"攘夷"事件不断升级。其中，既有消极的排外骚乱，也有积极的应对措施。后者诸如1853年7月，胜海舟提出的"海防论"，他主张开国，改革兵制，建造大船并开展世界贸易；② 1856年9月，吉田松阴③主持"松下村塾"，在两三年里招收武家和平民子弟80余人，其高足高杉晋作、

---

① 外务省编纂：『日本外交年表並文書（1840—1945）』上，原書房1978年版，第1—33页。
② 1855年10月24日，幕府在长崎设立"海军传习所"，引入西方航海术、造船术、测绘和炮术等。胜海舟、矢田堀景藏、榎本武扬、中岛三郎助、上田寅吉为教官。
③ 1854年3月28日，吉田松阴和弟子金子重之辅秘密潜入停泊在下田的美舰密西西比号，准备随船偷渡到美国进行考察，被船员发现后交给长州藩主。因吉田的老师佐久间象山赞同二人的偷渡行为，也受到处分，蛰居在松代。金子死在狱中。吉田出狱后，有短暂隐居，便主持"松下村塾"，使之成为尊王攘夷派的重要基地。

伊藤博文、山县有朋，后来成为维新巨擘；1860年3月，横井小楠达到福井藩后，为推进开国事业和"公武合体"，提出了富国、强兵和士道"国是三论"；翌年，长州藩的长井雅乐提出"开国"建议书（《航海远略策》），主张由天皇统治五大洲。在器物和教育方面，1855年8月，国产蒸汽船"云行丸"在萨摩藩品川湾下水；10月，幕府在长崎设置由荷兰人主持的"海军传习所"。消极方面，主要是破坏"公武合体"、刺杀开明派志士。当然，像1856年2月改"洋学所"为"番书调所"①这样的小事，也暴露出幕府的顽固态度。然而，忌惮"洋学"不过是空虚的一种表现，其行为往往又过于自负。

国门被打开后，一些人认为，要么像中国一样发生内乱并丧失国家主权，要么自行改制与列强看齐。"倒幕派"选择了后者，他们以中下级武士为主体，在民族危机的旋涡中承担了领航者的角色。对他们而言，天皇对于推翻幕府统治，既是合理合法的旗帜，也是新领导者统治权力的来源。思想史家丸山真男曾说，开港后的"日本民族意识四分五裂的现状暴露于光天化日之下"，恰是维新势力利用了"尊王攘夷"旗帜，才把握了统一民族观念的契机。②

按理说，幕府倒台以后，凡是武士专属的东西也会一并退出历史舞台，至少没有大行其道的可能。比如武士道，在封建时代它只属于武士。事实却恰恰相反，武士道在明治时代，被落寞的时间不超过20年，它就被新政府复兴了。究其原因，既与德川幕府260余年形成的各种制度有关，包括武士尊重教育的传统和国学（或皇学）的深层影响，也与"尊王攘夷"的旗帜直接反映了行动者的目的有关：如"尊王"即"忠君"，而且这个"王"具有至高无上的神权；"攘夷"即"爱国"，爱国的第一任务便是国家统一和富国强兵，如《舟中八策》（1867）表达的理想。③釜泽寅之助不无露骨地说："复兴武士道"是因为，普通教育需要用武士道来振兴民族精神；武士道本来就是日本的风俗传统；在国际关系遵循丛林法则的环境中，武士道可说是日本的法宝。④

---

① 1857年正式开学，胜海舟、川路圣谟等任教务委员，聘请箕作阮甫、杉田成卿、村田藏六（大村益次郎）等11人为教授，学生190余人。1862年改称"洋学调入所"。
② 丸山真男著，王中江译：《日本政治思想史研究》，生活·读书·新知三联书店2000年版，第280页。
③ 坂本龙马和后藤象二郎的《舟中八策》，第一策"大政奉还"、第二策"万机决于公议"、第五策"选定无穷大典"、第七策"创建亲兵"；坂本龙马的《新政府纲领八策》，第一策"笼络天下名士以备顾问"、第二策"选有才能的藩主充任朝廷"、第四策"重定无穷大典"、第七策"创建亲兵"。既希望大权归于朝廷并尊崇天皇，也明确了武士在新政权中的地位和作为。
④ 釜沢寅之助：「尚武ノ気象ヲ養成センガ為ノ小学校中学校学科ニ武課ナルモノヲ設ケ主トシテ精神上ノ施シ併セテ武芸ノ初歩ヲ授クルノ可否」，『教育報知』第285号，1891年10月17日，第11頁。

根本原因，革了幕府命的不是别人，正是武士。① 一方面武士道的性质和功用，并不因使用了大炮、小铳而有所改变；另一方面新制度的设计者，也主要依赖倒幕武士，包括制定明治维新国策，以及提出"全民皆学"（1872）和"全民皆兵"（1873）的主张。

据此，过去单一阶级的实践道德，现在能够基于四民平等的普通教育转化为日本民族的实践道德了。② 尤其是，过去高举"尊王攘夷"的旗帜达到国家统一、摆脱民族危机的目的，现在则需要强化天皇制来凝结国家主义的内在力量。总之，无论是历史还是现实，在贵族文化和农工商三界文化中，都不具备道德和武艺"双修"的传统。③ 而近代日本的崛起，则需要武士文化充当国民精神。

第一节　武士道的传统与近代化

武士道的近代化与日本国家的近代化，以及军国主义的发展高度一致。从明治时期开始，政府就努力将武士的主仆关系适用于所有国民，使天皇成为国民愚忠的唯一对象；它一次又一次地挑起侵略战争，也使武士道与野蛮、残暴和极端偏执联系起来，作为日本国家形象的象征。从明治五年（1872）到昭和二十年（1945），凡是接受学校教育的日本国民，无人不受武士道的影响。

概言之，明治时期以强化国家主义为中心，学生通过"兵式体操"修行武士道；大正以后，军国主义与法西斯主义同流合污，并将武士道的道德理念和政治信仰渗透到了学校教育的各个方面。

一、何谓武士道

武士道原本只是武士阶级的实践道德。山鹿素行④ 曾说："大农大工大商为天下之三宝，士无农工商之业。而所以可为三民之长者，无他，能修身正心，

---

① 此前就有诸多"倒幕"力量，如高杉晋作所率"游击队"、伊藤博文所率"力士队"、中冈慎太郎所率"陆援队"、坂本龙马所率"海援队"等，以后遂成洪流，如"长州征伐"（1866）和"戊辰战争"（1886）。
② 井上哲次郎：「武士道総論」，『武士道全書』第一卷，国书刊行会1998年版，第20页。
③ 律令时期设有武官，亦讲"允文允武"或"乃文乃武"之道。但不能把它等同于武士道。如同《万叶集》（第443歌）所描绘的武士，也不是封建社会的武士。佚名著，赵乐译：《万叶集》，译林出版社2009年版，第119页。
④ 山鹿素行是近代武士道的鼻祖，主张尊王和日本主义。他早年从林罗山学习儒学，再从北条氏长学习兵法，又和广田坦斋学习神道，因此通晓儒教、佛教、神道和兵法，也使他的武士道理论具有哲学特征。

而治国平天下。"① 在《山鹿语类》卷21中，他对"士道"做了进一步解释："大凡为士之职，在于省其身，得主人而尽效命之忠，交友笃信，慎独得义。然而己身有父子、兄弟、夫妇等不得已之交换，此亦天下万民悉不可无之人伦，而农工商因其职无暇，不得经常相从以尽其道。士则弃置农工商业而专于斯道，三民之间苟有乱伦之辈，速加惩罚，以待正天伦于天下，是故士必须具备文武之德知也。"② 在这里，他重点强调了武士道德的社会性和优秀性。其中，优秀性指的是武士道的实践价值，也就是武士作为一个职业，必须在日常生活中守住自己的本分。具体些说，修为要关注"立本、明心术、德才兼备、自省、详威仪、慎日用"等与日常行为相关的道德。能够做到的话，武士道便可称为"竞惕之道"，讲究"存戒慎"，进而达到"勤王敌忾""武运悠久"的目的。③

井上哲次郎把武士道的历史分为五期三派。第一期从神武天皇到佛教传入；第二期从佛教传入到镰仓幕府建立；第三期从镰仓幕府到战国时代；第四期是德川时代；第五期自明治维新始。第一、二期是民族尚武精神的孕育时代；第三、四期是武家专事武士道的时代；第五期是"一扫四民等级，实施全民皆兵"的时代。④

他还进一步指出，武士道的派别形成于德川时代。其一是"山鹿派"，遵行古道且用儒教阐释皇道主义，提倡修炼纯粹的日本精神。主要代表人物有山鹿素行、大道寺友山、津轻耕道轩、山鹿素水、吉田松阴、平田笃胤等。其二是"儒教派"，特别重视阳明学和朱子学，尤其看重名分和名节。其中，阳明学的代表人物是中江藤树、熊泽蕃山，朱子学的代表人物是贝原益轩、室鸠巢、斋藤拙堂、安积艮斋、蟹养斋等。其三是"释家禅派"，以禅学为基础，代表人物有宫本武藏、泽庵、山本常朝、袒峻峰、秋山悟庵、横尾贤宗、立花俊道。⑤

武士道源于古代武士的"弓矢之道"，但又不能混为一谈。因为"弓矢之道"或仅是兵术，武士道则是自镰仓时代以来逐渐形成的一整套的武士素养，如世世臣事、弓马显达、容仪神妙。⑥战国时代进一步强化了"内佛外儒"的修

---

① 山鹿素行：「武教小学序」，『武士道全书』第三卷，国书刊行会1998年版，第38页。
② 永田广志著，陈应年、姜晚成、尚永清译：《日本哲学思想史》，商务印书馆1983年版，第92页。
③ 山鹿素行：「謫居随筆」，『武士道全书』第三卷，国书刊行会1998年版，第279—280页。
④ 武士道的分期，另见《武士道全书》第十二卷中佐伯有义的《武士道史》(国书刊行会1998年版)。第一期神武天皇到大化改新，第二期从大化改新到源平二氏兴衰，第三期从镰仓幕府到战国时期开始，第四期从织田信长的事业到江户幕府灭亡，第五期从王政复古开始。
⑤ 井上哲次郎：「武士道总论」，『武士道全书』第一卷，国书刊行会1998年版，第42—43页。
⑥ 高桥富雄：『武士道の歴史』(第1册)，新人物往来社1986年版，第42页。

行方式，武士尤其专注于知行合一的体验，进而产生"勇"依存于"义"的观念，如上杉谦信和武田信玄的"君子作风"①。到了德川幕府时代，神道（或皇道）淹没佛学，崇尚祖先崇拜和绝对忠诚，并用《武家诸法度》支配武士生活。所谓"士道""武道""武教"，也是基于武士的现实状态提炼出来的道德概念。在1636年如儡子写成的《可笑记》一书，将其通称为"武士道"。其他，如加藤清正、大道寺友山也曾使用"武士道"这个术语。

明治维新以后，"武士道"成为一个统一的名词，别称"士魂"，也是一个不折不扣的军国主义概念。

二、武士的身份教育

武士道伴随着武士阶级的发展而发展。1192年，源赖朝建立镰仓幕府，武士始有佩刀和氏姓的特权，并依照武士的法律，禁止他们从事生产劳动。②

为了保持武士的本色，维护阶级特权，镰仓幕府制定了严格的道德规章，称为"式目"③。其内容和养成方式，一方面源于实际战争中积累起来的武艺心得，另一方面源于传统的儒家"德目"。前者以训练武道技艺和尚武精神为核心，后者则强调修炼儒家的外在（礼仪）教养，并借助佛家的内省功夫和神秘主义形成武家特有的气质、行为与理想，就是"以儒修外，以佛养内"的士道。

武士是一个职业，故称"侍"。作为武士如果没有经过正规的训练，无论武艺多么超群，也很难成为理想的武士，甚至不能过正常的武士生活。尽管当时还没有"武士道"的名称，但诸如出生入死、质实刚健、尚武勇敢、寡欲廉耻、严守诺言、清廉洁白、遵守秩序等道德纲目，已经构成了武士教育和训练的基本内容。1284年5月20日，幕府下达"新式目"38条，明确要求武士并修文武两道。即使是在家修习写字、和歌和连歌，也有武士的训练标准。④

据此，武士的家教很严，而且有一套固定程序。第一，为了符合武士身份

---

① 武田信玄和上杉谦信曾在信浓川中岛进行过五次大会战，前后十余年，其战役被誉为日本战史中的典范，二人也被武士道宣扬为道德（儒佛两道）楷模和军神。当谦信得知信玄病死的消息，痛哭道：我失去了最优秀的敌人。

② 齋藤晌：『日本的世界觀』，朝倉書店1943年版，第13頁。

③ "式目"是幕府推行的"政道要点"，俗称"武家之习，民间之法"。其特点是用日常中积累的道理做成法律条文，如镰仓武家法典《御成败式目》（1232），也称"贞永式目"。第1条"夫神者，依人之敬增威；人者，依神之添运。"第2条"建塔修寺，勤行佛事"。

④ 海後宗臣：『日本教育小史』，講談社1990年版，第42—43頁。

必须掌握武艺。① 一般都由父兄直传，只有在因公务而无法直接教练时，才请专门的武者教授子弟。因为"带刀"是武士的特权，象征武士的力量和武勇，所以武家儿童一般到五六岁时，就开始用竹弓学习射术，用竹刀演习各种"刀马技艺"了。大约15岁，可独自带真刀行动。佩刀一大一小两把，大的叫"刀"，小的叫"肋差"。② 第二，为了成为真武士必须修炼德行，如忠义、武勇、清洁等品行，甚至细致到出生在武士家庭的幼儿，绝对不许爬行，因为那会被人认为丢失了尊严。

其他教科或是聘请教师或选拔有特长的宗臣来教。一般而言，从六七岁始，灌输儒家道德思想③，尤其重视"智、忍、勇"三德；同时，男孩子需择日举行"着甲"仪式，初步踏入武士的门槛。到了12岁，还有更隆重的仪式，表示由儿童期进入了少年期；在十四五岁前后，通常是大家长或族长主持成年仪式，意味着武士道将主宰这个武士的全部生活。④ 这些仪式的本质，一是巩固父子关系，二是对领主誓以忠诚。因为武士的身份是祖先的汗马功劳赢得的，其安定生活又是得益于领主的俸禄。因此，父子关系基于孝道，主仆关系则体现忠义。⑤

> 武士道即随时应战，并非总在求胜，但必须武备周全。不战而胜，方是良策。（本多正信《名将言行录》）
> 武士道即死道。（山本常朝《叶隐》）
> 宁可暴尸沙场，绝不死在床上。（加藤清正《名将言行录》）
> 武士的一天，不能丢了胜负之心。（大道寺友山《武道初心集》）
> 存武士之心者，不说谎、不猜疑、致理义、鄙视物欲者也。（朝仓教景《朝仓宗谪说话》）
> 一家不合，其家灭亡；一国不和，其国必亡。（胜海舟《冰川清话》）
> 国家是祖先传给子孙的，我只有尽自己的义务；人民都是属于国家的

---

① 一般而言，指剑术、射击、柔道、骑术、枪术、战略战术等，不同年龄科目深浅各异。
② 日本武士的刀比较复杂，这里只就一般而言。刀，又称打刀，用于厮杀，刃长60厘米到80厘米不等；肋差，又称肋指，用途较多，刃长30厘米到60厘米不等。别册宝刀编集部编：『世界に誇る「勇」と「美」：日本刀雜学100』，宝岛社2017年版，第10页。
③ 如学习书道和文学等科目，都选择有特定道德教育的内容，不能"偭规越矩"。
④ 上述资料摘自文部省著《日本教育史》（弘道馆发行，1914年第5版）第三编第一、二章及第四编第二章，第160、195、221、175页。
⑤ 家永三郎：『日本文化史』，岩波书店1993年版，第116—124页。

人民，我只有尽自己的义务；君主又是国家和人民的君主，因此我必须服从我的君主。（上杉鹰山《传国之辞》）[1]

三、武士道教育的复苏

1221 年 6 月，"承久之乱"被平息，公家和武家二元统治的局面逐渐变成武士的一家天下。武士的主仆关系随之也得到强化，即主人赐给下属恩惠，获得恩惠的家臣须对主人尽忠效劳。

（一）武士道是农本主义的产物

在武士未获得全国政权之前，武士的生活中心在乡村而非城市。最关键的一点是，武士赖以生存的米禄依靠农民交纳的年贡，加之米禄的分配关乎附庸关系的亲疏，所以武士在获得领主"御恩"的同时，理应心存感激且必须涵养无私奉公的精神。本来这种关系并不复杂，主人恩赐仆人，仆人效忠主人；仆人效忠主人，主人承诺和保护仆人的利益。当然，为了支配更多的米禄，也不能对农民过于苛刻。但是在复杂的封建环境中，尤其是战乱时期，需要把双向的契约关系做成单向的绝对服从，即走了"食禄报恩"的奴化路线。[2]

武士的规训是追求武艺显达，但下级不得冒犯上级，而且须简素质朴、须主从相互尊重、须遵守约定、须以生死作为维护彼此利益的纽带，同时要求遵循健康的生活规律，不得病态孱弱。简单地理解，便是农本主义的知恩图报。明治维新以后，又将其转化为国土观念和忠君爱国的思想。

（二）充满矛盾的武士道说教

自镰仓时代到战国时代，以武士道身份意识为基础，形成了尊重武艺和名誉，忠诚于领主，蔑视生产劳动和金钱的道德观念。武士集团利用儒教，培养以忠诚为最高原则的仁、义、名誉、勇气等观念；利用佛教给予武士"以平静地听凭命运的意识，对不可避免的事情恬静地服从，面临危险和灾祸像禁欲主义者那样沉着，卑生再亲死的心境"。而"佛教所未能给予武士道的东西，却由神道充分提供了。由神道的教义所刻骨铭心的对主君的忠诚、对祖先的尊重以及对父母的孝行，是其他任何宗教所没有教导过的东西，靠这些对武士的傲慢性格赋予了服从性"。[3]

---

[1] 笠谷和比古监修：『武士道サムライ精神の言葉』，青春出版社 2004 年版，第 122、92、21、103、151、175 頁。
[2] 戴季陶：《日本论》，海南出版社 2002 年版，第 28 页。
[3] 新渡户稻造著，张俊彦译：《武士道》，商务印书馆 2000 年版，第 18—19 页。

然而，武士有着严格的等级，无论贯彻何种道德都存在言不由衷的现象。就像为了追求共赴战场、共生共死、彼此依赖的理想，而刻意把武士道拔高到崇高的精神境界，却根本经不起"下剋上"的破坏。事实常常是，在道德被神化之时，也就到了行动极端的荒谬之日。比如武士道既反对"犬死"，又有各种理由"轻死"①；既强调节义，又动辄犯上作乱；既要求不可起誓，又常以誓言形式振作精神。

明治时期国家在制度上基本消除了"下剋上"的隐患，并由天皇中心主义维系武士道的主仆关系和道德情感，尤其是在排除武士特权基础上，又比较充分地保留了农本主义和家族主义的道德特点，进而把武士的专属道德强行转变为日本国民的共有品德。因此，在道德实践方面，必然采取一边倒的、极端的教育方略，如修身教科书中对"忠臣义士之龟鉴"楠木正成②，以及被武士道传为"美谈"的北条仲时③、大石良雄④的歌颂。

如果说封建时代将武士道完全输入到了国家政治系统中，并把对领主的忠诚放在所有价值观的核心位置的话，那么明治时期则在国家统一的条件下，阻断了武士道内隐的矛盾性，其特点是使个体人格绝对地依附于国家意志，甚至到了个人的生死权都由国运决定的地步。引申说，在将武士道彻底国民化的过程中，教育的角色是为国民洗脑，战争则负责让国民看到效果。所谓"一说到武士之情，便会立刻打动日本人的高尚情操"，不过是在军国主义教育环境中表现出来的肯为天皇去死的愚忠罢了。

（三）为武士道教育鸣锣开道

《学制》和《教育令》都是学习西方的结果，如何使其本土化一直是明治政府面临的两难问题。既要文明开化，更要养成爱国心。早在 1881 年 6 月，文部省发布《小学教员心得》时，二者都有。⑤翌年，文部卿福冈孝悌则矫正说，培

---

① 为了不值得去死的事而死，被鄙视为"犬勇"或"犬死"。武士有各种自杀方式（切腹），虽然不乏道德名目，但牵强附会，对人的生命没有敬畏感。如只因偶尔读错了《教育敕语》，竟然自杀以洗污名。
② 1331 年"元弘之变"中，楠木正成力保后醍醐天皇发动倒幕运动。1336 年，在凑川会战被足利尊氏打败，尽忠自杀。水户派对其忠君爱国的义举大加赞扬，使之成为忠臣典范，并誉为"**武神**"。
③ 1333 年 5 月 7 日，足利高氏和赤松则村等攻打京都六波罗。9 日，六波罗长官（探题）北条仲时保护后伏见上皇和花园上皇逃出京都，却在近江（滋贺县米原町）被山贼、草寇伏击，使天皇大惊。北条因自责切腹而亡，其家臣殉死者达 432 人之多。
④ 1703 年 1 月 30 日，浅野长矩侯家臣大石良雄率 47 名浪士，袭击江户本所松坂町吉良义央侯家，杀吉良为主人浅野报仇。2 月 4 日，幕府判定所命这 47 人集体切腹，家属亦受牵连。当时，大学头林信笃和室鸠巢称其为"赤穗义士"。在民间，因净琉璃、歌舞伎以此为题材创作了《忠臣藏》，使之家喻户晓。
⑤ 文部省：「小学校教員心得」，『教育報知』第 44 号，1881 年 11 月 20 日，第 11 頁。

养爱国心是天皇的"御内意",目前的教育任务当避免欧美倾向。他尤其提醒教师,应该以培养天皇的忠义臣民为己任。[1]与此同时,武士道作为忠君爱国思想的重要组成部分,地位越来越重要。

1887年12月,《教育报知》以《日本魂》为题,大量列举武士道精神,落脚点却是感叹明治维新二十年来武士道精神的衰落。它写道:"花是樱花,人是武士。该凋零则凋零,乃是真花;该赴死时则赴死,乃是真武士。可惜!可叹!已成往事也。"[2]为什么会这样呢?文章概括的主要原因,依然是西风过劲,以致今天的日本人丢了日本魂。说到抢救的办法,一是摒弃儒教、佛教、基督教与日本精神相互杂糅的混合主义;二是加强国民教育,从小学到大学全面贯彻忠君爱国思想,并使其深入骨髓。那么,什么是"日本魂"呢?文章说,就是武士道所体现的"大和魂"。简言之,即"需要为国家和天皇去死时,就能够做到义无反顾的精神"[3]。紧接着,又有文章说:"吾国之道德,乃神国之道德,堪称尚武之国,其风卓然超群尽显国柄。然维新以后截然阻断此风,唯智是勉,唯利是图,唯奇是竞,以致人人以轻燥浮薄且相互取悦,不仅提倡道德保护风仪者寡,而且被冠以老顽固、不开化、怀旧的名义加以诽谤。"[4]

到1889年,呼吁武士道的舆论更加多样。如内藤耻叟的《日本心》[5]和色川囹士的《告大日本帝国一般小学教员诸君》[6],都强烈批评西方风气,鼓吹日本魂。能势荣则在《日本的国德》[7]一文中,要求国民"尽己为忠",把"奉君、忘身、临难、节死"作为国民精神来发扬。

颁布《教育敕语》之后,武士道教育随之也被定位。最为典型的例子是"兵式体操"在义务教育和师范教育中全面展开。如说:"再兴武士道和儒教,取舍折中古代良法,决定了国家教育要贯彻敕语精神。"[8]1890年11月12日,《国家教育》发文,要求向少年儿童灌输日本魂教育,熟背古诗《海行》,以达到感戴国体、为国献身的目的。

---

[1] 福岡孝悌:「学制ニ付勅論」,『教育報知』第110号,1882年3月17日,第1頁。
[2] 社論:「日本魂」,『教育報知』第95号,1887年12月3日,第7頁。
[3] 社論:「日本魂」,『教育報知』第95号,1887年12月3日,第7頁。
[4] 坂口茂:『近代日本の愛国思想教育』上卷,ストーク1999年版,第60頁。
[5] 内藤耻叟:「日本心」,『教育報知』第190号,1889年11月9日,第9頁。
[6] 色川囹士:「大日本帝國一般ノ小学校教員諸君ニ告グ」,『教育報知』第185号,1889年11月5日,第8頁。
[7] 能勢栄:「日本の國德」,『教育報知』第192号,1889年11月23日,第9頁。
[8] 坂口茂:『近代日本の愛国思想教育』上卷,ストーク1999年版,第305頁。

赴海水渍尸 / 结草卧山岭 / 献身君王侧 / 义无反顾情[①]

《海行》的歌词节选自《万叶集》大伴家持的长歌，由宫内省雅乐部的东仪季芳配曲。1880 年指定其专用于礼仪活动。它也是陆海军共用的军歌。因为他还是送走出征士兵和迎回死亡士兵的军歌，而且普遍用于各种社会活动，所以还有"第二国歌"之称。1937 年东京音乐学校（现东京学艺大学）教授信时洁再度作曲，并由 NHK（日本广播协会）反复播出，进而成为战时日本最流行的军国主义歌曲。[②]

四、近代军制与武士道教育

1862 年，幕府开始兵制改革，建立了步兵、骑兵、炮兵三个近代兵种，设置陆军总裁、陆军奉行、步兵奉行、骑兵奉行和大炮组头。海军在向外国购置军舰的同时，于 1855 年设置长崎海军传习所、江户军舰教授所。1862 年，设置军舰所，置海军奉行。1866 年，又改军舰教授所为海军所。陆、海军还分别招聘法、英两国教官，试图吸纳列强最先进的武器。[③]但是，幕府已有的各种封建制度，与西洋军制之间存在着严重隔膜。

（一）近代军队的建立

1867 年 6 月，坂本龙马等人在《舟中八策》中提出设置陆、海军局和亲兵，以后修订为"扩张海军""置御亲兵守卫京都"。在《王政奉还建议书》中，又修订为"陆、海军乃一大要事，筑造军局于京摄之间，置守护朝廷之亲兵"。1868 年正月，明治政府成立伊始，设置"海陆军科"，长官是"海陆军务总督"，由太政官直辖。闰 4 月，改"海陆军务总督"为"军务官"。1869 年 7 月，废"军务官"，设置兵部省。9 月，集议院（原公议院）将其职权定位在："体奉御心建立国家治安之基，竭尽亿兆之心力，故议事须遵奉诏书，与太政官一致心志。"[④]

然而，在明治维新的最初几年，新政府连一支国家军队都没有。最初，即

---

① 坂口茂：『近代日本の愛国思想教育』上卷，ストーク 1999 年版，第 48 頁。此诗的汉译，见〔日〕佚名著，赵乐译：《万叶集》，译林出版社 2009 年版，第 759 页。
② 大野敏明编：『軍歌と日本人』，産経新聞出版 2019 年版，第 122 頁。
③ 1862 年，有人提倡采用法国的步兵、炮兵、骑兵三兵制。在横须贺聘请法国人造出了野炮和山炮等西洋武器。萨摩、长州两藩是英式和荷式兼采。长州的山县有朋则主张引入德式。
④ 田中惣五郎：『日本軍隊史』，理論社 1954 年版，第 59—60 頁。

1868年3月，三条实美曾建议创制中央军，以守护天皇，但9月就作废了。直到1871年2月13日，才从萨摩、长州、土佐三藩抽兵，组成了天皇的"亲兵"或叫"近卫兵"[①]。关于这支军队的属性和特色，当时的建军者各执一词。如萨摩藩的西乡隆盛始终强调"武士才是唯一的兵源"；长州藩的木户孝允和大村益次郎则认为，应该"依靠农兵，而非靠藩兵"；萨摩藩的大久保利通主张，"为了利用各藩势力，可用权宜之计"，关键是建立常备军，并由中央掌管军队。从行政角度看，无疑大久保利通更有见识。

伊藤博文则认为，必须利用戊辰战争的机会，"将北伐兵改为朝廷常备兵"；而且要"折中欧洲各国之利改革我国兵制，由朝廷亲统，对内抑制不逞，对外雪国之耻"；促使"文武二权统归天子，张皇国威，成全复古之势"。[②]1871年4月，设置东山、西海两道镇台，使中央常备军初具规模。7月14日，明治政府断然实行"废藩置县"，正是有了这支军队做靠山。

8月，各藩军队解散，只征藩兵中的部分精锐，再置东京、大阪、镇西、东北4个镇台。不过，这样做还是不能解决军队的统帅权。因为近卫兵和镇台兵，都是由旧藩兵转化而来，顽固的封建身份意识不仅没有消除，反而因为权力分配等因素，又诱发出了新的藩阀观念，使军队难以统制。

1872年11月28日，明治天皇颁布《征兵诏书》。政府于是正式着手建立常备军。有关常备军的国家位置，陆军大辅山县有朋在《六管镇台募兵顺序》（1873年1月4日）中说道："当国家卒然有事之际，能够确守法令，维持公法，保护国土，则全赖兵备。""对内可以镇压草贼，对外可以伸张对峙之势。"[③]翌年1月，撤销4镇台，新设东京、仙台、大阪、名古屋、广岛、熊本6个镇台。同月10日，发布《征兵令》。

《征兵令》是根据曾我祐准翻译的法文本《征兵论》拟定的。征兵的主体是全国的壮丁，虽说不分身份，凡年满20岁的国民都可以应征入伍。但在第三章"常备兵免役细则"中，还是规定了10余条不准者，如身高不满五尺一寸者；在中央官厅及府县任职者；海陆军学生仍在学者；文部和工部学生及教员；一家之主者；等等。第6章"征兵杂则及办法"之第15条规定："本年征兵，由

---

① 开始时，"亲兵"1万人，含步兵、骑兵和炮兵三个兵种，并依照武士道原则制定了军队规则——《御亲兵规则》。翌年3月，改称"近卫兵"。
② 1868年10月17日，兵库县知事伊藤博文就整编新军的谈话。田中惣五郎：『日本軍隊史』，理論社1954年版，第62—63页。
③ 田中惣五郎：『日本軍隊史』，理論社1954年版，第89页。

于本身事故,提请交纳代替费270日元者,可免予常备和后备两役。"① 要知道,这一年的米价,一石平均4日元80钱。也就是说,如果不想服兵役,就需要拿出50余石大米。显然,一般百姓根本没有支付能力。

通过征兵制改变了士兵构成,为了把军队驯服为效忠于天皇的皇军,明治政府采用严格的军国主义教育和军纪治军,要求军人绝对忠诚于天皇,陶冶"武士道"精神。

早在1872年1月,陆军省就颁布了《读法》,规定:"军队以发挥皇威,坚固国法,保护国家、万民为第一任务。"1878年10月12日,以陆军卿山县有朋的名义公布《军人训诫》,提出了军人的"三元行"。其一是忠实,上奉天皇,报效国家;其二是勇敢,作战临危不惧,能够冒险立功;其三是服从,听从上级命令,维持军队纪律。② 而且强调军人必须把天皇当作神来崇拜。

(二)《军人敕谕》的思想及其作用

1882年1月4日发布的《军人敕谕》,从天皇口中说出"朕是尔等军人的大元帅",明示了军队乃是天皇的军队。而且说道:天皇是"头首",军队是"股肱"。要求军人要以"诚心"为基石,承担将"我国之威烈光华于世界"的任务,做好百姓的榜样。

《军人敕谕》规定军人必须执行如下五项律条:第一,尽忠节之本分。坚固报国之心。义重于山岳,死轻于鸿毛。第二,必须端正礼仪。下级必须服从上级,并做到以威严主事。第三,必须崇尚武勇。有大智大勇,才配得上武职。第四,必须严守信义。确立信义,不污名誉。第五,必须有素质。主要指不流于文弱,趋于轻薄,不随骄奢华靡之风。重节操,尚武勇。③ 据此,皇军追求的最高目标,便是"死为忠义鬼,极天护皇基"④。

军队纪律定格军队教育的效果,即没有严酷的军纪,便不能养成绝对服从的性格。以1871年公布的《海军军刑律》为例,其刑律分将校、下士、卒夫三个级别,对违反军纪的量刑标准非常不同。比如将校是:自裁、免职、回籍、降职、监禁;⑤ 下士是:死刑、徒刑、黜职、降职、监禁;卒士是:死刑、徒刑、流

---

① 《征兵之编制与细则》,转引自《明治维新的再探讨》,中国社会科学出版社1981年版,第179—180页。
② 明治文化研究会编:『明治文化全集』第26卷,日本評論社1967年版,第25页。
③ 井原頼明编:『増補皇室事典』,冨山房1942年版,第429—433页。
④ 藤田東湖:「正氣歌」『武士道全書』第一卷,国書刊行会1998年版,第60页。
⑤ 1869年即明治二年,政府已提出废止切腹论,但并没有禁绝。根本原因还是武士道的存在,并被不断强化。

放、杖刑、笞刑、监禁。显然，身份越低处罚越严，而且越不顾及个人的尊严。

1881年3月11日，政府又颁布《宪兵条例》，建立了宪兵制度。作为国家的政治警察，宪兵有视察军人违法乱纪的权力。他们可以用维持国内秩序的名义，稽查、监视士兵行为。军人在营外犯法也由宪兵处治，而不受地方刑法约束，理由是保守军事机密。因此，宪兵制度使军队的独立性进一步加强，并成为国家机构中最专制、黑暗的部门之一。

（三）二元军制和军事寡头的形成

1872年2月28日，废黜兵部省，设置陆军省和海军省，实行军事机构二元制。3月9日，废"亲兵"，置"近卫兵"。翌年，推行"全民皆兵"政策。1878年1月31日，在西南战争结束且未完全稳定国内局势之时，政府便急令各省减少一半经费，用于扩充陆海军。

1878年，陆军省率先将作战、用兵、参谋本部各自独立。12月5日，太政官公布《参谋本部条例》，参谋本部从陆军省独立，成为直属于天皇的军令机构。此后，政府只有军政权，而无军令权。又因军令关乎军事行动计划、战略部署、军中机要、兵种配置等作战和用兵等大权，所以掌握了军令权的天皇，等于实现了"统帅权独立"。1893年5月20日，公布《海军军令部条例》，使海军军令从参谋本部独立出来，天皇又拥有了海军军令权。至此，确立了日本特有的陆军与海军、军令与军政分立的军事制度。

按照规定，陆军参谋总长和海军军令部长（后改称总长）只对天皇负责，而且陆、海军两省拟订的军事计划，都须通过参谋总长和军令部长上奏天皇。所以较之作为"辅政国务大臣"身份的陆军大臣、海军大臣，两总长的地位更加特殊。根据《帝国宪法》的规定，天皇统帅陆海军。陆、海军大臣具有"帷幄上奏权"的资格。不过，有关军令事项，可以不经过内阁直接上奏天皇，因此"帷幄上奏权"实际属于军部。[①] 一旦政府和军部产生矛盾，败下阵来的往往是政府，就是这个原因。

日本军队的本质，不仅是皇军，而且一开始就由"藩阀"掌握实权，带有浓重的封建性。比如1897年以前，军部上层是萨摩派占优势；1899年以后，又是长州派占优势。无论哪一派，在阻止文官充任陆、海军大臣问题上都不含糊。

再有，1886年3月18日，公布修订版《参谋本部条例》，设置陆、海军省。

[①] 军部是陆军省、海军省、陆军参谋本部、海军军令部、教育总监部、侍从武官府的总称，最核心的部门是陆军参谋本部、海军军令部。

同时公布《陆军省官制》和《海军省官制》，规定省内要职武官专任制。1888年修订《陆军省职员定员表》，又规定由大臣决定重要官职的人选。1900年5月19日，山县有朋（第二次组阁）内阁修改陆、海军省官制时，直接规定：军部大臣及总务长官由现役武官充任。[①]

"大正民主"时代，曾一度取消了"现役武官充任大臣"的规定。但在法西斯运动影响下，特别是"学阀派"把持军部以后[②]，军部势力再度抬头。1936年5月，广田弘毅内阁修订《陆军省官制》《海军省官制》。明确规定：陆海军大臣及次官由现役武官充任，军部大臣由现役大将、中将充任。这样的军部虽没有组阁权，但具有妨碍组阁的能量。

如此的军事寡头制，便于军部使用"帷幄上奏权"和"统帅独立权"，实行自己的对内对外政策。即使是文官做了陆、海军大臣，也不会动摇参谋本部和海军军令部的权威，原因就在于陆军参谋本部和海军军令部与陆、海军省也是相互独立的，由此导致：军部与天皇相互依赖；军令和军政的二元制，有利于军部通过战争手段提高政治影响力，将国家的实权掌握在自己手里。

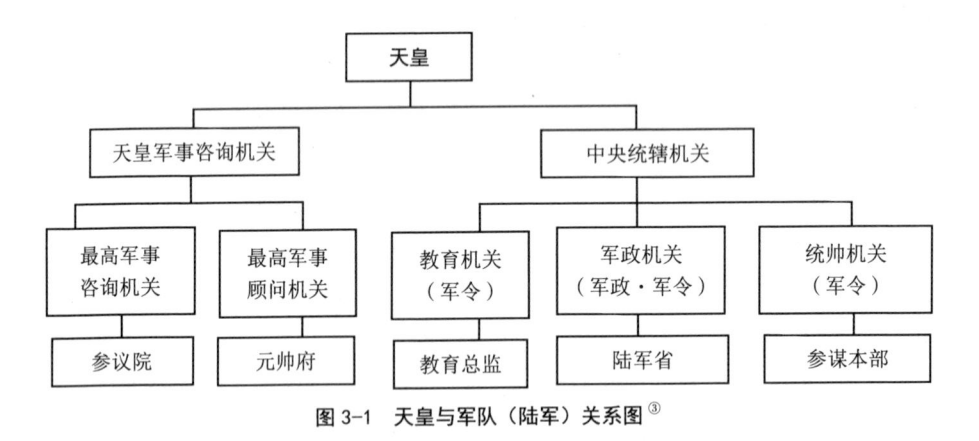

```
                            天皇
              ┌──────────────┴──────────────┐
         天皇军事咨询机关                中央统辖机关
         ┌────┴────┐           ┌──────────┼──────────┐
      最高军事   最高军事      教育机关    军政机关    统帅机关
      咨询机关   顾问机关      （军令）   （军政·军令） （军令）
         │         │              │          │          │
       参议院    元帅府         教育总监     陆军省     参谋本部
```

图 3-1 天皇与军队（陆军）关系图[③]

另外，军部在各个机关相对独立、各自维权的基础上，突出自己的政治地位，还可以通过"在乡军人"会、现役军人承担学校军事训练、审定教科书等

---

① 日俄战争后，进入"藩阀政治"的全盛期。原敬内阁开始"政党政治"时期（约15年），至斋藤实内阁日本政治全面军国主义化。
② 指出身士官学校、陆军大学、海军大学等学校派系的军阀。他们在第一次世界大战后，排挤"藩阀"势力控制了军部。
③ 陆军省徵募课编：『学校教练必携帝国·军训』，帝国在乡军人会出版1933年版。『资料で読む教育と戦争——学生新聞を中心として』，世界思想社2008年版，第1065頁。

机会，操纵国民思想和舆论宣传。其实，日本法西斯体制的建立过程，也是军部集权且逐步控制国家政权和国民命运的过程。

（四）武士道教育的影响

自吉田松阴主张："现在要加紧进行军备，一旦军舰大炮稍微充实，便可开拓虾夷（今北海道），封立诸侯，乘隙夺取堪察加、鄂霍次克海、晓谕琉球……责难朝鲜，然后受民养土，使之纳千进贡，和古时候强盛时一样。北则割据中国东北的领土，南则掠取中国台湾以及菲律宾岛。"[1] 到山县有朋 1890 年 12 月 6 日在众议院叫嚣："国家独立自营之道，有两种途径，第一是守护主权线，第二是保护利益线。主权线者，国家之疆域是也。利益线者，与主线权之安危密切相关之区域是也。"[2] 日本的近代化注定与对外扩张联系在了一起，[3] 而近代军队的缘起及其特点，恰恰使武士道成为维护天皇制和实现富国强兵国策的不二选择。作为军国主义的教育工具，武士道至少有以下作用：

第一，为了贯彻"全民皆学""全民皆兵"的国策，没有比武士道更能立竿见影的国魂教育和道德实践了，尤其是在义务教育快速普及的情况下，很容易实现把武士道当作国民道德的目标。从就学率看，1871 年、1878 年、1887 年、1892 年、1897 年、1900 年、1901 年这七年的统计，分别是 32.3%、48.51%、45%、55.1%、66.65%、81.48 和 91.57%。[4] 引申说，甲午中日战争时，士兵的文化水平当有 60% 的人达到小学教育；到了日俄战争，这个数字应该是 100%。普遍的、强制的、速成且粗暴的武士道教育，在战场上表现出来的行为就是集体无脑、绝对服从、蔑视人道的军人素质。

把军部的中央直属机关"教育总监部"[5] 也考虑进来的话，武士道教育对军人的影响更大。其一，军部直辖的学校在 1887 年以后已成系统，如著名的有陆军幼年学校、陆军士官学校、陆军教导学校、海军大学、海军机关学校、海军

---

[1] 吉田松阴：《幽囚录》，转引自井上清著，尚永清译：《日本的军国主义》第二册，商务印书馆 1958 年版，第 6 页。
[2] 山縣有朋：「第一回帝國會議（通常會）における施政方針演說」，内閣制度百年史編纂委員会編：『歷代内閣總理大臣演說集』，大蔵省印刷局 1985 年版，第 9 頁。
[3] 这里所说的"注定"，需考虑日本的地缘政治生态和列强的丛林法则或近代世界的发展态势，而非仅仅基于单一的政治经济和历史文化因素。
[4] 海後宗臣：「学制七十年史」，『海後宗臣著作集』第 7 卷，東京書籍 1981 年版，第 357 頁。
[5] 其长官是教育总监。机构的职权范围：为提高军队素质培养干部；制定军队教育经费和计划，并征求陆军大臣意见；参与制定军队编制；战时后勤保障计划；监督军纪、风纪、仪式仪礼规则，保障人马卫生及军械、被服质量等。『陸海軍軍事年鑑・陸軍』，日本図書センター 1989 年版，第 29 頁（根據 1937 版年鑑複印）。

兵学校等；其二，军部对教育的监察权不断扩大，在"国民教化"运动中，主导权在军部而非文部省。

第二，武士道与《军人敕谕》和《教育敕语》的精神完全契合，故有将武士的基本信条变成为国民道德生活一般准则的基础。特别是在学生的学习和生活环境被"思想善导"完全隔离的情况下，他们无法接触正常的社会运动和思潮，只能听从在校军人与教师的训导。尽管政府曾要求教育者保持"中立"立场[①]，但其出发点不是维护教育独立和自由，而是确保对天皇忠诚的纯粹性。加之，19世纪90年代以来，日本从未停止对外战争，进而导致学校教育极具狭隘、偏执和激进的性格，以致不如此不能炼成皇国的殉道者。

第三，对军部而言，"军人不干预政治"的原则无效。在法律上，"军队统帅权"不在国务事务范围之内，军部利用"帷幄上奏权"直接通过天皇的"敕谕"达到目的。再者，还能利用"陆海军现役武官制"直接控制内阁。此外，因为陆海军大臣不是内阁任命的，一旦陆海军大臣辞职，军部又不推荐人选，内阁就只有解散了。所以军部是可以通过吞噬国家政权的方式，成为国民命运的主宰者。

自1885年12月确立内阁制到1945年8月日本帝国灭亡，前后60年间，43届内阁，共有30位总理大臣。其中，15人是军人。15人中，有9名是陆军，6名是海军。15名军人中，作为首相控制内阁的时间是29年零3个月时间。

再如，43届内阁有490位阁员，其中86名陆、海军大臣皆为大将和中将。在陆、海军省以外任大臣的404人中，115位是军人，占比28%。按时期统计的话，明治时期112名阁员中，有41位是军人；大正时期127名阁员中，有12位是军人；昭和时期（45年前）165名阁员中，有62位是军人。特别值得注意的是，内务省43名阁员中，有11位是军人；外务省43名阁员中，有14位是军人。1885年的伊藤博文内阁10名阁员，有6位是军人；黑田清隆内阁10名阁员中，有7位是军人，这是最突出的例子。[②]

第四，宪兵制度在极权政治和臣民训育两个方面，使武士道更为直接地和国民生活发生关系。日本宪兵有军事警察、行政警察和司法警察三种功能。军事警察，指可以直接干涉军队事务，预防和排除军队中的危险人物和事件，保

---

① 如《军人敕谕》要求军人"不惑于世论，不过问政治，唯恪守本分之忠节一途"。再如1898年2月4日，文部省发出训令"严戒教员妄议政事"。日本国政事典刊行会编：『日本国政事典』第3卷，日本図書センター1987年複刻，第62頁。

② 豬木正道：『軍国日本の興亡：日清戦争から日中戦争へ』，中央公論社1995年版，第88頁。

证军队的有序发展。军事警察,包括军事行政和军事司法两种功能:前者主要是保证统帅权的实施,如确保军事秘密;守卫要塞、军港、重要口岸;负责执行征兵、服役、征发、戒严召集等命令;监视军纪和风纪;维持战场秩序等。后者指搜查犯罪、收集证据、实施诉讼令等。其职权范围涉及陆海军大臣的行政、内务大臣和司法大臣事务,以及殖民地、府县、要塞司令、行政检察官事务等。①

总之,武士道作用于军国主义教育,主要是通过国家机构的军国主义化及特殊的军政制度实现的。在此基础上,武士道教育又在普通教育和军队教育两个领域不断深化。一方面它培养了日本国民的尚武精神,并对形成统一的国民意识和国民道德观念起到了不可低估的作用;另一方面为了巩固近代天皇制的基础,武士道对内对外都是嗜血工具。不管武士道原理具有怎样的复杂性,到了国民教育层面,它都只能采用简单粗暴的方式体现其反动性。

最后,日本特殊的二元军制②,也使武士道成为一种超越政治权力的价值观,能够控制并操纵这种价值观的政治势力主要是军部。因为军部把自己打扮成了天皇的绝对忠诚者,进而影响到国民需要依赖军部的心理。武士道精神,对于国民而言,就是牺牲精神。其信念来源,除了"神国之武勇,胜于万国"的思想外③,还有各种"军国美谈"的蛊惑宣传。本质上,武士道教育只要宣传不要教育,只讲训练不讲思考,为的是把国民变成国家的作战工具。

第二节 森有礼的国家主义教育

森有礼是明治时期著名的教育家和外交家。他生于鹿儿岛城下次本村城谷,幼时从长兄喜藤太学习汉文,后来又跟川上八郎左卫门学习武术,再后到长崎学习洋文。1865年留学英国。1868年回国后,先做外交判事,后转为公议所官方代表,因提出废刀建议遭到责难辞职。1870年赴美出任公使,其间广泛接触美国政治家和学者。1873年回国任外交大丞、外务少辅。1875年任驻中国公使。1879年任驻英国公使。

---

① 军人会馆图书部编:『陆海军军事年鉴・陆军』,日本图书センター1989年版,第38页(根据1937版年鉴复印)。
② 尽管1937年制定《大本营令》和1944年8月成立的"最高战争指导会议",都试图做一元化的努力,但皆没有真正实现军政与军令的一元化领导。
③ 横山健堂:『日本武道史』,三省堂1943年版,第6页。

1884年森有礼从英国回国,任参议院议官,专门负责文教政策事务。翌年12月,出任伊藤博文内阁文部大臣。作为教育家的森有礼在两个方面对日本教育影响甚大:一是废《教育令》,以敕令形式发布《小学校令》《中学校令》《师范学校令》《帝国大学令》,确立了较为完整的日本近代教育制度;二是推进国家主义教育,并通过"兵式体操"打下尚武教育基础。

1889年2月11日,他在官邸被歹徒行刺,次日去世。①

一、森有礼的国家主义抱负

森有礼是日本国民教育制度的设计者之一。他认为,应该把教育放在国家命运的核心位置,并强调教育与个人幸福、国家发展密切相关。1873年,他在纽约创办英文杂志《日本教育》(Education in Japan),并以此为阵地,广泛征求美国著名学者、教育家、政治家的意见,大致包括五方面的内容:一国物质之繁荣与教育有何种关系;一国商业之发达与教育有何种关系;一国之农业、工业的利益与教育有何种关系;教育在增进国民之社会道德水准、提高国民身体素质方面,有何种作用;教育在推进社会法治化方面,有何种作用。②

(一)明六社与森有礼的追求

1873年7月,森有礼带着改造国民性和创造新日本的志向由美国回国。翌年2月,在他倡议下成立了"明六社"。起初的成员共有10人,都是当时鼎鼎大名的人物,福泽谕吉、箕作秋坪、津田真道、加藤弘之、西村茂树、中村正直、杉亨二、西周、箕作麟祥和森有礼。3月,机关杂志《明六杂志》创刊。经过商议,拟定每月1日和16日为问题讨论日,议题涉及政治、法律、经济、文学、教育、自然科学、思想和风俗,显然是要起到思想启蒙的作用。很快成员达到30余人。

关于社长的人选,森有礼曾说:"在此之前,拟选举福泽谕吉君为社长,本社委托西村茂树君及余转达此意,请其就任。君因故不就。本社乃命令余承乏此任,余未敢辞,谨承此任。"③从这一点看,森有礼在学者中的威望很高。

明六社以传播西方资产阶级思想为己任。它向国民宣传自由平等、天赋人权、自由主义、个人主义和功利主义等的观点。引用其《章程》中的话,就是

---

① 『現代史資料4・国家主義運動1』,みすず書房1988年版,第12頁。
② 海後宗臣:「教育家森有禮」,『海後宗臣著作集』第7卷,東京書籍1980年版,第623頁。
③ 《森有礼在明六社第一届干事改选会上之演说》,转引自《世界历史》编辑部编:《明治维新的再探讨》,中国社会科学出版社1981年版,第184页。

"旨在集有志之士商讨办法，以谋我国教育之进步，并集合同志，交换意见，扩大知识，明确见识。"①因此，森有礼一直专心于确立一套完整的国家教育体系。在他看来，"殖产兴业"也好，"富国强兵"也罢，不实现"文明开化"都是枉然，而兴办国民教育又是"文明开化"的核心任务。

然而，即便是著名学者组织的团体，也做不到随心所欲地传播自由思想。1875年6月28日公布的《新闻条例·诽谤律》，赋予政府强行取缔言论自由的权力，比如抨击政府的言论就有可能构成诽谤行为。明六社在本质上是知识分子团体，哪里有不作批评的道理。另外，明六社成员中很多就是官员，其自身立场也是政府的立场。与其受诽谤罪的责难，不如自行解散。

（二）国家主义者死于国家主义者之手

1879年，身为驻英国公使的森有礼，在巴黎与正在欧洲研究宪法的伊藤博文见面，他把经多年思考的教育政策向伊藤博文全盘托出，得到大加赞赏。在后来给森有礼的信中，伊藤写道："谋政治之进步，必须以教育为基础。""将来为图国内治安，教育亦是基础。"同时邀请森有礼在政府中任文教府宰。森有礼回信道："大凡政治家必把教育作为时政之急务，即专门排除国民气质与习惯上之弊端。振兴学政乃国家富强之基。"②二人情投意合，皆以改造愚昧的国民为志向。

1885年12月22日，森有礼出任第一代文部省大臣，并按照自己的信念制定文教政策。在任的3年期间，他着手建立国家主义教育制度，并把天皇制作为创制的手段，视其为文明开化、富国强兵的"独一无二的资本、最大无比的宝库"，进而奠定了以后数十年的教育基业。他说：

> 我国万世一王，与天地共生，自古以来威武辉煌。虽曾受外国屈辱一时，但我国人民护国之精神，思慕武德、纯和恭顺，受祖宗以来之陶冶久矣。一国之富强，无二资本，至大者，乃增进人民品性之教育标准也。
>
> 盖笃信国民忠君爱国之志气，犹若品性坚定，志操纯一，耻怯弱，恶屈辱……发扬肇国以来，已有的护国忠武之精神，须强固国体为用也。③

森有礼在任期间致力于推行国家主义教育，无论是对师范教育的重视，还

---

① 《明六社章程》，转引自《世界历史》编辑部编：《明治维新的再探讨》，中国社会科学出版社1981年版，第183—184页。
② 海後宗臣：「教育家森有礼」，『海後宗臣著作集』第7卷，東京書籍1980年版，第626—627页。
③ 森有礼：「国民教育ニ関スル意見書」，『海後宗臣著作集』第7卷，東京書籍1980年版，第628页。

是开创学校"兵式体操",其教育理念都是"国家第一主义"。他认为,日本若能成为一等国,必须从根本上改造国民性,或是说"教育即以发达国民士气为根本","国家昌盛的基础亦在振兴教育"。可是,一个不经意的动作要了他的命。

据说,森有礼在参拜伊势神宫[①]时用手杖掀了一下门帘,此举被媒体渲染为"不敬行为"。当时就有人指出,这或许就是洋范儿学者的做派,出于习惯而非内心不敬。不过更多的人相信森有礼压根不是天皇主义者,否则不会这般轻率。年轻的国家主义者西野文太郎则认定他是基督教徒,作为文部大臣不可能不知道这是大不敬行为,于是在1889年2月11日将其刺杀。同日,《大日本帝国宪法》公布。

(三)森有礼的国家主义教育政策

最初的国家主义者,基于国家自强的理念,也孕育了早期的国民意识。典型的说法,如"振作我人民之报国心,以备与外国作战"。到了19世纪80年代后期,欧美列强的外部压力已经不是主要原因,刺激国家主义极端化的因素是自由民权运动。

森有礼是一个具有强烈国家主义色彩的人,他的教育政策以"国益优先"为原则。因此,也使国民教育具有了控制国民意识的倾向。或是说,他力图将"图谋秩序"与"一国富强"加以均衡,并主张教育首先不是为了学生的进步,而是确保国家的发展。[②]这种教育观反映在政策方面:

其一,教育要"适于身份"。他认为,"学术和教育是有区别的"。一般国民接受的普通教育应该是非学术且普遍实用的,学术和科学属于精英独占的东西。[③]因此,在财政方面,高等教育经费应从国库拨款,基础教育经费要由地方负担。又因为地方财政有限,国民承担部分学费也是合理的。[④]

其二,确立中央集权的教育体制。(1)日本军部趁1882年朝鲜"壬午政变"的机会,把"内地防御"政策向"大陆作战"战略目标转变,一定程度地刺激了军国主义高涨,自由民权运动也随之出现退潮态势。旧自由党和改进党的领导们,支持政府的侵略路线,激励"国权扩张"政策。这些变化给了国家主义教育政策很大空间。(2)森有礼借机挤压教育的自由因素,从强化官僚体

---

① 伊势神宫位于三重县伊势市,其实是皇大神宫(内宫)和丰受大神宫(外宫)的总称,也称伊势大神宫。大皇神宫的祭神是天照大神,另有神器八咫镜;丰受大神宫的祭神是与生活与产业有关的丰受大神。明治时期其地位至高无上,犹如日本人的精神支柱。
② 汲田克夫:「富国強兵の教育」,小川太郎編著:『軍国主義教育の歴史』,明治図書1970年版,第46頁。
③ 森有礼:「学政の目的」,宮原誠一等編:『資料日本現代教育史』第4巻,三省堂1979年版,第126頁。
④ 汲田克夫:「富国強兵の教育」,小川太郎編著:『軍国主義教育の歴史』,明治図書1970年版,第47頁。

制入手，适时推进了教育的中央集权进程。在他领导下，1886年颁布了一系列教育法规，如《帝国大学令》(3月2日)、《师范学校令》、《小学校令》和《中学校令》(4月10日)。另一个重要措施，便是确立"敕令主义"的制度程序，即由国会审议教育政策，再经枢密院决定，最后以敕令方式公布的国家教育政策。显然，"敕令"是权威性的象征，它既有助于推行国家主义教育，也提高了文部省的地位，一举而两得。①

其三，实施军事教育。他说："愿全国男子从17到27岁，都要习得护国之方法。文部省须编制简单平易的课本，以使人人能够诵读。同时，由陆军省教练兵式体操②之初步，据此夯实忠君爱国思想之基础。"抑或是说，"求一国富强之根本，便是培养护国忠武之精神"。所以，"兵式体操"的目的，也是为了"强固国体"。其实施顺序，首先是师范教育，然后推广到中学及以上学校。③

其四，养成教师的"三素质"。1889年修订的《征兵令》中，就规定师范毕业生须有6个月的短期兵役。理由是：兵器和战争技术的进步，要求士兵有一定的文化；近代实行征兵制，军队人员也从过去的专业军人扩大为国民军人；军队素质与国民教育的普及水平直接相关。

引申说，教师要向军人一样养成"威严"的气质，因为他们是学校教育中鼓吹军国精神的人。藤原喜代藏则批判道：这样的教师"因循卑屈，意气沮丧，成为没有任何活力的奴隶性人物"，以及"徒修形式，善于伪装，表面威仪的人物"。一言以蔽之，教师就是"政治的无能者"④。虽然森有礼的初衷不是把学校变成兵营，他只是要通过这种教育提倡尚武精神，为此也反复提到"教育的中立性"，但是"顺良服从的气质""相助信爱的心情"和"威严的仪表"，确实也是他为教师定下的标准。⑤

"教师三素质"对后世的影响甚大。"顺良"，即下属绝对服从上级；"威仪"，即有官场的派头；"信爱"，即有战友般的情谊。在现实中，它们衍生出了不少恶习。比如学校霸凌、学级歧视都算小儿科，"学生秘密忠告法"很快与告密制结合起来，不仅导致学生之间缺乏信赖感，而且还成了诱发"派阀爱"的温床。

---

① 宫原誠一等編：『資料日本現代教育史』第4卷，三省堂1979年版，第123—125頁。
② 以习得一般军事技能并具有武备目的的军事操练，内容包括队列、器械、礼仪、枪械和拉练等。所谓兵式，指按照一定的军队规则和标准进行训练。所以这里的体操，不能混同于一般的体育项目或军训操练。
③ 森有禮：「國民教育ニ関スル意見書」，『海後宗臣著作集』第7卷，東京書籍1980年版，第629頁。
④ 汲田克夫：「富国強兵の教育」，小川太郎編著：『軍国主義教育の歴史』，明治図書1970年版，第50—51頁。
⑤ 宫原誠一等編：『資料日本現代教育史』第4卷，三省堂1979年版，第124頁。

为排除社会思潮对师范生的不良影响，师范学校实行全封闭的"全寮制"（集体住校）管理。其"内务班生活"与军队生活无异。至于教育效果，森有礼在《上兵式体操奏文》中预言："当国家万一有事，其精忠勇悍当不容置疑。"[①]

其五，实行教科书审定制。1886 年 5 月，文部省制定《教科书审定条例》。翌年 5 月，颁布修订后的《教科书审定规则》，旨在排除"轻侮国体、法令的教科书，伤风败俗的教科书，以及贻误事实的教科书"，图谋有效地维持天皇制国家的思想体系，以确保国体尊严。

《教科书审定规则》规定：学校的教育目的，从属于天皇制国家的目的；教育要把国民意识"归一于天皇"，育成"既善明于国役，又善适于身份"的忠良臣民。为此，小学的教科书由文部大臣审定；师范学校的教科书按照文部大臣的指示审核；政府给定教育内容。[②]

二、森有礼的"兵式体操"及其影响

1885 年，文部省发出训令，要求各府县的县立中学、师范学校实施步兵操练科，允许借用枪支。各县随后加紧布置，如静冈县为加强师范学校和中等学校的步兵操练，一次申请借用枪支 129 挺。[③] 之后，这种过于注重形式的做法，很快在全国展开，以致学校体育变了味道。要不然，教育家能势荣也不会批评这种现象是"神经病式的兵式体操"。

森有礼听了能势荣的意见，要求注重"练兵法"，不必将其引向军事训练。同时强调，"兵式体操"不是单纯的体育活动，它只是蕴涵爱国思想的手段，如同使学生知道"人类每天面临的事情，无外浴血奋战"一样，它不是单纯的军事训练。

（一）"兵式体操"的消长

森有礼开设"兵式体操"的初衷，首先是养成教师和师范生的"三素质"，所以称它是"有形的德育"或"有形的修身学"。他曾说：真正的日本男儿，绝不甘心日本还是个三流国家。要先成为二流国家，有了这个地位再去争一流国家，进而雄冠世界。"兵式体操"的真正价值，就在培养一种"打得赢"的意

---

① 汲田克夫：「富国强兵の教育」，小川太郎编著：『軍国主義教育の歴史』，明治图书1970年版，第49—50頁。
② 日下部三之介编：「文部大臣森子爵之教育意见」，小川太郎编著：『軍国主義教育の歴史』，明治图书1970年版，第46頁。
③ 坂口茂：『近代日本の愛国思想教育』上卷，ストーク1999年版，第285頁。

识，好比从小要有争做一流国家的意识。

另外，在森有礼调整政策目标后，各府县中学和师范学校同步在体操科中增加步兵操练内容，包括步兵队列、步法、军礼和枪操等，使"兵式体操"等同于"步兵操练"。但是，有人认为还是不对，因为"兵式体操"同时包括武德和武道教育，是养成"大和魂"科目，"步兵操练"未必如此。①

其实，尽管"兵式体操"已是武道教育的重点，但有关"兵式体操"的存废问题，也一直是教育界争议的焦点。森有礼死后，情况更是如此。按照森有礼秘书木场贞长的说法，当时很少有人能够真正理解"兵式体操"的四个含义，即：符合世界教育发展趋势；拯救日本已衰落的武育；鉴于日本人体格偏弱的现状；借恢复尚武风气发扬国威。②

（二）军事教育的国民化

甲午战争促使国民教育发生本质变化。一是忠君爱国思想在国民中迅速普及，政府借机大力鼓吹"教育就是唤起敌忾心"的意识；二是利用夸大"兵式体操"的方式，宣传复活和发扬武士道精神。如辻新次强调武士道是立国之本，要求学校向学生灌输"为忠不辞进死，为义不取退生，以廉洁为贵，以正道为重"的武士道精髓。③

论及军事教育要达到的目的，日高藤吉郎的《体操论》说得比较直白："从军队现行办法看，一年志愿兵、六周现役兵，以及征兵入伍者的确有效。假如我国有四千万国民，17岁以上、40岁以下，大抵千万人，依照军队之法进行训练，一朝有事，便可得千万训练有素的军人。"所以政府应该把"我国17岁以上所有国民编入国民军，以承担护国义务"。至于体操术，"除了强健体魄外，还是为国家所尽的义务"。④

《体操论》所说的兵役制，指1889年1月22日公布的修订版《征兵令》，俗称"实现全民皆兵的征兵令"。它规定：国立公立学校教职员和师范毕业生⑤须有一年的志愿兵资格，其中6周为现役兵训练。森有礼曾设想17岁至27岁的青年全民皆兵，而"兵式体操"的性质或成预备军事训练。

事实上，甲午战争开战后，"兵式体操"便再次红火，而且具有强烈的实战

---

① 大村長衛：「兵式體操ノ必要ニ感アリ」，『大日本教育會雜誌』第27号，1886年1月31日，第50—59頁。
② 坂口茂：『近代日本の愛国思想教育』上卷，ストーク1999年版，第793頁。
③ 坂口茂：『近代日本の愛国思想教育』上卷，ストーク1999年版，第783—784頁。
④ 坂口茂：『近代日本の愛国思想教育』上卷，ストーク1999年版，第795頁。
⑤ 对于师范毕业生而言，特许免其兵役，所谓一年的志愿兵，其实形式上只是六周的现役志愿兵。

色彩。如北海道松前地区各小学举行"兵式大运动会",要求所有与学校、学生相关的成人都参加,以便激励学生奋勇向前。"一吹响集合号,转眼间数百人迅速形成整齐的列队。先锋队拥戴着国旗在前,紧接着军乐队、各小队、卫生队、辎重队、屯田队等,待命出发。之后,在河边扎营,举行勇武比拼运动会。"①

再如长野县安昙郡堀金村寻常小学平林早次郎记载"海军模拟战"游戏(表3-1),以及山本东洋给长野县赤穗村寻常小学设计的"陆军模拟战"游戏(表3-2)等,主旨都是"活泼勇壮,鼓舞士气,丰富敌忾心"。

简言之,小学生进行的不是单纯的体育活动,其性质也是军队预备役教育。文部大臣冈田良平也直言,这是站在全面皆兵的立场,以军事训练为目的的学校教练。

表3-1 小学生模拟海军战术的游戏②

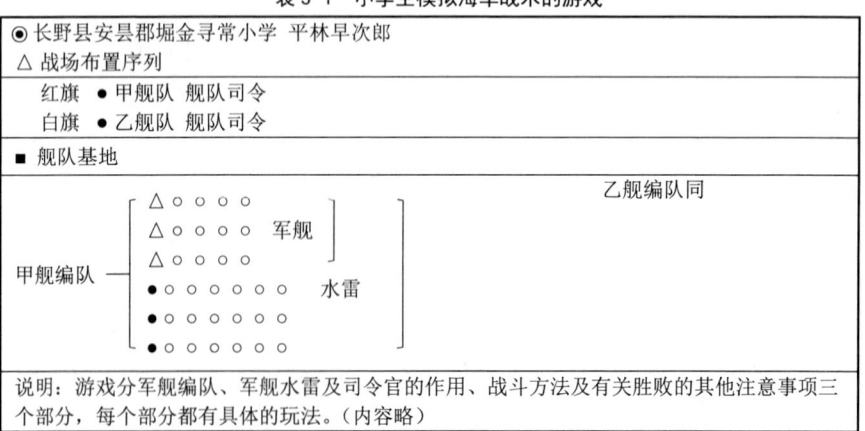

● 长野县安昙郡堀金寻常小学 平林早次郎
△ 战场布置序列
红旗　● 甲舰队 舰队司令 白旗　● 乙舰队 舰队司令
■ 舰队基地
甲舰编队 { △○○○○ / △○○○○ 军舰 / △○○○○ / ●○○○○ / ●○○○○ 水雷 / ●○○○○ }　　乙舰编队同
说明:游戏分军舰编队、军舰水雷及司令官的作用、战斗方法及有关胜败的其他注意事项三个部分,每个部分都有具体的玩法。(内容略)

表3-2 小学生模拟陆军战斗实景的游戏③

负伤者	敌军俘虏 军营(北) 司令官	负伤者
红十字	战场	红十字
负伤者	司令官 军营(南) 敌军俘虏	负伤者
说明:游戏分军队编制、各兵种的作用及心得、作战方法三部分,每个部分都有具体的玩法。(内容略)		

---

① 坂口茂:『近代日本の愛国思想教育』下卷,ストーク2001年版,第72頁。
② 坂口茂:『近代日本の愛国思想教育』上卷,ストーク1999年版,第803頁。
③ 坂口茂:『近代日本の愛国思想教育』上卷,ストーク1999年版,第806頁。

（三）对"兵式体操"的批评

应该说，甲午战争以后所贯彻的全民皆兵路线，已经超出了森有礼的原初设想。甲午战争时，"兵式体操"扩展到中学。日俄战争后，"兵式体操"的重点，是从小培养军国主义观念。不久，改"体操"为"教练"，说明它是军事预备性质的训练。就连俄军总司令库罗帕特金（kuropatkin）在回忆录中，也感叹："日本教育在养成爱国心的同时，从小学低年级开始，就已经培养未来军人了。"[1]

大正时期，裁军形成世界潮流，日本却计划扩大军备。措施之一便是由陆军将校充当军事教练，对在校学生进行军人教育。舆论宣称："四千万同胞皆是帝国军人。一半作为军人，另一半则为军人良妻。因此，一旦国家面临危机，当举国皆兵，奋起作战。"[2] 到1925年4月，所有青少年男子，无不接受军事训练。训练内容包括军事知识、实地操练、兵役义务、各兵种、常备军、后备军等。

进入昭和时期，以"义勇奉公"为口号。此时的军训理论，不用再针对"忠君"做宣传，而是直接强调"灭私"，试图借助"神国不败论"，把"奉公"的观念彻底转变为极端国家主义的"战意"。

对于"兵式体操"的批评一直存在，诸如偏重于身体训练，残留男尊女卑的余毒等。比较深刻者，大致有四种质疑：一是强壮个人体魄是否与强国有关，或是否能够达到国家富强的目的？二是强壮个人体魄是否只有"兵式体操"一种途径？三是强壮个人体魄于教育而言是否可谓一国长治久安的良策？四是"兵式体操"果真就是最好的"修身方式"吗？最后的结论是：理想的教育应该是"德智体全面发展"；学校不是兵营，不宜视学生为军人；不能助长男尊女卑的倾向；不宜为了成为军人而训练。[3]

然而，在《教育敕语》发表后，特别在甲午战争和日俄战争皆胜的情况下，批评的声音不仅微弱，而且大多数批评者都为自己设置了前提，即如何才能更好地发挥尚武精神，并使其具有为国舍生忘死的功用。因为武士道培养"爱国至情"，需要通过有形的教育和无形的精神育成风气，所以不能片面，等等。这样一来，尽管批评者中不乏真知灼见的观点，但若作为批判的武器来看，则显得无能为力而又无足轻重。

---

[1] 河边正三：『日本陆军精神教育史考』卷二，原书房1980年版，第20页。
[2] 坂口茂：『近代日本の爱国思想教育』上卷，ストーク1999年版，第806页。
[3] 坂口茂：『近代日本の爱国思想教育』上卷，ストーク1999年版，第288页。

第三节　国家主义是军国主义教育的基石

19世纪80年代，日本的各种社会思潮几乎都转向了国家主义，包括具备国家主义全部特征的日本主义或国粹主义。

在处理朝鲜问题上，舆论借壬午兵变[①]、甲申事变[②]大肆鼓吹日本的"国防立场"。1882年，福泽谕吉在《时事新报》上发表文章，主张为确保日本在朝鲜的独立控制权，要做好物质上的准备，诸如临战状态的动员，增进军舰等，"在不得已的场合"可以"强力胁迫朝鲜进步"。[③]同年，右翼鼻祖头山满将玄洋社10余名社员派送到中国，这些人先是集中在中江兆民经营的"东洋学馆"，后转到荒尾精一的"贸易研究所"，主要目的就是窥伺中国和朝鲜"突变"的可能性，并打着指导"支那行动"的旗号，以便在任何情况下，日本的"权益"都不会受到损害。[④]

1888年三宅雪岭和志贺重昂等志同道合者创办《日本人》杂志，批判全盘欧化、妄自菲薄的社会现象，主张保持日本的民族性，提倡国粹主义是民族意识基石的观点。进入90年代以后，《国家教育》等主流杂志，也成为国家主义和日本主义的舆论阵地。

围绕"敕语体制"的建设，极端国家主义和民族主义迅速融入国粹主义或日本主义，最终成为"皇国民"的主体意识。在教育方面，神国（或皇国）思想肆意泛滥，以致国家主义与个人主义、世界主义与日本主义水火不容。无论在义务教育还是社会教育领域，国家主义加速与军国主义合流。

一、国粹主义的国民教育观

1878年藤井惟勉高调提倡"祖先崇拜论"，1879年田中知邦鼓吹"神道"，以致西村茂树要求利用固有道德排斥基督教、佛教的主张，形成了最初国粹主义思潮，其热点直到第一次世界大战后兴起"和平主义"浪潮，才逐渐减弱。

1888年，三宅雪岭（原名三宅雄二郎）、志贺重昂、杉浦重刚、菊地熊太

---

① 1882年7月，汉城士兵聚众哗变。直接原因是不满进行日式训练的士兵薪饷和犒劳高于传统普通士兵的现状。日本和清政府出兵干涉，镇压了起义。日本获得赔款以及军队驻扎朝鲜首都的权益。
② 1884年12月4日，以金玉均、徐载弼为首的改革派在招待会上刺杀了与中国关系密切的显要官员，随后进宫谒见高宗，极力要求改革内政，脱离中国，尝试走资本主义道路。但很快就被镇压，金玉均逃往日本。当时日本人口增长迅速，朝鲜的大米和大豆对日本至关重要。
③ 慶応義塾编：『福沢諭吉全集』第5卷，岩波書店1958年版，第186頁。
④ 堀幸雄：『戦前の国家主義運動史』，三嶺書房1997年版，第17頁。

郎、岛地默雷等人，针对"鹿鸣馆丑态"，强烈批判政府的欧化政策。他们于4月初结成"政教社"，同时创办机关杂志《日本人》[1]，作为舆论宣传阵地。

何谓"国粹"（nationality），《日本人》创刊词说，是基于日本固有文化选择处理的优秀文化，包括宗教、教育、美术、政治、生产各个方面，它是日本现在和未来影响世界的资本。[2] 志贺重昂概括为"大和民族千古遗存至今，并使日本人发扬光大的醇化精神"（《日本人》第2号）。三宅雪岭则说，它是一个民族的"无形精神"，而且是"一国所特有，他民族不能模仿"的传统（《日本人》第25号）。[3]

到1897年，因为高山樗牛、井上哲次郎、汤本武比古、木村鹰太郎等人的鼓噪，日本主义或国粹主义形成高潮。按照高山在《太阳》杂志所发《日本主义》一文的解释，其内涵无外"坚守日本国故""体认皇祖建国精神""崇信君臣一家的国体""亿兆一姓且能上下齐心""对内棣萼相亲""对外扩张国威"。[4]

（一）志贺重昂的《日本风景论》

1894年10月，志贺重昂出版《日本风景论》一书。他将外界的万般事物，诸如环绕海岛的天文、地理、风土、气象、寒暖、燥湿、地质、水产、水陆配置、山系、河系、动物、植物、景色，都看成是培养国粹的来源。他认为，世界地理之美，日本无所不包。所以他认为，"保全我国的体面，发达和宣扬国力国威，养成地理学思想即是一大急务"[5]。

据此，他主张"必须克服日本人心中的劣等意识"。国人要知道日本的秋天"宛如集中了1400余种色彩，堪称宇内第一"；日本各地的四季、景观较之英、美、德、意等发达国家，才叫"世界之冠"。他认为，"日本是皇天的恩赐"，用如此的自然美与欧美列强对抗，就必须依赖于日本人"统一的革命精神"。

他试图通过赞美日本风景，培养国民对乡土的热爱心情，尤其是在甲午战争爆发之际，发表这样的作品，目的不仅是出于自恋，还在于"发扬国威"并"昂扬民族精神"。至于自己说的是不是事实，在家国情怀面前已经微不足道，更何况在长期封闭环境中，日本老百姓完全没有鉴别能力，极易被这类论调所

---

[1] 1907年，改刊名为《日本及日本人》。
[2] 『現代史資料4・国家主義運動1』，みすず書房1988年版，第11頁。
[3] 佐藤能丸：『明治ナショナリズムの研究：政教社の成立とその周辺』，芙蓉書房1998年版，第119、133頁。
[4] 『現代史資料4・国家主義運動1』，みすず書房1988年版，第10—11頁。
[5] 佐藤能丸：『明治ナショナリズムの研究：政教社の成立とその周辺』，芙蓉書房1998年版，第120頁。

蛊惑。

　　这本书到 1903 年已经出了 13 版，它连同《日本人口处分案》《就韩国事业答复乡友书》一起，构成了一幅经营殖民地的图景，并对中小学的地理教科书影响颇大。

（二）三宅雪岭的《真善美的日本人》

　　三宅雪岭是一位哲学家和历史学家。1891 年 3 月，他的《真善美的日本人》一书由政教社出版。该书首次正式讨论日本人的本质话题。他基于自己对日本固有文化中真（学术的伸张）、善（正义的伸张）、美（艺术的伸张）的理解，强调要发挥日本人自己的特长。与志贺重昂不同，他主张国粹主义也要讲究适当性。在强调尊重国民个性方面，他更像是一个启蒙主义者，只是侧重张扬民族的"固有特性"罢了。

　　《真善美的日本人》旨在指出日本人的优点，比如出色的智慧、潇洒轻松的感觉、显著的模仿性。具体而言，如风物纯洁的感觉、紫式部这样的作家、体现日常之美的浮世绘、刀剑甲胄的精湛工艺，以及深刻的东洋（指中国）研究等。因此，日本人不仅有追求至善的目标，而且必须从自我认识出发，在真善美的世界中分别为世界做出贡献。[①]

　　在《真善美的日本人》发表两个月后，他的《假恶丑的日本人》一书也出版了。这本书的内容，着重批评日本人的缺点。在三宅看来，日本人应该有"不愧为拥有优秀历史的日本国一分子的责任"。这个责任决定了日本人，要有分辨出自身不足的能力，包括：（1）"伸张日本人的特能，弥补白人的缺欠，朝着至真、至善、至美的圆满幸福的世界迈进。"但是，日本人的知识水平远不及白人，即便是学术界也笼罩在浓重的官僚氛围中。（2）日本社会盛行官商结合，在金钱诱惑下，人们普遍缺乏公益、公德意识。（3）日本的艺术已经堕落，为了迎合欲望失去了活力，让人看后心生不悦。知道这些缺点，便加以改造，就是日本人当前的任务。

　　当然，三宅的本意是唤起日本人的自觉，如他列举的体格、智力、人种等一系列例子，都证明日本人的能力并不亚于欧美人，而且日本的文明史比欧美文明成熟得多。所以三宅的"国粹论"的重点是"取长补短"，是在力求调和"爱国"和"泛爱"二者的关系，同时，力求让国民知道"为本邦尽力，亦是为

[①] 南博著，邱琡雯译：《日本人论从明治维新到现代》，广西师范大学出版社 2007 年版，第 34 页；筑岛谦三著，汪平、黄博译：《〈日本人论〉中的日本人》，南京大学出版社 2008 年版，第 146 页。

世界尽力"的道理。①

（三）国粹主义转化为日本主义

国粹主义针对欧化主义，具有矫枉过正的意义。它批评过度效仿西方文化的现象，比如西方传教士的活动不受限制，鹿鸣馆外交所体现的政府导向，"类似家鸭式"的贵妇人洋装，流行英语以及与外国人混居等。其间，国粹派和开明派在政治、教育、宗教各方面都是严重对立的。

值得注意的是，国粹主义兴起之时，也是奠基天皇制绝对主义教育体制的时候。比如1881年6月，文部省发布的《小学教员心得》规定："凡教员皆须致力于道德教育，使学生通晓忠皇室、爱国家、孝父母、敬长上、信朋友、慈卑幼、重自己之人伦大道"的儒家道德，并明确要求教师"持中立之立场，以免受政治、宗教执拗偏激言论之蛊惑"。②

1882年10月，文部大臣福冈孝悌发出训令，学校必须重视国体教育。1886年4月，文部省颁布的《师范学校令》等法令，旨在使国体教育法制化。此后，"顺良、信爱、威仪"不仅是师范生的教条，也是各类学校贯彻臣民之道的标准。在此背景下，国粹主义的国民教育观很容易获得法定地位。至于学界或舆论界有关"国民性"③的研究和讨论，对政府来说，并不需要审慎处理，只要直接摒弃不需要的东西即可。

1891年东京第一高中校长内村鉴三的"不敬事件"和1892年东京帝国大学教授的"久米邦武事件"，一个受"奉读敕语不恭"的责难被解职，另一个因主张"神道乃祭祀天古俗"而遭笔祸后辞职。这说明在"敕语体制"下，人们的思想、信仰、价值观已受制于天皇制。引申说，《教育敕语》尽管不是法律，但在控制国民的伦理、道德规范和精神方面，则具有超越法律的作用，特别是在日本人认为"国运亨通"时，它的影响力更大。另外，国粹主义的兴起恰在资本主义发展势头较好的时候，因此无论它以何种面目出现，都契合了日本主义盲目自大的情绪，其中少有的一点反省成分也被日本主义消解了。

---

① 佐藤能丸：『明治ナショナリズムの研究：政教社の成立とその周辺』，芙蓉書房1998年版，第176—177頁。
② 宮原誠一等編：『資料日本現代教育史』第4卷，三省堂1979年版，第81頁。
③ 经过甲午战争、日俄战争，日本国民性的著名研究实际上都具有日本主义特征，如渡边国武的『日本國民の能力』（1904）、大町桂月的『日本國民の氣質』（1908）、芳賀矢一的『國民性十論』（1911）、和辻哲郎的『風土』和『國民道德論』（不详）、远藤隆吉的『日本我』（1912）等。当然，也有反省的作品，如浮田和民的『偉大なる國民の特性』（1902）、井上圆了的『日本人の短处』（1903）。具体内容本书不再涉及。

二、国家主义教育极端化

1890年以后的教育改革,必须"遵从皇祖皇宗遗训"的原则。作为富国强兵的手段,教育在抵御西方列强的政治、军事和文化压力,以及迅速推进国家近代化方面,有着不可低估的作用。所以,明治政府在政权稳定之后,始终把教育放在仅次于国防的地位。[1] 他们认为,日本要进入一等国的行列,必须依靠足够的军事与工业实力,而政府的一切努力,就在以此为基础实现富国强兵的目标。再有,富国强兵本身就包含霸道的意涵,高度集中教育的行政权力,同样在运用霸道的原理,整合与国家发展相关的教育资源。从国家意志方面看,即是发挥"统一国民思想、提高国民意识"的作用。[2]

(一)为了国家否定身体的私有属性

其实,自由民权运动对教育改革的影响十分有限。其一,接受该思想的人群只限于大城市的中高阶层;其二,所谓影响还仅在教育方法与技术方面。换句话说,"大多数学校仍未受过自由民权运动的触动。至关重要的是,国民教育的目的没有一点变动。到了20世纪30年代,整个政治运动被军国主义和极端民族主义挤压,教育方面的自由几乎销声匿迹"[3]。

也可以说,在颁布《大日本帝国宪法》和《教育敕语》以后,日本教育的基本精神——实施军国主义教育——就定格了。早在《教育敕语》发表前,山县有朋便明确提出,日本的"利益线的焦点是朝鲜"。为了保护利益线离不开这样的政策:"第一是兵备,第二是教育。"而且"国民爱国之信念",也"必须借教育之力量方能养成"。[4]《教育敕语》虽然是封建的儒教主义和近代的立宪主义结合的产物,但是其落脚点却是军国主义的,故说"一旦危急,则义勇奉公,以辅佐天壤无穷之皇运"。学生和国民不仅要反复诵读这句话,而且它还是军人的口头禅。

翌年6月17日,政府发布《小学祝日大祭日仪式规程》,旨在通过确定的

---

[1] 从伊藤博文到桂太郎有六代首相,他们都强调教育改革对实现富国强兵的国策具有重要作用。如桂太郎在第一次组阁(1901年12月12日)时说:"处理国务需定缓急,即依照国运扩张的原则,重视改善国防、教育、交通、产业等政务。"内阁制度百年史编纂委员会编:『歴代内閣総理大臣演説集』,大蔵省印刷局1985年版,第2—76頁。

[2] 另外,国家主义者利用恐怖手段的作风,也值得关注。例如1882年刺杀板垣退助、1889年刺杀大隈重信和森有礼,以及1891年刺杀俄国皇太子,都是国家主义者所为。

[3] 宫原誠一等编:『資料日本現代教育史』第4卷,三省堂1979年版,第126頁。

[4] 汲田克夫:「富国強兵の教育」,小川太郎编著:『軍国主義教育の歴史』,明治図書1970年版,第54—55頁。

仪式约束学生、家长、亲属及居民的思想。① 随后，文部省公布《君代》《敕语奉答》《一月一日》《纪元节》《天长节》《元始祭》《神尝祭》《新尝祭》等必会歌曲。② 同时，利用歌曲培养忠君爱国情感也成为时尚。以甲午战争为背景的《勇敢的水兵》《妇人从军歌》；以日俄战争为背景的《征讨俄国歌》《旅顺口之歌》《占领九连城歌》等③，一直流行到1945年日本战败后才被终止。

军国主义教育的最大特点，即是"为了国家而否定自身"。如1883年文部省编辑的《小学修身书》明确指出："身体不是自己的。"④ 着眼历史的话，这也复活了贝原益轩的观点。贝原在《养生训》中认为："国民即是天皇的臣民，臣民的身体是天皇的。它只有体现国家意志时才有意义。"《教育敕语》则用"义勇奉公"反对"身体私有"，那时用"旭日瞳瞳升东方，真理辉辉度四海"一类的语言使其形象化，进而更容易让小学生认为他们都是帝国的儿童。⑤

日俄战争后，军国主义教育的基础逐渐被加宽和加厚，进一步在军国主义教育中强化军国主义的道德主义和国粹主义，如1904—1909年的第一期国定教科书，用木口小平的故事教育学生要有"勇气"，培养他们从小就有不怕死的态度。1910—1917年的第二期国定教科书，这个木口小平又成了"忠义"的代表人物。其学习目的，是唤起"忠义之心"。在教学指导书中，则要求教师明确把握相关原则，如"忠义之心"不仅是到了战场才能表现，即使不去战场，在帝国的各个方面都需要有这份忠义。

甲午战争和日俄战争以后，教科书中的军事题材内容大幅增加。一方面通过讲故事的形式，培养学生的军国主义思想，如小学高年级国语中的《广瀬中佐》《橘中佐》《水兵营》《兵营内的生活》《日本海海战》等（见表3-3），另一方面是灌输军国主义常识，如地理和国语中的《我国的陆军》《我国的海军》《靖国神社》《军人敕谕》等。其中，不少内容与学科教学毫无关系，像国语学习中列举的军事术语和军舰名称。还有，除唱歌课学习军歌外，像《这里的同胞五千万》及《国产之歌》等，也在其他课上学习，其毒害之广，不可小觑。

---

① 如第六条之规定：学生家长亲属及居民也可以列席。奥田真丈监修：『教科教育百年史资料编之一』，建帛社1985年版，第55頁。
② 日本国政事典刊行会编：『日本国政事典』第2卷，日本図書センター1987年複刻，第426頁。
③ 海後宗臣编纂：『日本教科書大系』近代编（第25卷），講談社1965年版，第267頁。
④ 海後宗臣编纂：『日本教科書大系』近代编（第2卷），講談社1965年版，第195頁。
⑤ 坂口茂：『近代日本の愛国思想教育』上卷，ストーク1999年版，第502頁。

表 3-3　第二期国定国语教科书军事内容举要[①]

书名	课题	内容摘要
寻常小学读本/卷7	楠木正行	其父正成为保护皇室尽戮贼。临行前对儿子正行说："此去难归，敌人太强大了。我死后，虽只有你这一个后嗣，但是你一定要知道，最大的孝行乃是为了忠义而举兵。"正行继承父业，最终也为天皇尽忠了。父子两代都是忠义之士，他们的忠孝之道，堪称国民楷模。 教学目标：丰富学生忠君爱国的情感。[1]
寻常小学读本/卷10	水师营的会见	描写乃木希典在旅顺与俄国将军会见的场面，课文把乃木刻画成有正义感、严肃而又不失温情的形象。 教学目标：体现皇军正义、宽容的品质，培养大国民的胸怀。[2]
寻常小学读本/卷11	出征的士兵	以歌词的形式，分六节讲述为国当兵是国民的义务。如第一节："去吧！去吧！我的儿子。老夫的希望只有一个，为国尽忠义，不要辱没孝子的荣誉。"第三节："高高兴兴的勇敢地前去，出征的兵哥哥，我也要步你的后尘，兄弟一起去讨敌。" 教学目标：涵养学生的军国精神。[3]
寻常小学读本/卷11	我们的同胞五千万	"北起桦太、千岛，南至台湾、澎湖岛，沐浴着太平洋波涛的大小四千多个岛屿啊，到处飘扬着旭日御旗，我们同胞五千万！"从这段开始，以下六段，从神代开始到教育敕语、戊申诏书结束。 教学目标：培养大和魂。[4]
寻常小学读本/卷12	南满铁路	内容包括地理、战争、财富、日本的利益等。 教学目标：了解满蒙是日本的生命线。[5]

1. 海後宗臣編纂：『日本教科書大系』近代編（第7巻），講談社1978年版，第106—107頁。
2. 海後宗臣編纂：『日本教科書大系』近代編（第7巻），講談社1978年版，第179—180頁。
3. 海後宗臣編纂：『日本教科書大系』近代編（第7巻），講談社1978年版，第211頁。
4. 海後宗臣編纂：『日本教科書大系』近代編（第7巻），講談社1978年版，第216—217頁。
5. 海後宗臣編纂：『日本教科書大系』近代編（第7巻），講談社1978年版，第242—243頁。

（二）"历史科"犹如第二门"修身科"

在育成国民爱国思想的教科中，历史科仅次于修身科。如果说修身侧重的是"讲道理"的话，那么历史就是为所讲的道理"提供事实"依据。但是，因为只能讲忠诚天皇的道理，而且要求事实只为"究明爱国心"而存在，所以历史不过是为修身而存在的故事科，并不具有探知事实的意义。简言之，历史教育之所以重要，是因为它能够涵养国民精神，而非能够提供智识。[②]

---

① 教科书出自海俊宗編纂：『日本教科書大系』近代編（第7巻），講談社1978年版，第106—107、179—180、211、216—217、242—243頁。
② 大濱徹也：「ナショナリズムと国定教科書」，加藤章、佐藤照雄等編：『講座・歴史教育』第1巻，弘文堂1978年版，第141頁。

例如，1886年4月10日颁布的《小学校令》明确说道，历史教育的学科意义，便是"知晓历史沿革，兼备道德审美功能"。在历史科的学习价值一节，直接写明"用资料（故事）解释国体"。此前，文部省编撰的《史略》和《日本史略》备受批评，也因为它们不能有效达成"涵养国家意识，育成尊王爱国思想"的学科目的。[①]

1891年11月17日，文部省颁布《小学校教则大纲》。《大纲》规定："日本历史的学习宗旨是，知本邦国体之大要，养成国民之志操。在寻常小学的课程中，须加入有关日本历史的乡土史谈，让学生逐渐了解建国的体制、皇统的无穷、历代天皇的盛业、忠良贤哲的事迹、国民的武勇、文化的由来等概略，知晓从肇国到现时的日本历史概要。高级小学在前项基础上扩展。"[②]

翌年，车久世通禧所著之《高级小学国史》（文部省审定）序言中说，"本书揭示我国历史的基本线索，以张扬忠君爱国之志气、涵养德性、启发智能为目的"。在同期出版的历史教学法书中，本庄太一郎的《历史教授法》（1892）具有代表性，他说：学校历史教育的直接目的是坚固学生忠君的志操，因此在教学上必须"以各种模范人物为榜样，时时刻刻、一举一动都要让学生向他们学习"。教科书研究专家唐泽富太郎断定，这一时期的历史教育特点，就是历史被修身化或政治化，它充当了政治伦理角色，与修身教育并无二致。[③]

然而，历史科教学的难度较大，教学效果始终不佳。1892年10月8日，《教育报知》为此刊登千叶县教师的意见，其中比较突出的看法是：教学原理与教学目的在实践中难以把握，如楠公父子的忠死、和气清麿被贬谪等事迹，其历史背景和意义过于复杂，小学生很难理解，教师也只能照本宣科。其实，按照政府给定的教学目标和内容讲，任何教学法都是徒劳的。[④]

就教学内容而言，最典型的事例是"南北正闰问题"。1911年1月19日，读卖新闻发表《南北朝问题，国定教科书的失态》的社论，它从"水户学"的立场，公开挑战教科书，提出了南北朝谁才是"正闰"的问题。2月4日，大阪府无派别议员藤泽元造正式向众议院提出议案，指摘文部省编纂的《寻常小学日本历史》教科书存在南北朝并立说，有误导正邪、不分顺逆之嫌。在野党利用这个机会倒阁，对桂太郎内阁（第二次）穷追猛打。

[①] 海後宗臣監修：『図說教科書のあゆみ』，横山印刷株式會社1971年版，第237頁。
[②] 唐澤富太郎：『教科書の歴史：教科書と日本人の形成』資料編，創文社1980年版，第56頁。
[③] 唐澤富太郎：『教科書の歴史：教科書と日本人の形成』資料編，創文社1980年版，第55頁。
[④] 坂口茂：『近代日本の愛国思想教育』上卷，ストーク1999年版，第191頁。

同月 27 日，文部省处分了教科书编纂官喜田贞吉，并禁止使用有问题的教科书。7 月 21 日，召开"教科用图书调查委员会"全体会议，最终决定改称"南朝"为"吉野朝"，并让"北朝"的天皇从天皇谱系中消失。至此，解决了历史学界悬而未决的问题，当然也确定了教科书的政治正确。以后，无论历史研究还是历史教学，都以南朝为正统。

三、军国主义教育全面展开

明治政府把文明开化作为基本国是，却同时恢复了古代律令制度下的神祇官和儒教，它用神道支配国体，并由天皇制开创近代化。[①]其中，军队和军人发挥着决定作用，而且他们也是最早且最重视教育的一批人。陆军少将山田显义曾是岩仓使团的成员，他深有体会地说，强兵不能只在大敌当前时才被重视，只有向所有国民普及军事知识并进行军事训练，才能在任何时候都超越敌方。

（一）军国主义教育社会化

颁布《军人敕语》以后，模仿军人的"五素质"，流行"学术报国""技艺报国"种种口号，目的是让所有国民都具备"军人思维"。像"义重于山岳，死轻于鸿毛"的誓言，则通过各种宣传渠道被人们接受，尤其是在甲午战争以后，很多人以身着军服为荣。天皇穿戴大元帅的戎装照片，不仅每所小学都有，而且出现在了教科书中。从《教学圣旨》到《军人敕语》不过两年半时间，福泽谕吉、箕作麟祥等启蒙思想家的作品，被文部省和内务省彻底删除了。在政府看来，他们的著作同那些妨害国安、紊乱风俗的作品一样危险。

日俄战争对教育政策的影响，主要表现在强化社会教育方面，思想控制已无处不在。1905 年 9 月，文部省设置"通俗教育调查会"（1905—1913），专门用来组织和指导地方青年团体和通俗研究会等。12 月，文部省向地方长官下发"关于青年团体组织的通知"，要求各相关团体在"矫正风仪"方面发挥作用。这些团体包括原有的"青年团""少女团"等自发的青年组织，以及劳动、警备、消费等行业组织。为了加强控制力度，统一以"青年团"为名。

"大逆事件"[②]后，桂太郎内阁进一步镇压社会主义运动，并指使"通俗教育调查会"直接干预大众图书、活动写真、演讲等日常生活和娱乐活动，同时推

---

① 历史上把天皇当作"现人神"的时期有两次：大化改新后的大和朝廷；明治维新后到 1945 年日本战败。具体内容见第一章。
② 1910 年 5 月，政府借口幸德秋水等社会主义运动领导者预谋杀害天皇，犯大逆不道罪，进而镇压社会主义和无政府主义分子。

广以"敬神崇祖观念"为主题的"深化固有国民道德"运动。

与此同时，内务省也在强化地方教化事业。它通过青年团、户主会、妇女会、报德会等组织，把教化触角延伸到所有居民，美其名曰"育成自治民的公共、合作和自营的精神"。这里的"自治民"，指的是自愿协助政府工作的人。①

1910 年，军部利用"在乡军人会"介入"思想善导"。第一次世界大战后，田中义一又进一步把在乡军人和国民结合起来形成连锁效益，一方面提高了预备役的军事能力，另一方面也让在乡军人起到了随时镇压地方暴乱的作用。当然，在乡军人会还是向国民传播军国主义思想的重要团体。

（二）多角度控制"危险思想"

1880 年的《太政官令》，禁止官员和公、私立学校教师加入政治社团、出席政治性讲演会和研讨会，这是控制危险思想的第一步。学校教育和教师接受军人和警察控制，则是教育反动的开始。1881 年文部省发布的《小学教员心得》，强调教师系国家盛衰之命运，普通教育教师必须担负尊王爱国的重任，进而迫使教师放弃一切独立思考的机会。所以，在同一时期，无论输入裴斯塔洛齐（Pestaizi, J. H.）教育思想，还是赫尔巴特（Herdart, J. F.）的教学法，也不管这些思想和教学法多么红火，实际都不关教育、教学的真进步。

国粹主义者德富苏峰说："日本是世界第一的国家，日本国民是世界第一的国民。侵略他国，对他国显示优越感，明治时期的日本人根本没有这些想法。"而事实是，至少从 1881 年开始，文部省编纂的教科书就依据国体观向学生渗透侵略意识了。还是唐泽富太郎的看法要客观一些，他说："一个是'世界'，一个是'家'，从两个极端展示的教科书，逐步在国家观念上一致起来。早在审定时期，教科书就在复活儒家伦理和民族主义之间架设了一座桥梁。"②

另外，1886 年文部省实行教科书审定制度，从反面印证了福泽谕吉在《教育方针变化的结果》一文的批评："试图将满天下的教育，都纳入忠孝爱国的狭隘范围。"由此形成了连同教师一并被控制起来的局面。到文部大臣森有礼任命陆军军务长山川浩为东京高等师范学校校长时，不仅是现役军人就职学校的先例，而且给以后军部插手和干涉学校教育开了坏头。

19 世纪 90 年代，可谓"敕语体制"的确立期，结果是政、教、祭一体化，学校教育的国家主义和军国主义色彩日益浓重。1900 年 1 月，政府又允许

---

① 山住正己：『日本教育小史』，岩波書店 1987 年版，第 81 頁。
② 唐澤富太郎：『教科書の歴史：教科書と日本人の形成』，創文社 1980 年版，第 7 頁。

警察监督学务，进一步加强了军部、内务省和文部省共同管控学校教育的制度。1903 年文部省宣布实施教科书国定制，不过是水到渠成的事情。

日俄战争成为日本教育的一个拐点。一方面政府借民众不满媾和条约闹事强化了国内治安，并且名正言顺地压制工人运动、社会主义运动，也使其抵制道义衰败和浮躁轻薄之风的政策，波及到自然主义文学勃兴等等方面，解决了"令人头疼不已"的问题；另一方面在日俄战争中，日本毕竟是取胜的一方，政府继续卖弄甲午战争时的宣传攻势，大肆鼓吹军国主义教育造成的神威。

1906 至 1908 年，伴随着教育界展开的"整肃风纪"行动，学校军国主义化的进程明显加快。仅从文部省的政策看，基础教育以"健全思想"为口号，强调抵制"社会的轻薄风气"，不受"诡激言论"的蛊惑，并消除"厌世思想"和"陋劣情态"。有学者指出，这是对社会主义运动的恐惧。如果对照《戊申诏书》的内容，所谓"遏制危险思想"，就是要禁止一切违背"建国精神"的言行。

第四章　被战争强化的军国主义教育

引　言

19世纪80年代中期，日本的产业革命全面展开，急需通过战争途径快速完成原始积累。甲午战争和日俄战争的胜利，既实现了日本独占朝鲜市场和资源的野心，也促使其国内的资本主义经济出现良好的发展势头，特别是日俄战争后，让日本产生了坐拥列强的感觉。但是，好景不长，1908年，一场深刻的经济危机席卷而来。不仅如此，社会主义运动的兴起，也让政府感到巨大的潜在危险。

1912年7月30日，明治天皇去世。加之经济低迷期、思想混乱等影响，此时被称为"谅暗不景气"。两年后，第一次世界大战爆发。日本上下祈祷"大正时代一大天佑"，它要利用参战机会积极攫取在中国的利益，扩大自己的势力范围。8月23日，日本向德国宣战。11月，夺取青岛和济南，实际把德国在山东的权益拿到手了。另一方面，向亚洲大量贩卖商品，以刺激国民经济出现繁荣景象。

从1914年到1919年，会社缴纳资本从20亿7000万日元增长到60亿日元，工厂数从17,000家增至44,000家，工人从约85万人增到了178万人。矿业、机械、金属、钢铁和造船业的发展速度更快。[①]与此同时，农业推进资本主义的速度不断加快，以致农村和农民不堪重负。[②]1918年的"米骚动"还未得以平复，1920年的经济危机却又不期而至。结果是，农业陷入困境，中小企业纷纷倒闭。

大正的社会动荡，为社会主义运动、工人运动和妇女解放运动创造了条件，

[①] 宫原诚一等编：『資料日本現代教育史』第4卷，三省堂1979年版，第8页。
[②] 1920年1月，每石大米55日元，到1921年3月，跌至每石25.5日元。20年代后期，大米主要依赖朝鲜和台湾地区进口。〔英〕艾伦著，蔡谦译：《近代日本经济简史（1867—1937）》，商务印书馆1962年版，第121—123页。

也使"德谟克拉西（Democracy）"运动成为时代特色。按照东京帝大政治学教授吉野作造的解读，"德谟克拉西"有两层意思：其一是国家主权在法理上属于人民，故曰民主主义（"大正民主"亦有这层意思）；其二是国家活动在本质上就是增进一般民众的福利，故曰民本主义。① 无论是民主主义还是民本主义，都以争取言论自由、普遍选举权和政党内阁为目标。

受国运影响，教育也在发生变化。如果说1910年以前，日本已经步入了军国主义时期，那么20世纪20年代就是短暂的"大正自由教育"时期，不仅借社会思潮糅入了民主思想成分，而且在西方主流教育影响下，引导儿童自主、自律、自发且自由的新教育实践，的确给教育界注入了新的活力。

不能混淆的是，主流教育依然是两条主线：灌输尊王爱国思想和加强军事训练。教育服务于侵略战争的目的，自19世纪90年代到20世纪20年代，突出的表现是：露骨地宣扬干涉朝鲜事务；制造与中国开战并使朝鲜沦为殖民地的必要性和合理性；大力鼓吹神国的威力，致力于忠君爱国一致化；让人们理解战争的胜利是国体优势，唯有坚信国体日本才有未来。②

第一节　甲午战争对军国主义教育的影响

鸦片战争后，清帝国即将倾覆的态势，对东亚秩序的冲击巨大。首先是清政府所面临的内忧外患局面愈加严重，不仅对东亚的控制力明显减弱，而且在错综复杂的国际关系中，腐朽的清王朝在制度和人才方面都没有应对措施。

其次是朝鲜王朝固守传统，面对急剧变化的世界环境和现实的亡国危机，却指望加强"类同原教旨主义的辩论性儒学"③来确保国家的独立性。一边大加渲染资本主义的破坏性，实行锁国政策；一边希望通过改革内政，强化王权。

1864年1月，大院君④执政。他镇压天主教，推行"攘夷"政策，并先后在汉城中心的钟路和全国各城市树立"斥和碑"，上写："洋夷侵犯，非战则和，

---

① 吉野作造：「憲政の本義を説いて其有終わりの美を済すの途を論ず」(1916)，『吉野作造博士民主主義論集』第1卷，新紀元社1946年版，第1頁。
② 堀尾輝久：『天皇制国家と教育：近代日本教育思想史研究』，青木書店1987年版，第70—71頁。
③ 指朝鲜儒学忠贞不渝地坚持程朱理学。〔韩〕黄秉泰著，刘永胜等译：《儒学与现代化——中韩日儒学比较研究》，社会科学文献出版社1995年版，第461页。
④ 即兴宣大院君李昰应。1864年1月，其子命福即朝鲜王位，年仅12岁，实权由大院君掌握。他极力阻止西方文化的影响，故有学者形容他是"想用一只葫芦制止霹雳"。

主和卖国，戒我万年子孙。"①这一口号，致使朝鲜人"即使亡国，也要殉道"的观念深入人心。从1864年始，俄、法、美、普鲁士商人先后要求通商，都遭到拒绝。直到1876年与日本签订《日朝修好条规》，才被迫开国。

日本的儒学则在18世纪末，已经有了重视实证和合理吸取洋学的趋势。本多利明、佐藤信渊、佐久间象山、横井小楠、吉田松阴都讲究务实的学风，而且他们还是提倡"皇国""忠君""勤王"思想的先驱。"天下之治，以国家独立为本"；"广开言路，通上下之情"；"兴教育、重外交、富国强兵"，不仅是他们的主张，更是他们的行动。总体而言，既包容和吸纳西方文明，也筛选或淘汰东方文明；既欲强掠朝鲜为殖民地，又欲代替中国做东亚霸主，因而刻意鄙视中国。

一、"征韩"是称霸亚洲的第一步

从锁国观念到开国思想，日本用富国强兵的国策成功地将外部压力内化为维新的动力，在效法列强丛林法则的同时，也把文明开化应该付出的代价转嫁给了中国和朝鲜。

由于日本不在"华夷秩序"②范围内，它便刻意制造出"神国"的观念，以致日本人尤其在意自己文化的独特性。加之日本封建社会特有的双重政治制度，又使其既容易接受不同来源的强势思想，也很少被固有文化完全束缚。在外界危机达到一定程度时，它会依靠实利主义的生存本能自动地寻找出路。正如信夫清三郎所说，日本开国时有三种国际关系可以效仿：一是华夷秩序；二是欧洲的国家体系；三是大君外交体制。其中，第三种国际关系对于日本最没有羁绊。③

在幕府末年，"海防论"兴起之际，吉田松阴、平野次郎、桥本左内等人就提出了"朝鲜经略说"，他们把占领朝鲜视为日本势力扩张的基点。当然，"征韩论"也是日本谋划东亚战争的第一步。④

---

① 〔韩〕赵景达著，李灌凡译：《近代朝鲜与日本》，新星出版社2019年版，第38页。
② 在日本人看来，清政府入主中原后，原有的"华夷秩序"也就崩溃了。朝鲜人也有类似的看法，虽然他们仍要向大清进贡，但却自认为"华"，即自称"小中华文明"。也就是说，日韩两国都自负地认为，自己继承了"华夷秩序"。日本人看朝鲜人是"戎"，朝鲜人看日本人是"蛮"。甲午战争后，日本人刻意贬低清政府，就与为侵略造理论有关了。林春胜、林信笃编：『華夷変態』，東洋文庫叢刊第15（浦廉一解説），『史学雑誌』1960年版。
③ 信夫清三郎著，天津社会科学院日本问题研究所译：《日本外交史（1853—1972）》上册，商务印书馆1980年版，第10—28页。
④ 渡邊幾治郎：『皇國大日本史』，朝日新聞社1939年版，第379页。

（一）"征韩论"破产的缘由

在德川幕府时期，日本虽然承认与朝鲜是睦邻关系，但是一直由对马藩王代行邦交往来。"王政复古"后，明治政府即命对马藩王宗家恢复自1812年以来中断的对朝邦交，逼迫朝鲜王朝与日本举行旨在修改"传统关系"的谈判。仅从外交方面看，明治政府做出了要和朝鲜国王直接对话的姿态。

1868年初，木户孝允为恢复日朝邦交出使朝鲜。朝鲜统治者大院君仍坚持由对马宗家充当两国政府中间人的立场。于是，木户孝允给岩仓具视提出建议，待国内局面稳定之后，再派使节去朝鲜，如仍不能恢复邦交便可对朝鲜兴师问罪，以"兵威"解决问题。同年12月，宗家受明治政府的委托派樋口铁四郎到釜山，并将一份国书交给朝鲜政府，告知日本已实施王政复古。朝鲜政府认为，国书使用了"皇室""奉敕"之类的文字，不仅是违反了旧例，而且俨然以朝鲜的宗主国自居，朝鲜不能接受日本的傲慢，所以拒收国书。[①]

1869年12月3日，明治天皇特别召见木户孝允，让他准备在来年春天访问中国和朝鲜。翌年1月和7月，明治政府先后两次派特使到朝鲜，仍然毫无结果。此时，日本"征韩"的理由渐趋成熟。

1871年11月，副岛种臣出任外务卿，他把和朝鲜的外交权从对马转给了长崎，即由政府直辖朝鲜的外交权。1873年，明治政府借口朝鲜排日情绪高涨，决定派出军舰"保护侨民"，同时公开"征韩论"及其背景，把"韩国问题"当成了缓解国内矛盾的发泄口，并制订了侵略战争计划。舆论借机大肆鼓噪朝鲜的"无礼"和"侮日"行为，叫嚣"保全皇国之基础"，并向民间揭示了"经略朝鲜"的大意义。

1873年9月13日，岩仓具视结束了对欧美的考察，回到日本。10月15日，政府决定派西乡隆盛出使朝鲜。[②]17日，木户孝允、大久保利通、大隈重信、大木乔任四参议为代表的"内治派"，根据出访欧美经验，认为征韩为时尚早，要求搁浅计划。但是，以板垣退助、西乡隆盛为代表的"外征派"是多数。最后，因代理太政大臣岩仓具视的反对，并上奏天皇不可贸然行动。24日，天皇下达了中止遣使的敕裁，同时驳回了大久保和木户等人的辞呈，还解除了西乡的参议和近卫都督职务。另外，西乡的党羽同为萨摩出身的桐野利秋和筱原国干等

[①] 1868年1月10日，明治天皇发布《关于王政复古附外国使臣国书》已明确写道："自今而后当称天皇。"参见第一章内容。

[②] 8月，留守政府决定派遣西乡隆盛使朝鲜，出使时间等岩仓具视回国再定。

人，也被迫辞归故里，算是彻底地清除了"征韩派"。①

当然，导致"征韩论"破产的主因，还是政府内部在征韩问题上产生了严重分歧。简言之，其一是"使团派"（大久保利通等）和"留守派"（西乡隆盛等）相互倾轧的结果，其二是日本的确没有把握在征韩后就一定获利。

（二）"征韩论"的实际意义与影响

其一，它是"经略海外"②的必然结果。1873年8月3日，西乡隆盛在写给三条实美的信中就明确指出："经略朝鲜以对抗俄国"，应该纳入政府的政治目标。17日，板垣退助进一步说：应该"将内乱之心移向外国"；主张"不能死守本土以待敌"，而应该"对内转移人心"。具体方案是解决朝鲜、桦太、中国台湾问题，使日本既可以守卫本土，还能够对外扩张。③

1875年9月20日，日本以测量航路为由闯入江华岛，并无视朝方警告，双方交战。1876年2月26日，日本迫使朝鲜签订"修好条约"（《江华条约》），先让朝鲜成为"自主之邦"，摆脱中国对朝鲜的宗主权，以便日本事后将其收入囊中。对此，日本国内的主流舆论都是宣传"朝鲜需要被日本领导"的调子。

1882年和1885年，日本和朝鲜又签订了"修好续约"及《汉城条约》，日本再次强迫朝鲜开设釜山商埠，专供日本人自由经营商业，商船也可以不受限制地进出朝鲜海。至此，日本从朝鲜攫取了大量权益，包括大米和黄金源源不断流入日本，极大地刺激了日本国内政治和经济向利好方向发展。④

表4-1 对日大米出口量⑤

年	出口（日元）	年	出口（日元）	年	出口（日元）
1885	27,201	1889	54,394	1893	470,208
1886	10,523	1890	2,540,652	1894	810,475
1887	128,948	1891	2,225,043	1895	888,022
1888	21,472	1892	1,348,796	1896	2,852,033
（吉野诚《关于朝鲜开国后的谷物出口》）					

---

① 安冈昭男著，林和生、李心纯译：《日本近代史》，中国社会科学出版社1996年版，第221页。
② "经略朝鲜"的思想，在18世纪就提出来了。如林子平鼓吹的朝鲜应该附属日本。佐藤信渊更是把朝鲜和中国东北都划了日本的势力范围之内。
③ 信夫清三郎著，天津社会科学院日本问题研究所译：《日本外交史（1853—1972）》上册，商务印书馆1980年版，第148—149页。
④ 外務省編纂：『日本外交年表竝文書（1840—1945）』上，原書房1978年版，第57、65、67、91、101頁。
⑤ 〔韩〕赵景达著，李灌凡译：《近代朝鲜与日本》，新星出版社2019年版，第101页。

其二，培养了国民的军国主义意识。19世纪80年代，朝鲜的"壬午军乱"（1882）[①]和"甲申事变"（1884）[②]、中国的中法战争（1884），日本的社会舆论借机大肆挑动国际矛盾。如1884年4月《自由新闻》连载《论朝鲜之政略》一文，鼓吹"在东洋政略上要使朝鲜成为纯粹的独立国"；与其缔结"友好同盟"的目的，在于"使我国参与对方的政务"；等等。同年9月，在后藤象二郎组织下，实施"渡韩计划"。9月30日至10月5日的《自由新闻》接连发表《国权扩张论》，呼吁政府鼓舞"青壮年有志之士的热心，应由内事转向外事，以便博得国利"。右翼组织"玄洋社"则在民间组织"征韩义勇军"，直接派送人员到朝鲜参加反政府活动。到了这个时候，各派在征服朝鲜问题上已极少有分歧，结果是军国主义甚嚣尘上。[③]

1885年3月16日，福泽谕吉在《时事新报》发表《脱亚论》一文。意思是说，日本人应该自觉自己的"国民精神已摆脱亚细亚之固陋，移至西洋文明"。"脱亚"的目的，则是去争与西洋平等的地位。其实，早在十年前他就强调过，开化以后的日本，"已超越顽愚的支那，凌驾于固陋的朝鲜"；日本国民可以"藐视支（中国）鲜（朝鲜）两国，自诩为东洋的霸主"。[④]

在《脱亚论》中，福泽重申效法西洋的主张，如"与其踌躇等待邻国之开明而共同振兴亚洲，莫若脱其行伍而与西洋之文明国共进退"，即用自己的力量攫取东洋主人的位置。关于这篇文章的出台背景，历史学家信夫清三郎写道：

> 朝鲜政变（甲申政变）的消息使正在从民权论转向国权论的日本舆论一下子变成了坚决的国权论。自由党早在政变前不久的10月29日已经解散，但《自由新闻》仍在发行。12月19日，该报鼓吹"要迅速出动充分兵力，占领朝鲜汉城"，现尚留存的该报最后一期12月27日的社论《必须把日军之武力显示与世界》一文强调，若出兵朝鲜以显示日军之勇猛，则欧

---

① 明治维新以后，日本势力很快渗透朝鲜，并主导其军制改革。对此，朝鲜宫廷内部大院君与闵妃两派尖锐对立。1882年7月23日，朝鲜传统军队因不满与日式军队待遇不同，又遇到延迟发饷的情况，故发动兵乱。清政府和日本出兵干涉。8月30日，日本和朝鲜签订《济物浦条约》，强索赔偿50万日元。
② 1884年12月4日，亲日派独立党人金玉均等发动政变，试图推翻守旧派，并排挤清政府的势力。结果仅2日就失败了，金玉均逃亡日本。又因日本公使竹添进一郎极力干涉朝鲜内政，朝鲜民众出于愤怒，放火烧了公使馆，并造成日本军人和官员十人、侨民三十名死亡。翌年，朝鲜赔偿日本13万日元。不过，两国关系也恶化到了极点。
③ 升味准之辅著，董果良译：《日本政治史》第一册，商务印书馆1997年版，第187、189页。
④ 福沢諭吉：「脱亜論」，载慶応義塾編：『福沢諭吉全集』第10卷，岩波書店1960年版，第239頁。

美人敬畏日本,"修改条约等事将可轻易完成",指出了亚洲政策同修改条约的关系。

福泽谕吉也在 12 月 27 日的《时事新报》上发表文章,要求"断然诉诸武力,迅速收拾局面",还预想到如果在对清战争中获胜,则"将永被尊为东方之盟主"。1885 年 1 月 8 日,东京公私立学校学生,在上野公园集会示威,把象征污蔑清国的猪头插在竹竿上,游行示威之后,捣毁了孤守民权派的据点、主张非战论的《朝野新闻》社。改进党领导人藤田茂吉、尾崎行雄和犬养毅联名向伊藤博文参议提出了强硬的意见书,要求"干预朝鲜内政,并设法并吞之"。①

概言之,明治以来实行富国强兵的国策,在这里已经排斥了富国的其他选择,只有强兵方能成为一等国或实现大国梦的夙愿。为此,必须与欧美对抗。一句话,理念是信仰国体②,目的是维护国权,目标是征服邻国。据此,朝鲜不仅是通向大陆的跳板,而且必须使其成为日本的一部分。抑或是说,对日本而言,无论是着眼地缘政治、传统文化因素,还是从近代国家需要,以及国际政治提供的经验方面看,都必先征服朝鲜,才能得到扩大国权的空间。因为朝鲜是中国的属国,与中国开战不可避免。然而,当时的清政府对此非常愚钝,倒不是没有有识之士看破日本的野心,而是清朝的政治体制僵化透顶。至于日本的开明知识分子为什么也倾向国家主义或军国主义的观点,仍有待深入研究。③

"脱亚"这个词仅仅在《时事新报》某天的社论题目中出现过一次,至于"入欧"一词,福泽更没有使用过。

他说"脱亚"时的"亚"具体指什么意义上的"亚"?福泽写《脱亚论》时,日本究竟具有多强的军事力量?④

福泽对清国、朝鲜的判断多次出错。……他有不少过分的言论,这是他的历史上最消极的侧面。

---

① 信夫清三郎著,天津社会科学院日本问题研究所译:《日本外交史(1853—1972)》上册,商务印书馆 1980 年版,第 203 页。
② 1825 年,水户藩儒学家会泽安(正志斋)完成《新论》一书(上中下),分形势、虏情、守御、长计等 7 编。该书定义的"国体"三要素:天皇万世一系;天皇和臣民一体;奉公心。当时,因其言论过激而被禁公开发行。明治维新后的国体观,实际贯彻的就是这三要素。
③ 福泽谕吉和中江兆民以及其他自由民权代表人物,在朝鲜问题上,大致采取了同样的立场。
④ 陆军的常备军约 8 万人,海军的军舰只有荷兰的三分之一,真实实力不及清朝。

他认为,"近代国家"由二元性构成,其一是弱肉强食的强权政治,另一个是"天然的自由民权论"。前者是"权道",后者是"正道"。

福泽是幕末"志士"的一代,如果一开始就把他看成明治思想家,就会出现很多差错。莱辛说:"我们希望赞美少一些,阅读多一点。"①

二、甲午战争及日本人的中国观

山县有朋在《邻邦兵备略》中说道:"强兵为富国之本,而不是富国为强兵之本。"② 从1872年正式着手建立常备军,到1882年颁布《军人敕谕》,军队逐步地在国家政治中居于首要位置。它既是军国主义国家大厦的支柱,也是侵略战争的发动机。

(一)非正常的军费比率

1887年,日本陆军参谋本部③第一局局长小川又次起草《清国征讨方略》,明确指出"若欲维护我帝国独立,伸张国威,进而巍立于万国之间,保持安宁,则不可不分割清国,使之成为数个小邦国"④。1890年12月6日,山县有朋在众议院演讲,一方面强调国家预算中陆海军军费占比率最大,就是"为了充实国力",另一方面也要求国民"积攒每个铜板,渐次养成国力"。⑤ 可以看出,依照当时的国力,日本要吃掉中国还是天方夜谭。

当然,政府强调军备与每个国民相关,还只是观念而已。支撑庞大的军事体量的经费,必须来自国库。如山县内阁1890年的军费支出,已占全年财政的28%。以后,军费的支出比率越来越高。从1892年第5任内阁,到1900年第10任内阁,每年的军费都占总支出的40%以上,在世界上也是独一无二了。⑥

(二)从甲午战争牟取暴利

战争消耗军费,同时也充实军费。为了维系庞大的军费,就需要制造更多、更大规模的战争。

---

① 丸山真男著,区建英译:《福泽谕吉与日本近代化》,北京师范大学出版社2018年版,第245、251页。
② 井上清、铃木正四著,杨辉译:《日本近代史》(上册),商务印书馆1972年版,第100页。
③ 1877年,鉴于西南战争的后果,军政和军令彻底分离,并从陆军独立出参谋本部专掌军令。1878年12月,制定《参谋本部条例》,确立由参谋本部直接向天皇负责的制度。名义上指挥权和决定权在天皇手里,参谋总长由亲王担任。最初有管东、管西二局和总务课三个机构。大江志乃夫著:『日本の参謀本部』,中央公論社1985年版,第20—58頁。
④ 史桂芳:《东亚联盟论研究》,首都师范大学出版社2001年版,第16页。
⑤ 山縣有朋:「第一回帝國議會(通常會)における帝國ノ国是ニ就テノ演說」,內閣制度百年史編纂委員会編:『歴代内閣総理大臣演説集』,大藏省印刷局1985年版,第9頁。
⑥ 安藤良雄:『近代日本経済史要覧』,東京大学出版会1979年版,第18頁。

1894年3月29日，朝鲜东学领袖全琫准以"尽灭权贵""逐灭倭夷"为口号[①]，发动农民起义。6月1日，朝鲜国王同意由宗主国清政府出兵镇压。6月2日，日本内阁对此迅速做出反应，决定出兵朝鲜，并设置战时大本营，首相伊藤博文和枢密院议长山县有朋参加大本营会议，以求政略和战略的一致性。8日，清军抵达牙山。10日，公使大鸟圭介率陆战队员进入汉城。几天后，日军混成团旅在仁川登陆。7月23日凌晨，日军悍然袭击朝鲜王宫，囚禁国王高宗，组成了以大院君为首的傀儡政权。25日，在没有宣战的情况下，日本联合舰队又挑起丰岛海战。8月1日，中日双方同日向对方宣战。

8月7日，明治天皇发布《义勇兵诏敕》，强调"倚仗朕祖宗之威灵和臣民之合作，用我忠武陆海军之力，以期成就国之棱威"[②]。10月19日，伊藤博文在贵族院发表演说："仰仗皇上之威德，我陆海军精锐忠武，屡战屡胜，诸君及我国民齐声称贺，为达目的我等仍需上下一致恭奉圣意。"[③]11月21日，大山岩率领的第二军占领旅顺，制造了"旅顺惨案"，4天内屠杀6万中国人。9月13日，战时大本营移至广岛。15日，明治天皇亲临大本营。17日，在黄海大战中北洋水师失利。1895年2月，威海卫失手，清政府的败局已定。3月20日，中日两国代表在马关（下关）春帆楼举行媾和谈判。4月17日，双方签订《马关条约》。清政府承认朝鲜独立；割让辽东半岛、台湾和澎湖列岛；开放沙市、重庆等内陆口岸；赔偿军费2亿两白银（约3亿日元）。23日，全琫准在汉城被处斩，朝鲜甲午农民战争的烈火熄灭。

5月4日，俄国联合德、法"三国干涉"，日本被迫放弃辽东半岛，但是向清政府强要了3000万两白银作为"赎辽费"。月底，台湾人民掀起大规模的反日运动，誓死不做亡国奴。鉴于强烈的反日形势，日本决定对朝缓和。一是朝鲜已成为它的保护国，再恃高压不过如此；二是俄国虎视眈眈，已加紧向朝鲜渗透。

（三）甲午战争以后的国民心态

日本甲午战争的胜利，政府借机向国民宣传"皇国棱威"和"上下一致"的作用。进入5月，日本各地沉浸在庆祝胜利的欢歌笑语中，到处都在举行

[①] 起义军有四条行动纲领：弗杀人，弗伤物；忠孝双全，济世安民；逐灭倭夷，澄清圣道；驱兵入京，尽灭权贵。
[②] 明治天皇：「義勇兵ニ関スル詔勅」，井原頼明编：『増補皇室事典』，冨山房1942年版，第438—439頁。
[③] 伊藤博文：「第九回帝國議會（通常會）における施政方針演說」，『歷代內閣総理大臣演說集』，大藏省印刷局1985年版，第45頁。

"庆功会"或"祝捷会",东京上演歌舞伎《威海卫陷落》,也是异常火爆。8月5日,国家授予伊藤博文、大山岩、山县有朋、西乡从道侯爵爵位,以表彰他们在甲午战争的功勋。舆论上,则对中国极尽贬低之能事。

> 夏祭各町都会推出漂亮的花车供人们观赏,上面出现中国古典英雄人物是再平常的事了。去年夏天我还看到画有斩白蛇的汉高祖,楚霸王项羽,以及武圣关羽和九纹龙史进的大花车通过。
> 日清战争以前,这些非常有趣的中国故事印在孩子们的脑子里,真是美好的记忆!……现在完全是另一种景象,到处都是对支那人的轻蔑和敌意,根本不把它当成东亚第一帝国来看待。
> 1895年春,我还是高小二年级的学生,成天唱的歌却是"子弹乱飞,人神皆怒;置身波涛汹涌的丰岛海,我军多么的无所畏惧"之类。当时,最受吹捧的人还是桦山资纪中将和伊东祐亨少将,把他们看成当之无愧的战神。
> 我住的地方没有电话,一有捷报电话局和警察署的人就会马上告诉大家,包括在派出所的看板上贴出最新的消息,我们上下学路过很容易就看到了。
> 在战争初期,人们还有些惴惴不安,随着胜果的扩大,人们心中油然充满对战士的爱和对敌人的恨。……大街小巷甚至流行"李鸿章就是个大笨蛋!""大鸟(圭介)公使威武"这类无聊的话。①

上文作者生方敏郎自幼和父亲学习汉文,9岁开始学"四书",到11岁读完。高小二年级,他已经十二三岁了,其记忆无疑是鲜活而可靠的。其实,类似的记载还能找到很多,如依田熹家引证的"支那佬,拖辫子,打败仗,逃跑了,躲进山里不出来"②,就是当时在小学生中普及的轻侮中国人的歌谣。对于普通人来说,在市肆上热销的拖着辫子的中国人面具、武士的历史图画和绘有甲午战争战斗场面内容的扇子,以及像《喇叭之声》《丰岛之战》这类军歌,更具有蛊惑性、煽动性和侵略的教育性。

---

① 生方敏郎:『明治大正見聞史』,中央公論社1978年版,第36—37頁。
② 依田熹家著,卞立强等译:《近代日本与中国 日本的近代化——与中国的比较》,上海远东出版社2004年版,第22页。

另外，因为俄国在"三国干涉"中的主导作用，致使日本把吃到嘴里的肉又吐了出来，这笔账自然要算到俄国头上。于是，舆论肆意渲染和煽动对俄仇恨，政府则想办法遏制俄染指朝鲜以及在中国东北地区的扩张。所以，日本上下都需要对俄的"敌忾心"（仇视），卧薪尝胆也成了最流行的口头禅。

总之，普遍的社会舆情直接反映民众对政府政策的态度。政府图谋的国家发展路径是基于军国主义的对外扩张，对于殖民地或敌对国家，仇视也好，轻蔑也罢，舆论都需要民众在政治制度、历史文化、民族情感方面全方位地支持政府。尤其是作为一个后发的蕞尔小国，要与列强平起平坐，还必须借助神国观念、忠君思想促使爱国精神达到迷信的程度。

（四）"支那"是对中国的蔑称

用"支那"称呼中国，原本没有贬义。在古代，它与汉、唐、宋或中国、中华、中土、华夏这些用语没有什么不同。但是，近代以后日本人用"支那"指称中国时，意思则完全变了。

明治初年，日本的思想界和政界首先发出蔑视中国的声音，如福泽谕吉认为，中国文明是守旧的、停滞的，日本文明理应超越中国文明。[①]虽然政府文件称"清国"，但是舆论乃至百姓的口语则多用"支那"。一般的理由是，中国和中华都是以中国人为本位的，而文明程度正在超过中国的日本，不能再使用自贬性的词汇。特别是从国家主义的立场出发，尤其受学界认定"崖山之后无华夏"的影响，更难以接受中国、中华、中土等有"华夷之辩"性质的用语。

从历史上看，"支那"一词最早出自空海的诗集《性灵集》，其中有"支那台狱曼殊庐"一句。以后在《今昔物语》中有"支那国"的说法。再往前推的话，"支那"则是印度对中国的发音。早期还有写作"至那、脂那、震旦、真旦、振旦"等汉字的时候，从发音上分析大概与"秦"（chin）有关。

德川幕府末年，开始将"支那"等同于现实的中国。这与鸦片战争后中国社会性质的变化有关。1868年底，外国官役所（当时的外务省）给长崎华侨的布告中，首次在政府文件中使用"支那"一词。1874年，日本出兵侵略台湾以后，日本人称中国时基本上都用"支那"，其中已经充满了轻蔑感。

佐藤三郎以《新闻集成明治编年史》为据进行统计，其指出：1874年用"支那"称中国者出现了56次，用"清国"者出现了14次；二者并用者出现了

[①] 关于日本人的中国观，请参考杨栋梁主编的《近代以来日本的中国观》一书（江苏人民出版社2012年版），其中第三卷（1840—1895）第四章是福泽谕吉的中国观。

7次。1915年日本提出灭亡中国的"二十一条",激起中国人民的极大愤怒,反日情绪达到高潮。此时的留日学生首先提出,"支那"一词存有日本人对中国的轻侮之意,必须加以反对,作为中国人绝对不能自称"支那"和"支那人"。[①]

1920年王拱璧所著的《东游挥汗录》[②]在北京出版,书中认为:"支那"的日语读音与"将死""物件(或东西)"音同,还与"雏"及"泥木偶"音近,绝对是一个对中国含有侮蔑之意的称谓。而且"支那式""支那人"也常被日本人当作笑柄来使用。此外,"支"是支配的"支","那"还有"彼奴"(第三者)的意思。这样的话,"支那"等于被人驱使。此外,在日语中,"支"又是"支店"的"支"。抑或是说,中国(文化)成了"支店",日本(文化)则是"本店",这不是把整个历史颠倒了吗!显然,日本人使用"支那"称呼中国和中国人属于别有用心,中国人要用"支那"自称则是无知或自贱。[③]

1930年5月,中华民国政府命令外交部,今后凡使用"支那"的日本公文概不接受。1945年日本战败,国民政府再次重申日本不得称中国为"支那"。对此,6月7日,日本外务省以总务局长冈崎胜男的名义,向各省次官发布了《关于回避支那称谓的通知》,正式停止使用该词。7月3日,文部省向各大学和高等学校下达了同样的文件。与此同时,报纸、杂志、广播等大众传媒也禁止用"支那"称中国。

三、甲午战争后的教育变化

清政府的巨额赔款缓解了日本近代化的窘境。在政治方面,围绕国家特质的普选和地租改革有所升级,政府在推行军国主义政策时,不得不顾及更大范围的民众诉求;在经济方面,以轻工业为中心的资本主义经济快速发展,并促使产业工人队伍进一步扩大;在军事方面,军费空前增长,扩充军备成为国家的第一要务;在社会方面,工人运动高涨,社会主义思潮抬头,流行功利主义和拜金主义,日本主义和世界主义展开争论。这些方面反映在教育上,一是以甲午战争为契机,强化忠君爱国教育;二是进一步加强思想控制。

[①] 佐藤三郎:『近世日中交渉史の研究』,吉川弘文館1984年版,第29、40頁。
[②] 『中國人の日本觀』編集委員会編:『中國人の日本觀』(二十一か条要求から日本敗戦まで),第2卷第3節,社会評論社2012年版。另,中国社会科学院近代史所近代资料编辑组编《近代史资料编·五四爱国运动》有节选(中国社会科学出版社1979年版)。
[③] 另见黄兴涛:《话"支那"——近代中国新名词源流漫考二》,《文史知识》1999年第5期,第54—61页。

（一）教育从赔款中有无受益

1896年度，日本的军费已超出国家总预算的50%。相比之下，教育经费自1875年以来一直徘徊在1%—2%之间。因此，对于文部省的批判在此时出现井喷现象，指责文部省"无能"而且"无策"的声音，成为政客间博弈的时尚工具。1897年4月，《教育时报》第431号刊登《陆军各校和文部省预算》一文，抱怨"本年度预算方案，陆军学校仅15所，划拨一百五十万日元。文部省所辖所有学校经费，也不过二百五十万日元"[①]。从总额3亿多日元战争赔款数看，只有1000万日元拨给了教育，表面看政府对教育的确吝啬。

表4-2　战争赔款分配情况表[②]

填补临时军费（1）	78,957,164（日元）
扩充陆军军费（2）	54,036,776
扩充海军军费（3）	125,266,705
制铁所创立费	579,762
一般会计支出	15,214,484
皇室御用金	20,000,000
军舰鱼雷艇补充基金（4）	30,000,000
灾害预备基金	10,000,000
教育基金	10,000,000
合计	344,054,893[1]
（1）＋（2）＋（3）＋（4）	288,260,645

1　另有计算362,322,300日元。

其实，在森有礼之后，文部大臣少有建树。除1893年文相井上毅在众议院预算会议上，因给文部省的预算过低而愤然退席外，其他大臣多是一味示弱的形象，尤其是在战后保守力量风头正劲时，指责文部省缺乏一致性的施政方针，而且自由自治倾向严重的批评声音更加集中。一是说文部省缺少主见，二是给文部大臣戴上"伴食大臣"的帽子，认为他们懒政。然而，关键问题却是：文部省只能按照《教育敕语》推行政策；政府给教育尤其是义务教育的定位，本就是尽臣民的义务，而且以道德灌输为中心的教育，并不需要太多支出；帝国

[①]　坂口茂：『近代日本の愛国思想教育』補卷，ストーク2004年版，第365页。
[②]　岩本努：『「御真影」に殉じた教師たち』，大月书店1989年版，第35页。

臣民的福利是天皇所赐，天皇的国家仍指望臣民无限奉公时，不会在不富裕的财政上让教育沾光。

表4-3　政府年度预算中三省所占比例一览表[①]

年度（年）	陆军省占比（%）	海军省占比（%）	文部省占比（%）
1875	10.13	3.94	2.56
1879	12.92	4.74	2.05
1885	17.53	12.69	1.28
1894	16.85	15.59	1.43
1896	26.69	23.00	1.10
1897	24.29	30.81	1.04
1898	25.84	31.39	1.24

有人算过一笔账，日本的教育经费即使占国库支出的2.1%，与列强的小学公费投入（每人）相比显然较低。1895年的美国，每个学生是4元81钱（日元）；1896年的普鲁士，每个学生是2元91钱（日元）；1896年的英国，每个学生是2元61钱（日元）；1896年的法国，每个学生是1元96钱（日元）。日本到1901年，也只有66钱（日元）。[②]因此，日本政府可谓欲壑难平，对于战争的野心和赔款的贪婪可想而知。

当然，作为国策双翼，不能只要战争不顾教育。对政府而言，只是在何时以何种方式实施何种教育罢了。战后的1898年11月15日，《教育时论》第489号刊登《寄希望于军人内阁》[③]一文，强调应该均衡军费和教育费，而且新任文部大臣桦山资纪海军大将，也希望通过军部扭转教育的不振现象。到松方正义和大隈重信内阁时，一方面积极扩充普通教育，另一方面也试图从教育政策上不过分依赖军部势力。

还应该看到的是，战争赔款实际加厚了预算基础，而且教师从战争赔款中受益颇大。比如在舆论支持下，1896年3月24日，政府公布《市町村小学教员年功加俸国库补助法》。按照这个法令，义务教育阶段教师工作五年者，加薪俸15%，以后每5年加额10%，最高目标可以达到35%。无疑，它能够刺激教师

---

① 坂口茂：『近代日本の愛国思想教育』補卷，ストーク2004年版，第368页。
② 坂口茂：『近代日本の愛国思想教育』補卷，ストーク2004年版，第288页。
③ 指1898年11月8日成立的山县有朋内阁（第二次）。

努力地为"论功行赏"而教书。1899 年出台的《教育基金特别会计法》，正式划拨 1000 万日元战争赔款以振兴义务教育。

（二）"箝口训令"废而不弃

文部省曾在 1882 年 7 月 3 日、1883 年 1 月 23 日至 24 日、1889 年 10 月 9 日和 1892 年 2 月 15 日多次发布训令，限制或禁止教师和学生参加政治活动。1893 年 10 月 28 日，文部大臣井上毅发布的文部省第 11 号训令，要求政府官员不得参与"大日本教育会"和"国家教育社"的活动，并重申教育工作者不得参加政治性活动的命令，这就是著名的"箝口训令"。

"箝口训令"一时引发教育界混乱。"大日本教育会"会长辻新次、"国家教育会"会长伊泽修二提出抗议，内阁和文部省官员在协会任职者，或辞职或退会。1894 年 1 月 12 日，文部省第 2 号训令，连教师、学生的心得中也不能涉及时事政治。采取如此的办法，与教育者应该持中立的立场无关。据当时的报道看，主要原因还是因为"大日本教育会"等组织，就教育经费、教科书审查委员会、教师资格和教育基金会等问题，对文部省提出了广泛批评，迫使文部省以"统一思想"为由来维护政府的权威性。

当然，还有更深层的原因。就像 1897 年 11 月文部大臣滨尾新发布第 10 号训令，解除了上述禁令一样，文部大臣的政治理念在当时是能够影响文教政策的。[1] 也就是说，当内阁和文部大臣给予教育界的自由、自治空间较大时，教育政策和环境也相对宽松。1898 年 6 月，文部大臣尾崎行雄废除了"箝口训令"，文部省恢复了和"大日本教育会"（已更名为"帝国教育会"）的伙伴关系。但是，尾崎的在位时间过短[2]，随后任文部大臣的犬养毅无甚建树，事实上"箝口训令"废而不弃，"政府干涉教育"以及"教师不涉及政治"的现状并没有太大改变。在文部省内部依然是国家主义官僚占上风。1898 年 11 月，山县有朋第二次组阁，创立了军阀与官僚合体[3]的政治结构，这也是甲午战争后军部势力强大的典型表现。"箝口训令"意味着什么，也是不言而喻的事。

---

[1] 滨尾新是日本著名的政治家、教育行政家，早年留学美国，历任帝国大学总长、贵族院议员。此时，任松方正义内阁（第二次）的文部大臣，时间约 3 个月，松方内阁就解散了。

[2] 尾崎行雄是福泽谕吉的弟子，在日本有"议会政治之父"的美誉，他也是"政友会"发起人。其思想倾向于民主主义、和平主义和世界主义。1898 年出任大隈内阁文部大臣，仅 5 个月就因发表"共和演说"被抨击，辞职。

[3] 军阀代表：陆军大将山县有朋任首相，海军大将西乡从道任内务大臣，陆军大将桦山资纪任文部大臣。陆军大臣桂太郎和海军大臣山本权兵卫，一个出身于长州藩，另一个出身于萨摩藩。

《教育敕语》的起草者井上毅认为,战争时期必须举国一致,个人要服从国家。东京高等师范教授森冈常藏强调,个人发展基于国家,最终目的还是现实国家目标。他们都从国家主义的立场出发,主张国家优先或国家至上。①

(三)基础教育发生重大变化

甲午中日战争是近代日本第一次与大国主动交战,此时明治维新还不到三十年,以其国力挑战一个传统的大帝国,无论政府还是民间并没有充分的获胜信心。所以在开战以后,各方面拼命鼓吹"举国一致体制",教育的最大作用也是"统一国民精神"。于是,文部省与军部和内务省紧密合作,力图将通俗教育事业变成普及军事思想的阵地。

1894年9月17日,以"大日本教育会"会长辻新次的名义发表的《圣谕略解》②,印了85000部送各地方长官。其中说道:"我同胞臣民在此之际,须各守本分,全力宣传国威,极大鼓舞忠君爱国之志气";"《教育敕语》的性格,集中体现于高扬忠君爱国之志气。作为强固忠孝精神、义勇奉公及敌忾心等方面之手段,知晓《教育敕语》和《军人敕谕》是不可或缺的前提条件";甲午战争是"维新以来最初之国难"。③因对手清国可谓强大,故其事态重大,非依赖所有国人之爱国心以制强敌不可"。甚至还说:"此次大捷(黄海海战),乃我日本国人作为世界第一武勇之国民最为充分体现,显示了我日本国人较之万国其他民族更富有爱国心,并确认我国具有成为世界最文明国家之能力。"并狂呼道:"我日本国成为宇内最强国且凌驾五大洲指日可待也。"④

正因为日本在甲午战争中占了大便宜,以致教育界也普遍认为,教育在其中居功至伟。如加藤弘之说,"战争的胜利,恰恰证明了教育的重要性和教育的力量";伊泽修二欣喜道,"巧用时机,借以养成我等欲成之敌忾气象,必胜于平日空论之十倍矣!"辻新次则强调,教育在此时"就是唤起敌忾心"。⑤总之,

---

① 坂口茂:『近代日本の愛国思想教育——大正デモクラシーと愛国思想Ⅰ』,タウンユース社2008年版,第134、139頁。
② "敕"指《教育敕语》,"谕"指《军人敕谕》。其实,"大日本教育会"与文部省在本质问题上并无冲突,文部省需要教育学者始终帮忙而非添乱。正是有这样的基础,甲午战争后,"大日本教育会"(帝国教育会)很快和文部省修复关系。
③ 甲午战争是日本主动制造的侵略战争。但是,当时舆论却夸大其词、混淆是非,称其为"一大国难"。《略解》的说明:"国难者,一国遇到极大危机也。"
④ 辻新次:「勅諭略解」,『大日本教育會雜誌』第155号,1894年10月1日,第32—42頁。
⑤ 坂口茂:『近代日本の愛国思想教育』上册,スターク1999年版,第776、785頁。

第四章　被战争强化的军国主义教育

战后的日本开始让武士道教育大行其道。

当时的主流观点是：帝国将士充分发扬了"大和魂"，为国人树立了忠勇爱国的榜样，故须大力弘扬国粹精神；维新政府二十余年不遗余力地学习欧洲兵制、兵器和军事学，已经在战争中得到了内化，故须向国人普及近代军事知识和技能，以随时应付更大的挑战；在教育界振兴武士道，需基于《教育敕语》精神，关键是养成国人固有的忠勇爱国思想，以便将国粹和国外先进文化协调一致。

据此，西村茂树指出：应强化忠君爱国学科[①]，培养国民的臣民观。抑或是说日本的教育要适合日本人，用日本的习俗、历史和立论，充分地阐释日本主义的精神。井上哲次郎也持同样的观点。他强调，教育应使日本精神一以贯之，并依赖哲学、历史等人文学科价值，使"国民精神统一化"[②]。

战争结束后，学校教育趋于全面的军事化。按照《大日本教育会杂志》（第124号1893年1月30日）给出的理由，一是"一年志愿兵"在战场上建功立业，二是战争的胜利提振了普通民众的元气。于是，本已低迷的"兵式体操"再度热闹起来。而且有人主张，把学生的军事训练视为"军事预备训练"。如体育教师铃木直三郎就说，战后体操上的最大变化，"莫过于将过去儿戏式的活动转变为士兵训练"。久保田让也认为，"中学毕业生是一兵卒，如果免除其兵役，他也应该是预备军人"。从实际情况看，军人训育有身体和思想两个方面。训练对象包括从十二三岁到十七八岁的所有青少年。其教学目标遵守军队的准则，主要培养忠节、规律、服从和合作等精神。[③]

有关战后教育的影响，还有两个因素值得关注：一是1895年的小学入学率全国平均值超过61.2%，这意味着狭隘的爱国心、高扬的国家意识以及偏执的民族意识，作为爱国思想的主体内容，已经在国民中达到了相当高的普及水平；二是战后军人的社会地位空前提高，表现为志愿入伍者大幅增加。尤其是军部的直属学校不断扩充，也为文部省埋下了"管理不善"的伏笔。

另外，正因为"官立府县立师范学校毕业生以种种借口免除六周的现役训练，令人心寒"，才使军部依照"全民皆兵"政策，有了夯实军事教育的基础，

---

① 即修身、日本历史、日本地理和读本（国语）。
② 坂口茂：『近代日本の愛国思想教育——デモクラシーと愛国思想Ⅰ』，タウンユース社2008年版，第52—53頁。
③ 坂口茂：『近代日本の愛国思想教育——デモクラシーと愛国思想Ⅰ』，タウンユース社2008年版，第55頁。

对于这部分学校，文部省根本无缘插手。

（四）振兴实业教育

早在1891年和1893年的文部大臣的训令中，就在强调实业教育了。按照井上毅的解释，实业教育是"以富强陆海军为目的"，而且殖产兴业和富国强兵的国策，也需要实业教育有较大发展。

甲午战争时，香川县教育委员会提出了"以'诏敕'为基础，丰富农工商阶层的军国思想"的富国方针。[①] 1894年6月，政府制定实业教育费国库补助法。一方面刺激实业教育，以便适应产业革命的需要，另一方面正因为资本主义工业进展迅速，技术工人短缺的现象日益严重，发展实业教育是当务之急。

1899年2月7日，文部省颁布《实业学校令》。要求各道府县根据自己的实际情况，设立实业学校，并承担工业、农业、商业教育。培养目标是，造就"学理和实验兼通的技术工人"。

日俄战争后，教育领域有两个突出特点：围绕敌忾心强化军事教育，从而使军国主义教育再无止步的可能；以"勤勉实业"为口号，振兴实业教育，以致农、工、商各类实业学校有了长足进步。如此的教育方针，一直持续到1945年战败被废。所以，实业教育同样反映了军国主义的教育性质。

第二节 日俄战争加速完成军国主义教育过程

甲午战争以后，日本向中朝扩张势必与帝俄的东扩产生激烈冲突。客观上它的战争准备基本完成，主观上它需要通过外交手段，利用19世纪末各主要资本主义国家的矛盾，使自己在列强中处于有利地位。

1896年6月3日，李鸿章在莫斯科与俄国签署《中俄密约》，试图通过俄国共同防范日本对中国东北的扩张，并允许俄国建设"东清铁路"。1898年3月3日，俄国强迫清政府签订《旅大租地条约》，获得大连和旅顺两个自由港以及"南满铁路"经营权。1900年8月，趁中国内乱俄国把势力扩大到了整个东北地区。这种侵略态势，让日本人感到十分惊恐。它认为，照此下去别说中国东北不是自己的势力范围，就连朝鲜也难以维持，势必破坏日本的"生命线"。

当年的"三国还辽"已让日本对俄恨之入骨，它对俄国虽有忌惮，但更多地还是期望卧薪尝胆后的报复。更何况在多年的近代国际关系旋涡历练中，日

---

① 宫原诚一等编：『资料日本现代教育史』第4卷，三省堂1979年版，第168页。

本也学会了借力打力的法则。1902年1月30日，英日同盟成立。借此，日本有底气和俄国一拼高下。

一、日俄战争中日本未完全达到目的

甲午战争后，陆军参谋总长川上操六考虑到日本将来与俄国必有一战，便派陆军大尉田中义一留学俄国，主攻方向是俄国海军研究。此时日本政府大量增加军费，高位时可占到国家总预算的55%，它的第一假想敌即是俄国。日英同盟一经成立，日本很快就启动了清算俄国的程序。

（一）日俄战争的爆发及其结果

1903年6月10日，受贵族院议长近卫笃麿的操纵，东京帝国大学教授高桥作卫、户水宽人、福井政章、金井延、寺尾亨、小野冢喜平次和学习院教授中村进午7位博士，向桂太郎内阁以及山县有朋、松方正义等元老提出《对俄强硬建议书》，指出：鉴于俄国出兵镇压义和团后并未按时于4月撤兵，如果今天仍容忍俄在中国东北任意妄为的话，日本的利益必然萎缩。23日，御前会议后，内阁决议《关于满韩之日俄协商建议》[①]，提出4款具体内容。[②] 24日，《大学七博士的建议书》在《东京朝日新闻》见报，营造出对俄开战的紧张气氛。

7月，日本政府将《关于满韩之日俄协商建议》交给俄政府。8月12日，俄国被迫答应遵守现存条约和协定，承认日本在朝鲜有重大利益，同时要求日本承认俄国在满洲的同类利益。10月6日，日本外相小村寿太郎和驻日俄国公使进一步交涉，俄国重申承认日本在朝鲜的优越利益，日本作为回报也承认俄国在满洲建设铁路的特殊利益。其间，俄国军方和政界强硬派竭力要在鸭绿江建立一道屏障，以拖延谈判使其不能达成成果。直到12月，俄方不再提自己有"承认尊重中国领土完整的义务"[③]，即把中国圈出了谈判的范围，实际上也拒绝了日本的提议。

此时，在日本国内，内村鉴三、幸德秋水和堺利彦等人掀起反战运动，而以近卫笃麿公爵为首的"对外同志会"通过议会和宫内省积极主战，双方势不两立。

在国际方面，一是有"日英同盟"做后盾，又有美国站队日本；二是俄国并不掩饰扩张野心，视日本为"黄皮猴子"，不甘在谈判中给日本让利。

[①] 本书引用日文外交文书和历史材料时，无特殊情况皆呈现原文，如"满韩"，包括国家和地区顺序。
[②] 外务省编纂：『日本外交年表竝文書（1840—1945）』上，原书房1978年版，第210—212页。
[③] 〔苏联〕联国家中央档案馆编，吉林哲学社会科学研究所译：《日俄战争》，商务印书馆1976年版，第82页。

1904年1月5日，陆海军两省禁止新闻报道任何军事消息。12日，御前会议决定与俄交涉最终案，随后电讯日本驻俄公使栗野慎一郎做好随时开战的外交准备。2月4日，御前会议决定军事行动。6日，日本与俄国断交。8日，日本突袭仁川港和旅顺港的俄护国舰队，日俄战争爆发。10日，对俄宣战，大本营设在宫中。战争持续到1905年9月，双方签订《朴茨茅斯条约》①，日本成为胜方。

《朴茨茅斯条约》迫使俄国割让南库页岛（桦太），承认日本对朝鲜的统治权，并将南满铁路、旅顺、大连的租界权让渡给日本。在附约中日本还获得了在中国的驻兵权。紧接着，日本通过《日清满洲条约》强行要求清政府在奉天、营口等16处开辟商埠；给日本修筑安奉铁路权及在沿线的开矿权等。②不仅对俄报了一箭之仇，而且趁机扩大了在东北的利益。

1906年5月，日本在大连（日本称"安东"）设领事馆。6月8日，敕令建立"南满铁路株式会社"（总裁儿玉源太郎）。8月1日，改旅大为"关东州"，设"关东都督府"；公布《关东都督府官制》，规定长官必须由大将或中将担任，旨在把旅大当成侵略中国的大本营，并通过资本输出把中国东北变成日本的殖民地。③

日俄战争有力地推进了日本的产业革命。例如，传统的缫丝业产量和出口量大幅度增加，而且加快了机械化进程（1914年完成）。在出口方面，战后较战前翻了一番。棉纺织业1907年与1903年比较，垄断程度明显提高。财阀对重工业和金融的控制更强，而且带有强烈的军事性。④

由于英、美的支持，才使日本有条件打赢日俄战争。所以到了战后，一方面日本对英、美的依赖性加强，另一方面由于日本在中国东北获得的利益决不允许别人染指，也使其和列强的矛盾不断加深。比如1908年11月30日，日驻美公使高平小五郎在华盛顿与美国国务卿伊莱休·鲁特（Elihu Root）签署《高

---

① 会谈地点是美国新罕布什尔州朴茨茅斯海军基地。会谈时间从8月10日到9月5日。日方代表外相小村寿太郎和驻美大使高平小五郎；俄方代表帝国总理威特（S. R. Vitte）和驻美大使罗善（R. R. Rosen）。
② 1905年10月27日，日本内阁决议《关于与清国缔结满洲条约之事项》。12月22日，在北京和清政府签订了《日清满洲条约》，攫取我国的大量权益。外务省编纂：『日本外交年表竝文書（1840—1945）』上册，原書房1978年版，第253页。
③ 控制中国旅大以后，第一步是把"满铁"变成实施殖民政策的先锋队，并以此为基础推进移民计划。用外相小村寿太郎的话说：便是"保护国防第一线的永久安全"。高乐才：《日本"满洲移民"研究》，人民出版社2000年版，第7页。另外，吉林社会科学院编《满铁史资料》，中华书局1979年版，第1、2卷有若干史料。
④ 山田盛太郎：『日本資本主義分析』，岩波書店1983年版，第123—169页。

平—鲁特协定》[1]，就是在承认"机会均等"条件下相互谅解的结果，但是这种暂时的利益交换不能避免各种摩擦，而且"机会均等"本身对列强也没有什么约束力。

（二）俄国不是清政府，日本未获得赔款

在日俄战争中，日本投入的总兵力在一百万以上，不仅死伤惨重，而且无论资金还是武器装备都要依靠外援[2]，到1905年3月已经是强弩之末。但是，政府报喜不报忧，只宣传战争能给国家和百姓带来的好处。加之，在甲午战争尝到了攫取巨额赔款的甜头，打胜了就意味着能够为国家输入巨额赔款，尤其针对没有客观思考能力，只听政府宣传的百姓来说，他们一心想着在付出巨大牺牲后，赢得巨额的回报。

事与愿违，俄国只肯割地却绝不赔款。当《朴次茅斯条约》的内容传到日本后，全国上下一片哗然。《万朝报》登出了《下半旗迎接谈判代表》的讽刺题目，全面弹劾政府。国权派组织"媾和问题同志联合会"，坚决反对就此"媾和"，并于9月5日条约签约当天在东京的日比谷公园举行国民大会，扬言"应迅速处决小村寿太郎全权代表，以谢罪天下"，人们高呼"用牺牲10万忠魂和20亿日元的代价，取得如此屈辱的胜利成果，岂不令列国嘲笑，谁负此责？"散会后，群众袭击了政府官员的宅邸、政府机关及国民报社，烧了15台电车、238辆公交车和13所基督教会。6日，政府不得不在东京及各府下戒严令。此次骚乱，有471名公务员和558名百姓死伤。舆论要求政府举全国之力再与俄国作战。此时的日本国民已经把战争赔偿金和攫取领土，当成了胜利的唯一标志。[3]

日俄战争虽然使日本帝国取得了军事胜利，而且在中国东北地区攫取到大量利益，但是国力消耗和外债压力巨大，其国内资本主义产业依然脆弱。不过三年，日本又一次陷入经济危机，到1909年大批的中小企业倒闭。与此同时，工人运动和社会主义运动逐渐发展壮大，政府深感危机四伏。

例如，1904年8月，片山潜在《平民新闻》发表《与俄国社会党书》，呼吁两国的社会主义者把两国政府视为敌人，勇敢地和帝国主义者、军国主义者做斗争。1906年2月，片山潜、堺利彦、西川光二郎等35位社会主义者在平民医院召开日本社会党第一次代表大会，宣布在宪法范围内主张社会主义。1907

---

[1] 外务省编纂：『日本外交年表竝文書（1840—1945）』上，原书房1978年版，第327—328页。
[2] 在日俄战争开战前一周，内阁就派日银副总裁高桥是清到伦敦和华盛顿借款，利息低者4分5厘，高者6分。战争中使用的借款高达8亿日元。
[3] 猪木正道：『軍国日本の興亡：日清戦争から日中戦争へ』，中央公論社1995年版，第64—65页。

年1月,《平民新闻》创刊,发出宣言"支持全世界的社会主义运动""向天下布道社会主义思想"。2月,政府禁止社会党活动,查封了《平民新闻》。

二、用"敌忾心"凝聚忠君爱国思想

"敌忾心"一语,在甲午战争时就流行了。但是,在日俄战争中唯有这个词,才能准确地表现日本人的思想观念和家国情怀。"敌忾"即"同仇敌忾"的意思,指对敌人怀有刻骨仇恨,并一心杀敌。"敌忾心"除此之外,还有强调如何育成和宣传同仇敌忾的意识,并基于国粹主义或日本主义开展道德教育。按照井上哲次郎的说法,它就是忠君爱国的成果。

(一)偏离理性的"敌忾心"

日俄战争前后,"敌忾心"还等同于"义勇奉公"。从舆论导向看,时代需要忠君爱国思想,甚至把忠君爱国视为日本作为近代国家的意识形态,所以才称"敌忾心是忠君爱国的内驱力"。当然,"敌忾心"也是国民义勇奉公精神的心理基础。1904年6月25日,发表在《教育时论》第691号的《教育方面一教训》一文说:"日清之役,我军连胜优秀的对手,除吾人战略和武器因素外,还依赖精神之伟力";"日俄交战,欧美各国观察家也认为,我军之精神效力颇为伟大。……受此思想(精神主义论)之支配,终究唤醒国家及社会之实际活力"。[①] 充斥其中的都是"精神力"和"敌忾心"。

有关日本国民的"敌忾心",因为国外多有报道,更使日本人有了自吹自擂的资本。当时的日本媒体普遍认为,日军的胜利,最重要的不是移植了西方政治和军事思想,而是千百年来固有的良俗美德因明治教育而开花结果。京都帝国大学教授藤井健治郎在1905年7月《教育学术界》第11卷第4号发文说,日俄两国绝不是在兵力、武器和个人体质有多大的差异,如果单凭这些,可以说"一个俄国人顶得上三个日本人"。"日本强过俄国,完全是教育普及和举国体制使然。"抑或是说,日本的赫赫威名依赖彻底的忠君爱国思想,以及为了天皇能够自愿舍生忘死的精神。即便如此,伊泽修二仍认为日本国民的忠君爱国尚显薄弱。按照他的要求,国民应该绝对服从天皇的命令,因为日本精神的本质就是灭私。[②]

---

① 坂口茂:『近代日本の愛国思想教育』補卷,ストーク2004年版,第428頁。
② 坂口茂:『近代日本の愛国思想教育』補卷,ストーク2004年版,第449、453頁。

第四章　被战争强化的军国主义教育

《教育时论》第697号（1904年8月25日）发文说：日清战争以来，吾国民之成长进步甚速，不负教育之大方针。若见其奥义，因归功于日清战役之大刺激。一如拿破仑一世所言："战争造就了国民。"

日清战争于陆海军军人乃是难得的经验，于国民则是难得的刺激。尔来十载，借以大成长、大发展，哪有不胜强俄之理！[①]

（二）军事教育进入一个新阶段

1904年10月18日，浮田和民在东京市教育讲谈会上发表演讲，他否定"名誉战死论"和"举国一致论"，这等于判了军国主义教育的死刑。他说，像武士那样"为名誉战死"已经过时了，如果非要"为国战死"，那也应该是一种自愿的义务行为。至于战时高昂的"举国一致"主张，其实可以从两方面看：一个是以社会全体为目的，人们为了共同的利益，朝着一致的目标努力；另一个是社会的大多数人因受了特定政治的影响，认同特定的国是，因此他们也被国家政策所支配，并服务于部分人的利益。日俄战争结束后，鉴于战争的惨烈程度，又有人重复浮田和民的观点，认为"战死不应作为'名誉'强加给军人，战死更不是军人的本分"，甚至说"忠于天皇或国家，同样不是服兵役所必须的义务"[②]。

然而，在开战之时，上述声音显得格外地不合时宜，并立即招致猛烈的攻击。一般人根据《军人敕谕》理解战死的意义，无疑就是"名誉死"。更何况各种宣传都在歌颂"名誉死"，如一再被政府强化的国家祝日和祭日仪式。著名学者芳贺矢一就说：祝、祭日活动旨在培养一般国民的虔诚心和名誉心。人们要知道，为国家和天皇而牺牲的人才能够进入国家神社，那是他们的最大名誉。另外，选定5月5日为"靖国神社祭"也有深意，因为这一天恰是传统的"男孩节"。或是说作为男儿身，为国捐躯是无比荣誉的事。

实际上，无论谁、以何种方式发出理性声音，在当时都无济于事。因为主流的声音即是"高扬对外意识，酿成敌忾心，以育成爱国思想和民间好战的情感"[③]。

在各种反战声中，以内村鉴三的主张最为出名。如在1903年10月5日《教育学术界》第8卷第1号，他说："所谓灾害的种子，犹如蠢蠢欲动浴血的心"；"我辈呼唤和平，心里与念念不忘战争者截然相反"；"御外敌者，军人也"；"嗜

---

① 坂口茂：『近代日本の愛国思想教育』補卷，ストーク 2004年版，第426页。
② 坂口茂：『近代日本の愛国思想教育』補卷，ストーク 2004年版，第462页。
③ 坂口茂：『近代日本の愛国思想教育』補卷，ストーク 2004年版，第457页。

战者，杀人也"；"言我辈之勇气，乃是和平之勇气、忍耐之勇气、宽容之勇气、劳动勤勉之勇气也"；"好战之人，人类公敌也"；"日本人之敌，唯日本人自己"；"凡与人为敌者，难得太平"。①

在学校，日俄战争前后皆以军事教育为重点。而且在战时条件下，还推出了"良国国民形象"的概念。何谓"良国民"？兵库县某教师是这样定义的："亲而弗馴，爱而弗溺；于事勉励，于身以殉；治不忘乱，安不敢奢……动作活泼，语言淡白，热心训练，奉公无私，且具有至高的服从精神。"训练"良国民"的目标，则是向军人学习，做到"功则取，战必胜，一切行动听指挥"。并认为，因为"今日之军队亦是国民幸福之来源，故军队之价值毋庸讳言"，所以理解"忠君爱国犹如武士道，战争犹如为皇室赴国难"②。总之，服从天皇和政府。

1904年2月，日俄断交之时，文部大臣久保田让和内务大臣桂太郎即刻发布训令，推行军国主义教育。同时，要求各校贯彻武士道的行动精神。各地方迅速展开战时教育，并很快获得一批成果。以京都市生祥寻常高等小学为例：

一、关于知识
讲授东亚历史、地理
讲授与条约国的关系
讲授与交战国的关系
讲授相关的通商贸易
讲授与军队及军舰相关的知识
讲授与战争、军资有关的知识
讲授推迟战争的理由
讲授奉公事业方面的知识，如爱国妇女会、红十字会、奉公议会、军事公债、军事献金、抚恤部队等
二、关于道德（摘选）
（二）关于自己
（1）学生须不忘本分，不能流于轻佻
（2）不能粗暴及杀伐
（3）奖励勤俭储蓄

---

① 坂口茂：『近代日本の愛国思想教育』補卷，ストーク2004年版，第482頁。
② 坂口茂：『近代日本の愛国思想教育』補卷，ストーク2004年版，第431頁。

第四章　被战争强化的军国主义教育

（三）关于他人

（1）抱有爱国心（如津田三藏、小山宗之助等）

（2）仇视俄国东正教

（3）对于俄国东正教会加以侮辱

（4）对军人表达尊敬之意

（5）感念军人并与之交友

三、关于身体（略）

四、关于设备

（1）配置儿童文学库，包括日俄战争实记、风俗画报、时事画报等

（2）在校报上刊登重要的时局报道，不得怠慢

（3）利用地图明确标注事件发生地

（4）在操场上装饰各国国旗

五、教学特别讲堂训话

（1）讲授战争的意义

（2）讲授宣战诏书[①]

再结合滋贺县师范学校附属小学的《战时教授细目》，看一看具体的注意事项：选定战时特别教学细目，每周1小时；处理占领辽宁、沙河会战内容时，特别要注意事实，并结合乡土资源；训练方面要注重勤勉、忍耐、规律、活动等素质；为能随时举行纪念活动，设置战争纪念植物园；在运动场画上大幅战争形势图，以便能直观军队的进退；利用体操时间，训练欢送出征、迎接士兵荣归等活动；在校刊及时刊上发表战争记事；慰问本校出身的将卒，养成学生的家国情怀；参加战争死亡者的葬礼；代表年级慰问战争中的伤者；通过幻灯会鼓吹军事思想，陈列战利品，游戏军事化。[②]

教育指导者的作为：一是提出方案，如1904年3月东大教授中岛力造以《关于当下教育工作者的期待》为题发文，呼吁"培养持久的忍耐精神""不必计较一胜一败""谋求有关俄国的知识"；[③]二是推出新的教育政策，如1905年10月战争结束不久，文部大臣久保田让便发布第3号训令，着重强调了四点：

[①] 坂口茂：『近代日本の愛国思想教育』補卷，ストーク 2004 年版，第 487—488 頁。

[②] 滋賀戰時教育：「戰時特別教授細目」，『教育公報』第 289 号，1904 年 11 月 15 日，第 26—27 頁。

[③] 中島力造：「時局に関して教育者に望む」，『教育時論』第 682 号，1904 年 3 月 25 日，第 4 頁。

养成忠君爱国思想；培养国体意识；改善国民体质；继续战时纪念活动。同月，《帝国教育会杂志》发表《战后普通教育特别注意事项》一文。其中，"战争中我国民之长处"部分，列举"举国一致之美风""自我牺牲之精神"两项内容；"此次战争中发现国民特有之美风"部分，列举"奉公活动""鲜明的对外思想""勤俭储蓄""慈善博爱""共同协助""朴素之风气"六项内容；"今后教育的发展"部分，列举"忠君爱国是根本任务""夯实国民思想及陶冶大国民品性""涵养坚韧持久之精神""充实国力与实业""振兴海外事业""增进国民体质"六项内容。[①]

与此同时，因为在战争中获得了巨大利益，政府和民间都更加维护其军国主义的道德教育，他们尤其自信"发扬忠君爱国志气"是制胜法宝。于是，教育界愈加强调绝对忠诚天皇的信念，认为只有使忠君和爱国浑然一体，才能有效地遏制各种危险思想。用东大校长菊池大麓的话说："吾人之爱国家，以及对天皇之忠诚，对祖先之尊敬，三者互不抵触，理应融为一体。"若以武士道的行动主义标准来衡量，便是随时准备"为天皇献身"。[②]

（三）女子教育长足发展

甲午战争期间，文部省已将女子教育纳入奖励计划，并制定了相关政策。1899年2月8日，公布《高等女子学校令》。其意义有二：女子除接受普通义务教育外，有机会再读女子高中；女子教育成为国民教育的一环，具有特殊地位和功能。按照规定，女子教育的宗旨是：培养贤妻良母；学制等同于男子的初中程度。

以1902年为例，女子高中每周的教学时间是120课时，普通中学是144课时。女子高中和普通中学的课程比，外语12∶33；数学8∶20；国语22∶33。相反，修身和音乐两科，女子高中比普通中学要多修一倍时间；地理、历史、体育三科，女子高中也稍占优势。家事、缝纫、手艺、教育类课程时数，则占了女子高中全部课时的23.3%。[③]

日俄战争以后，女子教育虽有发展，但也偏重于家族观念。从文部大臣小松原英太郎有关女子教育的谈话（1908），不难看出政府的态度，他说："在家族制度方面，尤其要关注女子教育，这才符合国情。另外，发展和健全家庭才

---

① 帝国教育會：「戰後の普通教育上特に重きを置くべき事項」，『教育時論』第742号，1905年11月25日，第38—39頁。
② 菊池大麓：「愛國心」，『教育学術界』第16卷第2号，1907年11月5日，第87—88頁。
③ 佐藤秀夫等：『講座日本教育史』第3册，第一法規株式会社1984年版，第109頁。

是女子教育的重点。这里如果出了问题,那就不是一身一家的不幸,简直就是在削弱国家的基础。"①

从整体上看,为了维系"家族与国家的一体观",女子教育仍遵循封建时代"夫是主人,妻是客"的《贞永式目》中的陈腐观念。在义务教育阶段,由《楠木正行之母》《水兵之母》《山内一丰之妻》等修身内容打基础,到了中学或女子高中阶段,则重点养成刚健的气质、顺从的美德、坚贞的情操,以及忍耐穷困、富有慈爱心的女性形象。无论是目标、内容和手段,都必须围绕着造就"整顿一家,熏陶子女,养成儿女的气质和才能"的"军国妇人"的教育目的。

第三节 在殖民地实施的军国主义教育

殖民地教育具有文化侵略性质,它以移植宗主国的政治和文化,泯灭附属国的历史文化和民族自信心为目的。日本在殖民地采用彻头彻尾的奴化政策,无论是在中国的台湾、东北地区,还是在朝鲜及其他占领地区,殖民地教育都以塑造"皇民化"为宗旨,教育内容和方式与日本国内的臣民教育趋同。②

一、台湾地区的殖民地教育

甲午战争以后,日本在台湾实行殖民统治。日本对台湾人民进行军事镇压的同时,也实施严格的军国主义教育,即殖民地同化教育。

(一)殖民台湾的教育政策

从教育政策看,日本占领台湾的50年可以分为三个阶段:一是1895—1918年的"渐进主义"时期,特点是以普及日语为中心,实行"同化教育"和"差别教育";③二是1919—1936年的"内地延长主义"时期,特点是宣扬"内台共学",以达到"同化"台湾人、培养"顺民"的目的;三是1937—1945年,日本发动全面侵华战争和太平洋战争,台湾教育与日本国内教育同步进入"战时体制"时

---

① 佐藤秀夫等:『講座日本教育史』第3册,第一法规株式会社1984年版,第111页。
② 本书以台湾和朝鲜的殖民地教育为范例,重点勾勒出日本殖民地教育的基本图景。其他内容请读者参考宋恩荣和余子侠主编的《日本侵华教育全史》(人民教育出版社2005年版),第一卷为"东北卷"、第二卷为"华北卷"、第三卷为"华东、华中、华南卷"、第四卷为"台湾卷"。
③ 把日本人、汉人、台湾少数民族(番人)区别看待,并在接受教育上有着严格限制,如汉人子弟能够进入六年制和四年制"公学校"学习,而"番人"子弟只能进入三或四年制的"番人公学校"学习。整体来看,同样是在"公学校"上学,中国儿童也比日本儿童的学习水平要低;台湾少数族裔子弟又比汉人子弟学习水平要低。

期，特点是大力推行"皇民化教育"，最终的教育目标是"炼成皇国民"。[①]

1895年5月29日，台湾总督桦山资纪率日军在台北澳底登陆。6月17日，"台湾总督府"举行"始政式"，从此开始了对台湾长达50年的殖民统治。台湾首任学务部长伊泽修二在10月提出"新领地台湾之教育方针"，他毫不掩饰地说台湾教育的要害，就是"征服其文化，除去其旧国之梦，发挥新国民精神，使之日本化"[②]。与之相匹配的教育手段：其一是强制台湾人学习日语；其二是以《教育敕语》为指导思想，"实行一手是《敕语》，一手是武器的差别教育政策"；其三是不让台湾人接受高等教育；[③] 其四是在国民身份上否认台湾人是中国人，否定民族教育，实行愚民政策。同时，日本人把甲午战争后用来侮辱中国人的"猪尾汉"一词带到台湾，刻意制造台湾与内地的隔离感，形成只有向日本人学习，做一个日本化的台湾人，才是文明人的意识。[④]

1896年1月10日，伊藤博文在众议院演讲，他说："根据战争结果，台湾已成我国之新领土，此事甚大。"因为对台湾的统治事务颇多，所以呼吁"尽快成立相应之组织，管理其工商业等事业，并移住日本国民，以图将来之发展"[⑤]。据此，日本上下开始了包括教育在内的"经营殖民地的事业"。

同年4月，学务部在台湾设置了14所"国语传习所"，招募台湾人速修日语，以便推进儿童的日语教学；在台北设"国语学校"，其教员由日本国内提供，目标仍然指向台湾儿童，即培养他们能够胜任普及教育的任务。[⑥] 到1898年，修身、国语等课都按照日本学校的要求编写，而且明确"日语是国语的核心"，即让台湾人视日语为"国语"，这是在台湾实施彻底的"皇民化"教育的第一步。当然，也必须把《教育敕语》强加给台湾人民。

早在1896年，伊泽修二就请示总督尽快出版《教育敕语》汉译本。不久日本政府找到著名学者重野安绎，让他如实翻译井上哲次郎的校本。7月，新任台湾总督桂太郎令台湾人雇员奉读《教育敕语》。翌年2月，第三任台湾总督乃木

---

① 庄明水：《日本侵华教育全史》第4卷，人民教育出版社2005年版，第92页。
② 海老原治善：「現代日本教育政策史」，小川太郎編著：『軍国主義教育の歴史』，明治図書1970年版，第88頁。
③ 到1919年，台湾只有一所初级的专门医学学校。
④ 海老原治善：「現代日本教育政策史」，小川太郎編著：『軍国主義教育の歴史』，明治図書1970年版，第88頁。
⑤ 内閣制度百年史編纂委員会編：『歴代内閣総理大臣演説集』，大蔵省印刷局1985年版，第45頁。
⑥ 弘谷多喜夫：「植民地教育と日本人教師」，『講座日本教育史』第3卷，第一法規株式会社1984年版，第363頁。

希典又命令台湾人学习汉译本《教育敕语》。1899 年 7 月，台湾总督府发布汉译《教育敕语述义》，同时命令所有公私立学校奉读《教育敕语》。

> 国体犹谓国之特质，纯至曰精，秀美曰华。精华者，言物之纯且秀者也。教育谓教诲、育养之学。水所积蓄曰渊，水所涌出曰源，皆水所由流。渊源者，犹言根本也。夫惟人各有体，各具特殊面貌。邦国安然，风俗相异，亦好尚不同，各有特殊国体存焉。我皇祖皇宗之盛德鸿业，以及臣民之纯忠纯孝，共冠绝于万国。古今不见其比，乃我国体之所以最尊贵也。教育之道，亦存于斯矣。是以现今之教育，须溯其渊源，养成如此之善风良俗，光大其特质也。（《教育敕语述义》节选）①

1919 年 1 月 4 日，殖民当局公布《台湾教育令》，规定"教育以《教育敕语》为宗旨，以培养忠良国民为本意"②。据此在台湾建立的"敕语体制"，其内容和形式与日本国内一致，包括"奉戴御真影""奉读敕语"唱日本国歌，以及"修文练武"等。

（二）"内地延长"政策即同化教育

从 1919 年 8 月开始，殖民当局推行"内地延长主义"政策。"内地"即日本本土，"延长"就是促使台湾学校和日本学校没有区别。为什么执行这样的政策呢？有学者分析说：一是第一次世界大战后的民主主义和民族自决浪潮的冲击，如朝鲜的"三一运动"和中国的五四运动，激励台湾人民的反日情绪不断高涨，原有的高压政策不合时宜；二是日本严格限制台湾人民接受较高水平教育的政策，已积满民愤；三是日本移民不断增加，但台湾只能接受完整的小学教育，再往上就无学可上了，不利于国内的移民政策；四是留学生中有大批抗日志士，改变政策有助于培植亲日分子；五是台湾经济发展较快，仅靠从日本输入专业技术人员和技术工人也不现实。③

"内地延长主义"的含义：台湾是日本帝国领土的一部分，已经日本化了；台湾人已经是"日本帝国的忠良臣民"，不必再分"内地人"或台湾人；遵照天皇的旨意，对台湾民众应该一视同仁；台湾人民既然是帝国臣

---

① 平田諭治：『教育敕語の国際関係史研究』，風間書房 1998 年版，第 55 頁。
② 宮原誠一等編：『資料日本現代教育史』第 4 巻，三省堂 1979 年版，第 205 頁。
③ 庄明水：《日本侵华教育全史》第 4 卷，人民教育出版社 2005 年版，第 100—101 页。

民，就应该具有健全的国民精神，对国家尽忠。①

据此，尤其推崇"国语"（日语）、修身、日本历史和日本地理课程。其中，殖民当局又始终把"国语"当成是同化的重要手段，要求教师把"国语"看成是"国民精神生命之宿所"，让教师充分认识到普及"国语"能够产生潜移默化的作用。而且必须从儿童抓起，甚至强调从母亲入手。至于修身课，则与日本本土并无二致，如《天皇陛下》《明治天皇》《我们的皇室》《能久亲王》《教育敕语》《台湾神圣》《祭日祝日》《报恩》《国旗》这些课文，都是围绕"涵养臣民精神"展开的。再有就是日本历史和日本地理，也是"内台共学"的基础课程。中国历史和中国地理则被排除在外。②

当日本进入"战时体制"时，殖民地作为"举国一致"体制的有机部分，完全被"皇民化"了，诸如台湾总督府强制台湾人民改汉姓为日本名字，所谓的"内台一家"；将"志愿兵制"改为"征兵制"，迫使台湾青年去做皇军的炮灰；随时动员学生勤劳服务；解散"台湾自治总同盟"等政治组织；等等。③

二、在朝鲜实行的殖民地教育

日本学者若槻太雄说，日本的殖民地教育"具有中世纪甚至古代特点，缺乏近代精神。如强调皇民化，强制崇拜天皇、参拜神社等。在朝鲜，制定'皇国臣民之誓词'，不仅在学校的朝礼、仪式及其一切场合反复朗诵，而且一般民众要在各种集会上朗诵，以此重新唤起帝国臣民之觉悟"。朝鲜人的《誓词》如下：

> 我等为皇国臣民，以忠诚报效宗主国；我等为皇国臣民，彼此信爱合作以巩固团结；我等为皇国臣民，培养和锻炼忍耐吃苦精神以宣扬皇道。④

（一）加快吞并朝鲜的进程

甲午战争以后，日本政府为了给朝鲜的教育政策贴上"近代化"的标签，在鄙视朝鲜文化的同时，也宣扬日本给朝鲜带来了文明，并极力鼓吹"朝鲜文

---

① 庄明水：《日本侵华教育全史》第4卷，人民教育出版社2005年版，第102—103页。
② 坂口茂：『近代日本の愛国思想教育——デモクラシーと愛国思想』上，タウンニュース2008年版，第517—518页。
③ 庄明水：《日本侵华教育全史》第4卷，人民教育出版社2005年版，第113—115页。
④ 若槻太雄著，赵自瑞等译：《日本的战争责任》，社会科学文献出版社1999年版，第204页。

化是从属于日本的文化"。1904年8月22日，日本公使林权助和韩国外交大臣朴齐纯在京城（今首尔）签署第一次《日韩协约》，韩国政府同意任用日本政府推荐的财政、外交顾问，而且外交事务须事先与日本政府沟通。

1905年，日本在与俄国作战中，同时也在外交上铺设吞并朝鲜的道路。7月29日，桂太郎和美国陆军部长威廉·霍华德·塔夫脱（William Howard Taft）秘密签署《塔夫脱—桂协定》（或称《塔夫脱—桂备忘录》），日本承认美国对菲律宾的统治，美国同样承认日本在朝鲜拥有特权。8月12日，日英结成第二次日英同盟，英国认可日本有保护朝鲜的义务。9月5日，日俄签订的《朴茨茅斯条约》，日本迫使俄国承认它在朝鲜享有政治、经济和军事特权，日本是朝鲜的保护国。11月17日，日本用武力威逼[①]朝鲜签署第二次《日韩协约》，夺走了朝鲜的外交权，并在京城设置"统监府"，作为殖民地统治的最高机关。[②]

1906年1月31日，京城各商店关门，抗议朝鲜成为日本的保护国，政府高官上诉高宗要求惩办卖国贼，进而引发暴力事件，5名赞成协约的大臣被杀。2月1日，"统监府"开厅，伊藤博文任统监，全权掌握朝鲜的内政、外交和军事大权，并通过"韩国管理改进委员会"迫使朝鲜政府全面推行日本的侵略政策。

1907—1909年，日本一方面不断剥夺"大韩帝国"[③]的权利，另一方面采取严厉措施镇压朝鲜人民的反抗行动，包括增派宪兵、扩充警察、监视民族主义分子、操纵舆论等。[④]

在教育及文化、思想方面，"统监府"以敕令形式迫使朝鲜模仿日本学制，颁布了普遍学校、师范学校、外国语学校、实业学校等各类学校教育令，包括对私立学校的控制。全面实施殖民地政策的手段，则是减少学校数目[⑤]，降低学术水平，禁止朝鲜的民族教育，严格控制朝鲜文书籍、教科书和新闻的出版。

（二）"日韩合并"后的殖民教育

1909年10月26日上午9时，伊藤博文到哈尔滨火车站与俄国财政大臣科

---

① 11月9日，伊藤博文作为特使到达京城，向朝鲜国王和政府宣布保护条约。朝方抵制，过程不畅。日方借助已侵入京城的一个骑兵部队、一个炮兵营和一支宪兵部队软硬兼施，最终达到目的。高宗知道后，打骂臣子无能，企望各地赤子奋起。京城民众则披麻戴孝，数千人拥向王宫。
② 外务省编纂：『日本外交年表竝文書（1840—1945）』上，原书房1978年版，第231、252页。
③ 1897年10月12日，朝鲜王朝第26代国王李熙自称皇帝，改国号为"大韩帝国"。1910年8月29日，《日韩合并条约》生效，"大韩帝国"灭亡。
④ 如1906年6月，日本宪兵和警察联合韩国军队镇压崔益铉的反抗运动；1909年2月，公布《出版法》。另，1907—1909年，对义勇军（民间抵抗组织）的镇压从未间断。
⑤ 从1910年到1922年，私立学校从2000多所锐减到600所左右。

科弗采夫（Kokovtsor）会晤。会谈安排在俄方的列车上，并有一个简短的欢迎仪式，正当伊藤和各国领事握手时，朝鲜义士安重根①向他开了6枪，伊藤身中3枪当场毙命，该事件加速了日本合并朝鲜的进程。

1910年6月，日本宪兵全面控制了朝鲜警察系统，"大韩帝国"实际已名存实亡。8月22日，统监寺内正毅与朝鲜首相李完用秘密签署《日韩合并条约》，迫使朝鲜国王让渡全部统治权给日本，使朝鲜沦为日本的殖民地。29日，明治天皇发布《合并诏书》，一面称礼遇"朝鲜王室"，一面宣布设置"朝鲜总督府"，并由总督代天皇在朝鲜行使一切统治权。②

1911年8月23日，总督府颁布《朝鲜教育令》。总督寺内正毅训示，朝鲜教育须依照《教育敕语》精神和国体原则重新改造。理由是：朝鲜已是帝国的一部分，朝鲜人也就成为天皇的臣民，原有的学制、课程和教科书不再适用；作为日本臣民理应知晓天皇的恩泽，并为日本国尽忠，所以应该彻底地"皇民化"。为此，需要尽快编写新的教科书，而且除朝鲜语、汉语课程外，其他教科书都采用日语，实际把日语作为殖民地的国语。

《朝鲜教育令》第二条："教育以《教育敕语》为宗旨，以培养忠良的国民为本意。"

规定：朝鲜儿童8岁入学，接受四年制初等教育。

学习科目：国语（日语）、修身、历史、地理等，皆效仿日本学制。③

其实，早在19世纪末，为了储备管理殖民地的人才，日本已在庆应义塾等校开设"朝鲜学校"，或创办"东亚同文书院"。对此，京都帝国大学总长木下广次代在1897年对学生演讲中直言："日本国内百般工艺（理工）事业等待着诸君。若再往前推进一步，亚细亚大陆亦翘首诸君的砥砺奋进，……而今握有东洋霸权，且以先进国为自任的日本人，不可让支那的铁路事业旁落他人之手，诸君日后走出大学，大展宏图之空间无可限量矣！"④显然，日本已经锁定殖民地教育，何时实现这一国家目标，只是机会问题；为殖民地培养技术官僚和管

---

① 安重根出身在富裕的两班（官宦）家庭。1907年投身民族运动，虽然个人义愤强烈，但既没有组织背景，也缺少明确的斗争思想。
② 明治天皇：「韓國併合ニ関スル詔書」，井原頼明編：『増補皇室事典』，富山房1942年版，第446頁。
③ 宫原誠一等編：『資料日本現代教育史』第4卷，三省堂1979年版，第120頁。
④ 汲田克夫：「富国強兵の教育」，小川太郎編著：『軍国主義教育の歴史』，明治図書1970年版，第91頁。

理者，政府和民间皆有明确计划，目标是使殖民地融入日本帝国。

然而，"日韩合并"后究竟贯彻怎样的殖民地教育，还是存在若干分歧。比较主流的看法，如1912年8月5日《教育时论》的一篇文章，说道："针对朝鲜人之普通教育，是否如同内地人的问题，尤需特别斟酌对待。例如，忠君爱国思想如果参照内地教育之办法，则似无必要；想要立即施教，亦非紧要之事。施策于鲜民，莫过于压制其独立自存之气概，熄灭其恢复王权思想之火花，以致其无扰乱秩序之虞。"它在警告那些头脑发热者，朝鲜人还不是日本人。①

1913年11月10日，《教育学术界》发表秋田师范学校教谕千叶命吉的文章，说得更为直截了当："从民族立场出发，朝鲜人不是日本民族，不能和日本人相提并论。虽然朝鲜人今天已然成为日本臣民，并视其为与吾人同宗同祖，亦有血缘联系且语言同源，但就此信其为吾人则大谬矣。吾人应视朝鲜人为外藩，抑或是一个团结对象，旨在同化其为长久拥有半岛而利用之。"②类似的殖民观点甚嚣尘上，无外乎在日韩合并后，应尽快"消灭李朝五百年之历史"。"韩国虽亡，然韩民族仍在。日本须以自身之人口优势和社会力同化之。"日本必须意识到，"亡国山河在，韩民族数千万生灵依然"的现实，所以"除了政治征服外，关键的问题还是对其进行有效的民族同化和文明同化"。③

简言之，朝鲜人连做帝国臣民的资格也不具备。其中，除了原本的民族歧视因素外，最主要的理由是因为殖民地人民不崇拜日本人的祖先，也缺少忠孝一体的观念。所以千叶认为，对于朝鲜人应该恩威并施，在殖民地更适宜实施怀柔政策、威吓政策、混血政策（通婚）和经济政策。或者说殖民地政策的本质是征服亡国者，让他们不再有祖国的观念，并防止产生爱国情感。因此，不允许青少年学习朝鲜语言和朝鲜历史。

1915年12月15日，《教育时论》再次就殖民地教育问题展开讨论，主要议题有三：殖民地教育政策；④殖民地及外国移民是否与内地人一视同仁；是否要向中国人传授近代文明。棘手的问题是，"统治台湾二十年，财政经济大致稳定，交通运输便利、金融通畅、产业隆盛。不过，得地利易，得人和难，台湾

---

① 坂口茂：『近代日本の愛国思想教育——デモクラシーと愛国思想Ⅰ』，タウンニュース2008年版，第495頁。
② 千葉命吉：「朝鮮人は日本民族に非らず」，『教育学術界』1913年11月10日，第58頁。
③ 坂口茂：『近代日本の愛国思想教育』下卷，ストク2001年版，第532頁。
④ 所谓新领土（殖民地）人民的再教育，即"针对三千万朝鲜人、三百万台湾人、十万蕃人、三十万满洲人，以及南洋马绍尔群岛等地的教育政策"。

虽过了最艰难时期，但新问题依然复杂"；"日韩合并五年，教育和文化普及速度惊人，朝鲜人对做忠良臣民并无过大抵触。故台湾、朝鲜经验可用于其他殖民地"。

例证一，1916年1月4日寺内正毅发布《教师心得》训令后，所设"国民道德科"，合并现行的修身和历史，专讲对天皇的忠义，起到了预期的作用；合并现行的音乐和体操为"体育科"，效果同样不错。

例证二，"日韩合并"以来，除读本外，皆以国语（日语）记之，独显帝国对朝鲜教育的重视；为了在朝鲜实行彻底的"皇民化"政策，由国语、修身、历史和地理构成"国民教育科"，对于朝鲜臣民具有长远影响。[1]

1919年3月1日，在京城塔洞公园举行民众集会，发表《独立宣言书》，民众走上街头游行示威，高呼"朝鲜独立万岁"的口号，由此点燃了全国性的民族解放运动。3月下旬，运动达到顶点，参加者数百万人，包括宗教人士、学生、市民、商贩、工人和农民，史称"三一运动"。5月末，被镇压。之后，殖民当局调整了"武断的强制政策"[2]，转而采用怀柔的"文化政策"；通过普通警察制和维持治安法等措施，又使殖民统治达到了无孔不入的程度。

所谓"文化政策"带来的影响，如1920年6月公布的《修订教育令》，将普通教育[3]学制延长到6年，依然限制教授朝鲜语、朝鲜历史和地理；1924年创立"京城帝国大学"，到1926年录取的朝鲜学生也不及三分之一，或只有四分之一；允许朝鲜人有一定的办报、结社自由，同时有着极为严格的审查制度，而且必须以宣扬殖民者的意识形态为导向；设置"思想"检察官和"思想"法官，以便随时清除异端分子。

中日战争全面爆发后，殖民当局愈加强调"内鲜一体"。1938年7月，成立"国民精神总动员朝鲜联盟"，及时将朝鲜殖民地纳入宗主国的"国家精神总动员"体制，因此朝鲜人必须参加升国旗（"日之丸"）、参拜神社（"朝鲜神社"）、遥拜日本皇宫等仪式，也有义务当兵、勤劳奉公、防共防谍、爱国储蓄以及"创氏改名"。当然，殖民当局也否定宗教自由、信仰自由、言论自由。同

---

[1] 坂口茂：『近代日本の愛国思想教育——デモクラシーと愛国思想 I』，タウンニュース2008年版，第510、526頁。
[2] 如1911年4月制定《土地征用令》，迫使大量农民失去原有土地；疯狂侵占朝鲜民族产业，使朝鲜人企业占比仅有10%左右，等等。另，关于"三一运动"，参看『現代史資料2・三一運動2』，みすず書房1989年版。
[3] 当时朝鲜学制分普通学校、实业学校和专业学校三类，普通学校即小学教育，原学制是四年。

年，禁止中学教授朝鲜语。

1939 年 11 月 10 日，朝鲜总督公布《朝鲜民事令》，决定废除朝鲜固有姓氏传统，改用日本姓名，即"创氏改名"。它是继强制崇拜天皇、限制使用朝鲜语之后，日本殖民当局推行的又一项旨在根除朝鲜民族性的"皇民化"运动。美其名曰"内鲜一体"①，实质却是把朝鲜人改造成为日本人。

1940 年 2 月 11 日，实施新的《朝鲜民事令》，强制朝鲜人在半年内完成"创氏改名"（到 8 月 10 日完成）。"创氏"，就是每个家庭要自创一个日本姓；"改名"，则是根据新的姓，起一个日本名。② 然后，上报地方法院认证。同时出台"创氏改名"规避事宜。

因为"创氏改名"涉及朝鲜人上学、工作、生活等广泛领域，迫使百姓不得不改。于是，就出现了"犬粪食卫""犬马牛豚"这类极具反抗意志的名字。

1941—1943 年，殖民地与日本同时进入"战时体制"，总督府大规模动员朝鲜的人力和物力投入战争动员。此时，中小学校课程完全采用日语教学；青年被征入日本军队服役。1944 年 1 月 20 日公布的《学生法》，强迫朝鲜大学生从军。最终，殖民地的命运就是和宗主国一起覆灭。

---

① 在台湾则打出"内台如一"的口号，让台湾人自愿"创氏改名"。
② 甲申政变后，逃亡日本的金玉均等开始给自己起日本人名，如金玉均的日本名是岩田周作。"统监府"时期，亲日派朝鲜人流行给自己起日本人名。"日韩合并"后，殖民当局逐渐强化此事。到 1940 年 2 月，强制推行，约 322 万户"创氏"，占全朝鲜的 80%。

第五章 明治军国主义教育遗产的继承与发挥

引　言

　　1912年7月30日,明治天皇病逝。皇太子嘉仁即位,改元大正。[①]此时的日本资本主义发展处于低迷状态。直到1914年第一次世界大战爆发,才给日本带来转机。

　　经济方面,大战期间日本经济开始活跃。[②]比如根据1910年和1915年的统计,煤产量从1,612千吨增长到2,190千吨;钢产量从49,522吨增长到82,171吨;棉丝产量从20,300吨增长到32,579吨;铁道从8,661公里数增加到12,074公里数。仅以矿业为例,如果1890年的生产指数为100计算,1915年则增长了288%。[③]到1920年春,由于经济危机结束了高速发展阶段,中小企业倒闭严重,尤其是农业几乎陷入困境而不能自拔。

　　政治方面,1912年12月19日,在众议员犬养毅(国民党)和尾崎行雄(政友会)推动下,召开了第一次护宪大会,提出"打破藩阀"的口号。之后,不仅政党政治进入国民视野,而且在国家行政、财政以及陆海军大臣只能任用现役大将和中将的制度方面发生变化。1924年1月10日,政友会、宪政会和革新俱乐部三派又掀起第二次护宪运动,促使日本政坛走了一段"宪政之常道"。[④]

[①]《周易正义》卷三《临》:"大亨以正,天之道也",阮元校刻:《十三经注疏》上册,中华书局1980年版,第36页。
[②] 日本于1885年开始第一次产业革命,到1895年大致完成。第二次产业革命从1905年发端,1915年至1919年处于一个较高水平。
[③] 猪木正道:『軍国日本の興亡:日清戦争から日中戦争へ』,中央公論社1995年版,第94—95頁。
[④] 从加藤高明(第14代首相)1924年6月11日组阁始,到犬养毅(第18代首相)内阁于1932年5月16日解散止,前后8年由政友会和宪政会总裁轮流控制内阁,故称"宪政之常道"。其中,加藤高明首相的支持者是"宪政三派";若槻礼次郎首相的支持者是宪政会;田中义一首相的支持者是立宪、政友会;滨口雄幸首相的支持者是立宪、民政党;若槻第二次内阁的支持者是立宪、民政党;犬养毅首相的支持者是立宪、政友会。

此时的外交，鉴于辛亥革命的成功，日本担心中国或成为其强大对手，所以欲削弱中国力量。1915年1月18日，驻华大使日置益将日本政府的"二十一条"面递袁世凯，要求北洋政府"迅速商议解决，并守秘密"。[1] 其独占灭亡中国的野心，引起中国人民的强烈愤慨和大规模的排日运动。

社会方面，1916年1月，东京帝大教授吉野作造在《中央公论》第1号发文提倡"民本主义"，并成为"德谟克拉西（Democracy）"运动的理论支柱；9月，京都帝大教授河上肇在大阪《朝日新闻》发表《贫乏物语》[2]一文，揭示资本主义社会贫富矛盾的缘由，并提出了社会改造方略，为社会主义运动打下舆论基础。

概言之，大正时期的资本主义乃至都市生活较之明治时期有了长足发展，以致"德谟克拉西"运动有了一定的政治和经济基础。尤其是第一次世界大战后交织的各种社会思潮，有力地推进了工人运动、妇女解放运动和社会主义的进步。因此，在教育方面针对这些运动和思潮出台的政策或反制手段，也形成了这个阶段的时代特征。

第一节　从明治到大正的学校军事化教育

"大正民主运动"时期，天皇制的至高无上反而衬托出民权的无力。如果像社会主义（或无政府主义）运动那样，把废除天皇制作为革命目标，其阶级基础、社会影响力、国内外环境，乃至领导层的个人素质，都是十分薄弱的。此外，日本在不义战争中攫取到巨大的国家利益，而且百姓长期沉浸在军国主义教育中，他们更愿意用直觉相信政府的正面宣传，却不会也没有能力运用独立思考去理解自由、民主、人权这些与他们无关的事情。即便是第一次世界大战以后，因受国际局势的影响，社会上出现了各种思潮，但是学校的忠君爱国教育依然如故。像吉野作造的民本思想、美浓部达吉的"天皇机关说"，如果政府没有主动将其纳入教学内容，就不会对普通教育造成影响。所以将学术与教育

---

[1] 这一过程详见王芸生编著：《六十年来中国与日本》第6卷，生活·读书·新知三联书店1980年版，第74—77页。
[2] 该文从1916年9月11日到1916年12月26日，在《朝日新闻》间断性发表，分上中下三编。主题围绕20世纪"社会之大病"，探讨其原因和解决办法。原因是有钱人掌握大量奢侈品，穷人连基本的生活必需品都难以保障。解决办法主要是禁止富人的奢侈消费，采用社会主义思想改造社会。它和吉野的民本思想一样，对大正民主运动产生了重大影响。

分离，不仅是国民教育理念，更是塑造国民思想的现实手段。

但是，有关主权、主权者、国体、国家主体等观念，对于青年的影响并不限于法学或学术范畴，它经常利用青年人擅于接受新生事物的心理，影响到他们对天皇制的信念。尤其是在一个高压社会环境中，各种社会思潮的相互撞击很容易激发"危险思想"。所以，政府和学界还是对此非常警觉。

大正时期正是世界列强步入帝国主义的阶段[①]，加之左翼社会运动和经济危机来得都比明治时期强烈得多，于是政府的对内政策更加依赖军部和内务省进行强化统治。其实，在教育领域，已经夯实了极端国家主义化的基础。这一时期在以下方面尤为突出罢了，一是学校的军事教育系统化、常规化；二是青少年教育组织化、军队化。

一、尚武教育全面展开

如前所述，甲午战争前后，日本教育界的明显动态是：一是"海外思想"勃兴，高扬所谓的"敌忾心"，故要求养成国民绝对服从的精神；二是在"敌忾心"作用下，强化忠君爱国思想，故强调认同国体。

1894年8月，甲午战争爆发。9月，《教育报知》就发表社论《战时之感》，鼓吹道："我国之性格尚武，我国之境遇亦必尚武不可。要之，吾乃武国也。故宇内之列国，皆以武为主导。所谓武者，究其战斗之要，焉能单凭技术。自古言之武士道者，即包揽高义、廉耻、义侠、敢为、勇进、洁白、质朴等诸种品质。盖忠臣、义士、孝子、贞女、节妇、烈女、义侠、侠客，皆由武士道感化而产生之。"10月，《教育报知》又登载了一篇《呈全国小学教员诸君书》，公然说："大举征清乃我皇国开辟以来之大事件，亦为向世界万国展示皇国御威棱之千载难逢之机会。"它把武士道视为内治外征的根本精神，并强调敌忾心就是日本人的海洋思想和国防意识。[②]

长野县北信寻常小学教师中泽大次郎的解释是：培养国防意识依靠正确的军事思想，即"守护国家，抗击外侮外寇，知己知彼"的意识和能力。海洋思想是军事思想的组成部分，其核心是建立强大的海军。海军是发展航海事业、开拓

---

① 自明治维新始，江户时期的巨商三井，以及在幕末发展起来的矿业巨头住友，都是新政府重点扶植的对象。加上明治初期，由海运业起家的三菱，寡头经济逐渐形成。到20世纪初，除了三井、三菱、住友这样的著名财阀外，安田、浅野、大仓、古河、片仓等财阀的实力也相对雄厚。它们共同构成了日本最早的垄断资本，也是日本进入帝国主义阶段的时间与列强同步的经济基础。

② 坂口茂：『近代日本の愛国思想教育』下卷，ストーク2001年版，第42頁。

第五章　明治军国主义教育遗产的继承与发挥

对外贸易、经营殖民地和护卫海防的保障。也可以说，是通过海防和海洋实现国强和国富的目的。因此，强调要认识"作为海国的日本，欲谋求长久的对外利用并确保国家富强的话，需要建立强大的陆海军，而且应大量增加军备"[①]。

甲午战争一结束，政府即在京都召开了"帝国教育大会"，同时做出"关于养成小学生不畏艰难之尚武气象的适用办法，以及学校特别注意事项"的决议。要点如下：（1）实施并操练武术，讲解陆海军执行任务时遇到的困难，宣传战死将士的功绩；（2）邀请学校所在地联队讲述军旗的故事，组织学生参加招魂祭拜活动；（3）在校内举行军事题材的绘画、模型等课外活动；（4）充实"兵式体操"；（5）有条件的地区应组织学生参观或考察军舰的日常行动；（6）组织学生参加入伍、荣归等迎送活动；（7）在校组织有现役军人参加的军事仪式活动，培养尊敬军人的情感；（8）参观兵营并组织相应的行军训练的演习活动；（9）经常观看实弹射击演习，并有机会进行实弹射击。[②]

随后，各地加以落实。如爱媛县温泉久米郡联合小学校长会，结合教学科目规定了15项关注点，例如（1）阐明全民皆兵主旨，寻求教育与军事的关联点；（2）在锻炼忠实勇武气质的同时，也应注重培养实业精神；（4）重视地理和历史教学；（5）了解国情并与他国进行比较；（8）强调各守本分的重要性，努力实践以尽忠节；（9）知晓时运优胜劣败之势，培养竞争态度；（13）不可轻侮外国，尤其对清国不可过于轻辱；（15）抵制一切奢侈生活。[③]简言之，就是要讲究培养爱国心的方法，包括采用迁移的方式看待中国，过于轻敌的话，对日本不利；培养忠节勇武的精神，需从节俭、本分开始，进而有知己知彼的能力。

1895年10月，大阪府教育会发表《战后教育法案》，强行要求修身课讲述甲午战争实例，还在历史和读本两课内直接补充陆战和海战内容。[④]鹿儿岛县私立教育会发表的《战后教育法案》更为详细，摘要如下：

第一，培养忠君爱国思想。要求："在扩大国威国权的同时，发扬国民固有的志气。"其教学方法：第一，融合地理历史等学科知识，了解国土、国风，增强爱慕国土的情感，陶冶忠诚至尊的心情。（1）讲述封建时代武士的忠义故事，具体解读其中深刻的忠君意义，并将其迁移到对天皇陛下

---

① 坂口茂：『近代日本の愛国思想教育』下卷，ストーク2001年版，第41頁。
② 坂口茂：『近代日本の愛国思想教育』下卷，ストーク2001年版，第17頁。
③ 坂口茂：『近代日本の愛国思想教育』下卷，ストーク2001年版，第1頁。
④ 大阪教育会：「戦後教育法案」，『教育時論』第377号，1895年10月5日，第32頁。

的绝对忠诚;(2)避免使祭日、祝日活动流于形式,借此提高学生的爱国心,运用行之有效的谈话方法,陶冶学生的家国情怀。① (中略)

第三,形成尚武气象。要求:"在国家需要时,能够义勇奉公,而且无论从事何种职业,都必须充盈尚武精神。"其教学方法:(1)了解军队概况和军事常识,尽可能进行实地教学;(2)习惯于在风雨寒暑中远足,或在野外举行"兵式演习";(3)依赖新旧武术强身壮体,时刻唤醒尚武气概;(4)在学区内参与入伍、荣归等迎送活动。(中略)

第六,有长远的理想,避免狭隘、偏执的处世态度。要求:"爱国而不轻视和排斥他国,自尊却不能盲目短视。知道固执偏僻的风习,亦是国运衰败的表现。"②

1897年8月29日,文部大臣井上毅训令各道府县,加强体育及卫生教育,同时也使学校的尚武教育大同小异,这至少说明了两点:甲午战争是振兴尚武教育的契机;军国主义教育得以在学校全面展开,依赖于战争或国势,而不仅是教育政策发挥了作用。

二、对复活武士道的两种态度

1895年4月,"大日本武道会"成立。它试图借甲午战争的契机趁热打铁,全面复兴武士道。首先要求将剑道和柔道列为学校的必修课程,并成为正式的武道教育。因为当时的文部大臣是具有世界主义倾向的西园寺公望,武道会的愿望没有实现。

但是,在战争状态下,复兴武士道的呼声已经成为社会潮流。即便是文部省和学界,亢奋的言论也比比皆是。例如尾崎行雄主张,培养"端枪带剑之士",以备战时成为"拔城掠地之器",并定义"武士气象即具备武士之心";应用武士之心养成"勇进敢为、活泼壮快、侠义廉节"的武士气质。井上哲次郎则把军队精神等同于武士道精神,要求视武士道为国粹。原文部大臣芳川显正在1897年11月公开表态,"明治维新以后,我国道德界颓废,一个重要原因便是轻视了武士道"③。

---

① 以下为省略内容:第二,锻炼脑力和体力;第四,养成勤劳节俭的习惯;第五,热爱劳动,积极从事生产事业;第七,唤起海事志向和思想;第八,养成协同合作的精神。
② 鹿児島縣私立教育会:「戦後教育法案」,『教育報知』第507号,1896年3月3日,第11—12頁。
③ 坂口茂:『近代日本の愛国思想教育』下卷,ストーク2001年版,第74頁。

第五章 明治军国主义教育遗产的继承与发挥

由于政治和社会的需求，带动武士道研究进入了一个新阶段。首先是日俄战争后出版了一批代表性作品，如秋山悟庵编的《现代大家武士道丛书》（1905）、蜷川龙夫的《日本武道史》（1907）、秋山悟庵的《禅与武士道》（1907）、新渡户稻造的《武士道》（1908）、东乡吉太郎的《武士道讲话》（1908）、重野安绎的《日本武士道》（1909）等。这些著作与时俱进，把武士道精神浓缩为正义、忠诚、勇气、节操、礼让等道德心，并视忠君、爱国心、服从心和独立心为武士道的核心价值。

据此，教育学者野田义夫把甲午战争后的尚武风气，也称为"国民自觉时代"。他认为，振兴武士道让国民形成了"忠孝节义之念，廉洁义侠之念，诚实仪礼之念"，以及"重体面，尚廉耻"的国民风气和"救弱挫强"的大义。[1]

其次，着重阐释了武士道的义理主要强调两个方面：一是从个人视角承认其血缘关系，即君民同祖的观念；二是从亲族视角维系家族观念，即忠孝一体的观念。据此，武士道成了天皇制最重要的意识形态之一。

再次，政府极力宣传"全民皆兵"的国策也是军国教育的依据，鼓吹《教育敕语》和《军人敕语》是一体两面的关系，作为国民素养的忠孝、服从、礼仪和信义等道德约束，对于百姓如同军人。抑或是说，军人的道德也是国民的道德。引申之，"日本魂即武士道"，也就是日本国民的"心魂"。

1912年8月，井上哲次郎在《国民道德概论》中说："武士道是民族发展的动力。"能够破坏武士道的元素，包括"繁荣的文学艺术""外来的宗教（如基督教）"和"种种舶来的不健全的思潮，如个人主义、社会主义，以及恶劣的自然主义、无政府主义"[2]。

反对复兴武士道的声音集中出现在日俄战争之后。例如，社会评论家横井时敬认为，武士道是过去"偏狭、固陋"的遗物，而明治维新的功绩之一，便是"破武士道之陋习，立世界文明之新道德"。堀尾石峰也说：对族长、家长、将军、诸侯、头领、师傅要忠，甚至对乱臣贼子、虚无的神要忠，进而可以为了"比自己优秀的人献身"，纯粹是骗子的逻辑。这些臣民观念作为忠君爱国思想普遍存在于国民意识中的话，对国家则百害无一利。

东京高等师范教师法贵庆次郎批评得更为深刻，他说：武士道充其量只是"封建割据时代之弊风"，而且其中"多狭量杀伐之危险分子"。所谓"真勇真

---

[1] 坂口茂：『近代日本の愛国思想教育』下卷，ストーク2001年版，第81页。
[2] 坂口茂：『近代日本の愛国思想教育』下卷，ストーク2001年版，第177页。

魂",也不过是"岛国根性"而已。现在的做法是崇尚野蛮主义,应该把利用武士道大肆宣扬的敌忾心,看成是国民性之一大缺点。换言之,如果在教育领域以武士道为榜样,"拟武士之理想人格,回归人道奥义,吾则大声呼吁:此大谬矣!"因为武士道无外是"嫉妒怨恨所致殴打杀害之能事"。另外,武士道在国外的名声也是"残酷杀伐"。[①]

1912年7月30日,明治天皇因尿毒症病逝。9月13日,乃木希典[②]夫妇在家中殉死。井上哲次郎一派认为,乃木大将的行为是对武士精神的最好诠释。批评者则说,乃木的自杀恰恰脱离了忠君爱国的道德本义。理由是,为天皇殉死可谓"尽忠",但没有做到"爱国"。因为乃木的思想观念还停留在封建社会的"忠"的阶段,不能成为近代的"忠君爱国"的表率。

三、"兵式体操"的性质发生变化

在甲午战争前和战争进行中,日本人也承认,其在武器以及士兵身体素质方面,比不上清军。但是,最后居然打赢了战争。他们不说清政府的腐败无能,不提清军失败究竟是什么原因,只说日本取胜的关键因素,得益于武道教育使日军"各个独立,心从己志"。对国民的直接宣传,则是"战争中日本军人表现出来的忠勇义烈作风,以及誓死尽忠报国的精神,无不是尚武教育结出的果实"[③]。当然,包括1886年以来推行的"兵式体操"。

其实,当初森有礼办"兵式体操"的初衷,与战争并没有直接关系。他的理由主要体现在两个方面:一是日本儿童的体质普遍欠佳,强国需要造就"身心皆健"的国民;二是为了培养优秀的国民,必须依赖理想的教师,所以他提出了师范生须具备服从、友爱、威重三种素质。

但是,至迟从1894年始,"兵式体操"的方向就变了。如把学校体育当成预备役教育来看待,使其在实质上是一种军事教育。如在1895年东京教育会发表的《培养小学生勤俭尚武风气的方策》,所拟的目标就是"强调国家意识,勃兴军队教育"。具体内容有23条,摘录如下:(1)须确认国体尊严,熟知历朝武德和臣民忠勇的事例,通晓护国大义;(2)须知道护国要务,厉行国民本分;(3)须磨炼顺良、威重、忍耐及沉勇的气质,遇事要力戒轻佻;(4)须习惯在

---

① 坂口茂:『近代日本の愛国思想教育』下卷,ストーク2001年版,第94頁。
② 乃木希典出身于长州藩的军阀,甲午战争和日俄战争中任高级指挥官,被日军奉为"军神",陆军大将军衔。
③ 坂口茂:『近代日本の愛国思想教育』下卷,ストーク2001年版,第72頁。

风雨寒暑中磨炼意志；（11）须按照年级编成军队组织；（12）须关注学生社交应符合尚武礼仪。①

到了 1898 年，陆军省派步兵大尉仓山唯永分管学校的"兵式体操"，目的也在促使学校的"兵式体操"进一步军事化，同时在中学普及"兵式体操"。4月 12 日，外山正一领导的"学校体操调查委员会"发表《寻常中学教学细目调查报告》，它也是在军部主导下完成的。概括其特点：一是渗透《军人敕语》精神，要求锻炼身体和涵养德性并重，而"德性"的内容，即是忍耐、刚毅、果断、顺良、亲爱；二是树立了军部干预学校检阅的典型，强行延长军事教育时间，并强调军事教育专门化。随后，《教育学术界》等学刊纷纷发文，要求"兵式体操"要像训练新兵一样训练学生，不得马虎。

1902 年文部省第 3 号训令，在其修订的《中学教学要目》中规定："中学一至三年学生进行徒手式兵式体操，训练时不使用枪械；四、五年级学生需持枪训练，以便掌握相关的使用知识和技巧。"1903 年在新修订的《教育令》第 10 条，又规定所有高等小学在校男生必须接受以"兵式体操"为形式的军事训练。

1906 年 1 月 15 日，文部省发表《体操游戏调查报告》，为军部主导学校军事教育定了调子，"兵式体操"也将正式改为"兵式教练"。1907 年 4 月，文部省和陆军省决定共同拟定的《学校体操调查方案》。但因文部大臣牧野伸显不满军部要求"兵式体操"彻底军队化的主张等因素，两省暂时中止了合作。

1909 年，小松原英太郎任文部大臣时，两省再次协商，并撤换了所有调查会成员。陆军军务局长公开表示，由于参加学校军事教练属于间接政治活动，所以参与该项目的军人将校也不违背《军人敕语》。9 月，文部省方面由永井道明编制妥协方案《学校体操教学要目》。后经多次妥协和调整，文部省才在 1913 年 1 月 28 日，发表以永井方案为蓝本的《学校体操教学要目》。1917 年 12 月，寺内正毅内阁根据"临时教育会议"提出《关于兵式体操的建议案》，决定"兵式体操"正式成为学校的体育科目。

在大学，东京帝大总长山川健次郎介入此事后，曾提出过积极建议，他说："此次和二三位教授谈话，计划学生开始实弹射击练习，并与陆军方面接洽，很快得到应允。"不过，陆军方面无法一下子应付很多学校，"本次不过投入 50 人。"但是军事训练关系重大，它意味着"为帝国着想，一旦遇到多事之秋，即

---

① 坂口茂：『近代日本の愛国思想教育』下卷，ストーク 2001 年版，第 19 頁。

刻持枪上阵"①。山川的建议,得到上杉慎吉、松冈均平、吉野作造、建部遯吾、松本承治五博士的赞成,其直接作用是,由近卫第二联队接管了大学生实弹射击训练。

1924年初,江木千之就任文部大臣。不久,他就抛出《各学校兵式体操建议案》,要求以磨炼军事智识和技能为目的,实质性地推进了"兵式体操",包括枪支操作、填装弹药、突击射击、机动运动等方面的训练,并辅以德育措施,让学生既有对敌技能,又有高尚的德性。这些基本内容,又被同年发表的《关于学校教练的意见》(以文部大臣冈田良平和陆军大臣宇垣一成的名义)所认定。②

1925年4月13日,《学校配属(即分配)陆军现役将校令》以敕令(第135号)形式发表,说明作为一种国家制度,除部分大学生外,所有在校学生都需接受现役军人指导下的军事训练。③1926年,又规定非学籍青少年,必须在"青年训所"进行军事训练。

简言之,森有礼所倡导的"兵式体操",是以强国为中心的国家主义教育措施。甲午战争以后,重新兴起的"兵式体操",则是充满侵略意识的军国主义教育。仅从学校"兵式体操"军事化或军队化的进程看,其一是军部的目标非常明确,即按照准军人标准实施军事教育;其二是尽管文部省和学界总有不配合军部的时候,但也只能抵挡一时,最终要么妥协,要么闭嘴;其三是从甲午战争到第二次世界大战结束,日本国民几乎始终生活在战争状态下,而且大约十年就要经历一次大战,所以现实迫使他们不得不依赖军部;其四,把17岁以上青年编入预备役,对增强军队素质发挥了一定作用。

第二节 大正民主运动中的政党政治

1905年9月5日,《朴茨茅斯条约》签署当天,日本国内就炸了锅,《万朝报》刊出社论《下半旗迎接谈判代表》,"国权派"则以"媾和问题同志联合会"的名义,致电全国同胞要求即刻处决小村全权代表以谢天下。同日,东京日比

---

① 坂口茂:『近代日本の愛国思想教育——大正デモクラシーと愛国思想教育』中巻Ⅰ,タウンニュース2009年版,第269頁。
② 坂口茂:『近代日本の愛国思想教育——大正デモクラシーと愛国思想教育』中巻Ⅱ,タウンニュース2009年版,第346頁。
③ 除陆军省主导的步兵军事教练外,也有海军教育。同样着眼精神、物质、技术三个方面,但具体内容不同,如造船、造器、造兵等。真田鹤松:「海軍教育」,『帝國教育』第324号,1925年7月10日,第12頁。

谷公园举行反对与俄媾和大会,引发骚乱。政府在翌日发布戒严令。

反对日俄媾和运动成为"大正民主运动"的先声,此后围绕议会政治和普选展开的政治斗争和教育活动错综复杂,既有推进日本近代化的成分,也从多个方面刺激了军国主义的发展。

一、藩阀政治结束与政党内阁诞生

1885 年 12 月,日本内阁成立,由长州藩出身的伊藤博文出任首相。以后,历代内阁都掌握在萨摩、长州、土佐、肥前的藩阀手里。1898 年 6 月 22 日,自由党和进步党[①]合并成立宪政党。30 日,大隈重信第一次内阁成立,它是日本历史上的首个"政党内阁"。[②] 从"元勋时代"到"桂园时代"[③],日本政坛出现了资产阶级政党与元老藩阀之间的激烈斗争,其间共有 8 届内阁,由宪政党和政友会[④]组阁的有 4 次,执政时间大约 5 年。

尽管政党努力实现由资产阶级党派主导内阁政治,但终究不能突破藩阀元老们设下的制度樊篱。如 1900 年 3 月 10 日出台的《治安警察法》,既压制工人运动,禁止教师和学生参加政治活动,也限制政党活动不能逾越天皇制。再如 1911 年 5 月 30 日,解散"普选同盟会";8 月 21 日,设置警视厅特高课,在专门对付社会运动的同时,实际削弱了政党政治的社会基础。

(一)原敬的保守政治

1918 年 9 月 29 日原敬组阁时,第一次世界大战已经结束。新政府提出"充实国防、振兴教育、奖励产业和整备交通机关"四大政纲。对内发展地方铁路和高等教育事业,促使农会和政党有所进步。对外放弃冒险政策,强调维护日本在华利益的前提下,尽可能协调与英美两国的关系;[⑤] 主张在殖民地实行文治政策,避免殖民地人民大规模反抗的风险。翌年 1 月 21 日,原敬在两院公开表态道:"就对支那的政策而言,如以往屡屡之声明,我们尊重门户开放和机会均

---

① 自由党是日本最初的政党。1881 年 10 月 18 日,召开成立大会。29 日,板垣退助当选党首。1896 年 3 月 1 日,立宪改进党(1882)、立宪革新党(1882)等合并为进步党。
② 首相兼外相大隈重信、内相板垣退助是自由党系,文相寺崎广雄等 3 人是进步党系。陆相桂太郎和海相西乡从道依照敕命留任。不过,大隈第一次内阁只维持了不足 5 个月。
③ 1901 年 6 月至 1913 年 2 月,桂太郎与西园寺公望交替执政时期。桂太郎于 1901、1908、1912 年三次组阁;西园寺公望于 1906、1911 年两次组阁,史称"桂园时代"。
④ 1900 年 9 月 15 日,立宪政友会成立,总裁伊藤博文。10 月,第四次伊藤内阁成立。该党的主要目的是实现议院内阁制。但由于日本资产阶级不能冲破天皇制的桎梏,所以也不能真正地实现资产阶级的民主制。参见井上清、铃木正四著,杨辉译:《日本近代史》,商务印书馆 1972 年版,第 238—239 页。
⑤ 1918 年日本对中国的出口跃居各国首位,这种势力扩张增加了与英美之间的矛盾。

等原则。且深望与日本亲善之势力有越来越坚实的发展，除此再无他意。"① 1921 年华盛顿体系形成以后，原敬内阁拟订的《对满蒙政策》和《对张作霖的态度》，基本兑现了上述政策。②

（二）短暂的政党内阁

1921 年 11 月 4 日，原敬在东京火车站被 19 岁的中冈艮一刺杀，其理由竟是政界的腐败现象。③ 13 日，由藏相高桥是清组阁，仅半年又因内阁发生内讧而倒台。1922 年 6 月 12 日，海军大将加藤友三郎组阁，在任时批准《华盛顿海军协定》，并在山梨半造陆相协助下实施裁军（陆军）方案。

1923 年 8 月 24 日，加藤病死。9 月 2 日，海军大将山本权兵卫第二次组阁。他任命后藤新平为复兴院总裁，致力于东京的震后恢复；继续推进普选、财政紧缩和缩减陆军军备政策，修改文官任用令，恢复了日苏关系。12 月 27 日，发生了"虎门事件"④。1924 年 1 月 7 日，山本内阁总辞职。同时，枢密院议长清浦奎吾组阁，却遭到宪政会等三派⑤倒阁，即第二次护宪运动。5 月 10 日，第 15 届众议院大选，宪政会等三派大胜。6 月 7 日，清浦内阁总辞职。11 日，宪政会总裁加藤高明组成第一次护宪内阁，进入了"议会政治时期"。

但是，从 1925 年 4 月到 7 月，政友会和宪政会斗个不停，以致内阁危机不断，而且也使普选成了空中楼阁。⑥

二、社会主义运动及日本共产党

19 世纪末 20 世纪初，伴随着日本资本主义的发展，工人人数增多，大工厂集中，为社会主义运动创造了客观条件。尤其是受俄国革命的影响，日本的工人运动出现了新的气象，由一般的经济斗争转入了政治斗争。

---

① 原敬：「第四十一回帝國議會（通常會）における施政方針演說」，内閣制度百年史編纂委員会編：『歷代內閣總理大臣演說集』，大藏省印刷局 1985 年版，第 136 頁。
② 内閣：「滿蒙に對する政策」，「張作霖に對する態度に關する件」，外務省編纂：『日本外交年表並文書（1840—1945）』上，原書房 1978 年版，第 523、525 頁。
③ 其实与"宫中某大事件"有关。当时内定的皇太子（后昭和天皇）妃是久迩宫主良子，但她被检出家族有色盲遗传史，山县有朋要求解除婚约，遭到久迩宫反对，激怒右翼势力。之所以称"某大事件"，是因为此时不宜公开。八幡和郎：『歷代総理の通信簿：国家の命運命を託したい政治家とは』，株式会社 PHP 研究所 2013 年版，第 110 頁。
④ 1923 年 12 月 27 日，无政府主义者难波大助因对政府不满，在东京虎门附近袭击摄政王裕仁。
⑤ 当时宪政会（民政党的前身）总裁是加藤高明；政友会的总裁是高桥是清；革新俱乐部（1922 年 3 月成立）的首领是犬养毅和尾崎行雄。到 1925 年 3 月，三派接受了普选要求。
⑥ 参见今井清一著，杨孝臣等译：《日本近现代史》第 2 卷，商务印书馆 1983 年版，第 66、192 页。

（一）社会主义运动的诞生及其挫折

1898年4月27日，片山潜、横山源之助结成"贫民研究会"，预示着日本的社会运动将迎来一股清流。10月18日，安部矶雄、片山潜、幸德秋水等又结成了无产阶级革命性质的"社会主义研究会"。

1900年1月28日，"社会主义研究会"以实践社会主义为目的，改组为"社会主义者协会"，会长安部矶雄，干事片山潜，骨干有幸德秋水、河上清、木下尚江、西川光次郎等人。很快在3月10日，政府就公布了《治安警察法》，致使该组织非法而不能正常活动。于是，片山、安部、幸德、西川、木下、河上6人在翌年5月18日成立"社会民主党"，它也是日本最早的社会主义政党。但是，其废除军备和阶级制度、实行土地和财产公有的理论纲领过于鲜明，政府根本无法容忍它的存在，加之它还有很多具体的实践纲领，诸如铁路、电气、煤气公有化；实行公费的义务教育；推行8小时工作制，保护自耕农利益；进行普遍选举；废除贵族院和治安警察法等，可谓处处在和政府作对。3天后，政府勒令"社会民主党"及其机关杂志《劳动世界》停止一切活动。刊登其党纲的《万朝报》和《大阪每日新闻》也被迫停刊。①

1903年10月27日，幸德秋水和堺利彦创立"平民社"，并创办周刊《平民新闻》，以宣传社会主义、和平主义和平民主义为宗旨。日俄战争前，《平民新闻》的"非战主张"，已经在教育界、政治界、商界和军界产生较大影响。所以当日俄战争刚一打响，《平民新闻》（3月13日）就登出了《致俄国社会党书》，立即招来政府恐吓，几次勒令其停刊。勉强维持到1905年1月29日，还是被迫停办。10月，平民社也解散了。以后，通过后继刊物《直言》虽能继续宣传社会主义运动，但社会主义者也认识到自己的行动再难得到国民的支持。②

1906年2月24日，堺利彦、西川光次郎等35人在东京京桥平民医院召开"日本社会党"第一届党代会，宣称"本党在国法范围内，主张社会主义"。6月28日，幸德秋水从美国回国，号召社会党采取直接行动，改变了温和态度。

1907年2月17日，在东京神田锦辉馆召开的第二届党代会，党的斗争策略也发生变化。它提出："为了全体人民的利益和幸福，我党应根本改革现行之社会组织，实行生产资料公有制。我党以此为目标，在现实条件下做出以下决定：

---

① 片山潜著，王雨译：《日本工人运动史》，生活·读书·新知三联书店1959年版，第250、267页。
② 远山茂树著，邹有恒等译：《日本近现代史》，商务印书馆1983年版，第174页。

第一，紧密地团结工人阶级，并唤醒他们的觉悟；第二，认为动用军队镇压足尾（著者注：栃木县的铜矿）工人的行动是政府失态的表现；第三，支持世界上的各种革命运动；第四，左列各项问题是党员的自觉行动，即废除治安警察法；实行普选；批判军备竞赛等。"[1] 会后，幸德秋水、堺利彦等"直接行动派"党员和田添铁二等"议会派"党员便分裂了。

1910 年 5 月，长野县东筑摩郡明科的大林区职工宫下太吉等制作炸药并带进工厂，被人告发，导致宫下太吉及同伙新村忠雄、古河力作被捕。桂太郎内阁蓄意扩大事端，于 6 月 1 日一并逮捕了"赤旗事件"[2]中的幸德秋水等人，并为其罗织了"阴谋暗杀天皇"的罪名。于是，在东京、大阪、神户、冈山、长野、和歌山、熊本等府县检举出数百名"赤化分子"。1911 年 1 月 18 日，幸德秋水等 24 人被判死刑，史称"大逆事件"。

其实，政府是借机彻底解决社会主义运动问题。然而，进入大正以后，特别是在第一次世界大战期间，包括社会主义在内的各种社会思潮仍席卷全国。

1918 年初，因通货膨胀致使米价腾贵。7 月 23 日，富山县下新川郡鱼津町渔民妇女数十人开始到米店抢米，此事快速波及到东岩濑町和泊町等地，并被报纸渲染成"女人一揆"（闹事）。日本政府为了转移国民视线竟于 8 月 2 日宣布出兵西伯利亚，并冠以"支配大陆"的名目。

到了 9 月，全国有 38 个市、153 町和 177 个村爆发"米骚动"，数万人被检举，7786 人被起诉。21 日，寺内内阁遭弹劾倒台。29 日，由政友会总裁原敬组阁，在阁僚中除陆相、海相、外相外，都是政友会的成员，开始了"政党内阁"时期。然而，天皇制和国家主义的政治结构已经确立，尤其是政党不掌握军事和外交权力，加之藩阀势力仍有余威，所以"平民宰相"原敬的教育改革、整备交通通信机关、充实国防、奖励产业等政策，作用非常有限。

（二）日本共产党的建立与解体

"社会主义"的概念，源于罗伯特·欧文（Owen, R.）在 19 世纪提出的空想社会主义学说，它从精神、事业等方面反映了特定社会形态的政治改造设想。20 世纪初，中江笃介（兆民）和他的学生幸德秋水把社会主义运动介绍到日本。特别是幸德十分热衷于卢梭（Rousseau, J.）的思想，并增加了很多空想成分，

---

[1] 猪木正道：『軍国日本の興亡：日清戦争から日中戦争へ』，中央公論社 1995 年版，第 102 頁。
[2] 1908 年 6 月 22 日，东京社会主义者在迎接出狱同志（山口孤剑）大会上，打着"无政府共产""无政府"字样的旗子，并高唱革命歌曲，与警察发生冲突，结果堺利彦等 15 人被逮捕。事后，元老山县有朋主张严厉镇压社会主义运动，西园寺首相因持宽容态度只能辞职。

使其具有较为强烈的无政府主义特点。因此，反对者也指责幸德秋水的社会主义是"破坏主义的社会主义"。

总之，即便经历了"大逆事件"，日本的社会主义运动并未完全消沉。"米骚动"及各种农民抗争和工人罢工[①]都在为社会主义者提供实践机会。另外，共产国际方面的领导也是一种促进力量。1920年12月9日，大杉荣、堺利彦、山崎今朝弥等成立"社会主义同盟"。随着国内普选运动的进一步高涨，以及世界还笼罩在和平氛围之中，日本共产党于1922年7月15日成立，党员以知识分子为中心，由堺利彦任中央委员长。山川均在《前卫》第7、8月合刊上发表宣传文章《无产阶级运动方向的转变》(或译《方向转变论》)，号召把政治斗争和群众运动结合起来，并把"走向政治斗争""到大众中去"作为共产党的组织方针。

政治领域的要求：废除君主制；废除贵族院；十八岁以上男女有选举权；工人结社自由；工人出版自由；工人室内外集会自由；示威运动自由；同盟罢工之权力；废除现在的军队、警察、宪兵和秘密警察；武装工人。

经济领域的要求：工人八小时工作制；失业保险及其他劳动保险；根据市场制定工资额、制定最低工资；由工厂委员会管理生产；雇主及国家承认劳动组合。

农业领域的要求：(略)

国际关系领域的要求：停止一切对外干涉；由朝鲜、中国……撤退军队；承认苏联。

——日本共产党纲领草案之行动纲领[②]

1923年5月10日，早稻田大学佐野学教授和猪股津南雄教授公开反对白川义则陆军次长设置军事研究团的主张。6月5日，警察突然搜查两位教授的研究室，找到他们与共产党有联系的相关文件。同时，警视厅特高课出动警力检举共产党关系者80余人，堺利彦、野坂参三、德田球一、山川均等29人被治安起诉。

9月1日，发生7.9级关东大地震。其间，流传"富士火山爆发""关东大

---

① 比如1919年重工业的工人罢工93次，参加人数是17125人。〔美〕安德鲁·戈登著，张锐、刘俊池译：《日本劳资关系的演变》，江苏人民出版社2011年版，第435页。再如1919年工人罢工有497起，参加人数63137人。市川正一著，田舍译：《日本共产党斗争小史》，世界知识出版社1954年版，第47页。

② 市川正一著，田舍译：《日本共产党斗争小史》，世界知识出版社1954年版，第51页。

海啸""朝鲜人暴动"等种种谣言，政府借机于 2 日午后出动军队和警察"阻止暴乱"，市民也自行组织"自警团"。3、4 日，他们以朝鲜人为目标，进行了屠杀。到 5 日内阁告谕"停止迫害"时，已有 6000 多朝鲜人和中国人被害。16 日，大杉荣夫妇等遇害。紧接着，政府采用严格的管控措施治理治安，镇压社会主义者和共产党人也更为残酷，迫使其严重分化。1924 年 3 月，日本共产党解体。

  1923 年 9 月 1 日上午 11 时 58 分，以相模湾西北部为震源，发生 7.9 级大地震，波及关东 6 县以及静冈、山梨、长野等县，死者 99,300 万人，43,400 人失踪，烧毁房屋 44 万 7 千余户。同时伴有火灾，致使东京 7 成、横滨 6 成的房屋被毁。期间余震 114 次，煤气、电力、交通、通信中断。政府借机疯狂迫害社会主义者、无政府主义者。直到 11 月 10 日天皇发表《振作国民精神诏书》，事态才有好转。[①]

第三节 大正民主运动时期的社会思潮与教育

  大正时期的国民思想状况，大致以第一次世界大战结束划线为界，1912 年到 1918 年为前期，仍以巩固"敕语体制"为特点；1918 年到 1926 年为后期，受"德谟克拉西"运动影响，出现形形色色的社会思潮，包括民主主义、自由主义、个人主义、和平主义、社会主义，以致原有的国家主义和军国主义愈加强烈。不过，最让政府和部分学者恐惧的还是社会主义和无政府主义。[②]

  至于各种社会思潮得以流行的原因，东京帝大的中岛力造教授曾从 5 个方面做过分析。一是现实主义的影响；二是盛行拜金主义；三是引入唯物主义；四是全球蔓延的和平主义；五是个人主义和社会主义左右了人们的价值观。

  概言之，第一次世界大战的残酷性，激发了人类的现实主义生活态度，尤其是"专一物欲"的表现，既引导人们及时行乐，也凸显了个人主义、自由主义对国家主义、集团主义的"拨乱反正"。其中，包括战争击碎了集体狂热和盲目的民族主义之后，人们转而对和平主义或世界主义的向往。而新兴的社会主

[①] 宇野俊一等编：『日本全史』，講談社 1991 年版，第 1034 頁。
[②] 为了突出这一点，单辟"社会主义运动及日本共产党"一节专门说明了，以下重点介绍思潮。

义力量，则帮助人类探索除资本主义、帝国主义之外的其他道路。[①]

一、是民主主义还是民本主义

哲学家宇野哲人翻译"Democracy"一词时，指出"民即主权者的意思"，"抑或就是民主国家主权在民的民主"。显然，这与日本国情不符。因此他说："我国的治国之道，则言以民为本。""义乃君臣"，"情同父子"，亦即"敕语所表现的民本思想"。故曰"民本主义"才是维护天皇的政治体制。[②]

然而，宇野的"民本主义"和吉野作造的"民本主义"还是有区别的。在吉野看来，宪法的根本精神是民本主义，即是说国家在法理上是主权在民，抑或就是民主。他认为，尽管民主主义有绝对和相对两种制度，但是主权在民才是善政。据此，宇野则歪曲了"Democracy"的本义，而且与他有同样理解的人不少。教育评论家原田实也说："兹民本主义即英文 Democracy 一词，抑或舶来之政体一种也。"该政体一方面"与我忠良之臣民的现实生活相宜"，另一方面也是一种别样生活。总体来看，Democracy 与宗教、产业、教育和政治的自由相关，而与日本的现行制度冲突。

新渡户稻造说得更直白，"明治天皇就是民主的治者"，"其统治具有绝对性。""作为日本人应该感到幸运，因为世世代代的天皇，都是以民为本。"而"主权在民"思想，对于天皇制"无疑是危险的"。[③]上杉慎吉、小林澄兄等人，也把"民主制"和"君主制"看成是对立的。或干脆说，"天皇制就是非民主的制度"[④]

Democracy 在教育领域只能囿于国体进行国民道德说教，如强化"价值主义的国家一体观念"。所谓国民教育之大本，就是国民精神、国家精神和家族精神相互契合；所谓"国家精神是国家存在的保障，为了确保国体安全，才制定国宪和国法；为了保障国民幸福、家庭和睦、社会安宁，才需要家族精神和社会精神相互融合。这便是历代祖宗遗训之精髓，御代天皇统治之圣意"。所以，"主权在民"侵害天皇的统治权。[⑤]"民本主义"才是正解。

---

① 坂口茂：『近代日本の愛国思想教育』，大正デモクラシーと愛国思想Ⅰ，タウンニュース社 2009 年版，第 51—53 页。
② 宇野哲人：「民主と民本の意義」，『教育時論』第 1194 号，1918 年 6 月 15 日，第 24 页。
③ 新渡户稻造：「現代思潮と國民教育」，『教育學術界』第 38 卷第 6 号，1919 年 3 月 1 日，第 1—2 页。
④ 坂口茂：『近代日本の愛国思想教育』，大正デモクラシーと愛国思想（上），タウンニュース社 2008 年版，第 409、426 页。
⑤ 坂口茂：『近代日本の愛国思想教育』，大正デモクラシーと愛国思想Ⅱ，タウンニュース社 2009 年版，第 271 页。

1910年夏，文部省和内务省借"大逆事件"造势，强行取缔社会主义组织和反政府运动，此后民主思潮在学校内无立锥之地。究其原因，其一是学生不能参与政治活动，少有接触民主思想的机会。而且内务省通过"角袖巡查"监视学生团体及俱乐部。虽然遭到部分学生的强烈反对，但是改为"尾行巡查"后，监督依旧。其二是内务部为遏制青年思想恶化，严格限制出版物，学生没有自由阅读，自然不产生不良影响。按照添田寿一的说法，作为"一等一的强国，不仅军事和经济追求一流，而且国民思想也要与之对等。如果国民思想处于劣等地位，那么即使在军事和经济上达到了一等，这个国家也不会是一等国"[①]。

1917年3月，日本社会学院[②]发表《帝国教育的根本方针》。人们从中可以看到，正在社会流行的民主主义或是"德谟克拉西"运动，对于教育的影响的确微乎其微。

  第一章 根本指针
  第一节 日本帝国之臣民教育，旨在扶翼天壤无穷之皇运（根本义谛）
  第二节 除树立皇运天壤无穷之强国外，无其他途径，故帝国教育之根本主义乃是强国主义
  第三节 为了保障国家独立且不辜负强国之名，亦以持强国主义之抱负为目的
  第四节 强国主义教育之纲领
    尊崇皇室维护帝国
    坚守家族观念
    修养勤勉敢为的气象
    研磨实理之知识
    建设醇厚的社会关系
  第五节 强国主义教育实践之内容
（列德、智、体、富、武五项／略）
  第二章 德育之大方针
  第六节 德育之德，陶冶品性（甲、德教基准）
  第七节 振作尊皇护国之精神

[①] 添田壽一：「帝國の將來」，『教育時論』第1057号，1915年8月25日，第5頁。
[②] 包括"归一协会""帝国教育会"和"茗溪会"。

第八节　完成敬神崇祖之义，彰显礼仪辞让之道

第九节　阐明立宪自治之真义，训练与之相符之性格

第十节　养成正大刚健的风气（乙、训练基准）

第十一节　基于教育敕语、戊申诏书及军人敕语之主旨，振作尊皇护国之至诚，陶冶献身殉国之大节，恪守规矩，严明秩序，养成善于协同之习性，锻炼体魄和武艺，振作和训育严整举止、坚忍持久、进取果断之行为

第十二节　训育机关（略）

第三章　智育之大方针（略）

第四章　体育之大方针（略）

第二十节　体育为武科之一科目，主修体操、剑术及射击，辅修柔道、游泳及马术。主修为必修科目，辅修为选修科目。[①]

二、国家主义教育终结了自由主义教育

日本没有个人主义和自由主义的传统。在明治前半期（甲午战争前）的文明开化中，伴随着自由民权运动，个人主义和自由主义得以传播和发展，甚至影响到国家的教育政策和学术导向，如颁布《学制》和成立"立志社"[②]等团体。当资本主义在政治、经济方面基本定型之后，日本的近代化是选择自由体制还是极权体制，就进入了一个关键期。

经历甲午战争和日俄战争之后，日本政府选择了后者。因为在不断高涨的工人运动、越来越多的经济危机，以及功利主义和拜金主义等思潮面前，极权主义天然地与天皇制匹配。尤其是在第一次世界大战终结了古典自由主义的同时，也为极权主义创造了各种发展理由，加之社会主义运动势头强劲，致使政府愈加看重国家主义和日本主义的实际作用。

个人主义与自由主义相辅相成，它强调自然法则和自由选择，也是资本主义发展的前提之一。基于个人和自由愿望，包括追求生活享乐、追名逐利的生活风气都有其必然性。也可以说，戴高帽、穿绢布、声色犬马及各啬狡猾等个人选择或个性解放行为，只要不是流行现象，也没有禁止的必要，但是如果形成了"社会颓废"现象，那就是另一回事了，几乎可以人人诛之。

其实，即便是井上哲次郎这样的保守派学者，也认为不必非要把个人主义

---

① 日本社会学院：「帝國教育の根本方針」，『教育時論』第1149号，1917年3月15日，第18頁。
② 1874年4月10日，由板垣退助、片冈健吉、林有造创立，主张天赋人权、开民智、推进自由、提高人民福祉，改变社会风气，其"社纲"就是自由、进步。

和国家主义对立起来。森冈常藏的表态更直接，他认为个人是国家发展的基础。但不能忽略的是，他们给个人主义所留的空间，以"实现国家目标"为前提。也就是说，国家目标可以阻挡个人意志，尤其在战争状态下，个人必须服从国家。

（一）个人自由和国家发展不能兼容的原因

按理说，近代社会中个人与国家之间的关系，用"全民皆学"的理念已经阐释过了。只有开化民智，才能建设文明国家。甚至说，"富国强兵"必须基于"文明开化"。但是，事实并非如此。明治政府始终让"文明开化"附属于"富国强兵"，"富国强兵"是目的，"文明开化"不过是其手段而已。到第一次世界大战结束时，在世界上，既流行自由主义和个人主义思潮，也使极权主义暗流涌动。日本毫无悬念地继续执行"富国强兵"政策，并把"绝对服从的精神"和"自我献身的精神"作为爱国精神和忠君思想的核心内涵，且使自由主义和个人主义思潮流于形式，它们一有占上风的苗头，便会受到打击或批判。

1913年，文部省在进行教师资格考试时，把个人主义列入批判对象。焦点是树立为国家服务的"一心同体主义"。其原理有二：（1）先有国，后有家。如同先有父而后有子，这叫家国情怀。（2）正因为国家是个人生存和发展的根本，所以为国家牺牲自我，不仅是应该的，而且是必需的，这便是爱国精神。[①]

1915年11月，在京都召开的全国教育大会上，会长泽柳政太郎作了《关于道德教育纲领》的报告，他仍在强调：排斥浮华轻薄的思想，涵养敬神崇祖的理念；抵制不健全的利己主义，砥砺尽忠报国的志操；破除轻视责任的弊风，翼赞维新的皇谟；翦除奢华柔弱的恶习，养成质实刚健的风气；摒弃散漫迂阔的知识，增进教育的实际效果。[②]

其实，在20世纪的头十年，自由主义或个人主义一直与国家主义和日本主义进行博弈。一种势力以内务省为代表，极力限制言论和思想自由；另一种势力在教育界，他们努力争取有限的言论和思想自由。如早稻田大学校长大隈重信、东京女子高等师范（现御茶水女子大学）校长汤原元、庆应大学教授石原新太郎和日本女子大学附属小学主事河野清丸等，都主张要承认教师的言论和思想自由。甚至说："自由主义的终极目的，应不拘泥于一般教权，而必须进行

[①] 坂口茂：『近代日本の愛国思想教育』，大正デモクラシーと愛国思想Ⅰ，タウンニュース社2008年版，第157頁。

[②] 坂口茂：『近代日本の愛国思想教育』，大正デモクラシーと愛国思想Ⅱ，タウンニュース社2009年版，第313頁。

独立创作，进而发展个人之所长。"① 文部省专门学务局长松浦镇次郎，还要求把自由权扩大到学生，认为过于干涉学生的自由没有好处。另一位文部省官员福士末之助在第一次世界大战后，已经提到应该摒弃"为国舍家"的狭隘思想。②

然而，人们对自由主义和个人主义最大误解，还是它的"独立不羁状态"和"不受外来干预的自主意志"。人们普遍认为，这两样东西与绝对服从的爱国主义精神，以及基于自我牺牲精神的忠君思想势不两立。

1916年7月1日至2日，在东京高等师范学校（现筑波大学）举行东京及附近8县中学修身科教师代表大会，有140人参加。中等教育研究会会长嘉纳治五郎做了题为《个人主义思潮的弊害及匡正方案》的报告，他强调：个人本位导致利己倾向，进而伤害了义勇奉公的美德；若主张个性解放，接下来便是流于放肆、嫌忌秩序的后果，因此造成国家意识淡薄之弊；而倡导个人平等，则又模糊了个人差别，进而助长不顾社会体制的风气。所以修身教授的任务是：（1）陶冶务本的品性；（2）尊重权威，服从命令，并遵从良心行事；（3）遵守规则和命令，养成守法的习惯；（4）在集体中涵养作为其中一员的德性；（5）奖励勇于献身的品德，并创造实践的机会；（6）知晓日本在世界的地位，积极充实皇国臣民的修养；（7）继承和发扬日本国民和国家的特长；（8）防止并矫正对自由平等的误判；（9）指定适宜的读物，养成健全的思想。③

用文部大臣冈田良平的话说，欧美的个人主义和自由主义与日本的传统和现实隔膜太大，日本国民的集体主义精神与欧美国民信奉的个人主义根本不同。日本国民要为国家和天皇尽责、尽忠，恰恰需要抑制个人主义，否则便会在国家竞争中被淘汰。④ 一言以蔽之，为了国家竞争必须秉持国家至上原则，而军国主义恰与天皇制契合，可以使日本在短期内达到强国的目标。精英们对此深信不疑。

（二）军国主义必然导向极端国家主义

1913年11月，杉浦重刚提出《国民精神统一案》，但因有些抽象并未被"教育调查会"通过。1913年10月，临时教育会议的平沼骐一郎（检查总长）、早川千吉郎（三井会社董事）和北条时敬（学习院院长）三人联名提出"人心

---

① 河野清丸：「教育上の自由主義」，『教育学術界』第32卷第2号，1915年11月1日，第22页。
② 坂口茂：『近代日本の愛国思想教育』，大正デモクラシーと愛国思想Ⅱ，タウンニュース社2009年版，第28页。
③ 嘉納治五郎：「個人主義の思潮に伴ふ弊害を匡救する方案」，『教育時論』第118号，1916年8月15日，第10—11页。
④ 坂口茂：『近代日本の愛国思想教育』，大正デモクラシーと愛国思想Ⅰ，タウンニュース社2008年版，第184页。

归一案"①，试图把思想、伦理和宗教统合起来，以便养成国民健全的国家意识。其中的"官民合一"部分，核心思想无外是服务于军国主义政策。

军国主义抑或是军备扩张主义，把侵略战争掠夺作为国家主要目的。海军中将佐藤铁太郎说：作为日本国民如果"不能对陛下做到完全的忠诚"，便是没有尽到臣民的义务。比如义务兵役，"说的即是臣民有服兵役的本分"。因为列强或强国都具有军国主义特质，所以日本即使在和平时期也需要军国主义。②

由于军国主义强调集体意志，并需要铁一般的纪律，因此与自由主义或个人主义所主张的自由意志、非干涉主义绝不相融。在本质上，军国主义也视个人主义或自由主义为罪恶源泉。其实，大正时期军国主义的一个特征，便是巩固了国家至上的观念，即为了国家牺牲个人是理所当然的事。1914年的报刊和杂志有大量解释军国主义的文章，诸如："军国主义是独裁的、专制的、强制的、干涉的、命令的、阶级的和集体主义的意识形态。"其具体形式是"首脑具有绝对权威，其权力无限而且一呼百应"；"它限制集体成员的自由活动，以军队管辖一切"；"排斥军国主义的国家，无一例外都是老气横秋的国家"；日本理应借助军国主义改善国民教育，奖励武器制造业，研发优质武器，发展在乡军人事业，增加炮兵工厂；等等。③

与此同时，学者们还为日本的军国主义涂抹了一层道德色彩。例如，井上哲次郎批评德国的军国主义是侵略主义的，赞扬日本是道德主义。他还认为，西方的道德思想、学者的自由主义态度、上流社会人士对政治和社会现象的批评，都会形成破坏国民道德的后果。④泽柳政太郎虽然指出了军国主义的反人道本质，但同时又强调日本人应该承担特殊的振兴亚细亚的任务。河野清丸也认为，国家是利己主义的一个现象，大和民族具有特殊性。上杉慎吉不认可日本是第二德国的说法，因为它是以天皇为主权者的君主国家。他于1913年5月14日参与创设的"桐花学会"，把日本国体说成是"金瓯无缺，万国无比"⑤。甚至宣扬日本自古没有侵略传统，一向以儒家精神行其王道，所以日本的国家主义也是道德主义的，断没有霸道的野心。倒是军人田中义一比较务实，他主张仿

---

① 平沼骐一郎：「人心歸響の統一案」，『教育時論』第1030号，1913年11月25日，第33頁。
② 佐藤鐵太郎：「本分論」，『教育時論』第1200号，1918年8月15日，第26頁。
③ 坂口茂：『近代日本の愛国思想教育』，大正デモクラシーと愛国思想Ⅱ，タウンニュース社2008年版，第368、382頁。
④ 井上哲次郎：「個人の修養と國民道徳」，『教育時論』第1007号，1913年4月5日，第8—10頁。
⑤ 坂口茂：『近代日本の愛国思想教育』，大正デモクラシーと愛国思想Ⅱ，タウンニュース社2008年版，第150頁。

效德国实施日本青少年的军国主义训练。[①]

（三）国体既是国是之基也是教育之根

军国主义的国是基于国家主义理念，国家主义的核心理念是巩固国体观念。又因为国是反映国体的本质，所以在教育上必须根据国体观念达成国是目标。由此决定了日本教育的道德主义性格，即必须是：以儒教和家族为中心的伦理道德；以武士道中心的献身道德。故曰"今日我帝国之国势昌盛，基于国是之道德亦粲然昭示"[②]。

1915年2月15日《教育时论》发文，明确指出"构成帝国的最高原则，即是万世不易的国体，以及与时俱进的国是"。日本的教育，不仅建立在国体、国是、帝国宪法、教育敕语有机结合的基础上，而且融合了武士道、神道、为主人献身的日本主义精髓。引申说，文武大臣的权力源于天皇，臣民为天皇和国家牺牲个人，都是由国体决定的。因此，要知道天皇是"东西方文明的集大成者，其金声玉振赐予国是新的关系。过往的国是日本集东方文明于一身。新国是则囊括世界古今之文明"。"国体是天壤无穷[③]确乎不动。然，国是则需务实而又灵活有序，而且必须以本邦三千年以来之部族本位主义、氏族本位主义、家族本位主义以及武士道、神道教作为背景。"换言之，国体是国是之基，也是政体和道德之根。所以，为了"行使雄伟光明的大道德主义"，必须从认知神敕入手，强化忠君爱国一致论。[④]

《教育学术志》第35卷第4号在论述国民道德意义时如是说：神敕是我国国体的基础，其宣言皇统万世一系；神敕预示国体从未变更，即日本是永远的君主国，它依照王道治国，并宣示德治主义亘古无穷；神敕明示吾国建国之事，即先有皇室而后有臣民，抑或是以皇室为中心建成国家；神敕体现忠君与爱国的一致性；神敕明确了国家至上原则，即个人和社会利益低于国家利益；神敕排斥消极和保守思想，赞扬积极进取的精神；神敕反对厌世和出世态度，鼓励经营当下的现实活动；神敕体现日本民族的大理想；神敕所体现的大理想服务于国家繁荣和民族发展；神敕精神乃是民族大精神，古今一以贯之，如圣德太

---

① 坂口茂：『近代日本の愛国思想教育』，大正デモクラシーと愛国思想Ⅱ，タウンニュース社2009年版，第90、93、107、109頁。
② 坂口茂：『近代日本の愛国思想教育』，大正デモクラシーと愛国思想Ⅱ，タウンニュース社2009年版，第149頁。
③ 即天壤无穷神敕，内含三部分：君王—神敕（天孙降临）、臣民—大和族、土地—（苇原）瑞穗国。
④ 坂口茂：『近代日本の愛国思想教育』，大正デモクラシーと愛国思想Ⅱ，タウンニュース社2009年版，第151頁。

子之十七条宪法、明治天皇之教育敕语、作为立宪国家的帝国宪法第一条所示之神敕精神。①

显然，这种神敕精神一旦作用于日本的国民道德，特别是将其视为国民道德精髓贯穿于学校教育时，它就已经不是一般意义上的神话内容了。万邦无比的国体和三千年来一脉相承的道德和神道，如魔鬼附体般形成了国民精神的自制力，这才是日本军国主义教育的要害所在。

三、日本主义把世界主义扼杀在摇篮里

甲午战争增强了日本民众的对外意识，教育也同时引导学生重视国际关系。在爱国教育方面出现了三个特点：强调《教育敕语》精神；强化军事教育内容；基于国家主义立场渗透世界主义思想。当然，在教育现场会产生悖论，并最终导致国家主义和世界主义形成对立关系。

（一）日本没有纯粹的世界主义者

最早提出世界主义教育观点的是文部大臣西园寺公望，他曾在高等师范学校及女子师范学校的演讲中说："日清战争的结果，我国国民让世界各国刮目相看。"现在我们更需要应对世界文明，促使日本"摆脱东洋陋习，如目光短视、墨守成规"。所谓世界主义，"无外日本要面对更加多变的国际环境和关系"；它"并非把我国看作唯万事万端之全能者，而是着眼世界文明和发展大势，以避免被狭隘的国家主义所辖制"。

这些话如果仅仅站在世界主义的立场看，完全不符合西园寺的文部大臣身份。所以他还必须承认，"维新以来仅二十八年"即取得如此成就，也是"世上无比肩者"。究其"无形的力量"，则有赖于国粹——武士道的忠勇精神。②

事实上，日本只存在某种世界主义倾向，而绝没有生成世界主义的社会基础。在第一次世界大战之前，既有久米邦武因"论神道乃祭天之古俗"，被免去教职；又有西园寺侯爵欲行世界主义教育，致使文部大臣位置危殆。既有内村鉴三因"拒绝向敕语礼拜"，被免去教职；又有尾崎行雄"口赞共和"，被迫辞去文部大臣。而且这些人无一例外地被当时人骂为"不敬者"和"不爱国者"。幸德秋水为此感叹道：这就是"明治圣代日本国民"要发展的爱国心吗！如果

---

① 坂口茂：『近代日本の愛国思想教育』，大正デモクラシーと愛国思想Ⅱ，タウンニュース社 2008 年版，第 324 页。
② 坂口茂：『近代日本の愛国思想教育』，大正デモクラシーと愛国思想Ⅰ，タウンニュース社 2008 年版，第 201 页。

是的话，那么这种偏执狭隘的爱国心，势必导致"钳制言论、掣肘行为、束缚思想、干涉信仰、禁评历史，亦妨碍深究圣书"的后果。所以，幸德秋水毫不客气地说，当视其为"科学之敌，文明之辱"。①

然而，对帝国主义的批判并不能被人接受。如教育评论家久津见息忠所说：让学生了解批判帝国主义的观点，便打破了教育的第一原则；在教育中若批判帝国主义，则等于教育的政治化；对帝国主义的批判实与博爱无关；基于批判的教育，极易造就疏放傲慢、纵横野心的国民，或是形成国民的虚荣心。②教育的第一原则，即遵循《教育敕语》精神，除此之外的任何思潮，都应该受到抵制。

1897年5月，井上哲次郎、木村鹰太郎、元良勇次郎、汤本武比古等通过《日本主义》③杂志发文，批判世界主义的立场更加鲜明。木村鹰太郎在《日本主义国教论》一文中，叫嚣道："放弃侵略主义即放弃国家。呜呼！和平裁军之妄言，实属做春宵大梦也。"④井上哲次郎的《质疑教育领域之世界主义》一文认为，既然由国家经费举办教育，就没有不强调国家意识、不贯彻国家意志的道理。所谓日本主义，亦是维护国体的国家主义，必须基于"忠孝大道"实施教育政策。至于日本主义的教育特征，他强调了十点之多，诸如崇拜国祖、崇尚光明、歌颂生命、精神圆满而又积极、追求清洁无暇、重视社会生活、国民团结、尚武、渴望世界和平、增进人类情谊。他直言，世界主义具有"非国民性质"，日本的教育应该拒绝世界主义或国际主义。⑤

从1909年"大日本和平协会"给出的政府财政岁出结果看，井上的日本主义教育特征完全不合逻辑。比如该年度日本的总岁出是6亿200万日元，其中三分之二都用在了陆海军费、军人恩给、偿还国债、支付利息。⑥别说国民福祉究竟如何，就连用于发展国民经济的经费也十分有限。

内村鉴三在谈及日本主义教育时说，它就是以爱国心为经、军国主义为纬编织起来的东西。在形式上或许能够调和某些世界主义的因素，其内核却是非

---

① 幸德秋水：『帝國主義』（1901年4月），岩波書店1952年版，第39頁。
② 久津見息忠：「帝國主義と教育」，『教育時論』第533号，1900年2月5日，第24頁。
③ 《日本主义》受大日本协会（井上哲次郎等创办）委托，由"开发社"于1897年创刊。它以宣传日本主义为宗旨。
④ 木村鷹太郎：「日本主義国教論」，坂口茂：『近代日本の愛国思想教育』，大正デモクラシーと愛国思想Ⅰ，タウンニュース社2008年版，第270頁。
⑤ 井上哲次郎：「教育上に於ける世界主義を難ず」，坂口茂：『近代日本の愛国思想教育』，大正デモクラシーと愛国思想Ⅰ，タウンニュース社2008年版，第248頁。
⑥ 坂口茂：『近代日本の愛国思想教育』，大正デモクラシーと愛国思想Ⅰ，タウンニュース社2008年版，第285頁。

常保守的国家主义和天皇中心主义。从功利的视角看，正因为日本缺乏原始积累的基础，才没有匀速发展的耐心，于是更依赖由日本主义精神带来的一夜暴富的冲动，而完全鄙视世界主义的"万国同民""万国联合"和"万国交流"思想。

表5-1　1911年度七国富裕度比较表[①]

国别	国民人均富裕度	每户每人所得	富裕比率（日圆）
英国	2.96	4.11	5.93
法国	2.688	3.74	5.38
美国	2.520	3.50	5.04
德国	1.928	2.68	3.86
意大利	1.200	1.67	2.40
俄国	600	0.92	1.32
日本	500	0.66	1.00

（二）用《教育敕语》遏制世界主义

1912年，成立由军部主导的"斯道会"，目的是推进《教育敕语》，振兴国民道德。会长伊东祐亨海军元帅，评议员有原文部大臣芳川显正、原司法大臣清浦奎吾等。所谓斯道，即"奉教育敕语为圣旨"，并抑制包括世界主义在内的一切不良影响。因此任务范围甚广，既包括学校教育，也通过其下属的青年会、少年会、妇女会等组织，向各层次的国民渗透敕语原理。此外，还有陆军高级将校花田仲之助任会长的"报德会"，其对"奉读敕语"的要求过分严苛，已经到了神经质的地步。

如此重视《教育敕语》和"御真影"仪式[②]，无外是要形成一种规范的、严明的，甚至是无处不在的思想教育。当然不能流于形式，而必须达到由精神控制行为的效果。为此，文部省普通学务局长田所美治告诫所有教育者，"普通教育的第一着眼点不是别的，只有振兴国民思想"。又因为振兴国民思想的核心任务是普及《教育敕语》，所以"教育行政部门及教育工作者，务必要专心于此目的"。尤其在第一次世界大战后兴起世界主义的社情中，更需要专注于敕语原理。[③]

---

① 堀尾石峰：「世界七大強國民の取得」，『教育時論』第964号，1912年1月20日，第5页。
② 具体内容见第二章第二节。
③ 坂口茂：『近代日本の愛国思想教育』，大正デモクラシーと愛国思想Ⅱ，タウンニュース社2008年版，第286页。

第五章　明治军国主义教育遗产的继承与发挥　　183

　　敕语原理的核心是忠孝道德，国民由此形成忠君爱国思想及其行动准则。在实践方面，荻原赖平围绕忠君（至诚）提出要处理好三重关系：一是信仰要以敬天崇祖为根本；二是以博爱仁义行天下；三是以忠君爱国谋立身。[①] 在理论方面，中岛德藏分析了三个层面的问题。第一是历史主义的忠孝论，因侧重于旧幕府时代的事实，而导致解释上的缺欠，故须结合当下的需要加以认识；第二是心理的忠孝论，理应基于情感克服忠孝分离的现象；第三是伦理的忠孝论，以家族中心确立国家观。[②] 不过，荻原和中岛的方案都不够彻底。比如说荻原的"人道主义"主张和中岛的"历史主义的忠孝论"学说不充分，或可为世界主义找到理由。

　　其实，较之世界主义，军国主义的势头更劲。而且日本上下对军国主义路线已有共识，因此把"敕语原理"的"克忠克孝"，解释成君臣"异名同义一理"的关系，很容易产生为国尽忠的效果。著名法学家、教育家穗积八束的研究，得出如下结论：

　　　　盖以家的观念为基础，将其推至国，并须达成"家国一致""忠孝一本"而且一以贯之的目标。要点有九：家依赖家长权形成宗族团体；家的观念源于对本族祖先的崇拜；家的观念由祖先神灵护佑其子孙；关于家长（略）；关于家长的地位（略）；家指男系主义、风俗、制度、道德等；我国固有的国民思想围绕家族形成忠孝一致的观念；把家的观念推广开来，就是国家观念，民族则是民族始祖神威下结成的血缘共同体；统治权（略）。家族观念与忠孝观念、奉公观念同源。[③]

　　简言之，对君尽忠也就是对父尽孝。所谓赤子之心，也是指臣民效忠皇室必须做到绝对忠诚。为此，语言学家物集高见妄言，"支那的忠似是朋友之间的关系，日本的忠则是父子之间的关系"。两国的"忠"，在伦理、心理尤其是根本精神方面完全不同。[④] 至于如何基于万世一系的皇统养成忠孝一致的观念，法学家牧野英一强调，首先是把儿童当作"天皇的赤子""国家的重宝"和"未来

[①] 荻原赖平：「教育上の主要德目及其内容」，『教育学術界』第32卷第12号，1915年12月1日，第65页。
[②] 中岛德藏：「忠孝と自我」，『教育学術界』第28卷第4号，1914年1月10日，第16页。
[③] 穗积八束：「家族制度と忠孝」，『教育研究』第100号，1912年7月1日，第25—27页。
[④] 坂口茂：『近代日本の愛国思想教育』，大正デモクラシーと愛国思想Ⅰ，タウンニュース社2008年版，第635页。

的栋梁"。这也是当时的流行观点。①

落实到学校教育，普遍的做法，一方面是强化修身、国语、国史和地理等与爱国心密切相关的课程，不仅在教学内容中加入战争实例，而且要结合实地资源进行道德教育，如利用遗址公园、参拜神社（招魂社、丰国神社、饶津神社）、参观忠魂堂和古战场（大本营遗址等）、拜谒墓地（陆军墓地、四十七义士之墓等），让学生直观地体验忠君爱国的内容，并通过寻访天皇皇后巡幸地（御便殿等）、开展善行表彰活动、举行招魂祭祀，以及纪念日（陆军纪念日、海军纪念日、抗元纪念日）等活动，将道德教育与社会实践结合起来；②另一方面是在教育中避免使忠君与爱国分离，坚持家族主义的国家一体观，即忠君爱国一体化、忠与孝一致化。引申之，传统的忠孝观，只讲义务不问权利；现在的忠孝观，则强调尽义务即是臣民的权利。

总之，面对世界主义等社会思潮，政府的忠君爱国教育更强调运用"敕语体制"维护国家利益。究其重点措施：

一是要求学校充分认识《教育敕语》的基础是"忠孝一致"。无论是社会主义、民主主义，还是世界主义、自由主义，都与敕语的根本精神相悖，百害而无一利。

二是必须基于家族主义阐释国家观，即相信天皇是"现人神"，天皇是臣民的宗家；"忠孝一致论"即君民同族、君民一家。因此，孝是对忠的体认，忠是孝的结果。推而论之，"一校之师生，宜于一家人"。为了养成绝对服从的信念，理所当然地要否定个人自由和个人意志。

三是树立牢固的国体观。一方面国体的观念源自家族的观念，如果"忠""孝"别样、"忠君""爱国"分离的话，那么国体就会根基浮空；另一方面虽然日本也需要"破旧来之陋习，求知识于世界"，但是"上下一心、振起皇基"才是目的，所以需坚信日本的国体举世无双。

据此，除了军国主义、国家主义以及法西斯主义，其他任何主义都是多余的、敌对的思想了。

---

① 牧野英一：「子供国有論」，《教育時論》第 1195 号，1919 年 6 月 25 日，第 23 页。
② 野沢正浩：「修身科に於ける実践上の指導」，『帝國教育』第 362 号，1912 年 9 月 1 日，第 94 页。

第六章 两次世界大战期间的军国主义教育

引 言

1912年至1926年大正时期的日本教育，正反两方面的经验都很突出。一方面受"大正民主运动（或德谟克拉西主义）"及政党政治的影响，呈现出更高的近代化水平，如完善高等教育体系、拓展社会教育、兴办公众教育和农民教育，以及创新教育理论、实践自由教育等；另一方面与明治时期相比，这个时期的军国主义教育覆盖面更广，内容更系统，军事化程度更高，如加强学校的军事训练、推进贤妻良母教育等。抑或是说，在大正的十几年里，军国主义以各种方式普及到了国民教育的所有方面。

政府在教育、教学改革方面，力图建立近代化的日本教育制度，但同时极力贯彻"思想善导"方针，全方位排斥自由主义和民主主义教育思想。学校教育的核心任务依然是培养忠君爱国思想，而且确保国防优先、学校军事教育常规化政策，具有鲜明的承上启下作用。所以，在研究大正时期的军国主义教育时，理应具有更宽的视野。

进入昭和时期，尤以1931年为标志，日本教育开始全面反动，包括敌忾心在内的极端国家主义教育，以及越来越具体的以国魂（武士道）为内核的军国主义教育，通过一系列的文教政策逐步彻底地法西斯化。到中日战争全面爆发前，已经建成了完备的政、祭、教一体的军国主义教育体制。

第一节 两次大战期间的教育改革

第一次世界大战以后，各种社会矛盾不断激化，普选、工人和妇女解放等社会运动日益高涨。就政治斗争而言，政党或可利用社会运动达到压制政敌的目的。但在政府看来，社会运动极易产生"危险思想"并给自己带来麻烦。因此，它从来都是不遗余力地推行国家主义和军国主义的教育政策。

一、第一次世界大战后的三派观点

1914年8月23日，日本参战后，各种观点层出不穷，直至战后也没有停止。概括其中的三派观点如下：

乐观者认为，这是千载难逢的机会，如果对德开战青岛可谓唾手而得；日本理应借助第一次世界大战的契机，进一步扩大在东亚的优越地位；刺激国内经济好转，促使日本从债务国转为债权国。

悲观者认为，战争在刺激经济景气、物质丰富的同时，还会导致更严重的精神颓废现象；军国主义用语如此流行，不仅助长了日本的侵略气焰，而且正在扰乱东亚秩序，破坏东亚和平。

反对者认为，日本位于东亚，应维护东亚和平，而不是趁火打劫；与英国结盟，目的是要保护日本在东亚的利益，现在也不要因小失大；日本军队应该只为皇室和国家作战，因有日英同盟就和德开战，纯属出师无名；国民忌惮当兵，尤其是有产者和知识阶层，本身也存在抵制情绪；德国人虽然针对日本人提出了"黄祸论"，但是日本的敌人并不是德国[①]，而是俄国和美国。

显然，政府的目标与乐观者一致，并相信军国主义政策可以完成此任。教育也是如此，它围绕忠君爱国、为国尽忠、举国一致的教育目的，营造出势在必得的战争气氛。从战后文部省的政策看，有两点最为突出：一是强调忠孝一致、忠君爱国一体的国家观，在理论和实践两方面，都杜绝"忠、孝两途""忠君、爱国分离"的现象；二是与军部和内务省的合作更加密切，明确由陆军省和内务省主导军国主义教育，包括取缔自由思想，实施思想善导，开展军部指导下的军事化训练，以及修改征兵令[②]、介入青少年问题、创建少年团和青年团、在中学以上学校配属现役将校进行军事训练，等等。

---

① 著名教育家汤本武比古在1914年9月《教育时论》第105号发文说："德国人今天流行日本为东洋霸者之说（黄祸论），美国人加倍鼓吹。从近来美国对我国的态度看，我推测将来日美必有一大战。……日美开战皆非痴人说梦……日美势必争夺亚洲大陆特别是支那的支配权开战。"转引自坂口茂：『近代日本の愛国思想教育』上卷，第498頁。

② 例如，1916年允许现役军人充任学校教师；1919年师范毕业生须有一年现役；1925年实施学校军事训练；1926年开设"青年训练所"。

二、创立少年团和青年团组织

甲午战争胜利不久，日本政府就确信利用军事教育进行愚民可以一本万利，并致力于建立完整的青少年军事训练体系。日俄战争后，建设进程明显加快，而且奉行"服从命令、上下信赖"的信条。尽管建制并非一蹴而就，但是将所有青少年纳入军国主义体制的思路始终非常清楚。到了昭和时期，这一教育被彻底地极端化。

（一）建立少年义勇团

童子军发源于1907年的英国，本质是儿童军事训练。以后，欧洲各国逐渐成立类似的组织。俄国的童子军成立于1910年，德国是1911年，法国是1913年。

1911年，乃木希典随东伏见宫出访欧洲。在伦敦南部，他观摩了英国童子军的活动。归途中，又在俄国见识了少年兵的操练。回国后，乃木希典指示陆军省人事局长田中义一收集资料，研究相关事宜，尽快创办日本的"少年义勇队"（童子军）。田中接到命令后，便跑到欧洲进行考察，还写了《社会的国民教育》一书。

1913年9月，东京成立第一个少年军团，团长是伊崎良熙少将。其培养目的是：忠君爱国，遵从规矩，笃守言责，锻炼心身。很快各地的少年团组织遍地开花，训练对象从7岁到18岁不等，而且以校外活动为重点。下面是1915年9月15日《教育时论》刊登的一则有关少年团入队式的报道（节选）：

> 在九段坂上的偕行社，参加入队式的学生上穿西式学生装下配和式裙裤，胸前的富士山旭日银制胸牌熠熠生辉。
>
> 来宾中有，顾问伊崎良熙陆军少将、在乡军人会理事、藤井海军大佐。
>
> 由分队长和小队长逐一点名，约有候补生一百五十人。举行仪式的地点是主楼礼堂，其中悬挂着山县有朋、大山岩两位元帅，以及已故野津道贯大将的肖像画。全体人员入座后，干事日野先生首先致词，合唱《君代》。之后，伊藤少将走上讲台，以非常庄重的态度奉读《军人敕语》。他随即强调："凡事迈出第一步最为关键！我期待今天的小学生，就是未来战场上的猛将。"
>
> 随后入伍士兵代表发言："我宣誓，吾等以尽忠节为本分，尽礼义、尚武勇。"
>
> 最后，由教练佐藤步兵大尉致辞，仪式到下午三点半结束。学生们分

享为此次活动提供的点心，然后各自散去。①

显然，如此的少年义勇团与童子军已有区别。之所以叫"少年义勇团"，也因为它的性质更类似于一级军事组织。比如少年义勇团的组织结构，一般由总裁、团长、副团长和干事组成，以下是团员。总裁通常就是校长，团长和副团长为预备役将校，干事的来源有在乡军人或学校职员、青年会成员。团员分为若干班，每个班设班长或分队长。

少年义勇团的根本目的着眼于养成健全的国民。其具体目标如下：陶冶国民精神，涵养忠君爱国的志操；形成尚武的气象；振作刚健质朴的风气；具有共同自治的理想；养成勤俭的品质；恪守自己的职责；锻炼体魄。

据此设计相应的训练科目，包括：（1）队列、射击、武术、体操、游泳、漕艇、各种运动、游戏等；（2）急救疗法、人体保健法；（3）礼仪、教养；（4）远足、旅行等；（5）各种相关的实习；（6）应对灾害；（7）信号法；（8）测量距离、观测方位、结绳方法等。②

（二）为求良兵良民建立青年团

日俄战争中，陆军总参谋长儿玉源太郎大将即以谈话方式，提出建立青年团的重要性。紧接着，内务省和文部省开始着手研究和规划此事。1905年9月29日，内务省向各地方局长发出《发展地方青年团的决定》。12月27日，文部省也发表了《关于青年团的建设》的通告。直到1909年，内务大臣和文部大臣仍在地方长官会议上，反复强调青年团的地位与作用，如增强皇室观念，为国奉公，建立军事训练机构等。以上或可说是青年团组织的准备阶段。

1915年，田中义一少将从德国考察回国。他向政府郑重建议，应借鉴德国经验建立日本的少年团和青年团组织，这也体现了"军民一体"思想。值得注意的是：一是他已不满足于前期地方所做的工作，而是要求由政府直接管理；二是不限于少年参加，要推广至青年，并以青年的军训为主。他的理由是，军队与国民一体而不可二分。目标是贯彻"良兵即良民""良民即良兵"的军国主义思想。对此，内务省和文部省反应同样积极。不过，田中（代表陆军省）并不只是建议者，他还要做实际的操控者。

---

① 坂口茂：『近代日本の愛国思想教育——大正デモクラシーと愛国思想教育』中卷Ⅱ，タウンニュース 2009年版，第475页。另，第一期规模150人，第二期规模240人。
② 坂口茂：『近代日本の愛国思想教育——大正デモクラシーと愛国思想教育』中卷Ⅱ，タウンニュース 2009年版，第481页。

第六章 两次世界大战期间的军国主义教育

事实上，陆军省在一开始就把内务省和文部省放在了辅助位置。比如在受训对象问题上，田中义一锁定在了 20 岁以下的青少年。内务省认为不妥，既然是青少年，还是以 25 岁以下为宜。双方经过协商，最后确定青年团的训练对象是 25 岁的青年人，而且内务省只负责确定指导方针并发表训令，其他工作都交给陆军省。① 由此可知，在青年团问题上，陆军省和内务省是主配角的关系。文部省在其中的作用，或许只剩下全国教育主管部门的名义了。尽管如此，内务省和文部省都不想被军部控制，所以有关青年团的性质，他们坚持说是国防教育的一部分。

9 月 15 日，内务省和文部省共同发表了《青年团训练方针》。它最引人注目的部分其实是对军部的警诫：第一，防止被野心家利用，如利用自己的地位、声望和权力，使青年团成为自己谋利的工具；第二，防止助长恶习，如倚仗青年团索取金钱，或利用青年团实施暴力；第三，防止对事业的伤害，如利用青年团牟利，损害青年团事业；第四，遴选指导者（略）；第五，防止思想侵蚀（略）。② 也就是说，内务省和文部省把青年团的主导权给了陆军省，可以说是既不情愿也不放心。

当然，作为文本出现的《青年团训练方针》还是冠冕堂皇的，共有三项：夯实义勇奉公的信念；涵养尊重宪法、遵守法规的智德；拓展对世界的见识。具体的活动目标则是：（1）涵养忠君爱国的精神，振兴国民道德；（2）力图养成积极向上的品性，完善勤勉诚实、宽厚礼让、崇尚节制、刚健质实、自重耐久、身体强健等新人格；（3）具备过好集体生活所必需的素养，如爱家乡的观念、自助而且擅于合作的精神、遵守秩序、热爱公益、恪守责任等；（4）具备其他生活所必需的知识和技能。③

此外，1910 年成立的"帝国在乡军人会"④，着手推行包括青年军事训练在内的"国民军队化"路线。不久，宇垣一成又从"总体战"角度加固了"国民军队化"基础。他认为，在现代战争中必须通过国家总动员的方式，实现举国

---

① 坂口茂：『近代日本の愛国思想教育——大正デモクラシーと愛国思想教育』中卷Ⅱ，タウンニュース 2009 年版，第 420 頁。
② 坂口茂：『近代日本の愛国思想教育——大正デモクラシーと愛国思想教育』中卷Ⅱ，タウンニュース 2009 年版，第 436 頁。
③ 坂口茂：『近代日本の愛国思想教育——大正デモクラシーと愛国思想教育』中卷Ⅱ，タウンニュース 2009 年版，第 441 頁。
④ 1910 年 11 月 3 日，陆军在东京九段（现九段会馆）成立有预备役、后备役资质的"帝国在乡军人会"，总裁伏见宫贞爱亲王，会长寺内正毅陆军大臣。1914 年海军加入"帝国在乡军人会"。

皆兵，以确保国防安全。因此，首先要有良民，然后才能够得到良兵。还将国民教育直接扩充为军事教育，致使近60万现役军人和在乡军人成为在校青少年学生的后备教官，以期"统合七千万同胞"。①

三、"临时教育会议"推行的教育改革

大正时期的教育与政治一样复杂。它既有追求立宪政治的一面，也顽固坚持臣民教育的"根本义谛"，二者俨然是对立的。

1914年8月，大隈重信在《教育时论》第1048期发文，呼吁国民教育在立宪条件下，要"涵养自由独立的大精神和大元气"。然而，1916年12月，日本社会学院调查部发表的《帝国教育的根本方针》，第一章"根本义谛"列出了"帝国臣民教育的根本宗旨"，便是"完全以奉行扶翼天壤无穷的皇运为重责""皇运之天壤无穷也是强国之道""强国主义教育纲领，包括尊皇室护帝国、强调家族主义、修养勤勉敢为的精神、研磨现实的知识、完成醇厚的社会性"。②

此时的文部省更强调培养忠君爱国是教育的第一要义，而且要求借日俄战争以来觉醒的国民精神，因势利导地造就"完全的人"。所谓"完全的人"，简单地说，就是利用宪政思想培养忠良臣民，以使受教育者自觉地认识到天皇制有宪政根基，需要臣民具备维护天皇制的完全能力。这也是20世纪二三十年代，尽管不同的社会思潮都有可能影响教育，但最终都被天皇主义的国家观清洗的主要原因。

（一）"临时教育会议"的方针

1917年9月21日，以敕令（第152号）形式颁布《临时教育会议官制》，设置了日本历史上第一个隶属于内阁总理大臣的教育咨询机构。总裁是平田东助子爵，文部省次官担任干事长，委员不少于40人，来源除教育专家、政府官员外，还有军界、工商界代表，其中著名的人物如江木千之、镰田荣吉、木场贞长、桑田熊藏、关直彦、大津淳一郎等。因大正天皇为此特别发表了"上谕"，所有委员又都由总理大臣亲自认定，该机构的权威性颇高。③

10月1日，寺内正毅总理大臣在训示中重点说了六方面的内容：（1）国家

---

① 橘口菊：「総体戦体制と青年期の教育の軍事化」，『講座日本教育史』第4冊，第一法規株式会社1984年版，第74—75頁。
② 川合章：「民本主義と教育反動」，小川太郎編著：『軍国主義教育の歴史』，明治図書1970年版，第106—107頁。
③ 宮原誠一等編：『資料日本現代教育史』第4巻，三省堂1979年版，第194頁。

的兴隆有赖教育，犹如皇运昌盛、宣扬国威必须依赖对天皇的爱戴一样，其根本是遵循《教育敕语》的精神。（2）此次设立"临时教育会议"，根据中外形势设计国家教育制度，同时谋求振兴学界。（3）虽说实施教育的途径很多，但是对国民而言，不能偏离涵养德性、启发知识、强健身体的轨道，目的仍是丰富护国精神，培养忠良臣民。（4）实业教育关乎国家富强，须讲究实用，力戒空洞的理论。（5）高等教育为国家所必需，当专门探究深层学理，推进学术进步，以培养国家栋梁为目的。（6）无论哪方面的教育，皆须特别留意陶冶人格，涵养国家思想，并以《教育敕语》贯穿始终。[①] 如果与以往总理大臣的教育谈话相比，此次政府的教育改革重点无疑是实业教育和高等教育。

（二）"临时教育会议"的改革内容

鉴于"临时教育会议"的改革范围非常全面，涉及大中小学教育、师范教育、高等教育、实业教育、社会教育和道德教育，而且采用了较为务实的态度和民主、科学的运作方式，以致其改革方案在日本教育史上留下了浓墨重彩的一笔。[②] 以下择要介绍三个重点内容。

第一，为了应对世界资本主义的激烈竞争，扩充高等教育机构。其背景不言而喻，第一次世界大战给日本带来了难得的发展契机，以钢铁、化工、外贸为龙头的产业资本全面景气。与此同时，高级企业干部和技术人才严重不足。于是，政府和产业资本家都希望充实高等教育，以便快速扭转产业竞争力疲弱的局面。

1918年7月22日，临时教育会议发表《关于大学教育及专门教育的方案》。强调从综合大学和专科大学两方面扩充高等教育，并着重改革大学的结构和管理，如在文部大臣批准和监督下，允许财团法人制大学存在，等于承认了私立大学。

12月6日，公布《大学令》。首先，明确在帝国大学和国立大学外，设立公立大学和私立大学。庆应义塾、早稻田、同志社成为最早获批的私立大学。其次，将帝国大学分门别类的学科领域，整合为学部，并在综合大学设置大学院。再次，承认专科大学，如东京高等商科大学（一桥大学）、东京工业大学等。同时强调大学应进一步陶冶人格，涵养国家思想，以防"危险思想"。最后，如改被动学习为教授指导下的研究性学习、准许学生跨专业或转专业学习，

[①] 宫原诚一等编：『資料日本現代教育史』第4卷，戦前，三省堂1979年版，第195页。

[②] 八本木净：『両大戦間の日本における教育改革の研究』，日本図書センター1982年版，第2—3页。

以及提倡各学科的均衡配置等措施，对日本大学有着持续的影响。①

第二，在初等和中等教育方面，主要有四方面的举措：（1）要求市町村立小学教师工资的一半应由国家拨款，确保他们作为国家教师的社会地位。②（2）要求充实实业补习学校，并使其转向义务制。（3）希望再延长义务教育时间。③再有，就是继续"振兴道德教育"，涵养国体观念和国家思想。（4）利用地方财政新增中学188所。

第三，继续推进"兵式体操"，并具有军事化倾向。1918年12月15日，临时教育会议提出《关于兵式体操的建议》，要求"既要增进相关德育，使学生从中受益，又应促进学生各项能力，发展体育事业"。需要注意的是，锻炼良好的身体素质和磨炼运动技能的目的，落脚点仍是"涵养国家精神"和"获得他日服务于军务的素质"。④

据此，该建议把涵养"国民精神"等同于"军人精神"，试图通过军事训练使国民教育进一步军事化。1924年，"文政审议会"具体规划学校军事教育时，完全继承了这种思想。⑤

四、"临时教育委员会"及其工作重点

（一）成立"临时教育委员会"

1919年5月23日，内阁废除了"临时教育会议"，新置"临时教育委员会"。它的工作重点是围绕原敬内阁的"四大政纲"进行教育改革。"四大政纲"，即充实国防、振兴教育、奖励产业、整备交通机构。

"临时教育委员会"确定的核心任务，本是针对普选"解决思想问题"，或是说，矫正普选运动中的各种"过激主义的宣传"。结果是，政友会下的"大正赤心团""大日本国粹会"等组织异常活跃。它们强行灌输"国体本义"，推行"日本的醇风美俗"，以谋求"民众安分守己"的状态。这种利用政府权威愚弄民众的惯用伎俩，在"大正民主"背景下就显得拙劣了。

1920年2月11日，东京有数万群众参加了普选大示威。14日，宪政会、

---

① 宫原诚一等编：『资料日本现代教育史』第4卷，战前，三省堂1979年版，第198—199页。
② 1896年，日本政府首次设立"国家补助资金"，给在同一学校任教5年以上的教师发奖金。1899年，政府用甲午战争赔款，设立了"普及教育基金"，补助部分小学。1900年，又增设教师工资以外的特殊补助基金。另外，义务教育经费，主要用于市立学校。
③ 1898年，义务教育是小学3至4年；1900年，统一为4年，实施义务教育免费制；1907年，延长到6年。
④ 宫原诚一等编：『资料日本现代教育史』第4卷，战前，三省堂1979年版，第203页。
⑤ 八木木净：『両大戦間の日本における教育改革の研究』，日本図書センター1982年版，第11页。

国民党、普选实行会向众议院提出普选法案。26日，政府以接受普选法案为由，解散了众议院，试图控制自1918年"米骚动"以来最大规模的群众运动。3月15日，东京和大阪股市暴跌，迎来了战后第一次大规模的经济危机。其间，中小资本家、中产阶级借势要求改革旧制，无产阶级力量继续壮大；① 政府左右摇摆，既想利用这种形势加强政党政治，又怕大众运动② 过火而不能收场。作为政府豢养的"临时教育行政调查会"（1921—1922）和"教育评议会"（1921—1924）等咨询机构，本职就是为政府出谋划策，现在却束手无策了。

（二）发布《振作国民精神诏书》

1923年9月1日的"关东大地震"，成了政府平息"社会不安"和"阶级对立"的最佳理由。11月10日，颁布大正天皇的《振作国民精神诏书》，政府依此强化国民精神。

> 朕，惟念国家兴隆之本，在于涵养和振作国民精神之刚健，此乃固国之本。……朕即位以来常夙夜兢兢，……近来学术虽越来越开人智，然亦萌发浮华放纵之习气，滋生轻佻诡激之风尚。……此次灾祸甚大，文化之绍复，国力之振兴，皆待国民之精神。……实在上下协戮振作更张之时。振作更张之道，在恪遵先帝之圣训，举其实效。故宜崇教育之渊源，努力于智德（知识与道德）之并进，肃正纲纪，匡励风俗，斥弃浮华放纵，使趋于质实刚健，矫正轻佻诡激，使归醇厚中正；明人伦，致亲和，守公德，保秩序，重责任，尚节制；扬忠孝义勇之美，笃博爱共存之谊，……舍一己利害之偏，竭力于公益世务，以图国家兴隆，民族之安荣及社会之福利，朕赖臣民之协翼。③

显然，它与《教学圣旨》和《教育敕语》的基本精神并无二致。所谓"危

---

① 第一次世界大战后，日本社会的阶级结构发生了很大变化。产业工人随着产业革命的进一步深化大幅度增加；战后经济景气，中小企业大量增长。尤其是在城市，医生、工程师、记者等中产阶层的社会影响越来越显著。总之，日本社会的基本矛盾已经由过去的地主与农民的矛盾转变为资产阶级与无产阶级的矛盾。以普选和实现政党政治为目的的大正民主运动充分反映了这一时期的社会特点。
② 1920年5月2日下午1时，有5000余劳动者在东京上野公园集会，纪念"五一劳动节"，这也是日本最初的"五一大集会"。铃木文治（友爱会会长）代表"大日本劳动总同盟"发表宣言，信友会的野村孝太郎代表同盟宣读了决议书。他们主张去除"大日本"的"大"字，认为它是帝国主义的象征；要求政府解决工人视野问题，支持普选和国际工人运动。
③ 大正天皇：「國民精神作興ノ詔書」，井原赖明编：『增补皇室事典』，冨山房1942年版，第458页。

险思想",也是老生常谈。不同的是,它针对的是"大正民主运动"。因此,在用"彻底的国民道德"抵制民主思想时,的确起到了强化天皇制军国主义教育的作用。

从组织程序看,1924年1月7日,由枢密院院长清浦奎吾出面组阁。这届内阁中的11名阁僚,贵族院出身的有8人,凡政党出身者、有党籍者、众议院出身者、原府县会议员者,一个人也没有,故称"贵族院内阁"。这必然会遭到政党的强烈反对,因此该届内阁仅5个月就在第二次护宪运动中倒台了。但是,由"贵族院内阁"作过渡再次显示了天皇在国家政治中的绝对权威。

这届内阁虽然短暂,但在清浦在上任之初(23日),还是对教育表示出明确的关切,无论是已成为惯例还是新政府有意为之,历届政府都会推出自己的教育政策,无一例外。清浦内阁强调的重点是:第一,"政府财政有限,故须详做计划,以补国防上的遗憾。同时,为巩固国家基础需特别重视文教事业,犹以充实国民教育最为切要。据此,在财政允许的条件下,延长义务教育年限"。第二,"此次于神祇事务设置官衙,志在刷新神社行政,奖励体现国体精华的敬神尊祖美德,以期振兴健全的民风"。[①]

五、文政审议会和青年训练所
(一)解决思想问题

1924年4月,为了落实《振作国民精神诏书》及切实"解决思想问题",又成立了隶属于内阁总理大臣的"文政审议会"(1924—1935)。其官制规定:文政审议会作为总理大臣的咨询机构,围绕振作国民精神的文政事务,制定教育政策。审议会委员包括内务大臣、司法大臣、文部大臣、枢密顾问官、政党干部、贵族院议员、帝国学院干部、帝国大学校长等。在其众多的咨询报告中,"中等以上学校配属现役将校"和"设置青年训练所"两个提案,对于军国主义教育的影响最大。

第一届文政审议会委员名单:
总裁:清浦奎吾(总理);副总裁:江木千之(文部大臣)、一木喜得郎(枢密顾问官)

[①] 清浦奎吾:「第四十八回帝國議會(通常會)における施政方針演說」,內閣制度百年史編纂委員會編:『歷代內閣総理大臣演說集』,大蔵省印刷局1985年版,第158頁。

第六章 两次世界大战期间的军国主义教育

委员：水野炼太郎（内务大臣）、铃木喜三郎（司法大臣）、小桥一太（内阁书记官）、佐竹三吾（法制局长官）、井上孝哉（内务次官）、西野元（大藏次官）、林赖三郎（司法次官）、鹤见左右雄（农商务次官）、古在由直（东京帝大校长）、荒木寅三郎（京都帝大校长）、佐野善作（东京商大校长）、三宅米吉（东京高师校长）、井上哲次郎、穗积陈重、藤泽利喜太郎（帝国学院）、有松英义、山川健次郎（枢密顾问官）、山梨半造（陆军大将）、平沼骐一郎、福原燎二郎、坂谷芳郎、木场贞长、上青信光（贵族院）、八代六郎（海军大将）、大岛健一（陆军中将）、涩泽荣一（第一银行）、犬养毅、床次竹二郎、冈田良平、安达谦藏（众议院）、高田早苗（早稻田大学校长）、泽柳政太郎（帝国教育大学校长）、团琢磨（三井合名理事长）、德富猪一郎（国民新闻社社长）、本山彦一（大坂每日新闻社社长）、林毅陆（庆应大学校长）、木村久寿弥太（三菱合资总理事），干事长松浦镇次郎（文部次官）。[①]

1924年6月，加藤高明内阁成立后，随即全面实施"军队预备役教育"。8月，文部大臣冈田良平和陆军大臣宇垣一成商议具体方案。12月，文部省与陆军省完成充分协议，其最终结果全部纳入"文政审议会"的《关于学校教练的建议》中。要点是：在中等以上学校实施军事训练，目的在于促进学生的身体发展，并期望对增进德育和国防力量大有裨益。为此，政府要求师范学校、中等学校（国立、公立、私立）、高中（国立、公立）、大学预科、专门（含私立）学校配备优秀现役将校军官，进行学生军事训练。该项任务由校长统一领导，军事教官进行具体的军事训练和教学，课程内容包括野外训练、武器装备知识及常规训练等；师范及中学毕业生须做一年的志愿兵。[②]

时任文政审议会副总裁的冈田良平强调，此次重新军事训练，与森有礼时期的"兵式体操"和"临时教育会议"提出"兵式体操建议案"不同，它的重点是养成预备役军人，甚至可以说，就是"养成好战的精神"。委员林毅陆也直言："本案的根本精神是为了战争做准备。"畑英太郎则从教练角度说，"在均衡身体各部分的发展，强健身体，锻炼学生的敏捷性，以及豁达刚毅、坚韧持久的精神，养成守纪律、善合作的习惯"。而且要求训练应同军队一样苛酷，"以

[①] 『教育時論』第1400号，1924年5月5日，第34页。
[②] 八本木净：『両大戦間の日本における教育改革の研究』，日本図書センター1982年版，第299页。

训练成一个好士兵为标准"。①

毋庸置疑，此时学校的军事训练已经是武士道的一部分了。如此毫无顾忌地实施军国主义教育，也遭到了学界和舆论的批评。有人将其称为在用"杀人的方法"进行教育，是在浪费国家财政，使教育失去育人方向。但是，这些批评与政府推行军国主义教育的意志相比，在社会和教育方面毫无影响。

（二）开设"青年训练所"

按照田中义一的设想，陆军省实现了与文部省的第二个合作，即设置"青年训练所"，方案由文政审议会制定并提出。1925年12月18日，公布《关于青年训练的建议》。其目的可用一句话概括，"锻炼青年人的身心，涵养健全且善良的国民资质"。建议书的具体内容如下：第一，16岁至20岁的青年男子，须接受军事训练。第二，利用市町村设施，开辟青年训练场。其中在工厂、矿山、商店工作的青年，其训练场所由地方长官认定。第三，青年训练组织，统称为"青年训练团"。第四，青年训练团的主持者，称为主事，通常由小学校长或实业学校校长担当。以下设指导员，一般由小学或实业学校教师，以及在乡军人或地方长官担任。第五，训练课程包括修身、公民、普通学科、职业学科及军事训练。第六，所有课程结束且合格后，发给结业证书。第七，凭结业证书可以缩短陆军服役时间，等等。②

青年训练所的教学时间，一般而言，全年的军事训练需要400课时，一般知识的教学是300课时、职业教育100课时。学校实行半军事化管理，教学内容相当保守，形式刻板而严苛。

青年训练所旨在把全国青年纳入战争预备役。这倒是兑现了犬养毅1921年1月在第44届议会上的发言，即："今日之战争，不仅是军人的战争，而且是全体国民的战争；不仅是运用武力的战争，而且是武力、经济及整体国力的较量。"③ 其后续影响至少有以下方面：它动员了国民中最年轻的力量，并涉猎了近代化程度较高的职业领域；它通过指定性的管理机制，将义务教育与社会教育整合起来，力图发挥军国主义教育的整体作用，同时也为总体战提供了实践的

---

① 八本木净：『両大戦間の日本における教育改革の研究』，日本図書センター1982年版，第50页。
② 八本木净：『両大戦間の日本における教育改革の研究』，日本図書センター1982年版，第66—67页。
③ 1927年1月18日，若槻礼次郎在第52届帝国议会发表演说中，明确指出实行青年训练制度，目的是"以备其中之良材充实军队"。内阁制度百年史编纂委员会编：『歴代内閣総理大臣演説集』，大蔵省印刷局1985年版，第175页。

范例。① 到20年代后半期，政府为了"防止思想的恶化"的努力，应该说已经从制度上获得了保障。

六、颁发《陆军现役将校学校配属令》

1925年3月，陆军省公布了首批"陆军现役将校学校配属名单"，其中大佐18人、中佐35人、少佐188人、大尉703人、中尉239人，共计1183人。②4月13日，政府以敕令方式颁发《陆军现役将校学校配属令》。6月19日，陆军省公布《陆军现役将校配属学校教练查阅规程》。从5月始，逐渐展开在中学、实业学习、大学和专门学校的分配任务。8月，所有人员到岗。同年，发表《教练教授要目》，如表6-1所示，初中训练项目已非体育项目。

表6-1　军事教练教学内容（1925年，文部省）③

年级	各种教练部队教练	射击	指挥法	战地服务	旗语	测量距离	绘图	军事常识	其他
第一年	徒手（个别）徒手（分队）徒手（小队）			警戒传令兵宿营给养搭帐篷野炊等	手旗信号	步测目测	地形地物地图	各兵种职能军队生活军队教育各种兵器的性能国防帝国军制列国军事发展趋势兵器发展趋势军事交通及城防	兵器保护卫生急救绳索投掷
第二年	徒手（个别）徒手（分队）徒手（小队）徒手（中队）		助手动作队长动作（分/小队长）	同上	手旗信号单旗信号	同上	同上		
第三年	徒手（分队）徒手（小队）徒手（中对）	预先演习	同上	同上	单旗信号	同上	写景图示意图断面图略测图		
第四年	持枪（个别）持枪（分队）持枪（小队）持枪（中队）	预先演习狭地步枪射击	助手动作队长动作（分/小/中队长）	搜索警戒		音响测量器械测量	略测图		
第五年	同上	预先演习狭地步枪射击实弹射击	同上	同上		同上	同上		

---

① 信夫清三郎：『大正政治史』，河出書房1954年版，第1054頁。
② 八本木净：『両大戦間期の日本における教育改革の研究』，日本図書センター1982年版，第55頁。
③ 宫原誠一等编：『資料日本現代教育史』第4卷，三省堂1979年版，第222頁。

关于为什么要向学校派出现役军人进行军事训练一事，陆军省的公开解释有两个要点：培养学生的"国防真精神"；在裁军条件下，储备足够的高质量兵源。笼统地说，则是：提高人格；优化知识；了解社会；深化军事教育成果。以宇垣一成为代表的军部推想，按照青年训练划定的年龄范围，在校学生有50万到60万人，再加上在乡军人300余万，全国的预备役、后备役人数已非常可观。理想的话，陆军方面应拥有1000万人左右的庞大的军事力量。[①]

为此，不仅数量要达标，质量更应该跟得上。所以从1923年实施军事教练始，就明确了"国防即国民国防，若一朝有事，当举国一致同赴国难"的观念。1924年12月27日，文部大臣冈田良平在宪政、革新两派干部招待会上讲话，用"国防教育"解释"军事教育"，强调以"兵式体操"为手段，以"矫正学生思想""增进国防能力"为目的，实施反映国家意志的军事训练。

进入30年代，极端军国主义教育思想渗透到了各个方面，并声称"国防不再是军人的专利"。于是，诞生了皇国民的"炼成"教育。尽管有像1932年上智大学那样的反抗，但整体的教育格局无法逆转。

"炼成"教育，不仅是一种教育强权的象征，而且还是日本教育法西斯化的重要标志。

第二节　教育现场的思想善导及其后果

文部大臣江木千之曾说，在大正时期，政府最重要的文教政策莫过于"思想善导"。这是针对第一次世界大战后，各种社会思潮造成的混乱局面而言的。他强调，应由政府要旗帜鲜明地统一国民思想，并且作为一项长期任务持之以恒地做到底。

东洋大学教授稻垣末松宣称，"思想善导"即"振作国民精神"。核心是用天皇主义的"忠孝一体"思想，排斥诸如社会主义、自由主义、个人主义和世界主义等危险思想。他还进一步解释道："这里的'思想'，专指国民道德或皇室中心主义思想，其内核就是忠孝；'善导'，则是把忠孝思想定于一尊。"[②]

[①] 角田顺校订：『宇垣一成日记』第1册，みすず書房1968年版，第463页。
[②] 坂口茂：『近代日本の愛国思想教育』，大正デモクラシーと愛国思想（上），タウンニュース社2008年版，第362页。

一、基础教育中的"思想善导"

经过明治维新，日本已是近代国家。在意识形态领域的各种争议和斗争，同样反映了其近代化过程的复杂性。长岛时雄撰文说，因为资本家和工人、地主和农民的矛盾无法调和，尤其是在各种社会思潮相互矛盾的状况下，政府实施"统一国民思想"的政策，根本做不到。而且控制言论和思想自由的做法，恰是迈向极端国家主义的第一步。①

然而，这正是持续争论"思想善导"问题的重要原因。如德富苏峰鼓吹的天皇中心理论，堀尾石峰对家族制度和忠孝观的彻底否定，以及泽柳政太郎模棱两可的态度。泽柳认为，天皇制国家不一定要"绝对忠诚于天皇"。但是，政府一旦认准了某一理论是唯一正确的，并作为国家政策推行时，其他"非主流"的声音便很快进入静音模式。就连福泽谕吉、大隈重信这样特具影响力的思想家和教育家，也因批判天皇"总本家说"和"嗣子制"而遭到责难。

简言之，政府借助国体推行的教育政策，无论之前有多少种观点或争论得多么热闹，政府的权威性就在于使之趋于一致，若不识时务，就必遭淘汰。至少从明治二十八年到昭和二十年，以家族主义国家观为中心的国民教育局面就是如此。在后人看来，这既是日本的近代化过程，也具有鲜明的非近代性特征。

（一）适用于所有学科教育的道德观念

1913年1月25日，东京帝大教授、著名社会学家建部遯吾在《教育时论》撰文，主张根据《教育敕语》建立教育权威，或是用敕语排斥其他学说。同样的呼声，还有教育理论家三轮田元道的遏制物质主义、重视精神主义论；千叶县女子师范学校校长龙山义亮的新国民道德创设论；海军大学校长佐藤铁太郎中将的报恩教育论。尤其是佐藤的理论更直白，他认为：现代是集体斗争，不同于古代的个人斗争，所以必须统合忠君、爱国、牺牲、同情等相关的报恩思想。

在1917年前后，教育界还对知识灌输主义进行了广泛批判。表面看，它提倡注重现实社会、体验真实生活、服务于国家主义等教育论点，但归根结底还是在维护"敕语体制"。比较典型的例子，如佐贺县教育会制定的《涵养国民精神指南》，有以下七项主要内容：明确忠孝本义，知道国体精华，自觉涵养忠君爱国的精神；养成立宪思想；培养军事思想，提高全民皆兵的觉悟；通过陆海军纪念日聆听现役军人的教导；在本市町村举行祭奠阵亡将士的活动；通过演

---

① 長島時雄：「国民思想の不可能性」，『教育時論』第1395号，1924年3月15日，第11頁。

讲传播忠君爱国的事迹；保存和陈列与时局相关的纪念品。①

1918年1月，井上哲次郎在《教育学术界》发文，重申建立国民道德必须以万世一系的皇统和武士道精神为基础的观点。他认为，统治者实行统治不外霸道和王道两种，日本的传统是后者而非前者。因此，今天的国民道德理应清晰地理解如下内容：皇统是国民精神的真髓；对皇室的态度构成国民思想的深层结构；武士道是行动主义的、唯实践性的道德；皇统和武士道，既讲王道，也行人道，所以二者合一才是日本国民的理想道德。②

翌年，教育学家渡部政盛也在《教育学术界》发文，主张忠君爱国教育有内外两方面的基础，对于前者应该避免曲学阿世，力图以国民生活为中心，并准确把握政治、经济、生活各方面的思想教育，对于后者则要强化对固有神道的认识，有效奖励参拜神社和奉读敕语等活动。③

显然，学者们为了迎合政府的教育政策不遗余力，在天皇制军国主义教育体系内，他们的角色和作用至少反映在以下方面：使自己成为制度设计者；把自己打扮成政策的诠释者；尽力充当天皇制的鼓吹者；致力于在学校的各个方面推行天皇制军国主义教育，不分学科，不问场合。

（二）以家族主义国家观为中心的历史教育

第一次世界大战以后，学校历史教育努力完善了两项功能：一是为政治服务，诸如无条件地维护国家利益，在各方面都突出国家意志，必须形成国体信念，知道日本在世界上无与伦比；二是不得不应对战后和平主义潮流，包括民众文化和社会改造运动的兴起。④

然而，历史知识如果不与个人思考相关的话，在本质上就是愚民教育。也就是说，上述两个功能在理论上要有所区分，尽管事实上只能发挥历史服务于政治的功能。如东京高等师范樱井时太郎发表的《期盼教育学尤其是历史教育者之猛醒》一文，就试图区分清楚历史教育的两大目的：一个是"知晓国家、社会和文化的发展变迁"（知识功能），一个是"养成忠君爱国思想"（政治功能）。他强调：历史的本质在反映史实、因果关系和事物的相互联系，所以不能使爱国心过

---

① 佐贺县教育会：「國民精神涵養に関する件」，『帝国教育』第420号，1917年7月1日，第35页。
② 井上哲次郎：「我が國民思想の真髓」，『教育学術界』第36卷第4号，1918年1月1日，第46—48页。
③ 坂口茂：『近代日本の愛国思想教育』，大正デモクラシーと愛国思想Ⅰ，タウンニュース社2008年版，第306页。
④ 金原左門：「第一次世界大戦と歴史意識の変化」，加藤章等編：『講座・歴史教育』第1卷，弘文堂1982年1月1日，第158—170页。

第六章 两次世界大战期间的军国主义教育

于偏狭；养成忠君爱国的志操和健全人格最难，而且日本历史教师的短处恰恰是在这方面最弱。① 也就是说，理想的历史教师和教学，要能够在知晓"发展变迁"的基础上，形成"忠君爱国思想"，归根到底还是历史要为政治服务。即"服务政治"是本，"吸纳新知"是末。否则很难真实理解下面的这段话。

从历史中可以了解到严格的规则，抽象的道理，以及具体的行为模范。中学历史应该有其史学的、科学的和学问的倾向：

其一，历史的对象是纯粹知识，必须由经过专门训练的人来教授，并通过事实说话，由此与学生产生共鸣或共感。

其二，考证历史事实的真伪虚实，并据此说明原因结果、个人活动、历史背景、制度演变……

其三，在考证历史事实的同时，关联古人与现代人之间的精神联系，如乃木希典和楠公正成、山鹿素行、吉田松阴的共有品质。

其四，以人带事，注意阐释人物的情感和意志。②

总之，无论是政府的教学政策，还是学校的教学原则，都非常明确地指出，"历史科的第一任务是养成国民志操"。其内容包括：（1）尊崇皇室的志操；（2）崇拜祖先的志操；（3）尚武的精神；（4）牺牲的精神；（5）宽仁大度的精神；（6）尊重礼节的精神；（7）洁净的精神；（8）爱惜名誉的精神；（9）现实的精神；（10）敏锐的精神；（11）爱自然的精神；（12）有艺术品位。③ 为此，历史教学还必须与相关教科进行综合教学，以便生成应有的国体观和日本精神。

表6-2 以历史人物为中心养成国民志操的相关教科一览表④

历史人物	相关教科
天照大神	历史、修身、读本、唱歌四个教科
后醍醐天皇	历史、修身、读本、地理四个教科

---

① 樱井时太郎：「教育学殊に歴史教授者の猛省を望む」，『教育時論』第1100号，1915年11月5日，第7—8頁。
② 中山久西郎：「歴史教育論」，『帝國教育』第434号，1918年9月1日，第4—5頁。
③ 坂口茂：『近代日本の愛国思想教育』，大正デモクラシーと愛国思想Ⅱ，タウンニュース社2008年版，第584—585頁。
④ 根据海后宗臣编纂《日本教科书大系》（讲谈社1962—1978年版）近代部分的相关内容整理。

续表

历史人物	相关教科
明治天皇	历史、修身、读本、唱歌四个教科
神武天皇	历史、修身、读本、算术四个教科
楠木正行	历史、修身、读本三个教科
木曾义仲	历史、修身、书写三个教科
儿岛高德	历史、修身、唱歌三个教科
加藤正清	历史、修身、读本、唱歌四个教科
丰臣秀吉	历史、修身、读本、唱歌四个教科
新田义贞	历史、修身、读本、地理四个教科
广濑中佐	历史、修身、读本、书写四个教科
织田信长	历史、修身、读本三个教科
菅原道真	历史、读本、地理三个教科
德川家康	历史、修身、读本三个教科
德川光圀	历史、修身、读本三个教科
北条高时	历史、修身、读本三个教科
源 赖朝	历史、修身、唱歌三个教科
源 义经	历史、修身、唱歌三个教科

以寻常小学教科书中的历史人物为例，最多的当然是历史科，有三百多个人物；其次是读本科，有二百五十七个人物；再次是修身科，有一百二十五个人物。其他方面，唱歌有四十二个人物，书写有三十个人物。出现最多的人物是丰臣秀吉，教学指导重点是：立志；敬业；尊崇皇室；仁、勇；诚实；谨慎；谢恩。显然，这都是基于道德教育的。

日本历史教学内容，要求讲授日本民族的经典事迹；研究日本的民族精神，即建国的根本要义（万世一系）、君民一体、历代天皇的圣德；发挥国民道德精髓（知晓日本文化的由来）；以皇室为中心了解日本文明，知道消化外来文明的过程（被国体化）。教学目标：培养国体观念；民族意识、自觉和自信；能够直观到日本固有的国民性；采用通史展示文化、社会、思想等多方面的国民精神；理解并发扬国威和宣传正义的意义。①

---

① 坂口茂:『近代日本の愛国思想教育』，大正デモクラシーと愛国思想Ⅱ，タウンニュース社2008年版，第456頁。

小学校长中野八十八在论及日本史教学时，认为"教历史的基本立场，就是发挥皇国国体"，为此必须按照教科书实施教学，着眼点则是：自觉维护国家利益，自觉做国家的一分子，自觉阐释忠孝一致的根本原理；真正理解国体是日本立足于世界的本源，知道数千年的建国大精神，自觉陶冶国民理想；了解历史人物背景，明确针对家族制度的个人立场，坚信自己是天孙后代，扩大祖孙相继的精神，发扬人道的国家主义精神；自觉使个人生活与国家生活相一致，感悟个人不能脱离国家理念，知道历史事实和现实理想相一致。所以，无论如何强调直接资料或培养儿童的历史的判断力和思考力等，它始终围绕着"养成国民志操"的历史教学目的，即仍然持日本中心主义的皇国史观。[①]

关于历史教育的社会功能，流行的观点是：父母要在崇拜天皇和祖先方面率先垂范，即在日常生活潜移默化自己的孩子；全社会需要营造这样的氛围，我们皆受祖先的庇荫。也可以说，历史教育的基本功能是服务于现实，因此立场和观点优先于事实。所以无论如何强调知识和教法，已与认知历史没有多大关系。至于教学法，一是强调教授，二是注重因果关系。

二、新教育的勃兴与臣民教育的强化
（一）新教育一时蔚然成风

面对深刻的社会矛盾，大正时期的教育改革具有明显的两面性。在自由主义影响下，新教育理论蔚然成风，教育实践空前活跃。例如，1921年"日本学术协会"举办"八大教育主张"讲座，推广樋口长市的自学教育学、河野清丸的主动教育学、手塚岸卫的自由教育学、千叶命吉的冲动满足教育学、稻毛金七的创造教育学、吉川平治的动态教育学、小原国芳的全人教育学、片上伸的文艺教育学。[②] 另外，在泽柳政太郎的自由主义教育思想影响下，成城学校秉持尊重个性、亲和自然、心情愉悦、以科学为基础的四大目标，针对传统的自学、自习、考试方式进行改革，鼓励全面发展。[③] 其他，如1921年根据基督教自由与自治精神创立的自由学园，有一套自律管理办法，其"恳谈时间""读报

[①] 坂口茂：『近代日本の愛国思想教育』，大正デモクラシーと愛国思想Ⅱ，タウンニュース社2008年版，第602頁。
[②] 中野光：『大正自由教育研究』，『教育名著選集』第6卷，黎明书房1998年版。
[③] 1917年，泽柳政太郎创立"成城学园"。1919年，泽柳邀请小原国芳主持成城学园，共同推进了日本的新教育改革。1926年，创办7年制"成城高等学校"（相当于我国的初高中）；1927年，创办5年制"成城高等女子学校"。奥田真丈監修：『教科教育百年史・資料編』，建帛社1985年版，第151頁。

时间"颇具特色；文化学院则在艺术教育方面独树一帜。[①]还有小原国芳于1929年创立的玉川学园，都在排斥国家控制方面下足了功夫。

概括地说，大正时期教育界流行实践活动，包括整合相关课程，开展综合实践活动等。典型的例子，如生活缀方、工艺教育、乡土教育等与实际生活密切联系的教育法。[②]然而，在经济危机尤其是财政恶化后，东北各县小学生中有20%—30%领不到免费盒饭（便当），茨城、长野、群马、和歌山等地的情况大致相仿。就连教师的薪水也大打折扣，以致教育创新越来越像是一种不得已而为之的行为，即针对困境采取的措施，这是误解。

一般而言，一再高涨的民主运动和自由主义教育，能够有效地抑制国家主义教育或国体教育，但事实极不如人意，它反而刺激了国家主义教育更为强势甚至走向极端。究其根本原因，其一，作为"思想善导"最高权威的《振作国民精神诏书》，与《教育敕语》如出一辙；其二，颁布《陆军现役将校学校配属令》和设置青年训练所，做实了把国民作为后备役的想法；其三，政府设置内阁教育咨询委员会，虽有应和民主环境的一面，但目的则在强化国家对教育的控制，而且因为咨询委员会的权力主要操纵在保守主义官僚手里，也决定了民主教育或自由教育更侧重于形式和手段的变革。一句话，自由主义教育无法改变军国主义教育的现实。

（二）臣民教育的重点内容

如前所述，在19世纪90年代已经将修身课提升到各科之首的地位。1900年开始，小学教科书中大量引入童话，人物形象也较为活泼，政府希望以此提高德育质量，并通过忠义、孝悌、友爱、仁慈、礼教、义勇、恭俭等臣民伦理，夯实如下信念：

第一，"报恩"。作为国民道德应该：充分感受天皇和皇后陛下的皇恩浩荡；在家里，感谢父母的养育之恩；在学校，接受老师的教育之恩。此外，还要理解和接纳各种其他方面的恩惠，借此延伸到忠君爱国教育。[③]就连福泽谕吉也说："凡日本臣民，不分男女老幼，皆须奉戴万世一系的皇室，敬仰其恩德。此事，

[①] "自由学园"基于羽仁基子和她的丈夫吉一的思想，以"一边祈祷，一边思考"为口号，标榜自由和自治的教育理想。他们创办的《家庭之友》和《妇人之友》非常出名。"文化学院"的办法理念来源于著名艺术家西村伊作。

[②] 进入20世纪30年代后，日本的经济危机频繁，加之对外战争不断升级，农村十分凋敝，常规课程难以为继，迫使教师用其他办法提高教学质量。如"生活缀方"，就是结合真实生活用作文形式记述真情实感的教学方法。宫原誠一等编：《資料日本現代教育史》第4卷，三省堂1979年版，第12页。

[③] 唐澤富太郎：『教科書の歴史：教科書と日本人の形成』，創文社1980年版，第443頁。

天下人毋庸置疑。"①

第二,"礼仪"。要求站在大东亚盟主的高度,锻炼臣民应有的品位及重视礼仪的习惯。因此,礼仪并非仅仅表现为教养,而是体现臣民的政治觉悟。

第三,"勤劳"。养成勤俭、耐劳的品质。本质是服务于战争体制。

臣民教育的精神支柱,仍然是《教育敕语》,抑或是由《教育敕语》所体现的国家主义和家族主义教育观。又因为在对外战争和殖民统治地区攫取了大量财富,反倒使国体、大和魂等道德概念具体化、物质化,进而把个人价值、自我尊严和国家价值、民族尊严捆绑起来。这是军国主义教育"获得民心"的重要原因之一。

例一:长野县某小学一进学校大门,正面挂一大幅匾额,匾额下方画有一个地球仪,日本帝都以一面日之丸旗表示,上方是一尊神模样的人物头像,左有八咫镜,右有草那艺剑(草稚剑),空中飞翔着一只灵鹰,睥睨天上地下,在左后方涂有光芒万丈照耀八方的太阳。

例二:东京师范学校礼堂正面挂着天孙降临的图画及宫中三殿图画,朝会及其他集体训话时……职员和学生都要向那里深深敬礼,在感谢皇恩浩荡的同时,宣誓要为日益昌盛的国运鞠躬尽瘁,并祝天皇、皇后万寿无疆。其中那幅天孙降临图,就是由我构思再找画家画的,画这样的画是象征建国的大精神。②

三、公民教育名不副实

伴随着普选权的扩大,以及大正新教育运动的兴起,学校教育不仅公开提倡公民性、社会性和自主性,而且在1924年正式开设了公民课。其目的在于适应"大正民主运动",着眼于培养学生的立宪精神和自治意识。到30年代,职业学校和师范学校的法律和经济课程全部并入公民课,所立目标就是"树立守法精神,了解共存与共荣的原理,发扬愿意为别人服务和别人合作劳动的精神,而且养成立宪自治国家成员所需要的基本习惯"③。

从世界课程史来看,公民教育无一例外都是民主社会的产物,宗旨是培养

---

① 这是1900年6月新版《修身要领》所附福泽谕吉的卷首语。唐澤富太郎:『教科書の歴史:教科書と日本人の形成』,創文社1980年版,第183頁。
② 唐澤富太郎:『教科書の歴史:教科書と日本人の形成』,創文社1980年版,第183—184頁。
③ 日本国立教育研究所编,张渭城等译:《日本教育的现代化》,教育科学出版社1980年版,第83页。

追求社会正义、维护民主制度、适应民主生活、具有社会责任感和个性的公民。公民教育基于民主思想，它必然地对立于臣民教育、忠君思想。显然，日本不具备这样的条件。一是在社会制度方面，它是天皇制国家，而且军部权力独大；二是在教育制度方面，它确立的是以天皇为中心的家族主义国家观；三是学习的自由度较差，虽然强调联系日常社会生活，但其落脚点仍是陶冶特定的道德情操。①

1925 年，文部省要求振兴以公民教育和军事教练为中心的社会教育。但是，同时要求教育内容要与臣民教育一致。例如以下学习主题，国家：建国由来、国体精华；天皇：天皇大权、皇室典范、皇室及皇族；臣民：臣民、臣民权利与义务；领土：我国领土、租借地及委任、统治之地域；行政官厅：拓殖行政官厅（朝鲜、台湾、桦太、关东州、南洋群岛）；国防：国防和征兵、我国的军备、在乡军人；国土开拓：人口与国土、拓殖与移居（北海道、桦太、朝鲜、台湾）；海外发展：海外事务（支那、西伯利亚、南洋、南美洲等）；思想问题：对民主主义、社会主义、共产主义的批判。②

可见，日本的公民教育并不是培养近代民主素质的学科，学生从这样的公民课学到的东西，甚至与公民素养（公民知识、行为和意识）是背道而驰的。如果这也叫"公民教育"，那么只有"对本国公民讲应有的义务"这一条是对得上的。

1931 年，公民教育进一步推广到中学及师范学校；1932 年，进入高等女子学校。另外，此时的公民教育不过是应付民主运动的权宜之计。虽然它较之单一的政治教育（如立宪意识）更有针对性和灵活性，但是它至多充当了"由臣民教育转向皇民教育的中介"③，并不培养有独立思考的公民，所以其课程性质也不具有民主性和公民性。就是说，国家所定位的臣民性本身也与公民性相对立。

总之，20 世纪二三十年代的教育，日本教育具有自由主义和军国主义两副面孔。自由主义教育留给后世的主要遗产，一是全面推进了日本教育的近代化，二是创设了各种教育理论和独立学园，三是联系学生生活实际的教学思想。军国主义教育则直接将明治时代的国家主义教育，转化为昭和时代的极端国家主义和法西斯主义教育。

---

① 1924 年 10 月 9 日，文部省公布《实业补习学校公民教授纲要》之课程定位。宫原诚一等编：『資料日本現代教育史』第 4 卷，三省堂 1979 年版，第 229 页。
② 宫原诚一等编：『資料日本現代教育史』第 4 卷，三省堂 1979 年版，第 232—234 页。
③ 堀尾辉久：『天皇制国家と教育：近代日本教育思想史研究』，青木书店 1987 年版，第 204 页。

四、监视大学课堂成为常态

1910年4月22日，文部大臣小松原英太郎出席地方长官会议，针对各种社会思潮对教育的影响，要求强化学校的道德教育。5月底，政府又借"大逆事件"清除"无政府党派"，进而全面扑灭社会主义思潮可能形成的燎原之火。

当时，政府故意把社会主义混同于无政府主义。这是因为给社会主义者戴上了"无视师、主、亲之权威，以行社会的破坏主义"的帽子，政府便可以名正言顺地做如下宣传：政府维护已有的道德秩序，社会主义者破坏之；政府奉行天皇中心主义和日本主义，强调自古以来的传统，社会主义者破坏之；政府承认国家至上原则，促成举国一致体制，社会主义者破坏之。[①] 简言之，凡有社会事件发生，都可以牵涉到社会主义者的主张。

本来作为国是的《五条誓文》，也包括了《学制》在内的治国方策，而且承认世界意识和个人立场。据此，流入各种近代思想和文化并引发各派争议，实属正常的社会发展现象。然而，发布《教育敕语》以后，等于为"思想混乱"出台了判定标准，致使争议变成了一方对多方的压制或取缔，甚至不管你是何种来头，只要认定与天皇的诏敕或敕谕不一致，便没有存在的余地。[②]

如果说甲午战争是日本近代的第一剂强心针，那么它的副作用则是让爱国心过于膨胀。文部省、内务省和军部不失时机地基于《教育敕语》贯彻"家族主义的国家观"，而国粹派和开明派围绕"忠君爱国"思想展开的争论，作用并不在分辨孰是孰非，恰恰是夯实了"敕语体制"的基础。

到第一次世界大战结束时，尽管较之以前的工人运动更为活跃，社会主义和自由主义等思潮也更加多样，但是因为社会问题层出不穷，政党政治处于有利位置，反倒刺激了军部和右翼政客对民主和自由派人士进一步施压。

例如，有人提倡"做学问要追求纯粹客观，不能只讲爱国思想或精神主义的训导"，就有人出来强调必须坚持"忠实勇武"的信念；[③] 学界主张打破国定教科书一家垄断的局面，并在《教育时论》上公开进行讨论，如高岛米峰的《排除官僚主义万能说》、远藤隆吉的《形式与实质》、茅腹华山的《将来的帝国》、

[①] 『続・現代史資料（2）・社会主義沿革（二）』，みすず書房1986年版，第127頁。
[②] 关于《五条誓文》的地位和作用，存在不同派别。著名的如以井上哲次郎为代表的"敕语派"（官僚派），他们强调敕语就是天皇对国民的训导，必须确信；以大隈重信、板垣退助、堀尾石峰为代表的"誓文派"（民间派），他们坚持认为，《五条誓文》是政府制定大政方针根本理念。
[③] 这里把一战前后看成一个阶段，故以1914年各校新生入学式上校长的讲话为例，前者是东北帝大校长北条时敬的话，后者是京都大学校长山川健治郎的话。

田中一贞的《排斥划一主义》、河野清丸的《打破国定的两个立足点》、中野春二的《教科书和教师的自觉》、大津复活的《反思教育的本质》等①，政府就用实际行动大张旗鼓地加强包括国定教科书在内的国家主义教育（含日本主义和国体论）、军事教育（以兵式体操为典型）、忠君爱国教育（突出忠孝一致论）、家族制度教育（含祖先崇拜及良妻贤母论）和国民道德教育，其助推力度前所未有，以致说"大和魂的实质就是忠君爱国"，"忠君爱国亦是大和魂的别称"。进入20年代，政府为了统一国民思想，干脆取缔了"消极出版物"，收紧了"蛊惑宣传"的范围，以致著名人物也必须谨言慎行。②

简言之，从甲午战争到第一次世界大战，伴随着对内建制和对外战争出现的思想交锋，尤其是社会主义思潮、自由主义思潮、个人主义思潮和世界主义思潮一度形成了各种"危险思想"，一些人提出政府必须事无巨细地予以反击。所谓"危险思想"，无外背离了国家主义、军国主义和天皇中心主义，而非它们占据主流或对国民产生了普遍影响。事实上"危险"不过预判而已，政府的真实目的是推进"思想善导"，即基于《教育敕语》统一国民道德和思想。

到1922年，仍有人提倡世界主义，如大场喜嘉治的人类爱最为典型。

> 至今以自爱为中心的个人主义，以及和普遍的人类爱有关的教育尚未展开，而且它们也与以同胞爱为中心的国家主义教育相对立。人类爱超越个人和国家，并把整个人类作为爱的追求对象，同时摒弃个人偏见乃至偏狭的岛国根性，以自觉于广义的人类理想。③

接受该思想的群体主要在大学。因此在"大逆事件"后，首先是内务省通过警视厅监视学生的思想活动，随后是文部省出台了"思想取缔"政策，并逐渐扩大对学校教师的监视范围。1920年初，早稻田大学的教室已有"思想间谍"潜入，专门"静等教授失言，并密告给当局"。果然，有大约二三成的青年教授都存在言论过激现象。后来经过分析或行为检查，认定他们只是正常的学术表达，或在学术自由范畴内对学术进行评论，至多算是追求思想上的特立独行。

---

① 1915年3月13日，部分学者在神田基督教青年会馆举行"打破国定教科书"专题讨论会。上述文章刊登在3月25日的《教育时论》第1078号。

② 东京成安高等女校校长宫田修向文部省建言，应高度重视政治家和学者的言论，他们的观点更容易在个人和社会两方面产生危害，包括悲观的社会情绪、腐蚀心灵的社会改造主义等。坂口茂：『近代日本の愛国思想教育』，大正デモクラシーと愛国思想（上），タウンニュース社2008年版，第314頁。

③ 大場喜嘉治：「人類の先愛の教育」，『教育時論』第1341号，1922年7月15日，第24頁。

但是，政府既然这样做了，就不会简单处理。结果严重挫伤了学者的锐气，破坏了学术自由风气。[1]

6月，众议员三木武吉针对民主主义、民本主义和专制主义、军国主义阐述了思想善导的作用与功能，要求政治家、宗教家和教育家都要把"思想善导作为第一要务"，并明确指出社会主义、民主主义、自由主义和个人主义是国民思想的大敌。[2]10月11日，在东京高等师范学校召开全国师范学校会议，提出"师范生的思想善导最为迫切"，教师理应拥护"具有无尚尊严的国体"。也承认"大学是研究学问之所，以追求真理为己任，必须坚持学问和思想自由。"但是这种准则不适宜师范学校，师范培养的教师，第一素质就是服从。

1922年2月18日，贵族院提出《过激社会运动取缔法》。第一条，凡宣传无政府主义和共产主义紊乱朝宪者，判七年以下有期徒刑；第二条，凡以无政府主义和共产主义为目的结社、组织运动者，判十年以下有期徒刑。虽然在众议院未被通过，成了废案，但是它仍对控制学生思想产生了很大影响，至少协助政府的"思想间谍"，一直维持到第二次世界大战结束，前后近30年之久。

另一个后果是，到20世纪30年代，不仅大学的自治时代彻底结束，而且社会主义者无立锥之地不说，就连温和的自由主义者也会因口祸或笔祸丢了教职。

> 早稻田大学针对军事训练进学校的政策，进行过公开抵制。他们认为，"大学是文化的殿堂，追求真理的场所，决不能被军阀官僚所利用。早稻田大学创立以来46年间（1928），为营造独立的学问气氛和自由研究的环境，有着与官僚和军阀斗争的光荣史"[3]。但由于学校右翼组织"军事研究团"的破坏，使这样的批判没有能够继续下去。

第三节 从中日关系看日本军国主义的走向

井上馨称第一次世界大战的爆发乃是"大正之一大天佑"，并渴望因此振兴日本国运。战时，日本参加协议国一方，其对德"宣战"，只是想趁机夺取山东，以便扩大自己的势力范围。

---

[1] 坂口茂：『近代日本の愛国思想教育』，大正デモクラシーと愛国思想（上），タウンニュース社2008年版，第330頁。
[2] 三木武吉：「吾人の國民教育」，『教育学術界』第41卷第3号，1920年6月1日，第243頁。
[3] 山住正己編：『戦争と教育：四つの戦前と三つの戦後』，岩波書店1997年版，第108頁。

战后，大正时代进入了高度动荡的时期，其突出表现是：其一，各种社会思潮兴盛；其二，各种社会运动活跃；其三，政坛新老交替，政党成为政治主角，以天皇为中心的国体受到挑战；其四，在自由、民主、和平的世界大势中，日本不得不采取收敛军国主义的政策。

总体来看，在日本，无论是谁、采用何种方式推进立宪主义，都从没有放松对外扩张的企图，只是调整了相关政策。尤其在中日关系方面，暂时放缓侵华步伐，旨在找准机会攫取到更大利益。

一、对华"双重外交"及其影响

1918年6月29日，寺内正毅内阁修改《帝国国防方针》，把俄国、美国和中国作为假想敌。[①] 翌年，中国爆发五四爱国运动，喊出"收回山东权益""废除二十一条""誓死力争，还我青岛"等口号。日本政府一方面继续落实在巴黎和会得到的便宜，另一方面为了确保在中国东北的既得利益，也适时地调整了它的对外政策，伺机扩大在华权益。

从原敬内阁到若槻礼次郎内阁，暂时放弃了在东亚的积极武装干涉政策，转而采用隐蔽的以经济掠夺为主的策略。从国际环境看，它既受"凡尔赛—华盛顿体系"的制约，也不得不顾及中国和朝鲜大规模的反日爱国运动。从国力上看，中国不对日本构成威胁。另外，日本人以亚洲第一自居，认为自己是代表亚洲人和列强对抗，所以也有拉拢中国的需要。从国内形势看，政党内阁需要调整国内政治，包括由宪政及左翼运动带来的棘手问题。

此外，1920年1月10日发布的《恢复和平诏书》，也起到了平衡各方关系，适应世界趋势，恢复社会安定的作用。

> 此次大战厮杀五年，殃及世界。朕惟赖与诸友邦之联合，以奋勇努力之威烈，一扫战争而彻底恢复世界和平。（中略）
> 朕偕友邦永葆和平，以期人类共享休明之泽。朕倚借忠良臣民之齐心协力，造就众庶之富康，广敷文明之风化，庶几光复祖宗之洪业且蒸蒸日上。愿尔等臣民尽诚朕旨。[②]

---

① 1907年制定的《帝国国防方针》，已经把中国列为假想敌。森松俊夫著，黄金鹏译：《日本大本营》，军事科学出版社1985年版，第106页。

② 大正天皇：「平和克復ニ付浮華矯奢ヲ戒メタマフ詔書」，井原頼明编：『增補皇室事典』，冨山房1942年版，第453页。

1924年1月，中国国民党和共产党实现了第一次国共合作，促进了中国的资产阶级民主主义革命再掀高潮，因此日本政府必须顾及侵华后果。比如仅1925年一年内，在中国就发生了150起以上的"排外运动"[1]，尤以"五卅运动"最为激烈。在5月30日至6月10日之间，日本伙同英国在上海进行了9次血腥镇压。[2] 仅对日本政府而言，如此频繁和较大规模的反日运动使其不得不权衡轻重。

但是，日本政府干预中国"排日运动"的活动从未停止。其朝野内外，指摘政府保护侨民不力的声音可谓声嘶力竭。1925年1月，总理大臣加藤高明为此曾在议会为政府辩护道："政府在严守对支那不干涉政策的同时，已尽力确保帝国在支那的权益。我们用了各种正当的手段，使战祸不致波及满蒙地区，因为该地区才是帝国最为重大的利益所在。"他同时保证，"我们已在调动驻满师团，一旦需要出兵，政府会迅速做出反应，所以请国人不必担心"。[3]

其实，这正是1924年7月1日"币原外交"提出的内容：一是改善和英美的外交关系，变对抗为妥协；二是承认苏联，在达成日本的经济利益后，从西伯利亚撤兵；三是不干涉中国内政，用经济外交取代武力外交。此时的对华政策，前提是确保日本在华的"正当利益"，即维护日本在中国攫取的既得利益不受影响。据此，理应对中国现状采取容忍和同情的态度，并做到经济提携和共存共荣。[4]

显然，日本政府"不干涉中国内政的方针"，不是单方面造成的。其一，1924年和1925年恰是第二次护宪运动和普选运动的关键期，也是"宪政之常道"的开端，政党确有改变政治走向的意图；其二，日本原有的对华政策，特别是灭亡中国的"二十一条"受到国内外的抨击，迫使现政府正好借战后大环境调整对外政策，并树立按章办事的形象；其三，此时的日本也没有能力与英、美、苏进行深度对抗。所以，为了维护在华的既得利益，它把重点放在了经营东北和山东上。

二、从郭松龄事件看日本的对华态度

1925年11月23日，奉军京榆驻军副司令郭松龄宣布倒戈反奉，并向日方

---

[1] 马场伸也：『満州事変への道：幣原外交と田中外交』，中央公論社1950年版，第124頁。
[2] 根据1925年"满铁座务部调查课"的《关于上海事件的报告》统计。
[3] 加藤高明：「第五十一回帝國議會（通常會）施政方針演說」，『歷代內閣総理大臣演說集』，大蔵省印刷局1985年版，第169頁。
[4] 江口圭一：『日本帝国主義史論：満州事変前後』，青木書店1980年版，第4頁。

单独作了安全保证。① 此时的张作霖正与吴佩孚、孙传芳对峙,又与冯玉祥的军队一触即发。郭松龄兵变,不仅关系到军阀角逐中的利益得失,而且还会影响到中国政局的变化。所以,关东军司令官白川义则于 11 月 27 日,派参谋浦澄江去探询郭松龄的真实意向。日方承诺,如果接受日本与张作霖所订的利益条款,日本便不干涉其军事行动,郭松龄没有答应。于是"关东军借口郭松龄要把共产势力引入满洲,决定援张排郭"②。

由此可知,到底是"拥郭",还是"援张",日本外交政策的立足点是在华的长远利益。早在 1905 年 5 月,日本内阁已决定其在中国东北的利益范围③,这次它也想通过郭松龄事件再次渔利,并夯实"二十一条"第二款中"关于满蒙地位"的事实。所以,当张作霖答应日本关东租界地及南满铁路管理期限延长以后,日本立即公开支持张作霖。重点是,它实际扩大了日本在东北的特权。④

三、由"积极外交"代替"协调外交"

1927 年 3 月 24 日,北伐军打跑军阀张宗昌,进入了南京城。随后,莫名其妙地突然袭击各国领事馆,掀起了排外和抢劫风暴。同时,停泊在长江的英美军舰向南京开炮约一小时,造成中国居民和士兵死伤 2 千余人。不久,抢劫和炮击停止,事件平息。该事件又称"宁案"("南京事件")。日本领事森冈正平在事件中侥幸未死,但领事馆被袭。这一次,日本罕见地没有在南京动武。

事实并不简单。"南京事件"给了军部和关东军转变"软弱外交"的借口。4 月 20 日,若槻内阁倒台,陆军大将田中义一组阁。田中义一启用素有"东亚新体制之父"的森恪主持外交事务⑤,陆军大臣则由曾任关东军司令官的白川义则担任,这就注定了新内阁要执行"积极外交"了。

果然,在 5 月 28 日,为了阻止北伐军继续北上,日本内阁决定动用关东军 4200 人出兵山东(第 1 次出兵山东⑥),理由是"保护侨民的生命和财产"。6 月

---

① 王芸生编著:《六十年来中国与日本》第 8 卷,生活·读书·新知三联书店 1980 年版,第 105 页。
② 江口圭一:『日本帝国主義史論:満州事変前後』,青木書店 1980 年版,第 94—95 頁。
③ 「日清満洲に関する條約」,外務省編纂:『日本外交年表竝文書(1840—1945)』上,原書房 1978 年版,第 253 頁。
④ 王芸生编著:《六十年来中国与日本》第 6 卷,生活·读书·新知三联书店 1980 年版,第 74 页。
⑤ 其职务是外务省政务次官,因田中兼任外务大臣,实际是森恪掌管外交事务。同时,他还主持"东方会议",推行强硬外交。
⑥ 本次出兵,在 8 月撤回。翌年 4 月第二次出兵山东。5 月 3 日,与北伐军冲突,日军制造"济南惨案",持续数天。

27日至7月7日，内阁召开"东方会议"，会后发表《对华政策纲领》。[①]7月25日（一说27日），田中经过宫内大臣木喜德郎转呈天皇《帝国关于满蒙的、积极的根本政策》，其中阐述了"欲征服中国，必先征服满蒙；欲征服世界，必先征服中国"的侵略步骤。这就是臭名昭著的《田中奏折》。

《田中奏折》长达4万余字，1929年公之于世。吊诡的是，日方始终否认它的存在。而事实是，它承认与否已不重要。正如顾维钧所说，"田中奏折之真伪曾有辩论，然其披露后发生的事故，与该奏章所载之次第计划若合符节，故不能不以该奏章为日本对华真正之具体表现也"[②]。

四、军国主义教育与对华方针形影不离

军国主义教育的本性从属于侵略战争，即便是在20世纪20年代日本近代政治和社会民主运动空前活跃的时期，也没有减缓军国主义教育的发展势头。其中一个关键因素，即是日本为了强固"主权线"，而不断扩大"利益线"的范围。[③]从甲午战争开始，到第二次世界大战结束，日本始终把中国放在其"利益线"的核心位置，吞并朝鲜需扳倒中国；与俄对抗需控制中国东北地区；若突破英美势力成为亚洲霸主，也必先征服中国。因此，对华方针不仅体现其内政动态和外交趋向，而且也反映军国主义教育的政策背景和行动原因。

第一，所谓软弱外交，既受国内立宪运动和政党政治等多种因素的制约，也有来自国际环境的影响，以致日本政府在短期内采取了较为务实的外交政策。即便如此，由军部和关东军控制的"满蒙"并未受此限制。抑或是说，因为日本把"满蒙"作为自己的"生命线"，在这里不适用软弱外交。从"郭松龄事件"到"皇姑屯事件"，日本处理"满蒙问题"的政策，皆以"正当利益"为理由，既狡猾又强硬。它所谓"正当利益"，就其"主权线"而言，就是它的"生存范围"；就国际关系而言，便是"周边利益"；就政策而言，又成了"主要利益"。究其实质不过外交谎言而已，其中贩卖的无不是强盗逻辑。

事实是，至迟在1907年的《帝国国防方针》中，日本就把俄国和中国绑

---

① 『東方會議「對支政策綱領」に關する田中外相訓令』，外務省編纂：『日本外交年表竝文書（1840—1945）』下，原書房1978年版，第102頁。

② 顾维钧："参与国际联合会调查委员会中国代表处说帖"，转引自林明德：《近代中日关系史》，台北三民书局1984年版，第289页。

③ 第三章引过山县有朋1890年12月6日在第一次帝国议会所做的国情演说。他认为，近代"国家的独立自营无外二途：第一是守好主权线，第二是确保利益线。主权线即国家疆域，利益线则是与国家疆域安危密切相关的区域（势力范围）"。

在一起，并列为它的假想敌。到 1918 年修改《帝国国防方针》时，直接列中国为日本的敌国。1922 年 3 月，内阁再次修改《帝国国防方针》，其结尾处写道："总而言之，在不久的将来，帝国之国防要以美国为目标，并重点予以防备。美国同我国发生冲突的可能性最大，且有强大的国力和军备。对同我国接壤的中俄两国，以亲善为宗旨，力求为我所用，同时要始终保持震慑中俄的实力。"[①] 但是，到 1927 年 4 月，变"软弱外交"为"积极外交"后，中国实际上又成了敌国。

在教育领域，甲午战争以后，中国一直是被轻蔑和敌视的对象，甚至在陆军军校军歌中出现了"到长城上撒泡尿""惩罚了暴戾的支那"等侮辱性很强的歌词。不能忽视的是，在 20 世纪 20 年代日本的对外战争相对消停的时候，其军国主义教育也得以充实和发展，包括军部强行介入学校教育、实施现役军人配属令、青年军事训练普遍化等。

第二，20 世纪 20 年代"日本外交的根本问题乃是缺少一项足以取代帝国主义时代外交的理论架构，在摆脱明治以来古老的外交范畴之后所出现的，是经济主义的思想，但现实却有很多无法解决的难题"。在"币原外交"和"田中外交"都失败的情况下，"军部乃高唱国防优先思想，主张以武力解决满蒙问题，举国上下亦弥漫军国主义思潮"。[②]

而且这一时期的经济危机和社会动荡相当严重，极端的社会改造思想非常流行。对此，军部、内务省和文部省加强合作，通过思想善导、镇压左翼运动、振作国民精神，以及维持治安法、举行特大阅兵仪式等措施，系统运作军国主义教育，使其充分储备帝国战斗力，以备发动更大规模的对华战争。因此说，教育决策反映国运走向。

第三，自甲午战争后，中国都是日本军国主义者发动侵略战争的战场，即便是 20 世纪 20 年代日本没有发动大规模战争的情况下，它仍两次出兵山东，并对中国百姓痛下狠手。其实，军部也好，政府也罢，不只是借助教育传播尊崇国体、绝对服从天皇，以及仇视加害者的观念，而且还通过接连不断的、大大小小的战争，时时刺激国民的军国主义掠夺心理。像"满蒙关乎国家利益"或者说"它就是日本的生命线"这类宣传成为国民共识后，他们就很容易理解和支持政府的国防方针了。

---

① 森松俊夫著，黄金鹏译：《日本大本营》，军事科学出版社 1985 年版，第 111 页。
② 林明德：《近代中日关系史》，台北三民书局 1984 年版，第 300 页。

第七章 纳入法西斯体制的军国主义教育

引 言

1926年12月25日,大正天皇病死,摄政裕仁亲王即位,改年号为"昭和"。[①] 裕仁在"登基敕语"(28日)中表示:"朕赖皇祖皇宗之威灵,继承万世一系之皇位,总揽帝国统治之大权,以行践祚仪式,率由旧章,聿修先德,但愿祖宗之遗绪不坠。"[②] 全文3节,既有"巩固万邦无比之国体"的宣誓,也有"斥浮华,尚质实,戒模仿,勉创造"的纲领。

1928年11月10日,裕仁在京都御所举行即位大典,同时祭告天照大神,发布"即位敕语",宣称"朕于国内以淳厚之教化普惠民心,以期国运之日益昌隆;对外则致力于国交亲善,确保世界永久和平"[③]。

然而,1929年10月24日,美国纽约证券交易所股票暴跌,就是这个"黑色星期四"引发了全球性经济危机。在日本,据1930年6月的统计,当时的失业者激增至700万人。到1932年,完全失业者估计至少也有300万人。[④] 加之1931年冬天甚寒,导致东北和北海道地区的农作物大量减产,农民生活宛如地狱。仅两年时间,工业生产比1929年同期下降33.3%,出口额锐减了二分之一。[⑤] 帝国政府为了摆脱经济危机,强化了对外扩张政策,同时要求进一步加强军国主义教育。

[①] 《尚书正义》卷2《尧典》:"平章百姓,百姓昭明;协和万邦,黎民于变时雍。"《十三经注疏》上册,中华书局1980年版,第119页。
[②] 昭和天皇:「踐祚後朝見式ノ勅語」,井原頼明编:『増補皇室事典』,冨山房1942年版,第460页。
[③] 昭和天皇:「即位禮ノ勅語」,井原頼明编:『増補皇室事典』,冨山房1942年版,第462—463页。
[④] 井上清、铃木正四著,杨辉译:《日本近代史》下册,商务印书馆1972年版,第524页。
[⑤] 吴廷璆主编:《日本史》,南开大学出版社1994年版,第85页。

1931年9月18日，日本悍然用武力侵占中国东北。1936年2月26日，日本国内军中激进的法西斯分子发动政变，试图确立军部主导下的"国防优先"体制。1937年7月7日，日本又制造了"卢沟桥事变"，挑起全面侵华战争。战争规模很快从中国的华北地区扩大到华中和华南地区，受过军国主义教育的日军所到之处，其野蛮和残暴程度令人发指。

为了在侵略战争中攫取更大利益并长期控制占领区，必须动员庞大的兵员并投入巨大物资，为此帝国政府利用"举国一致"运动，促使军政双方联手一同推进"国民精神总动员"。1938年4月，政府颁布《国家总动员法》，将国民财产、物资乃至国民的生命与生活全部控制起来，迅速完成了法西斯国家体制。

第一节　法西斯运动的兴起

1901年2月3日，头山满、内田良平以原"玄洋社"为基础组成了"黑龙会"。该会奉行的"主义"是："敬奉天皇，以建国遗训为基础，兼六合而掩八纮，弘扬皇猷（天皇设计的大道），以期发展国体之精华。"据此，制定了如下纲领：

1. 吾等谋求肇国之宏谟，阐明东方文化之大道，推进东西方文明之亲和，以期成为亚细亚民族兴隆之领导者。
2. 吾等谋求纠正法制主义束缚人民自由之偏颇形式，一洗缺乏时势常识、妨碍公私效率、辱没宪政本旨之百端宿弊，以期发挥天皇主义之妙谛。
3. 吾等谋求改造现行制度、振作外交、发展海外；改革内政，增进国民福利；确立社会政策，解决劳动问题，以期巩固皇国之基础。
4. 吾等奉行和拥戴《军人敕谕》之精神，并振作尚武之风气，以期充实国防机构。
5. 吾等谋求根本改革模仿欧美之现代教育，依照国体渊源建设国民教育之基础学，以期发达大和民族之公德良智。①

这一纲领囊括了明治以来的天皇主义、国粹主义、大亚洲主义和军国主义等种种右翼思想，并以反藩阀、反官僚的姿态出现，力图用"新体制"替代"旧体制"，毫无掩饰地表露出日本法西斯主义的目标。

---

① 堀幸雄：『戦前の国家主義運動史』，三嶺書房1997年版，第26頁。

一、法西斯组织的形成及其影响

（一）法西斯组织"犹存社"

1918年8月1日，满川龟太郎、大川周明、平贺矶次郎等，引《唐诗选》中魏徵《述怀》[①]中的"慷慨志犹存"一句，发起"犹存社"[②]，并由此揭开了法西斯主义的"国家改造运动"。其《纲领》共有七条："一、建设革命的日本；二、充实日本国民的思想；三、开创合理的日本国家；四、开展民族解放运动；五、执行道义的对外政策；六、联络改造运动；七、锻炼战斗同志的精神。"[③]

> 还有一种说法，《纲领》是："一、建设革命的大帝国运动；二、创造并革新国民精神；三、提倡道义的对外政策；四、为解放亚细亚而组成一个大军国共同体；五、批评和研究各国的改造情况；六、锻炼同志之魂。"[④]

该组织特别重视拉拢青年将校，试图依靠军人的力量推进法西斯运动。民间法西斯分子之所以这样做，有以下几个重要原因：第一，他们中的绝大多数出身中间阶层，在第一次世界大战以后，日本政治和社会非常动荡的情况下，他们的出身和地位容易形成共同的政治目标。第二，法西斯主义的对外侵略理论和野心，必须依靠军人去实现，尤其要借助军部的力量。[⑤]于是，下级军官的改造意愿尤其强烈。另外，因为北一辉的《国家改造案原理大纲》，以及犹存社的机关杂志《狮吼》所鼓吹的法西斯理论带有较强的蛊惑性，极易煽动军部青年将校及中下层民众的情绪，形成"改造运动"的社会基础。例如东京帝国大学"日之会"、东洋协会大学（拓殖大学）"魂之会"、早稻田大学"潮之会"、第五高等学校"东光会"等学生右翼团体，都成了法西斯的基本力量。[⑥]

（二）法西斯组织集中出现

进入20世纪20年代，日本法西斯组织呈井喷式发展。著名的组织有：

[①] 魏徵《述怀》："中原还逐鹿，投笔事戎轩。纵横计未就，慷慨志犹存。"
[②] 犹存社、黑龙会（头山满、内田良平）、经纶学盟（上杉慎吉、高畠素之）是日本右翼三大源流。
[③] 北一辉回国（1920）后加入该组织，由此形成北一辉、满川龟太郎和大川周明"三位一体"的领导核心（四年后关系破裂）。其他著名人物还有鹿子员信、安冈正笃、绫川武治、西田税、金内良辅等。故有学者认为该组织集中了昭和国家主义运动的主要领导人。
[④] 堀幸雄：『戦前の国家主義運動史』，三嶺書房1997年版，第44—45頁。
[⑤] 军部上层相对保守，而且陆海军的矛盾由来已久，这也是青年军官尤其激进的制度原因。
[⑥] 大塚健洋：『大川周明——ある復古革新主義者の思想』，中央公論社1995年版，第113頁。

1921年10月的"双叶会",由驻瑞士武官永田铁山、驻苏俄武官小畑敏四郎,以及在欧洲考察的冈村宁次三人,在瑞士的巴登巴登"为革新陆军、誓共进退而结盟";① 1925年,大川周明、满川龟太郎、绫川武治、西田税等人组织的"行地社";1926年,赤尾敏组织的"建国会";1927年,西田税组织的"天剑党";1927年,永田铁山、冈村宁次、东条英机、铃木点一、根本博、土桥勇逸、山冈道武等成立的"木曜会";1928年,藤井齐等组织的"王师会";1929年春,"木曜会"和"双叶会"合并,成立为"一夕会";1930年,桥本欣吾郎、坂田义郎、樋口季一郎等人组织的"樱会"等。②

据统计,仅在1927—1937这十年间,新出现了634个"右翼团体",参加者有12万人之多,东京一地就有172个团体。其中,多数都属于法西斯团体。③

(三)以军部为中心的法西斯运动

法西斯主义者一向认为,改进日本陆军的装备和实施军队的近代化,已经事不宜迟,而且必须由军部主导国家改造运动。但是,第一次世界大战结束后,他们面临着两方面的挑战:一是如何扩大在东亚的既得利益,二是如何应对战后流行的各种社会思潮,如日本国内的民主主义、世界主义和个人主义,尤其是深受俄国十月革命影响的社会主义思潮和马克思主义运动大有燎原之势。于是,他们借机开动舆论攻势并加强组织活动,其主张是:清算思想腐化和政治腐败;抑制资本扩张和滥行压榨手段;建立军部权威,赢得更大的海外利益;树立忠君爱国思想,视天皇为国家柱石,实行彻底的大日本主义;共同承担社会改造任务等。

譬如"天剑党"声称:"我党之目的,在弹劾上盗天子统治大权,下陷全国民众于不义的骄恣亡国的一群,故需夺回我国家。""樱会"则提出了"每个人的首要任务是指摘当权者负有重大责任"的口号,其理由也是官僚们"上蔽圣明,下惑国民,致使政局腐败透顶"。总之,法西斯运动把矛头指向政府,是因为它远未达到极右翼的独裁要求,各项改革政策仍显得保守。④

20世纪20年代末30年代初,日本法西斯运动的中心已由民间转到军部,建立法西斯专制的国家体制趋于成熟。

---

① 稻叶正夫编,天津市政协编译委员会译:《冈村宁次回忆录》,中华书局1981年版,第432页。
② 猪木正道:『軍国日本の興亡:日清戦争から日中戦争へ』,中央公論社1995年版,第169頁。
③ 汤重南主编:《日本帝国的兴亡》,世界知识出版社1996年版,第760—763页。
④ 猪木正道:『軍国日本の興亡:日清戦争から日中戦争へ』,中央公論社1995年版,第174頁。

二、法西斯理论的实质

（一）北一辉的法西斯理论

日本法西斯理论的最初构建者是北一辉，他于1919年抛出了《国家改造案原理大纲》（后改称《日本改造法案大纲》），全书共8卷。他在第一卷"国民的天皇"中说："天皇是国民的总代表，须明确天皇是国家的支柱这一原理主义。"并且同时强调，改造日本的第一步，就是由天皇"行使大权，停止宪法三年，解散议会两院，向全国公布戒严令"。[①]

该书的第二卷"私有财产的限度"、第三卷"土地处分三则"、第四卷"大资本的国家统一"，都是讨论所有制问题。例如，他要求限制私有财产，规定一家的私有财产不能超过100万日元，私有土地不能超过时价10万元，私有企业不能超过1000万元，超出部分要无偿地交给国家。

在第五卷"劳动者的权利"、第六卷"国民生活的权利"、第七卷"朝鲜及其他现在或将来的新领土改造方针"、第八卷"国家的权利"中，他说："国家依国体而存在"，理想的国家理应实行强权，并用侵略手段积极开拓世界，成为军事上的一等国。一言以蔽之，就是国家要掌握"积极的开战权力"。至于外交政策，他则指出："对于日本而言，为了确保日本海、朝鲜、支那的安全，即保全日俄战争成果，并领有远东西伯利亚，不能对俄手软。而且理应援助印度独立，并贯彻决定支那及南方领土之命运的三大国策，故须与英国势不两立，因此急需建设海军。"[②]

此书披着民主社会主义的外衣，把劳动者参与企业管理、普选权、社会福利等民主化口号具体化，明确主张依靠天皇来改造日本。他力主加强陆海军的实力，不惜用武力"以匡正国际划界之不正"，要求把战争扩大到整个远东地区及澳洲，用以解决日本的人口压力、土地和粮食问题，并叫嚣这是"宣布天道的'剑之福音'"。他还认为只有"按照日本领导的大亚细亚主义来结成世界联盟"的思路，世界才能和平发展。因此，他所说的"原理主义"赋予了国家两项权力：为了解放被压迫的国家和民族而作战（所谓道义）；对拥有广大领土而又不行天道的国家开战（所谓正义）。[③]

20世纪30年代，日本政府的思想和行动大致按照这样的"原理主义"建立了法西斯体制。

---

① 北一辉：『日本改造法案大綱』，改造社1923年版，第4页。
② 田中惣五郎：『北一輝：日本のファシズム象徴』（増補版），三一书房1971年版，第421页。
③ 田口利介：『陸軍ファシズムと天皇』，国書刊行会1986年版，第13页。

(二) 大川周明的法西斯理论

大川周明是法西斯主义理论家，他同样热衷于用"复兴亚洲"和"改造日本"的说辞蛊惑民众。在《复兴亚细亚的诸问题》（1922）一书中，他指出：第一次世界大战以后，社会主义革命和复兴亚洲已然是"世界历史的根本性变化"。据此，"日本人必须秉持自己的正义，就像手握双刃剑一样，一面抵御亚洲流行的各种不义现象，另一面迎接或被邪恶随时吞噬的考验"。作为"复兴亚细亚和改造日本的战士，理当矢志不移地建设大乘日本[①]，并诞生一个纯粹的亚细亚"。[②]

1918 年 8 月，富山县爆发"米骚动"[③]，他认为时机到了，便不遗余力地积极活动，直接促成了法西斯组织"犹存社"。1922 年春，他加入"针对社会教育、社会事业、更新农村及劳务活动进行调查研究和实地指导"的"社会教育研究所"[④]，主讲"日本精神研究"一课。他列举横井小楠、佐藤信渊、石田梅岩、平野国臣、宫本武藏、织田信长、上杉鹰山、源赖朝等人物，强调"改造日本必须从这些伟人身上找到日本大义"，必须用"士魂"（武士道）养成"国士人物"，当务之急是"从地方挑选有头脑的青年人"。

1925 年 2 月 1 日，"行地社"[⑤]成立，大川周明任委员长，机关杂志为《月刊日本》。原"犹存社"成员，以及"满铁组"、"日之会"、社会教育研究所等组织的成员一并加入。其《纲领》有六项内容：（1）确立国民的理想；（2）实现自由的精神生活；（3）实现平等的政治生活；（4）现实友爱的经济生活；（5）解放有色人种；（6）统一世界道义。[⑥]

与北一辉不同，大川周明尤其重视在军部发展法西斯势力。他的秘书中岛信义也说，"行地运动的神髓是在军部发挥作用，大川先生为此颇为尽心"。结果是《日本》杂志在军部拥趸大量的忠实读者，包括森冈皋、土肥原贤二、石原莞尔、东条英机、根本博、影佐祯昭、和知鹰二这些著名的法西斯分子。1930 年，大川周明成为陆军大学"日本精神研究"课程的讲师，同时还在海军

[①] 大川周明生造的概念，他称"隶属于白人阿罗修的亚细亚"为"小亚细亚"，被日本"解放的亚细亚"为"大亚细亚"或"大乘日本"。
[②] 大塚健洋：『大川周明——ある復古革新主義者の思想』，中央公論社 1995 年版，第 103 頁。
[③] 即抢米风潮，由富山县开始，很快波及全国 42 个道府县，最终酿成政治性的农民、工人和市民暴动，导致"寺内内阁"倒台。
[④] 该研究所的主要工作是培养领导人和骨干，每年在全国招募 20 人左右，全封闭学习，学制 2 年，免费。条件包括县推荐、师范毕业且有五年教龄、不满 30 岁以及撰写过有关青年教育的论文。
[⑤] 所谓"行地"，取西本愿寺第 22 世宗主大谷光瑞所赠匾额"则天行地"，意思是"明确理想，笃信不二"。
[⑥] 大塚健洋：『大川周明——ある復古革新主義者の思想』，中央公論社 1995 年版，第 128 頁。

大学、全国海军镇守府、要港部等多地巡回演讲，并获得桥本欣五郎、板垣征四郎、冈村宁次、多田骏、河本大作、佐佐木到一、重藤千秋等人赞赏，起到了"军民交涉"（民间法西斯运动和军部合流）的作用。

概括大川周明的思想主要有三个方面：一是"建设维新日本"，包括"行地社"《纲领》的二至四条。二是"确立国民的理想"，即"行地社"《纲领》的五至六条。就理论而言，"维新"的目标，无外是强固"君民一体"的国体，这也是从"勤王倒幕"时就确定了体制。三是"兴民讨阀"，以立宪为依据，以贫苦国民为对象。目标是遵从国体，根除藩阀势力，不受大资本的奴役。至于他抛出的"道义国家"原则，则是纸上谈兵。

表7-1　大川周明的"道义国家"原则和个人生活原则[①]

	上位价值	中位价值	下位价值
儒家	天	人	地
道德的自然基础	敬畏	爱邻	羞耻
人格的生活原则	敬天	爱人	克己
国家的生活	精神生活	政治生活	经济生活
道义国家的原则	自由	平等	友爱

显然，无论北一辉还是大川周明，他们的法西斯理论混杂了各种新旧思想，甚至盗用了社会主义的名义。其"国家改造原理"也好，"国民思想改造原理"也罢，最核心的东西还是天皇中心主义。在他们看来，没有天皇的绝对权威或国体信仰，任何"改造"都会失去意义。关键问题是，谁来维护和保证天皇拥有绝对的权威。他们认为，主体者是中下层军人和民众。

概括地说，他们的方案有三大特征：实现法西斯专制，至少要由受法西斯主义支配的军部来主导国家改造运动；利用中下级将校官形成国家改造力量，左右普通民众思想，制造反政府情绪；强调唯有独裁才能扩大和维持战争，并培植民间骨干去实现"国民的理想"。因此，在他们的法西斯理论中，"皇国之道"决定"臣民之道"的行动逻辑。抑或是说教育是用来阐释"道义"的工具，如"帮助亚洲各国实现民族解放"就是"道义"。同理，"国民改造"也要依赖教育帮助国民践行臣民之道。概言之，战争既是国家改造国民的手段，也是国民在改造中建

[①] 大塚健洋：『大川周明——ある復古革新主義者の思想』，中央公論社1995年版，第136頁。

设国家的途径。这样的"军民融合",当然也是军国主义理论。

(三)石原莞尔的法西斯理论

军队中最有影响的法西斯理论是石原莞尔提出的"石原构想"和《世界最终战论》[①],前者是其积极实施"东亚联盟论"的理论纲领,后者则是其作为法西斯战略家的集大成之作。

石原莞尔1902年入仙台陆军地方幼年学校后,历经东京陆军中央幼年学校、山形步兵第三十二联队、陆军士官学校(东京)、会津若松步兵第六十五联队、陆军大学(东京)各学习阶段,从小学到大学十几年下来,接受的都是军国主义教育。受父亲石原启介的影响(警察署长),他具有强烈的武士道意识,而且学习刻苦,成绩优异,恃才傲物。1919年他成为"日莲圣人[②]信徒",并加入日莲主义团体"国柱会"。在追随《法华经》大师田中智学时,深信"一天四海归妙法"的原理。

石原莞尔一生的法西斯活动,主要在两个方面:一是成立法西斯组织"木曜会"和策划九一八事变,曾被誉为"陆军第一参谋";二是在1928年提出臭名昭著的"石原构想"以及1940年发表《战争史大观》,奠定了他作为日本帝国战略家的地位。和其他狂热的法西斯分子相比,石原有些与众不同,他有"更长远"的眼光和"更笃信"的目标,因此其危险性更大。比如他既强调"积极经营满蒙",也在"卢沟桥事变"之后反对继续扩大在华战争。因为他意识到,急于扩大战争的结果,会让"日本陷入泥潭"。他还认为,第一次世界大战结束了,同时意味着大英帝国不可能再领导世界,未来世界的决战必在日美之间,即东西方文明的决战。但是,日本不能轻率地和美国开战。即便是在太平洋战争爆发时,他仍声称"对美再战必亡"。可笑的是,在极端国家主义者的眼里他因此成了"卖国贼"。

"石原构想"与他的日莲信仰有关。如田中智学在《日莲圣人乃教义》中所说:"日本建国的天业,即由一种道义统一世界",抑或是"神武天皇建都时所发敕宣那样,日本人赋有建成天业的使命"。因此,石原也迷信"未来有一场以日本为中心的前所未有的大战"的谬说。他认为"依据《南无妙法莲华经》

[①] 该书脱胎于1929年的《战争史大纲》,1940年5月在京都以演讲形式发表,1940年9月刊行。石原莞尔死后,其弟石原六郎整理他的《世界最终战论》,将《战争史大观》和《〈世界最终战论〉答疑》合集出版,更名为《最终战争论》。全书共五章,即战争大观、最终战争、世界统一、昭和维新、佛教的预言。

[②] 日莲是镰仓时代的著名僧人,日莲宗创始人。他认为,只有《妙法莲华经》才是正法。

第七章 纳入法西斯体制的军国主义教育

开显的国体观"，便是借助"国体的灵力"生成"忠君爱国的本心"，日本当据此准备迎接"世界大战"和完成"世界统一"。

在《战争史大观》中，他列出了三个条件：一是统一思想信仰；二是具有支配整个世界的政治力量；三是掌握满足全人类生活需要的物质资源。比照明治维新以来的政策，"全民皆学""全民皆兵""忠孝一致""君民一体"等种种宣传，恰与"一天四海皆归妙法"和"不惜身命"相符。抑或是从佛教的"法"推导到天皇的"皇道"的话，这三个条件很容易归结为实现以天皇为中心的"大和平时代"所必需的诚于"一心"的结果。①

在德国访学期间，石原开始酝酿基于日莲预言的"前代未闻之大斗诤"理论方案，并结合田中智学的学说形成了自己的理论。这就是1927年起草，1931年4月出版并配发给"关东军调查班"的《现在及将来的日本国防》。该书分为五个部分：

第一部分是描述世界大势。他认为，第一次世界大战后出现了苏联、欧洲、北美和东亚等多个区域势力，致使世界进入准决战时期。最终的结果是，美国代表的西洋文化与日本代表东洋文化进行决战。这是人类文明的必然趋势，即日莲所预言的"佛灭以后二千五百年完成的世界统一"。因此他说，日美大战还是人类实现共同理想必须付出的代价。

第二部分是关于日本的使命。他强调，必须"改变日本是支流文明"②的传统观点，日本人有自己的固有文明，而且日本文化极具独特性。为此，不仅要保护日本文化的纯洁性，而且还要育化日本文化的世界性，也就是使其成为全世界的共有文化。也可以说，视日本国体为全世界的文明源头，否则无法成就"天业"，确保人类和平。

第三部分是"现在和将来的战争"。他列举古代以及腓特烈二世（Friedrich Ⅱ）、拿破仑（Napoleon Ⅰ）、毛奇（Moltke）和施里芬（Schlieffen）等人的作战特点，指出歼灭战胜于消耗战。未来战争是以飞机为主导实施歼灭战的现代战争。③

---

① 藤村安芸子：『石原莞爾——愛と最後戦爭』，講談社2017年版，第116頁。另见，『現代史資料8・日中戦争（一）』，みすず書房2017年版，第665頁。
② 传统认为，东亚的主流文化是中国文化，日本文化是中国文化的枝叶。
③ 在《战争史大观》中，石原认为，17、18世纪时的军队价值较低；19世纪当军队有能力影响国家时，战场的规模同时被扩大了，如拿破仑与俄国作战、日本与俄国作战等；第一次世界大战预示着速决战时代的到来，并提到了总体战观念。他还认为，持久战是政治手段和能力不足的无奈之举。

第四部分陈述"日本现在的国防"。他强调，日本国土纵深过小，无法在本土进行现代战争，因此"开发满蒙成为日本生存的唯一前途"，这便是"日本领有（作为殖民地）满蒙的正当性"。甚至说，"满蒙并非汉民族的领土，满蒙与我国的关系更为密切。所谓民族自决，就是让满蒙脱离汉民族而融入大和民族。现在那里的居民中主要是汉人，其经济关系也受支那本部支配，当务之急则是促使其接近我邦"。至于中国的军事实力和政府的统治能力，在他看来则无足轻重。

第五部分展望"日本将来的国防"。最为重要的部分是要倾注全力研制战斗机，并发展攻击性武器；其次是加强防御能力，包括提高国民的国防自觉性，对国民进行团体性军事训练，研究耐火性材料，等等。

针对上述内容，曾任日本防卫大学校长的猪木正道评价道："以日本为中心构想的世界最终战争，虽然蛊惑了众多将校，但不过是对事实的误判而已。特别是对国体的迷信，使其未脱那时日本人的通病：强烈的皇国史观；过于轻视中国。但是，'石原构想'的最大问题，还是无视国际法和国际政治准则。"① 其实，这也是日本法西斯最终失败的思想根源之一。

"石原构想"的另一个出发点，是"通过战争夯实日本的工商业根基，并通过战争手段刺激国家经济迅速发展"。作为战略需要，必须"经营满蒙"，因为只要"获得满蒙"日本就拥有了打大战的资本。因此，在"石原构想"中，中国东北地区不仅是日本的必争之地，而且必须把这个地方建成"王道乐土"。② 如前所述，"卢沟桥事变"后，他反对军部进一步扩大对华战争，恰恰是他认为"经营满洲"的基础尚浅，冒进反倒影响帝国的长远利益，如果破坏了"东亚联盟论"更不利于实现"八纮一宇"的理想。然而，军部没有耐心只经营这一方"王道乐土"，他们在意的是，尽快拿下中国大陆后迅速膨胀自身的实力，所以认为"石原构想"过于保守了。

由于石原莞尔公开反对军部"轻视满洲国的成长"的做法，一年后就被调离回国，同时被排挤出军部。③ 尽管后来他又发表了《世界最终战论》（1940），具体阐发日本的"总体战"思想，其宣扬天皇的绝对权威、国民必须有钢铁般的意志、实施坚决的国防政策，也与"大政翼赞会"的主张完全一致，但依然不受待见。1941年，他又被编入了预备役。

---

① 石原莞爾：『現在及び將來にける日本の国防』，猪木正道：『軍国日本の興亡：日清戰爭から日中戰爭へ』，東京中央公論社1995年版，170—173頁。
② 日本国際政治学会編集：『太平洋戰爭へ道』別卷資料篇，朝日新聞社1962年版，第99頁。
③ 稻叶正夫编，天津市政协编译委员会译：《冈村宁次回忆录》，中华书局1981年版，第465页。

法西斯理论的实质是造就军国日本，实现日本称霸世界的野心。它打着"改造国家""世界和平""人类文明"的幌子，藐视天皇制以外的一切国家制度，以及包括国际法在内的一切文明成果，并煽动世界大战。对日本而言，发动侵略战争本来就是明治维新以来国家选择的近代化道路，法西斯分子对此要求选择更为激进的国家政策，既由军部主宰国家，也借助民间情绪改造国家。

从法西斯理论的思想和社会基础看，则基于不断强化的"国体本义""忠孝一致"等天皇主义教育，得益于长期的以军事训练为主导的军国主义教育，也与残留的封建文化、各种社会运动交织起来的思潮和动荡有关，再就是由经济危机和政治腐败刺激出来的极端"改造运动"，一再浇灭进步的社会火种。

从文化视角看，无论是神道还是佛教，都被利用来做了法西斯理论的"世界观"，使其动辄就说"世界统一"或"世界和平"，把日本人描绘成未来理想世界的缔造者，即使现实非常残酷，也被说成是日本及日本人承担责任的历练过程，包括石原莞尔所说的"忍受大轰炸造成的悲惨时局"。

从历史视角看，日本的国家主义即是天皇主义、家族主义、集体主义的混合物，故称其为"一国价值之总和"。但是，近代日本与古代日本终究不同，近代国家主义反映出来的国家利益，集中地体现在了维护天皇的绝对权威上，从强国主义发展到军国主义，再使军国主义与法西斯主义合流，它始终把从邻国获取的利益看成是国家发展的重要命脉。因此发动侵略战争，既是它获得国家利益的现实目标，也是它维护国家既得利益的持续行动。如果说日本法西斯理论有什么独特之处的话，其一是围绕"国体"建构国家安全、民族信念、国民精神乃至国民福利的观念；其二是利用传统的、封建的乃至非常腐朽的世界观制造现实的国家观念和国民义务，并由此包装对外战争的合理性和正义感。

1945 年 8 月，日本战败投降。石原莞尔说了这样一句话，"中国是王道，美国是霸道，日本无道而败"[①]。这某种程度地道出了《世界最终战论》作为法西斯理论无法实现的原因。

第二节　法西斯行动的展开

国家主义思想由来已久，它发轫于幕府末年，在明治维新前期即已形成。那时"八纮一宇"的思想极为普遍，由国家主义而军国主义，再进而雄飞海外，

---

① 玉井禮一郎编：『石原莞爾選集』第 7 卷，たまいらぼ出版 1993 年版，第 207 頁。

并形成了称霸亚洲的国策。到20世纪20年代后期,由于长久的历史熏陶,又使军国主义思想深植民心,不仅军人好战,国民同样拥护战争。其中,占领满洲不再是假想战略,而是与西洋列强抗衡并建立"超级大国"的必要条件。因此,日本人有了"护卫中国的使命感"。只要国内条件允许,它就会毫不犹豫地采取军事行动,以实现其军国主义的美梦。①

一、对左翼运动的清洗

昭和时代的序幕拉开,旋律却不是和平祥瑞,而是阴森的杀气。1927年3月,若槻礼次郎内阁的藏相片冈直温因说话"不慎",而导致金融恐慌。尤其诱发了震灾支票大幅贬值(该支票被称为"财政之癌"),波及范围甚广。4月,若槻内阁总辞职,田中义一内阁成立。

田中内阁提出的任务,主要在三个方面:一是暂停银行的兑债业务,并强令全国民间银行休业,以便尽快渡过金融危机;二是镇压日益高涨的左翼运动,通过修订《治安维持法》,清洗共产党人;三是起用"东亚新体制先驱者"森恪为政务大臣,强硬派军人白川义则为陆军大臣,对华采取"积极外交"。结果是,1927年5月和1928年4月,两次出兵山东。而出兵山东,既是直接以武力侵略中国的开端,也是九一八事变的前奏。

(一)修订《治安维持法》以遏制社会主义运动

1928年2月,日本共产主义者在普选期间,主张废除天皇制、创设民主议会、支持殖民地独立,并公开向民众宣传。政府则以身份不合法为由,对其采取取缔活动。3月15日清晨5时,北海道、东京府、京都府、大阪府及27县的警察厅同时出动,开始了全国"大检举"。他们闯入私宅、劳动农民党本部、日本劳动组合评议会本部、全国日本青年同盟本部、无产者新闻社、马克思书房等地,搜捕共产党员和左翼团体骨干。该行动最终逮捕了共产党领导人野坂参三、志贺义雄、水野成夫等及其他进步人士1568人,送检700人,被起诉者530人,还包括东京帝国大学及其他32所学校的师生148人。4月,政府向社会公布该事件,同时解散了"劳农党"。翌年,全国进一步检举共产党员,市川正一、锅山贞观等领导人被捕,各地党组织被严重破坏,史称"四·一六事件"。经过这两次事件,共产党及社会主义运动几乎销声匿迹。

1928年6月29日,田中内阁向第55届议会提出《治安维持法修正案》,

---

① 林明德:《近代中日关系史》,台北三民书局1984年版,第331页。

急于强化国内治安，整顿秩序。政府还操纵媒体鼓噪所谓的"共产党阴谋"，把思想混乱、治安不稳、经济低迷的原因，统统嫁祸给了共产党和左翼运动。该提案遭到左翼议员山本宣治等多名议员的反对，当局考虑到"不使舆论恶化"等因素，只好暂时搁置了这个修正案。直到11月新天皇即位之时[①]，政府通过修正案的时机才成熟，于是以敕令形式强制执行。

《治安维持法修正案》的要点，一是给予"以变革国体为目的"的个人和组织以重罪，尤其是增设了"未遂罪"，使该项罪名的定罪范围大幅扩大；二是针对"以变革国体为目的"的行为制定量刑标准。[②]7月，政府在全国设置"特别高等警察"，作为强化"弹压体制"的执行部门。

（二）用极端行为助推军部独裁

1929年3月5日，反对《治安维持法修正案》的山本宣治议员，被右翼组织"七生义"成员黑田保久二暗杀，法西斯恐怖活动就此蔓延开来。到了1930年，连首相也不能幸免。11月14日，滨口雄幸首相为陪同天皇参加在冈山举行的陆军大阅兵，准备乘坐上午9时由东京站出发的特急"燕号"。上车前，他遭到右翼组织"爱国社"成员佐乡屋留雄的暗杀，伤势极为严重。翌年4月，滨口内阁总辞职。8月，滨口雄幸去世。

为什么对一个受天皇和国民信任的首相下毒手呢？佐乡屋给出了两条理由：滨口内阁恢复金本位，造成了"昭和恐慌"；[③]在伦敦海军裁军条约问题上，内阁不仅向美英妥协，而且签署条约的行为本身"侵犯了统帅权"。不过，就时代背景而言，主因则是日本需要一个维护天皇制的独裁体制，能在内政外交方面采取强硬政策。而有"狮子宰相"之称的滨口雄幸，其行事风格有些我行我素，在右翼分子眼里等于不受天皇制的约束。事实上，滨口组阁之时，日本的政党政治已经发生变化，国家的法西斯化进程亦在进行中。

1931年3月，以"改造国家"为目的的"樱会"骨干分子桥本欣五郎等陆军少壮军官，与民间右翼分子大川周明密谋发动政变，试图建立以陆军大臣宇

[①] 1928年11月10日，裕仁的即位典礼在京都御所紫宸殿举行。田中内阁在经济很不景气的情况下，投入1600万日元，并动用6500名警察，虽然京都几乎处于戒严状态，但国民的狂热程度足以彰显军国主义教育的作用。

[②] 内阁：「治安维持法修正案」，世界思想社编集部：『資料で読むと戦争——学生新聞を中心として』，世界思想社2008年版，第1095頁。

[③] 1929年7月2日，"满身疮痍"的田中义一倒台，滨口雄幸组阁。滨口内阁断然实施"金解禁"的时间，恰与"世界经济危机"大爆发的时间重合（10—11月），结果使日本经济遭到双重打击。也就是说，"昭和恐慌"并非"金解禁"单方面的原因造成的。

垣一成为首相的军人独裁政权。但因军部内部强硬派中存在反对力量，尚未举事即被中止，史称"三月事件"。既然国内条件"尚不成熟"，那么"国外先行论"便有了先机，焦点就是中国东北，即他们所说的"日本生命线"或"满蒙生命线"。

早在8月，就有关东军举事的消息传到了东京，外相币原喜重郎还向陆军大臣南次郎询问过此事，并请他设法阻止事变的发生。然而，关东军参谋板垣征四郎大佐、石原莞尔中佐似已胸有成竹，并指定河本末守中尉具体执行。原计划在9月28日，以检查所属部队的实力为由举行夜间演习，并借机挑起事端。因为部分计划泄露，才把发动事变的时间提前到了18日晚10点20分左右。时间一到，关东军首先炸毁柳条湖附近南满铁路的一段轨道，并嫁祸给中国军队，然后由川岛正大尉率第3中队攻打北大营。19日，币原外相得知九一八事变爆发，内阁才紧急商议应对措施。为了避免国际社会的谴责和干预，内阁提出了不扩大事变的方针。然而，关东军却我行我素。

10月，"樱会"成员再次试图动用正规部队推翻政府，尽管还是被军部发现中止了行动（史称"十月事件"），但是此时的陆军实力强劲，尤其是少壮派军人可谓有恃无恐、骄横跋扈。另外，军部之所以能够掐断政变苗头，一是其内部的派别斗争异常激烈，各自的地位此消彼长；二是军部的藩阀势力并未彻底退出，在关键时候能够影响军部决策；三是军部各部门大佬都不希望让关东军成为辖制军部的力量。

1931年9月22日，关东军接受建川美次的建议，拟定《满蒙问题解决策案》，试图强迫吉林脱离国民政府宣布独立，日本政府和军部都没有同意这个方案。随后，关东军打出"建设新满蒙"的口号，筹建日本保护下的满蒙独立国家，再次被政府和军部否定。对此关东军并不理会东京方面的想法，而是紧锣密鼓地按照自己的计划行事。比如奉天特务机关长土肥原贤二挟持溥仪，就是为建立"满洲国"做了准备。1932年2月，东北全境落入关东军之手。3月1日，关东军即刻让伪"东北最高行政委员会"（2月27日成立）发表《建国宣言》。9日，溥仪就任"满洲国执政"，定年号"大同"，成了不折不扣的傀儡皇帝。

翌年3月，日本因不满《李顿调查团报告书》的结论，宣布退出国联，一方面视自己是"世界孤儿"，另一方面也使关东军的行动毫无忌惮。

到了1932年，日本国内局势愈加紧张。先是1月8日，朝鲜人李奉昌向参加陆军阅兵式回来的天皇车队扔炸弹，史称"樱田门事件"。紧接着，2月9日，前藏相井上准之助以民政党选举委员长的身份到本乡区驹本小学演讲，下车时突然被右翼组织"血盟团"成员小沼正刺杀身亡。"血盟团"是极右翼组织，它以茨城县矶滨町的"立正护国堂"为据点，专门针对政界要人进行"一人一杀"行动，成员都是思想极端的青年，口号是"改造国家"[1]。小沼正则是日莲教派井上日召的门徒，这次刺杀行动也只是一个预演。

5月15日下午5点半，三上卓中尉等4名海军士官及5名陆军士官候补生，冲入首相官邸刺杀首相犬养毅。另外，别动队袭击了内大臣牧野伸显官邸、警视厅、政友会本部等地，致使多人遇害。7时许，橘孝三郎领导的农民决死队攻占东京周边的六个变电所，导致断电并产生混乱。

右翼组织的暗杀和政变行动，并没有达到建立军人政府的目的，但的确推进了"国家改造计划"，而且终结了政党政治。5月16日，仅存在了156天的犬养毅内阁总辞职。26日，退役海军大将斋藤实组成"举国一致"内阁，实际离军部的法西斯独裁不过一步之遥。从制度层面看，这些极端行动也破坏了"军人不干政"的惯例。

（三）军部将成为脱缰野马

1871年2月，政府组建"御亲兵"之始，就制定了《御亲兵规则》，其第一条就是"士兵不得议论政事得失，以及官员之是非"。1878年8月颁布的《军人训诫》，也视"不得议论朝政是非，私议宪法"为军人本分。[2] 1882年5月颁行的《军人敕谕》，再度命令军人："不惑于世论，不过问政论，唯恪守本令之忠节一途。"[3]

但是，到了1931年，首先在陆军省内有人质疑军人不过问政治的旧习，主张由军人掌握军政，并成为日本的政治家。[4] 有些言论，甚至威胁到天皇的统帅权。事实上，"皇姑屯事件"就已经显露出陆军的跋扈。比如昭和天皇希望给直接肇事者河本大作最高的处分，并公布事件真相。田中义一作为首相竟然阳奉阴违，把河本编入了预备役，对其加以保护。转过年后，河本便出任"满铁"理事，在1934年又坐上了"满铁经济调查会"委员长的宝座，一直都在从事侵略中国的活动。

从犬养毅内阁到斋藤实内阁，陆军大臣都由荒木贞夫担任。他与参谋次长真崎甚三郎一起，全力排除宇垣一成的影响，极力发展"皇道派"力量，以遏

---

[1] 『現代史資料 4·国家主義運動（一）』，みすず書房 1988年版，第71頁。
[2] 田中惣五郎：『日本軍隊史』，理論社 1954年版，第155頁。
[3] 明治天皇：「軍人へ勅諭」，井原頼明編：『増補皇室事典』，冨山房 1942年版，第431頁。
[4] 田口利介：『陸軍ファシズムと天皇』，国書刊行会 1986年版，第15頁。

制"统制派"的发展,将陆军省和参谋本部的要职完全握在自己手里。他们反对政党政治,主张把天皇神格化,目标是利用"皇道"实现军事独裁。"统制派"以永田铁山、林铣十郎为核心,其政治理念以"国防"和"总体战"为基础,主张从体制上确立国家至上原则,立足于现存的天皇中心的军国主义体制,要求一切行动听命于军部。其实,两派只是选择了不同的法西斯路线,在实质上并没有什么不同,却也搞得势不两立。

二、"泷川事件"和"天皇机关说"
(一)教师的赤化与再教育问题

1931年7月,文部省设置"学生思想问题调查委员会",主要任务是防止不良思想的泛滥。7日,文部大臣召集纪平正美、吉田熊次、河合荣治郎、蜡山政道、吉田茂等39人,集体诊断学生的左倾原因。在翌年5月形成的报告书中,列出了如下原因:(1)在社会方面,主因是贫富差距巨大,阶级矛盾激化,政界腐败,对政党政治不满,就业前景黯淡,对共产主义运动的真相缺乏认识;(2)在思想方面,包括流行无产阶级文艺理论和马克思主义思想,新闻媒体记者的左倾倾向,盲目输入和模仿外国体制,漠视固有文化,对马克思主义理论缺乏批判;(3)在教育方面,对国体的认识不彻底,修身和历史等课程过于随意;(4)在伦理方面,缺乏社会改造意识;(5)没有遏制左倾运动的力量;(6)没有掌握青年人的心理。[①]

据此,在1932年设置"国民精神文化研究所",宗旨便是"以阐释我国国体和国民精神原理为己任,发扬国民文化,抵制马克思主义,批判外来文化"[②]。6月,以文部大臣鸠山一郎的名义发布敕令。8月8日,内阁通过了"研究所章程"。明确指出其隶属于文部省,目标是贯彻国家至上的教育方针,并"将多元的思想归于一尊"。同月,在警视厅设置"特别高等警察部",各府县设置"特高课"。于是,在全国范围内对教师进行的"反赤化再教育",就成了文部省和内务省双管齐下的任务。

1933年2月,根据"教师赤化比率增加"的调查结论,先在长野县展开清理教师思想的教育运动。第二年,各道府县设置"国民精神文化讲习所",并接受"国民精神文化研究所"的直接领导。这些"讲习所"主要负责小学和青年

---

① 久保义三:『昭和教育史:天皇制と教育の史的展開』上,三一書房1994年版,第267頁。
② 久保义三:『昭和教育史:天皇制と教育の史的展開』上,三一書房1994年版,第344頁。

学校教师的思想培训工作，基本工作是针对"教师当下出现的思想问题"，进行针对性地批评和自我批评，并向广大教师灌输日本文化精神。

同时规定各地的宣讲教师必须由文部省认可，尤其是讲授"思想运动的现实"这一主题的讲师，要地方先推荐给文部省，再由文部省审核资格后派遣到地方做演讲。因此，宣讲者和宣讲内容皆与研究没有关系，政府需要的只是能够达到控制教师思想的效果。[1]

（二）"泷川事件"与大学自治

"泷川事件"是日本教育法西斯化的必然结果，因为政府不能允许大学成为国家主义教育的法外之地。另外，之所以选择京都帝国大学法学教授泷川幸辰下手，一因他是法学教授，二因他早已被政府列入清除对象。

1932年10月28日，泷川幸辰在中央大学做了"从《复活》看托尔斯泰的刑法观"的法学讲座。法务部门认定，泷川的观点是在鼓吹无政府主义（等同于社会主义），加之有国土馆教授蓑田胸喜[2]的诬告，注定了泷川的"赤化教授"身份。

1933年2月23日，文部大臣鸠山一郎告知京都帝国大学校长新城新藏和即将就任校长的小西重直，泷川的《刑法读本》存在严重问题。3月，文部省直接向法学部指责泷川的刑法学说。随后，帝国议会第64届会议，明确指摘泷川的《刑法读本》有关通奸罪和内乱罪的内容严重违背国体。[3] 4月10日，内务省命令禁止发售《刑法读本》。22日，文部大臣要求小西校长劝泷川辞职。5月9日，文部大臣约谈小西校长，面议对泷川的处分。消息传到法学部后，教授会认为，如此处分泷川侵犯了学术自由和大学自治原则，并于翌日通过小西校长向文部省提出抗议。15日，法学部教授会作出决议，如果强行处分泷川教授的话，就集体辞职。18日，小西校长正式通知文部省拒绝对泷川的处分要求。

5月25日，文部省要求下属的"文职高等身份委员会"提出审核意见，得到泷川违反《大学令》之相关师德的规定后，于26日正式发出了对泷川的处分意见，停止其教职。这个决定立即引发了全体教师的反对，所有教师同时提出辞呈。教授会即刻发表声明，重申"大学的使命是探索真理，必须保有自由研

---

[1] 山住正己：『日本教育小史』，岩波書店1994年版，第120頁。

[2] 蓑田胸喜是一个阴险、多诈的学者。他善于利用机会扳倒学术权威以谋取私利，而且竭尽诬告、密告、结集"反动言论"、夸大问题性质、上纲上线之能事，进而制造社会影响和学界事件。日本投降后，他在家自杀。

[3] 《刑法读本》的主要观点是，犯罪问题必须追究其社会根源，如日本刑法规定的通奸罪限于惩罚妻子，丈夫通奸却没有相应的处罚，这是不公正的。泷川的理论与"赤化"毫不沾边，右翼分子栽赃他，完全出于建立法西斯独裁统治需要彻底排除自由主义影响的目的。

究的环境";"大学教授研究学术,必须拥有自由研究、自由思考和自由发表见解的权利,否则无研究可言"。指出:"大学承担培养学生社会批判力的任务,也因此必须保留各种学说";而"剪除各种学说自由流通的行为,既违背了办大学的目的,也妨碍营造自由环境、陶冶学术氛围的大学本义。这种过分抑制自我的方法,不是大学应有品格"。①

此日下午 5 点 30 分,学生在第一教室召开临时大会,约 1600 名学生到场声援法学部教授会的声明,场面充满悲壮感。当教授团退场后,学生大会发出"总退学声明",有 1300 余名学生在声明上签了名。

文部省和内务省对此采取了高压政策,主要基于三种变化:一是政府有能力控制这个事件。与 1913 年的"泽柳事件"相比②,它可以利用《治安维持法》名正言顺地进行镇压;二是整个政治和社会环境具有更强的抵制左翼运动的势力,极端国家主义和法西斯主义都把"国家至上"奉为真理,因此很容易为打击"赤化分子"找到合理合法的理由;三是知识分子本来也不是铁板一块,反对"泷川处分"的人并非都笃信自由主义思想,瓦解教授团或分裂教授群,只要区分"务实派"和"激进派"即可。事实也是如此,像西田几多郎这样的学术巨擘们或持妥协态度或做沉默羔羊,而泷川幸辰、佐佐木惣一、宫本英雄等把抗议坚持到底的学者,无一例外都成了"肃学风潮"的牺牲品。③最终,小西校长被迫辞职,泷川幸辰等 7 名教授被免职。④随着大学民主阵地的陷落,各地的声援活动很快平息⑤,大学自治的历史亦告结束。无论是"教授团"还是学生

---

① 山住正己:『日本教育小史』,岩波書店 1994 年版,第 121 頁。
② 即 1913 年 7 月至 1914 年 1 月,泽柳政太郎(曾为文部省官僚)任京都帝国大学校长(第 5 位)期间,就大学教育改革措施与法科学院教授会之间产生对立。他上任两个月,便以学术和人格不合大学要求为由,直接要求谷本富、天谷千松、吉川龟太郎、吉田彦六郎、横堀治三郎、三轮恒一郎、村冈范为弛 7 位教授提出辞职,并未经他们所在学部的同意,引发"泽柳事件"。(1) 法科学院教授会议认定,教授的任免权归学部的教授会,不能由校长单方决定,并推举学部长代表教授会向泽柳校长提出抗议;法科大学教授联席会提出给泽柳校长的意见书,强调学术独立、自由研究、教授任免规则等,因不满校长的回复,再次引发抗议。(2) 尽管文部省和泽柳并未完全接纳教授会的意见,但始终保持沟通姿态。结果是,文部省认可教授人事属于大学自治权限;京都帝大率先在日本实现"大学自治"。福西信幸:「沢柳事件と大学自治」,『講座日本教育史』第 3 巻,第一法規株式会社 1984 年版,第 284、304 頁。
③ 世界思想社编集部:『資料で読むと戦争——学生新聞を中心として』,世界思想社 2008 年版,第 588—592 頁。
④ 即佐佐木惣一、泷川幸辰、宫本英雄、森口繁治、田村德治、末川博、恒藤恭。此外,原 16 名教授中,仅 8 名教授留任;原 18 名副教授中,有 13 名坚决辞职。这样的话,法学部原 34 名教师中的五分之三离开了京大。
⑤ 6 月,学生罢课。7 月,声援泷川和京都帝大的活动形成高潮,参加者包括高校、新闻媒体、演艺界和出版商等。

"有信会"的声明,也同时成为绝响。①

　　由泷川教授进退问题引发的事件,是关乎大学自治和研究自由的重大问题。据此,我们坚决支持法学部教授会关于大学使命所持的态度。凡欲维护学术的权威,自由乃是唯一可秉持的态度,它不被官权侵扰,不受俗论压迫,只向着真理求索。我京都帝大有着可征的光辉历史,即从泽柳校长时代由前辈学者开创的自治传统,亦被当时的文部大臣所尊重。然当今的文部当局则无视教授会的权威,践踏大学的自治原则,辱没大学存在的意义,破坏学术进步,以至妨碍人类社会发展。我们对此万分忧苦,谨诚以后辈之情谊、同学之热意,全力维护大学的自由,并声明绝对支持教授会的主张。

　　　　　　　　　　　　　　　　京都帝国大学法学部有信会　学生会员大会②

(三)"天皇机关说"失去法理地位

九一八事变后,右翼学者蓑田胸喜等人,公开指责东京帝国大学美浓部达吉教授的"天皇机关说",是对天皇"不敬"且侮辱了"国体",由此掀起了反对美浓部等法学家的思潮。其实,自美浓部提出"天皇机关说"后,已被政界和学界广泛认可。即使是美浓部与上杉慎吉的著名争论,也没有上升到"你死我活"的地步。③

从学理上说,"天皇机关说"相对于"天皇主权说"④而言,的确否定了天皇对国家的绝对权威。在《宪法讲话》中,美浓部认为《大日本帝国宪法》所体现的基本精神是君主立宪,无论天皇还是帝国议会作为国家机关,既不能凌驾

---

① 以上内容见河合荣治郎的「大學の自由」、恒藤恭的「瀧川事件の經過から見た大學自治の問題」、森口繁治的「同僚擁護に非ず」,转引自世界思想社编集部:『資料で読むと戰争——学生新聞を中心として』,世界思想社2008年版,第590、599—600页。
② 世界思想社编集部:『資料で読むと戰争——学生新聞を中心として』,世界思想社2008年版,第588页。
③ 1911年12月,法学博士上杉慎吉将在"东北地方夏期讲习班"的讲义整理成《帝国宪法讲义》出版。与此同时,法学博士美浓部达吉将在文部省开设的"夏期讲习班"的讲义增补后,于翌年3月出版《宪法讲话》一书。这两本书对于帝国和主权的解释全然不同,由此引发"天皇主权说"和"天皇机关说"的尖锐对立。
④ 上杉慎吉秉持其师穗积八束的军国主义法学思想,认为"帝国的主权即统治权,属于万古不易的天皇"。依据《帝国宪法》第一条,天皇总揽国家一切权力。正因为日本的国体如此,所以无须严格区别"国体和政体","天皇具有绝对权威",而且是公权的最高体现,所有私权必须服从由天皇代表的公权。上杉的"天皇主权说"观点刊登在『教育时論』第1208号,1918年1月5日,第5—6页。

于国家之上，也必须受宪法的制约。引申说，日本的统制权在国家，国家才是最高法人。显然，这种理论更符合西方的宪政原理。

所谓立宪体制，即是"君民共治"的政体，天皇虽然象征国权，但需要与代表国民的帝国议会共同治理国家，他不具有神性，也没有超越国家的权力。但是，"天皇主权说"则认为，天皇具有绝对权力，《帝国宪法》在赋予天皇总揽权的同时，也确定了天皇超越世俗的决定权；天皇具有神格，而且凸显"肇国以来之大义"；如果承认"天皇机关说"就动摇了"万世一系"的天皇制基础。

1935年2月18日，在第67届帝国议会上，菊池武夫、三室户敬光、井上清纯等人首先发难，攻击美浓部的学说是叛逆思想，右翼议员进而集体攻击"天皇机关说"。[1]25日，美浓部以议员身份在贵族院向全体议员做出申辩，详细解读了自己学说的法理依据，驳斥对他的攻击和指控。结果遭到来自众议院议员江藤九郎和陆军大臣林铣十郎的指控，给他扣上了"大不敬"的帽子。

3月20日和21日，贵族院、众议院分别起草决议案，要求对"天皇机关说"采取断然措施。与此同时，"扑灭机关说同盟"和"在乡军人会"等右翼团体在各地举行演说会，要求政府必须明确体现国体本义，并营造了声势浩大的"排斥天皇机关说"的局面。政友会元老本悌二郎则发起成立"有志议员会"，强力追究"天皇机关说"的责任。

4月6日，陆军省教育总监真崎甚三郎向全军发出《国体明征训令》；[2]9日，内务省将美浓部的《宪法讲话》《宪法撮要》《逐条宪法精义》三部著作列为禁书，不得发售；10日，文部省也发布训令，要求教育界全面抵制"天皇机关说"，并迫使学术界完全屈服于神话和国家神道。

8月3日，冈田启介内阁发布了"国体明征"声明。但是，军部仍不满政府的态度，认为它晦昧不清，不能达到剪除"天皇机关说"的目的。于是，冈田内阁在10月15日第二次发布"国体明征"声明。与此同时，贵、众两院也通过了"国体明征"决议，彻底否定"天皇机关说"。同月，文部省发表《关于国体明征的内阁声明》，强调"国体明征"观念，旨在发扬日本民族的特有文化，并助力于皇国发展。[3]9月18日，美浓部辞去贵族院议员，并被东京帝国大

---

[1] 猪木正道：『軍国日本の興亡：日清戦争から日中戦争へ』，中央公論社1995年版，第226頁。
[2] 真崎甚三郎借机大造皇道派的影响，招致统制派的激烈对抗。7月，陆相林铣十郎罢免了真崎，使两派的对立骤然紧张。8月12日，统制派的永田铁山在自己的办公室被相泽三郎中佐刺杀。
[3] 宫原誠一等编：『資料日本現代教育史』第4卷，三省堂1979年版，第283頁。

学解聘。

12月，文部省新设的"教学刷新评议会"正式启动，成员包括纪平正美、西晋一郎、平泉澄等著名的日本精神派代表，以及文部省思想局长伊东延吉（"国体明征运动"领导人）和原枢密院顾问，而且首次有军部代表参加。其活动宗旨是："遵奉《教育敕语》进行教学，体现国体观念和日本精神。"针对该宗旨明确了三项任务，即确立教学刷新的指导精神；树立教学刷新方针；议定教学刷新纲要。

所谓刷新，指无论是教育制度还是教学内容，皆以"国体明征"为目的，包括教育机关和教育人事的改革，以及对风纪的整顿等，本质即是实施由军部导向的法西斯教育。[①]

对于右翼势力来说，"天皇机关说"的要害是，破坏了"忠孝一致""君臣大义""肇国精神"等天皇主义的核心价值。尽管美浓部并没有否定天皇制的意愿，但是"天皇拥有的权力，不属于天皇本人"，"即便是钦定的《大日本帝国宪法》，也表明是国家宪法，而非天皇的宪法"的主张，极易动摇"神国"和"现人神"的国体信仰。

总之，培养"国民精神"依赖对天皇的神话，否则哪里来"宇内第一"的自信。"天皇机关说"则让人们知道，在制度上日本也是君主立宪。

不过，即便法西斯分子想置美浓部于死地，但没有做到。其一是美浓部本来就不是反体制学者，他只是从宪法学方面阐释了《大日本帝国宪法》，而且他本人笃信西方的君主立宪制原理。在他的著作中也找不到确凿的证据来印证被控告或被诬告的内容是属实的，其中反而有不少体现皇室尊严的言论，因此在刑法上他的行为不构成"不敬罪"。其二是虽然能够认定"天皇机关说"有误导之嫌，但是在法理上它能够自圆其说，只能说它有伤国体尊严。而且昭和天皇在过问此事时，一边赞扬了坚持国体者的态度，一边对美浓部学说的态度也是"模棱两可"。其三是"天皇机关说"过于专业，在国民中影响甚微，不足以造成很大危害。关键是，右翼和法西斯分子以及保守的政府达到了"整肃"的目的，学界和学术再也不是左翼的自由之地，一切与法西斯主义、极端国家主义相悖的学说，都成了"反动的东西"。也就是说，事实上从主客观两方面都已经否定了"天皇机关说"。

[①] 久保義三：『天皇制の教育の史的展開・昭和教育史』，三一書房1994年版，第290页。

第三节　法西斯主义教育进程

法西斯分子都是天皇制的鼓吹者。他们需要利用天皇制，达到政治专制和军事独裁的目的，故视"天皇为国民的总代表"，军部则是维护天皇制的国家柱石；他们主张停止宪法、解散议会、实行全国戒严。

从 20 世纪 20 年代开始，法西斯的"国家改造运动"持续升温。如果说制造"泷川事件"以及对"天皇机关说"的否定等一系列事件，主要表现为右翼意识形态排斥异己的话，那么二·二六事变就是激进的少壮派军人，以"昭和维新"名义采取了政变行动。

法西斯分子和极端右翼分子的目的相当一致，就是在政治上确立绝对主义天皇制的独裁体制。从时代背景看，共同因素是经济不景气，社会矛盾加剧，国际环境孤立。从现实目标看，右翼分子以维护国体为由，把国家引向极右方向；法西斯分子则为实现国家改造，试图走一条极左道路。从组织成员看，右翼运动的主导者是官僚、军部实权者和学者；法西斯运动的主体是激进的少壮派军人，他们多出身于底层民众，对于等级歧视、阶级压迫、农村凋敝、裁军及军部内斗等造成的影响尤为敏感。

一、二·二六事变与国家法西斯化

20 世纪 20 年代，日本兴起法西斯运动，法西斯理论在少壮派军人中流行，但因政党政治对政府的约束，尤其是民主主义、社会主义、自由主义、个人主义以及和平主义、世界主义等思潮各有所为，右翼势力特别是法西斯主义并不能一家独大，他们如果过于激进的话，反而被压制。如北一辉的《日本改造法案大纲》就被禁止出售。

九一八事变以后，日本国家迅速法西斯化。对现实不满的陆海军青年军官，则视《日本改造法案大纲》为"改造日本的指路明灯"。通过五·一五事件，法西斯分子给"政党政治"打上终止符，并在酝酿更大规模的政变。

1936 年 2 月 26 日，东京遭受 54 年来不遇的雪暴。凌晨 5 时，皇道派青年将校军官香田清贞大尉、安藤辉三大尉等人领导的"天诛风暴"行动，就在这个极端天气环境中开始了，参加者约有 1400 人。刺杀目标是支持裁军的首相冈田启介及其他重要官员。结果，在叛乱中只有冈田首相侥幸逃过一劫。内大臣斋藤实、藏相高桥是清、陆军教育总监渡边锭太郎等高级官员被杀，侍从长铃木贯太郎受了重伤。① 政变者先是占领永田町一带的首相官邸、陆军省周边、警视厅、陆相官邸等要害地方，然后与陆军省上层交涉。他们要求，一扫统制派将军及其幕僚，成立皇道派将军为首的军人内阁。其行动指南《兵变理由书》写道：

> 谨遵我神州者之所旨，惟万世一神之天皇陛下统帅之神域，遂举国一体生成育化之，终存"八纮一宇"于国体。此尊严秀绝之国体，自天祖肇国神武建国至明治维新，一脉相承且日臻完备，今更需面向各个方面大展宏图。
>
> 然近来不逞凶恶之徒蜂起，其私心私欲恣肆张扬，蔑视至尊绝对之尊严，而且有僭越犯上之举，一是阻碍万民之生成化育，二是外辱外患逐日激化，使万民遭涂炭之痛苦而呻吟。
>
> 所谓元老、重臣、军阀、官僚、政党等，皆为破坏国体之元凶。伦敦海军条约及教育总监之人事替换，亦侵犯统帅权。其他显例如为僭（越）窃（取）至尊之军政大权之三月事件，或学匪、共匪、大逆教团等图谋利害而结社。面对其滔天罪恶，若不流血则不足以平我辈之愤怒。据此，中冈、佐乡屋、血盟团为之舍身，五·一五事件为之喷腾，相泽中佐为之开枪。
>
> 兹忧患同志者一举兵变，诛灭奸贼以匡正大义，为维护国体而肝脑涂地，以赤子之微忠尽献于神州。冀皇祖皇宗之神灵照览冥助，赐我辈成功。
>
> 昭和十一年二月二十六日
> 陆军步兵大尉 野中四郎
> 及其同志 ②

因天皇对刺杀内大臣表现出了极大愤怒，加之统制派对皇道派也有强烈的镇压意向。翌日，东京宣布戒严令，以便稳定局面，避免发生更大的社会动乱。28日，天皇发布敕令，命令叛乱者停止任何行动。同日傍晚，政府派出2400名士兵镇压叛乱。29日早8点55分，广播发表《告士兵书》。午后平息叛乱。3月，开始进行"肃军"行动。③

---

① 内务省：「帝都於ける叛軍部隊の騒擾に関する件」，栗屋憲太郎、小田部雄次編集：『資料日本現代史9』，大月書店1984年版，第231页。
② 野中四郎等：「蹶起趣意書と要望事項」，栗屋憲太郎、小田部雄次編集：『資料日本現代史9』，大月書店1984年版，第233页。
③ 栗屋憲太郎、小田部雄次編集：『資料日本現代史9』，大月書店1984年版，第224—227页。

3月9日，广田弘毅受命组阁。5月6日，广田在两院演讲，他强调："本届政府的政纲，即显扬肇国理想，济于一君万民、举国一致之国体。故凡各种政策皆须有益于巩固国体观念。"这等于在说，政府并不因兵变而改变性质，但是"鉴于最近形势，明征国体之观念至关重要"。同时，为了安抚惊魂未定的国民，他也不忘重复既定的"国益"，即"强化国民对满关系之认识，促使日满经济关系更加紧密"，让国民对政府犯抱有信心。①

5月18日，广田内阁公布新版《陆军省、海军省官制》，恢复了军部大臣现役武官制，即仍由现役大将或中将充任陆海军大臣，次官必须是现役中将或少将。也就是说，国政已经向军部倾斜了。7月15日，在政府解除戒严令的同时，内务省警保局即刻取缔各种集会，不许任何组织和个人发表影响局势的流言蜚语，尤其是要禁止反军言论。②首先，军部所辖学校对教师和学生进行深入的调查，然后各类学校照此执行。在国际关系方面，则于11月26日与德国签订《日德防共协定》。

尽管二·二六事件的肇事者误判了形势，以为通过极端手段就能在日本实现法西斯统治，然而却是欲速而不达，但是也应该看到，《兵变理由书》中的主要内容，还是被广田内阁采纳了，如"国体明征""加强专制""强硬外交"。其实，二·二六事件本身就是军部彻底法西斯化的必然结果。

从事件本身看，军队随意行动，已经到了能够颠覆国家安全的程度；军部内部矛盾的激化，已经成为兵变的直接原因。从事件后果看，天皇为此事感到震惊，要求"整肃军队"；③社会舆论声势浩大，批评该事件是反社会、反道义、反军律行为，并指责肇事者迷妄而且动机不纯。④按理说，政府完全可以借机进行制度改革，毕竟"安定国民生活"的根本因素之一，便是抑制军队胡来。事实却是，该事件让军部（新统制派）找到了"庶政一新"的契机。7月，真崎甚太郎被拘，荒木贞夫被追责，"皇道派"被清洗。政府方面，既没有追究军部的能力，也无意插手军部内部的矛盾。⑤

---

① 広田弘毅：「第69回帝國議會（特別會）における施政方針演說」，内閣制度百年史編纂委員會編：『歴代内閣総理大臣演説集』，大蔵省印刷局1985年版，第254—255頁。
② 栗屋憲太郎、小田部雄次編集：『資料日本現代史9』，大月書店1984年版，第271—273頁。
③ 田口利介：『陸軍ファシズムと天皇』，国書刊行会1986年版，第27頁。
④ 栗屋憲太郎、小田部雄次編集：『資料日本現代史9』，大月書店1984年版，第248頁。
⑤ 2月28日，冈田内阁总辞职。元老西园寺公望希望近卫文麿出来组阁，近卫以身体原因拒绝了。广田是另一个合适人物，一是他的外交理念符合军部要求，二是他富有政治经验。正因为如此，注定了广田内阁和军部沆瀣一气。

总之，二·二六事件成为日本国家法西斯化的加速器。翌年6月4日，近卫文麿成立"举国一致内阁"①，高度整合军、政、民的物质和精神资源，并全面发动侵华战争，致使日本成为一个彻底的军国主义国家。

二、从"学生课"到"教学局"
（一）用国体观念抑制左翼思潮

1928年3月15日早5时许，日本警察在全国1道3府27县同时出动，搜查共产党人，捣毁左翼团体，史称"三·一五"事件。21日，首相田中义一在两院针对"矫正国民教育流于形式的弊端"发表演讲，要求"在涵养国民道德，秉承敬神崇祖美风之渊源的同时，致力于维持一般的淳风美俗，并通过各种立法行政，加深尊重道义的精神"②。其后续的一系列政策，并非鼓吹国民道德这么简单，目的是彻底清除日本国内的共产党和左翼运动。所以，4月10日，政府向社会大张旗鼓地宣传此事，同时强行解散劳动农民党和劳动组合评议会。翌年4月16日，又进行了第二次"大检举"，之后共产党在日本无立锥之地。

1930年1月21日，首相滨口雄幸在两院演讲："伴随时局的变迁，国民思想有所动摇，抑或是受矫饰和过激的外来思想影响，与我国体、国情绝对不相容的共产主义思想正在传播。""为遏制这一危险思想，需阐明其发生原因。"并同时"涵养国体观念，振作国民精神，行开明政治，启发国民思想"。③5月，文部省成立以近卫文麿为首的"教育研究会"④，基本任务是根本国体精神，研究教育改革。一年后，该研究会出台改革方案。该方案影响较大，以致1932年1月21日，首相犬养毅在两院演讲，也在重申"国家即一家族，国乃家族是日本特有的美风，当为之特别发扬"⑤的基本精神。

---

① 1932年五·一五事件以后，重臣和军部元老经过多次磋商，决定由斋藤实海军大将出任首相。斋藤内阁中大藏大臣高桥是清、文部大臣鸠山一郎、邮递大臣三土忠造是政友会成员；内务大臣山本达雄、拓殖大臣永井柳太郎是民政党成员，陆军大臣荒木贞夫、海军大臣冈田启介留任，故称"举国一致内阁"。作用：避免与政党和财阀发生摩擦；启用军部新势力；镇压共产党活动。
② 田中義一：「第54回帝國議會（通常會）における施政方針演説」，内閣制度百年史編纂委員会編：『歷代内閣総理大臣演説集』，大藏省印刷局1985年版，第183—185頁。
③ 濱口雄幸：「第57回帝國議會（通常會）における施政方針演説」，内閣制度百年史編纂委員会編：『歷代内閣総理大臣演説集』，大藏省印刷局1985年版，第206頁。
④ 1937年5月，该研究会改称"教育改革同志会"。
⑤ 犬養毅：「第60回帝國議會（通常會）における施政方針演説」，内閣制度百年史編纂委員会編：『歷代内閣総理大臣演説集』，大藏省印刷局1985年版，第254—216頁。

20世纪30年代，日本政府强硬推行国体教育，以1928年肃清共产党人和左翼运动为前提。一方面在日本国内不允许左翼运动存在，并视社会主义为最大敌人；另一方面在学校清理左翼教师、排除自由主义等非天皇主义思想，致使学校完全封闭在军国主义教育的氛围中。

（二）为强化国体教育设置教学局

为了强化"思想善导"，田中义一内阁特别支出了14多万日元。文部省又从中拿出2万多日元用于"学生思想调查"专项，并于1928年10月30日，在学务局内设置"学生课"，配置事务官2人、属员4人。

其工作性质是：依据《治安维持法》推行"思想善导"，防止学生和教师的思想恶化和左翼倾向。重点放在监督高等教育机构的教育内容和教师。它所规定的教研任务，包括：调查和研究社会思想；调查和研究学生思想；调查和研究学生思想动向；调查和研究相关思想问题。在工作进程中，其职权实际超越学校教育范围，可以涉及其他国民的"危险思想"，并赋予它在任何情况下与治安部门密切合作解决问题的权力。以《学生生徒①思想指导事务要项》为例，以下几条与"特高课"警察的办案十分相近：

第21条 监视学生生徒聚会。
第23条 关注学生生徒的作品，其中洞察他们的思想动态，例如历史、修身等作业、作文内容。
第27条 禁止阅读不健康的图书。②

1929年5月7日，以防止赤化运动为重点，文部省又将"学生课"升格为"学生部"，同时扩大了思想对策机关的职能。6月7日，内阁回复文部省同意其做法。7月1日正式对外公布，木村正义出任部长。具体地说，学生部把原先以调查和研究"思想对策"的工作扩大为"对思想和学术的控制"，这就向法西斯的教育体制又进了一步。从表7-2不难看出，1929—1931年学生部接受的举报数量呈快速增长态势。到1932年相对减少，说明政府的思想钳制政策已经见效。

---

① "学生"指大学生；"生徒"指中小学生。
② 久保義三：『昭和教育史：天皇制と教育の史の展開』上，三一書房1994年版，第324頁。

表 7-2　学生部受理的学生举报数据统计[1]

年份（年）	事件数（件）	检举者数（人）	起诉者数（人）	处分者数（人）
1928	47	120	28	284
1929	92	292	28	312
1930	303	950	77	864
1931	355	1119	32	984
1932	298	1170	63	901
1933	105	507	99	390
总计	1200	4158	327	3735

1934年3月19日，文部省向内阁提交改"学生部"为"思想局"的提案。理由则是在对付左翼思想时，学生部因权限不足致使工作常常捉襟见肘。它同时要求明确监督和指导的范围，包括"所有学校及社会教育团体的思想工作；有权调查其他方面的思想动态，并给予指导；开展国民精神文化研究"等。5月10日，内阁通过了文部省的提案。6月1日，"思想局"正式成立，局长由原学生部部长伊东延吉担任。

1937年6月9日，文部大臣安井英二动议改"思想局"为"教学局"。他说："鉴于当下须基于国体本义振兴并刷新教学的现实，当务之急是使其领导机关充分发挥作用，废'思想局'且新设'教学局'正逢其时。"[2]

新成立的"教学局"合并了以前学生部及思想局的所有职能，或如其官制所说："教学局的唯一任务，就是排除以马克思主义为代表的一切反天皇制的思想。"其组织结构：设长官1人，部长2人，专属书记官、事务官、理事官各1人；下属教学课、思想课、国语课、宗教课、文化课等。根据1943年1月1日修订后的官制，对各课的职权范围又做了明确规定，以教学课和思想课为例：

"教学课"：策划国民教化调查和指导方案；编纂用于向国民普及日本主义学问和文化的书籍；调查并奖励相关的学术研究和研究设施；视察指导学校及教育团体刷新教学的情况；指导家庭教育、勤劳教育及其他国民教化活动；指导教职员和教育关系者的炼成教育；掌管教学炼成所及地方教学炼成机构；掌管教化团体。

---

[1] 久保义三：『昭和教育史：天皇制と教育の史の展開』上，三一書房1994年版，第327頁。
[2] 久保义三：『昭和教育史：天皇制と教育の史の展開』上，三一書房1994年版，第339頁。

"思想课": 监督和调查学校、教育团体、教化团体及文化团体的思想工作; 调查和研究国内外的思想动态; 调查和指导其他思想方面的工作。[1]

简言之, 在各课分管的事务中"树立国体观念, 抑制危险思想"都是重中之重。也可以说, "教学局"的事务范围已经涉及排斥左翼思想、扼杀学术自由、灌输国体观念的所有方面。[2] 历史证明, "教学局"的权威性越大, 政府对国民思想的控制力越强。相应地, 国民的思想也越贫乏。

三、把"思想问题"转化为"教学炼成"
(一) 强化实践导向的"思想善导"

文部省为了剔除民主主义、马克思主义、无政府主义等思潮对学生思想的影响, 不断出台"学生思想问题调查"政策, 从教学、监督、训育以及取缔方法等多个方面, 强化"思想善导"力度。

由"学生课"(1927)到"学生思想问题调查委员会"(1931), 文部省的工作重心始终都是防范学生产生左倾思想。甚至把抵抗欧美文化影响(主要针对马克思主义), 提高到"思想国难"的高度。1932年还为此设置了"国民精神文化研究所", 并妄言通过"建立新的世界文化理论体系"实现大国民理想。[3] 因此, 展开蛊惑人心的教育实践, 也成了政府导向的思想工作。对研究所来说, 关键性"研究"是能否达到触动国民思想的实际效果。

比如1932年在《新兴教育》杂志(一、二月合刊)发表横山幸夫的《满洲战争和民族教育》一文, 其中有一段记者采访东京都某小学5、6年级学生的实录, 就有一定的代表性。摘要如下。

记者: 最近发生了一件大事, 大家知道吗? (学生们异口同声: "满洲事变。")

记者: 你们了解"满洲事变"吗?

加藤: 因为支那人对我们太无礼了, 先杀了我们的军人, 所以关东军才和他们打了起来。

记者: 支那人哪里讨厌呢?

---

[1] 久保義三:『昭和教育史: 天皇制と教育の史の展開』上, 三一書房1994年版, 第334頁。
[2] 久保義三:『天皇制の教育の史の展開・昭和教育史』, 三一書房1994年版, 第318—331頁。
[3] 吉見義明、横関至編集:『資料日本現代史4』, 大月書店1981年版, 第280—281頁。

加藤：他们破坏满洲铁路。

记者：为什么要破坏满洲铁路呢？

加藤：我想是不喜欢我们吧！我们掌握满洲铁路这件事惹怒了他们，然后就要破坏它。

记者：这时候国联出来说话了。国联是个怎样的组织呢？

加藤：世界上的胆小鬼聚在一起谈判。

增田：尽管支那方面提出了各种理由，但是我想不用管那么多，根本的问题还是要提高日本军队的士气。

记者：你们如何看待国联没完没了的调查呢？

加藤：他们一开始就不是我们的对手。

中岛：加藤说的对，国联总是偏袒中国。

增田：我要是外务大臣，早就不要这副奴隶枷锁了。

板桥：我想国民们都是这样想的吧。

记者：我们应该做一个怎样的日本国民呢？

富永：堂堂正正地用日本的正义主张去说服国联理事会。①

这是一种把课堂教学和社会活动、教科书知识和时事新闻结合起来的现场教育，也是思想局或教学局倡导的思想善导方式。此外，作为常态教育还有给战场的士兵写慰问信、送慰问袋，以及学校组织的迎送出征士兵等活动。加之"奉拜御真影""奉读《敕语》"被制度化了，致使整个教育环境弥漫着浓重的军国主义气息。尤其是对低年级学生来说，教科书和媒体的影响更大。比如《少年俱乐部》杂志从1931年开始连续5年登载田河水泡的漫画《黑土地》《黑土地上的上等兵》《黑土地的探险家》，都是以九一八事变为背景，不仅让学生从小就知道"满洲非常富有"，而且那也是"寄托个人理想的地方"，号召他们毕业后就去"满洲创业"，参加"满蒙开拓团"②，主题思想就是："满蒙！日本的生

---

① 志摩阳伍：「戦争とファシズム教育」，小川太郎编著：『軍国主義教育の歴史』，明治图书1970年版，第148页。
② 九一八事变后，内阁决定由拓务省负责向中国东北移民6000人。不过，受到藏相高桥是清等人的阻扰。1932年，国民高等学校校长加藤完治积极与军部和关东军联系，推动实施武装移民计划，因此他还被法西斯分子冠以"满蒙开拓之父"的称呼。1936年，拓务省计划在20年间向中国东北移民100万户500万人（农民）；1938年，开始招募"满蒙开拓青少年义勇军"。"满蒙开拓"的目的，一是殖民掠夺；二是对抗苏联；三是解决农村问题；四是储备兵源。其在国内的宣传极具欺骗性和蛊惑性，而且从小就灌输"王道乐土"的意识。

命线。"①

（二）"国民精神文化所"被"国民炼成所"替代

针对所有国民的思想善导（包括中学以上的学生），需要把日本文化上升到信仰的高度，以便在应对经济危机、金融动荡、不良社会思潮、世界局势变化以及大地震等自然灾害时，用日本精神战胜困难。为此，文部省在1932年决定成立"国民精神文化研究所"，简称"精研"或"精研所"。其机构班底就是"学生思想调查委员会"（1931）。

"精研所"的地位和任务远高于"思调会"，用时任文部大臣鸠山一郎的话说，"精研所"应该是针对国民思想指导"最高且唯一的权威"。其工作宗旨只有一条："建设阐明国体和国民精神原理，发挥国民文化，批判外来思想，构建足以抵御马克思主义的理论体系。"

一言以蔽之，善导国民思想只能遵循一个权威、一种理论、一套观念。当然，这样的"理论体系"，不能只是关于观念的理论研究，而必须是有助于指导国民实践的理论。太平洋战争爆发后，新制定的《国民精神文化研究所要览》（1942）干脆表述为："基于日本精神及排除左倾思想的目的，构建统一的、可行的、精神的学问和实践体系"，并"通过研究国民精神文化，阐明皇道并确立其信念"。②

初期的《国民精神文化研究所官制》规定，其组织机构由"研究部"和"事业部"构成。其中，"研究部"又分历史、国文、艺术、哲学、教育、法政、经济、自然科学、思想诸科。研究所的专任所员最初定额9人，配专任助手12人，专任书记3人。到了1942年因人手缺口较大，研究所只得增加人员配额，专任所员22人，配专任助手20人，专任书记6人。1943年开始，各科的研究方向转向"建设大东亚文化"。

> 首任所长伊东延吉。委员有：纪平正美（哲学）、西田直二郎（历史学）、井上孚麿（政治学）、山本胜市（经济学）、增田福太郎（政治学）、前田隆一（自然科学）、伏见猛弥（教育学）、志田延义（文学）、杉靖三郎（医学）等。③

---

① 奥田真上監修：『教科教育百年史』，建帛社1986年版，第170頁。
② 久保義三：『昭和教育史：天皇制と教育の史的展開』上，三一書房1994年版，第345頁。
③ 久保義三：『昭和教育史：天皇制と教育の史的展開』上，三一書房1994年版，第366—367頁。

另外，二·二六事变以后，思想科的山本胜市、法政科的井上孚麿等人开始筹划和组织"思想国防研究会"。1938年7月，"思想国防研究部"成立。它对"精研所"的任务做了更为细化的处理，共有五项：彻底反思和批判现行思想和文化；阐明国体本义；基于国体本义建设新思想和新文化；根据现实的具体情况，研究完成任务的具体策略；基于国体本义研究思想、文化方面的国策。同月，作为宣扬天皇统治世界的研究成果，研究部发表了《批判马克思主义哲学》一书。

1943年11月1日，"国民精神文化研究所"并入"国民炼成所"，理由是"基于国体本义的教学，最为重要的任务还是掌握教职员，并使其率先炼成皇国民"①。这里的教职员包含大、中、小学所有人员。"炼成"的目标，概括地说，一是顺从皇道，承诏必谨；二是背私向公，一致协心；三是昂扬日本教学之炼成精神，以达成皇国之使命。"炼成"方式多为期一周的"合宿炼成"。

显然，"精研所"无法满足政府全面控制国民精神的愿望，尤其是在战争状态下，构建"精神文化"的理论体系犹如痴人说梦。"精研所"的任务直接落到"炼成"上也是现实使然，毕竟"思想善导"的本义即是精神控制，政府要的效果不仅是国民能够俯首帖耳，而且还必须让他们能够"灭私奉公"。

> 炼成要旨②
> 培养为皇国鞠躬尽瘁死而后已之精神。作为日本国民，为达成皇国之大目标，……奉戴天皇为一切根基，彻底炼成纯粹无瑕之帝国臣民之道。作为皇国民投身于炼成之列，诚惶诚恐感激之至。
> 学寮规矩
> 学寮既是修行之炼成道场，亦是灵魂之修行场所，一时一刻不能松懈，须知哪怕一举手一投足之间，便能失掉炼成之良机。

（三）自由主义微光的泯灭

法西斯主义教育在本质上是运用国家暴力钳制国民思想。20世纪二三十年代，政府一再提高主管"思想善导"部门的权威性，旨在通过思想控制手

---

① 久保义三：『昭和教育史：天皇制と教育の史的展開』上，三一書房1994年版，第363頁。
② 国民煉成所：「煉成要項草案」（1944年改訂），久保义三：『昭和教育史：天皇制上教育の史的展開』，三一書房1994年版，第365頁。

段,遏制自由主义、民主主义、个人主义以及马克思主义、无政府主义等新思潮,以便达到思想专制的目的。既利用《治安维持法》和特高课实行镇压,也通过密告、检举等途径和方式监控国民言行,制造心理恐惧;还通过"青年训练所",引入在乡军人强化国民的军事训练。而且这些行动也有具体的"教化运动计划",目标即是:匡励风俗;肃正纲纪;灭私奉公。

另外,国家教育机构和右翼分子和组织借助政府权威,强行打压《缀方生活》(小砂丘忠义编集)、《北方教育》(成田忠久编集)、《生活学校》(生活教育研究会)、《教育科学》(阿部重孝、城户幡太郎)《教育》(阿部重孝、城户幡太郎)等进步刊物,致使民间教育运动解体;利用"泷川事件",终止了大学自治;否定"天皇机关说",全面推进"国体明征"运动;介入家庭教育,以家训、家风为手段,强调家庭也是"炼成道场",并要求其承担国家盛衰的责任。

九一八事变后,军部和政府力图把国民的眼光引向中国,一方面大力宣传建设"王道乐土",另一方面将祭祀、政治、教育一体化。

1932年,政府在靖国神社举行"满洲事变战死者合祀"活动,并要求东京学生在配属将校带来下集体参拜,而且强调说这是学生的义务。上智大学的部分学生拒绝参拜,理由是他们不信奉神道教。

对此,文部省及内务省神社局紧急协商,一致决定采取强制措施组织学生参拜神社。政府的理由是:参拜神社是一种教育行为,体现国民的爱国心和对国体的忠诚,不属于个人的信仰问题。引申说,教育理由高于信仰理由。此后参拜神社也是政府强制学校必须履行的义务。①

如果说二三十年代还是自由主义、民主主义和军国主义、法西斯主义博弈的时候,那么三四十年代就是军国主义、法西斯主义和极端国家主义合流且肆意妄为的时期。政府对进步思想极为敏感,进而把精神控制也推至极端,包括对"教师赤化"表现的病态反映;"国民精神文化研究所"倡导的极其腐朽的日本精神;教育、新闻等文化事业的全面堕落,如西田几多郎、田边元、和辻哲郎等著名学者所确定的祭祀、政治和教学一体化政策;无条件地禁止工会活动;焚烧进步书籍,封闭思想、文化领域;在"翼赞体制"下,全国上下都在鼓噪"举国一致""尽忠报国""坚忍持久"的陈词滥调。

---

① 山住正己:『日本教育小史』,岩波書店1994年版,第117—118页。

1940年11月10日,政府在皇宫前广场举行"纪元2600年盛典(神武天皇即位)",并允许在规定的5天内,可以有花车及庆祝活动上街,白天酒屋开业。然而,这种短暂的娱乐更像是日本帝国的回光返照。11月15日,"大政翼赞会"便喊话道:"庆祝已经结束,赶快回去工作吧!"

把国民生活挤压到活着只是为了战争尽义务的地步,甚至要以随时为天皇牺牲自己作为活着的价值,这便是日本帝国最后几年国民生活的真实写照。

第八章 "总动员体制"下的军国主义教育

引 言

1937年7月7日，中日战争全面爆发。①7月27日和9月5日，近卫文麿先后在两院发表演讲，强调国民教育必须"以阐明国体本义为根本"；而且"要从儿童抓起，灌输给他们理应具备的国体思想"。②

8月24日，内阁通过《国民精神总动员实施纲要》，要求完善"举国一致"和"尽忠报国"体制。③与此同时，文部省和内务省加紧布置"国家总动员"的各项工作。9月，以"举国一致""尽忠报国""坚忍持久"为口号展开"国民精神总动员运动"，主旨是改善生活理念，内容是厉行节约、减少消费、奖励储蓄、勤劳工作。

随后，各地的右翼组织空前活跃。据茨城县"特高课"报道，到1937年底，成立的右翼组织就有"爱国劳动农民同志会""维新政党结成准备会""纯正日本主义青年运动全国协议会""纯正维新共同青年队""大日本青年党""皇国农民同盟"等，它们都奉行"效忠天皇""八纮一宇"的主张，涉及的阶级、阶层也非常广泛。

---

① 日本政府先是称为"北支事变"（7月11日内阁决定），指在中国华北地区发起的战争。9月2日，又改称"支那事变"。这意味着：（1）战事不限于中国华北地区；（2）日本不会顾及中国政府的抗议及与断交后果；（3）不遵守国际惯例以及国际法，宣战后再扩大战争。如1939年海军省法务局在《支那事变海军司法法规》中所说："此次事变虽未宣战，但战争确实已经展开，无须顾及国际法说些什么。"北博昭：『日中開戦——軍法務局文書からみた挙国一致体制への道』（第2版），中央公論社1995年版，第4頁。

② 近卫文麿：「第71回帝國議會（特別會）における施政方針演說」，「第72回帝國議會（臨時會）における施政方針演說」，内閣制度百年史編纂委員會編：『歴代内閣総理大臣演説集』，大蔵省印刷局1985年版，第272、275頁。

③ 吉田裕、吉見義明編集：『資料日本現代史10』，大月書店1984年版，第46頁。

所谓运动，一方面是以"赞成和遵守与德国签订的防共协定"为基础形成右翼的"统一战线"，认同"对苏联采取强硬态度"的立场；另一方面是协助政府推进国民的"精神总动员体制"。①

1938年5月5日，政府实施《国家总动员法》。作为国家基本法，它以维持战争状态为目的，由政府总体控制和调动所有的人力及物力资源，内容多达50条。其中第1至3条阐释"国家总动员"的性质和任务；第4至20条规定国民的战时义务，如国民征用和国民参与，以及物质的产生、持有、配给和转移等限制性内容。一句话，总动员就是把国民生活完全置于长期的总体战状态下。②

1940年10月12日成立的"大政翼赞会"，其基本任务是建成"总动员体制"。到1941年太平洋战争爆发时，"总动员体制"抑或是"总体战体制"已经成为国家特征。在这个体制下，凡是政府需要的——任何资源——都在随时征用之列，尤其是石油、电力、医药、贸易、金融乃至衣料和食品，政府控制得十分严苛；因为"精神动员"的目标是勤劳、协作、奉公且"以军需为第一要务"，所以要求国民绝对服从政府并做到万众一心竭尽愚忠。在这种情况下，当然没有言论、结社和出版自由，也不允许批评战争，甚至不能产生劳动纠纷。

第一节 "总体战"思想与教育

"总体战"思想源于德国战略家鲁登道夫（Ludendorff, E.）的《总体战》。概括地说，现代战争即全民族战争；总体战须以民族的精神团结为基础；国家须有统一控制和调配政治、经济、社会、文化、思想等各领域资源的能力；实行国民经济的军事化，并建立独裁的战争体制等。③

日本学者上法快男也说，以第一次世界大战为界，现代战争与古代战争发生了质的变化。战争不再以掠夺领土和资源为目标，而是对国家制度、国民生活和思想产生重要影响，甚至被根本改变，所以现代战争是"原理战争"。他同时指出，日本的"总体战"和西方的"总体战"不是同一概念。日本基于2600年前的神话，打着"肇国精神""八纮一宇""王道乐土"的旗号，将"总体战

---

① 由井正臣编集：『資料日本現代史6』，大月書店1981年版，第4—5頁。
② 北博昭：『日中開戦——軍法務局文書からみた挙国一致体制への道』（第2版），中央公論社1995年版，第127—128頁。
③ 〔德〕埃里希·鲁登道夫著，魏止戈译：《总体战》，华中科技大学出版社2016年版，第一、二、三、六章。

思想"建立在这些空洞概念的基础上,骨子里贩卖的仍是旧文化和旧观念。①

一、日本"总体战"的特征

最早把"总体战"思想引入日本的是永田铁山。他曾在德国留学而且研究德国军事多年,并深信日本图谋的大战必然也是"总体战"。在任陆军省军务局长期间(1930),他力图完成军部和财团的联合,以便将日本政治从"准战时体制"转型到"战时体制"。因此他主张:重新审视已有的国防观念;合理构建国防结构;基于当前的国际形势来规划国防能力;强化国防国策;提高国民的国防意识。

作为军部统制派领袖,他强调"为了达到国家完全控制总体战资源的目的,必须有效调整国家资本主义的经济体系";"国防乃是国家发展的基本动力",近代的国防观必须"着眼于国防国家的建设,并使社会组织与之相符"。引申说,"总体战体制"其实就是凸显国防能力的体制。据此"养成国防能力"的话,需要完备三个基本要素,即人的要素(人口和民族)、自然要素(领土和资源)和综合要素(经济和技术等)。而且必须从国家的整体立场出发,迅速确立"战时经济体制",因为国防观念同样表现为国体观念。于是,军国主义思想在本质上与日本人特有的精神意志也是一致的。②

早在1919年5月,永田铁山为调查委员会起草的《关于国家总动员的意见》中,就使用了教育动员、科学动员、学术动员、技术动员等概念,并阐述了总体战和教育的关系,他尤其强调加强高等学校的军事教育。20世纪20年代以后,从小学到大学乃至社会,无论青少年接受何种教育都少不了军事训练,实际上与永田铁山"现代战争即国民的战争、国力的战争"的思路相吻合。③

例如,1937年4月19日发表的《国民教化运动方策》,第一条即是"宣明我庄严的国体观念、宏远的肇国理想、三千年来的国民道德",要求"以皇室为中心,促进国民团结一致"。④日本发动全面侵华战争以后,"国民精神总动员""大政翼赞"成为总体战的国家体制,帝国政府在大肆标榜"精神动

---

① 若槻太雄著,赵自瑞等译:《日本的战争责任》,社会科学文献出版社1999年版,第292页。
② 志摩阳伍:「戦争とファシズムの教育」,小川太郎编著:『軍国主義教育の歴史』(講座·軍国主義教育),明治图书1970年版,第152页。
③ 纐纈厚:『総力戦体制研究:日本陸軍の国家総動員構想』,三一书房1981年版,第213页。
④ 情報委員会:「国民教化運動方策」,吉田裕、吉見義明編集:『資料日本現代史10:日中戦争の国民動員1』,大月书店1984年版,第5页。

员""民心动员"的同时，一再强化国体观念，视国民为"奉公灭私"的工具，可以随时为国赴死。而"总体战教育"所追求的"人心归一"目标，概括地说，便是人人服膺于战争的需要。

二、总体战与"精神总动员体制"

1934年10月1日，陆军省（新闻班）发表《重视国防本义及强化国防》的报告书，要求教育界全面加强军事化体制。1937年8月14日，近卫内阁决定由内务省和文部省牵头在全国开展"国民思想动员运动"。8月24日，内阁正式通过了《国民精神总动员实施纲要》，要求"增强举国一致、尽忠报国的精神，无论事态如何发展，战争时间如何长久，都要用坚忍持久的毅力克服困难，以期达到最终目的"。为此，需要"增强国民之决心，实施彻底的国民实践"[①]。文部省紧跟其后，在9月10日发表《国民精神动员实践事项》，并依据《纲要》内容列举出具体的实施细则。

【实施目标】

一、社会风潮一新：（1）涵养坚忍持久之精神；（2）锻炼吃苦耐劳之身心；（3）体现舍小我、为大我之精神。

二、各守其职，坚固后援：（1）感谢出征将士，彻底充实后援；（2）发扬邻保相扶之传统；（3）勤劳工作。

三、在非常时期，致力于非常之经济政策：（1）勤劳报国；（2）劳资协力合作；（3）抑制利益之垄断和暴利；（4）主动认购国债；（5）奖励节约和储蓄；（6）改善国际收支；（7）节约金钱，爱护资源。

【实践细目】

对应目标一之（1）款，①锻炼军队之精神；②坚持必胜之信念；③训练对敌之决心。例如：不信流言；保守国家机密；积极的防空训练。

对应目标一之（2）款，①勤俭力行；②刷新生活；③节制享乐。

对应目标二之（1）款，①慰问出征军人家属并予以帮助；②为殉国者慰灵，慰问家属并予以帮助；③捐钱捐物。

对应目标二之（3）款，①促进服务业之发展；②依靠集体劳动维持生

---

① 内阁:「国民精神総動員実施要綱」，吉田裕、吉見義明編集:『資料日本現代史10』，大月書店1984年版，第46頁。

产力。

对应目标三之（6）款，①使用国货；②限制使用进口商品；③使用国产代用品。

对应目标三之（7）款，①抑制消费；②使用代用品；③提供回收用品，再利用；④创造发明；⑤蓄积资源；⑥献纳国防资源。[①]

翌月，为了有效落实上述内容，成立了由海军大将有马良橘任会长的"国民精神总动员中央联盟"。足见政府是把"国民精神总动员"作为实施总体战的国民基础来看待了。

1938 年 4 月 1 日，近卫文麿内阁公布《国家总动员法》（5 月实施），强调"本法是在战时为达到国防之目的，以最有效的方式发挥国家总体能力，统一运用人力和物力资源"。1940 年 7 月 26 日，近卫文麿内阁通过《基本国策纲要》，进一步重申：内政最迫切的大政是根据国体本义刷新诸政，确立国防国家体制。为此，期望实现以下目标：第一，贯彻国体本义，刷新教育，排除自我功利的思想，树立为国家服务的根本性国民道德观念；第二，为了确立强有力的新政治体制，必须统一所有国政。[②] 显然，这种依赖国民奉献的举国体制，已是以国家名义对国民进行无休止的盘剥了。如 1938 年 12 月设置的"发扬日本精神周"；1941 年 4 月开始的"节米"运动[③]。

"总体战思想"从军部内部研究开始，伴随着日本军国主义的对外扩张不断达成目标。在 20 世纪 30 年代它被导入国家体制，并越来越极端化。正因为日本的"总体战体制"是军部主导下的国家战争体制，所以为了具备"举国一致""上下一心"的效果，政府对国内人民的思想、文化钳制肆无忌惮，军部则挟持国体与国政两方面的势力，一意孤行地扩大战争。教育不过是服务于"总体战体制"的工具，其本质既发挥剥夺国民思想自由的功能，也滥行监督、剪除、蒙蔽、洗脑和训导的权力。

---

① 文部省：「国民精神総動員実践事項」，吉田裕、吉见義明編集：『資料日本現代史 10』，大月書店 1984 年版，第 47 頁。
② 内閣：「基本國策要綱」，外務省編纂：『日本外交年表竝文書（1840—1945）』（下），原書房 1979 年版，第 436 頁。
③ 此时，日军陷入战争泥潭，农村人口严重不足，加之缺少化肥，粮食生产大幅下降。从 1939 年开始，日本和朝鲜半岛遇到干旱，致使稻米大量减产。1941 年 4 月 1 日，东京、大阪、名古屋、京都、神户、横滨实施大米配给制。11 至 60 岁，每人每日配给 300 克。不久，木炭、盐、味噌、酱油、衣料等日常生活用品，也都实行了配给制。与此同时，政府还向国民征集破铜烂铁，国民生活越来越困苦。

第二节 "总动员"体制下的教育特征

1929年，田中义一内阁决定实施以文部省为核心的"教化总动员"。九一八事变以后，犬养毅内阁又强化了"统一国论"政策，即凡是"有辱日本对外战争的思想言论"，皆在被禁之列。1934年，冈田启介内阁提出"振兴民心"的施策方针。1936年，广田弘毅内阁则强调"充实国防"，"革新改善教育"。1937年4月，林铣十郎内阁确立了"国民教化运动"方针。

文部省方面，则有《教育制度改革案》(1931)、"教学刷新评议会"(1935)、设置"思想局"等与之相配套的举措，特别是二·四事件[①]（1933）这类排斥和镇压"左翼教师"的政策，从1931年到1937年一直没有间断过。

1937年，近卫文麿内阁设置"教学局"。一方面意味着大正以来的"思想善导"方针得以强化，另一方面说明法西斯主义已在体制上控制了国民精神的倾向。

"卢沟桥事变"后，近卫内阁颁布《国民精神总动员实施纲要》，全面展开由"内阁情报委员会"[②]主导的"精神运动"。从"教化总动员"到"精神总动员"，正是国家法西斯化进程中的重要节点。

其一，日本发动侵略战争是既定国策，为此需要国家动用其全部的物质和精神资源，战争规模越大政府越是独裁；其二，独裁意味着军部主宰国家，国家越是法西斯化越需要极端的政治理念，于是天皇制国体成了独裁者的护身符；其三，在这种情况下，教育只能扮演了政治奴仆的角色。

事实上，文部省早已不能脱离军部和内务省单独推行教育政策了，"精神动员"更是针对思想控制的国家行动，文部省之所以还重要：一是为了推动全体国民融入战争体制，教育具有麻痹或欺骗作用；二是为了维持长久的战争，利用教育手段炼成国民的参战意志，比如"高昂的战意""举国一致"的行为以及"尽忠报国、坚忍持久"的信念。

一、《国体本义》及其他

1935年2月举行的第67届帝国议会，公开谴责和批判了美浓部达吉的"天

[①] 1933年2月4日，在长野县开展"检举赤化教师"（有社会主义倾向者）运动。到4月底，有65所学校的138人被检举，亦称"教员赤化事件"。
[②] 10月，成立"精神总动员中央联盟"；1940年改"精神总动员中央联盟"为"精神总动员中央本部"。

皇机关说"。3月，政府发布《关于国体明征的决定》，重申崇信天皇是国家意志，天皇被"神格化"，具有绝对权威，而且不容质疑。[1] 4月，文部省着手编纂适用于作为教育和学术研究指南的《国体本义》。8月，为彻底扫平思想障碍，文部大臣松田源治指责"天皇机关说"大不敬，以表明文部省捍卫国体的态度。

翌年，由军部主导编纂《国体本义》，"国民精神文化研究所"是主要的协同单位。之后，"教学局"基于《国体本义》的国家观、家族观、历史观和文化观，又组织编纂了《臣民之道》《家的本义》和《国史概说》等，形成了具有"唯一权威性"的官定读本。

（一）文部省编纂《国体本义》[2]

在否定"天皇机关说"并经历二·二六事件之后，军部和政府都急于稳定思想局面。1936年春，文部省在其预算中拨出特别经费用于编纂《国体本义》一书，同时成立编委会。其成员包括政府部门的国民精神文化研究所研究部部长、研究员、考证官；东京帝大和学习院的教授。他们的专业领域涉及教育学、哲学、伦理学、法学、经济学、历史学、文学、宗教学（神道和佛教）、汉学、艺术。具体成员是：吉田熊次、纪平正美、和辻哲郎、井上孚麿、作田庄一、黑板胜美、大塚武松、久松潜一、山田孝雄、饭岛忠夫、藤悬静也、宫地直一、河野省三、宇井伯寿。[3]

5月19日，编委会召开征求意见会议，与会者就国体本义、国土（风土）、国民性、忠君爱国、大和魂、祭政、军事和外交等课题进行讨论。之后，几经修改形成定稿。基本内容如下：

一、绪论：（1）我国的国体；（2）现代思想的混乱；（3）外来思想；（4）现代思想的整合

二、第一章"大日本国体"：（1）肇国、天壤无穷、万世一系、皇统、三种神器之联系；（2）御圣德（祖、祭政一体、崇祖；国、经营国土的精神；民、一君万民、赤子、御仁德）（以下略）

三、第二章"由国史彰显国体"：（1）国史的一贯精神（关联大化改

---

[1] 山口定：『ファシズム』，有斐阁1980年版，第136页。
[2] 以下材料皆出自久保义三：『昭和教育史：天皇制と教育の史的展開』（下），三一书房1994年版，第373—393页。
[3] 志田延义：「昭和の證言」，久保义三：『昭和教育史：天皇制と教育の史的展開』（下），三一书房1994年版，第373页。

新、建武中兴、国学兴起、明治维新等一以贯之的精神);(2)国土(风土)、生活、产业;(3)国民性、国语、风俗、习惯;(4)信仰、道德;(5)教学、艺道;(6)政(祭祀、政治、经济);(7)国防、外交

四、第三章"皇国民的自觉":(1)世界的现状和我国的地位(政治、经济、文化、军事、外交);(2)对外来思想的批判(欧美思想的渊源及其各种倾向、支那思想和印度文化及其醇华、外来思想与皇国精神的差异);(3)诸般刷新与创造发展(政治、经济、社会、教育、学问及其他);(4)东西文化的融合发展;(5)发扬皇威

五、结语"国民的觉悟"

1937年5月29日,《国体本义》付梓,31日发行。全书156页,引用神话和典故100多处。从1937年5月到1943年11月,累计发行1,733,000部[1],普及率相当高。

《国体本义》可谓集国粹主义、天皇主义、军国主义、家族主义之大成,具有法西斯时代教育总纲的地位。何谓"国体明征",该书体现得非常清楚,如从国史中认识神国的源流和特点,以便国民恪守臣民之道;无论"振作国民精神"还是"刷新教学",其基准都是醇化日本精神,并坚守"忠孝一本"等观念。

即便涉及古代日本有关吸收中国和印度文化的部分,也在宣明日本传统的独特性和神圣性。对于欧美文化的态度,则全然没有明治民权运动、大正民主运动的影子,而是在反复强调"阐明万古不易的国体"的同时,要求对欧美文化进行批判。一句话,国民所持有的国体观念,只能由神国的历史和天皇制来确定。[2]

(二)《国体本义》的姐妹篇《臣民之道》

1941年7月,文部省教学局组织编纂《臣民之道》等书。背景是日军在中国战场遇到顽强抵抗,使其速战速决的梦想破灭。因此,国家已被拖入长期战争,其后果之一,或许会导致国民怀疑国体的真实性,进而瓦解整个总体战体制。

编纂工作由文部省教学局普及课课长志水义章负责。首先,他在11月19日提交了《臣道之实践》的编写提纲,所拟内容正文三章,加上绪言和结语,

---

[1] 有关统计各种研究著作存在差异,本书取《第八十四帝国议会说明材料》中内阁统计数据。
[2] 宫原誠一等编:『資料日本現代教育史』第4卷,三省堂1979年版,第283—295頁。

共有5个部分：绪言"排除自我功利的思想，树立以服务国家为第一要务的国民道德"；第一章"克服时难和建设新秩序"；第二章"国体和国民之道"；第三章"臣民之道的实践"；结语"吾德吾行"。然后在12月初，确定以《臣民之道》为书名，并召开编写恳谈会，出席人员包括军部代表、内阁情报局、大政翼赞会、企划院、国民精神文化研究所、教学局各课室负责人。到1940年12月，确定了以下内容：

第一，建设世界新秩序：（1）世界史转型（支那事变及其对东亚、世界新秩序的政治、经济、思想意义；国际形势——欧洲战争向第二次世界大战转变，以及大东亚共荣圈的确立；国内形势——物心两面的国民生活及其节制）；（2）建设新秩序（我国的历史建设、满洲事变、满洲建国、支那事变、日德意三国条约、日支基本关系条约；"八纮一宇"的理想）；（3）确立国防体制（确立新体制、强化总体战体制、基于臣民之道的国民生活）

第二，国体和臣民之道：（1）国体（关于国体中的臣民、君民一体、外国的君民关系）；（2）臣民之道（忠——扶翼皇运；孝——亲子、家、敬神崇祖、国即家、外国的国家和个人）；（3）祖先的遗风（扶翼皇运的历史；把彰显祖先遗风的行为应用于生活）

第三，臣民之道实践：（1）作为皇国民的修炼（兴亚的风气、锻炼身心和国防训练、尊重科学和磨炼技术、归一皇国之道、国民学校精神；修炼武道等）；（2）日常生活（批判个人主义、自由主义、享乐主义、功利主义的生活；其他略）；（3）臣民的觉悟（大政翼赞）[①]

概括地说，该书有三个基本特征：其一是《臣民之道》基于《国体本义》，将臣民之道原理和实践路径具体化了；其二是根据侵华战争和"大东亚共荣圈建设"的需要，在臣民之道中混入了各种反动思想或学说；其三是《臣民之道》反映的仍是《教育敕语》和《军人敕谕》范畴内的东西，但更侧重于具体的义务和应有的行动。该书于1941年7月发行，至1943年11月已售95万部。

文部省教学局组织编纂的其他有关国家意志的书籍，还有"在决战时，为增强基础性战斗力"而编纂的《家的本义》；"为明征肇国由来和国体精华，巩固皇国民信念"而编纂的《国史概说》（1941）；"为宣扬日本文化，理解日本国

[①] 文部省教学局编：『臣民の道』，内阁印刷局1941年版。

民性"而编纂的《日本文化大观》(1942);"为国民投入大东亚战争,体现灭私奉公精神"而编纂的《我们和大东亚战争》(1942)和《大东亚史概说》(1943)等。总体观之,就是从不同方面实践臣民之道。

(一)《家的本义》(1940年10月①)

第一章"我国的家":家的本真;家的起源;家和国;家和家族;家族制度的长处;家族制度的短处

第二章"家的精神":纽带;道义;慈爱

第三章"家的生活":祭奠;教养

(二)《我们和大东亚战争》(1942年3月②)

一、大东亚战争何以爆发

二、宣战诏书

三、为了打赢战争(唯有扩大生产;勤劳才是生产力;生活即战争)

二、昭和时期的国定教科书

根据德武敏夫的教科书研究,国定教科书的五个时期,分别是:第1期从明治三十七年(1904)到明治四十二年(1909),其间经历了日俄战争、"赤旗事件";第2期从明治四十三年(1910)到大正六年(1917),其间发生"合并朝鲜"、第一次世界大战等重大事件;第3期从大正七年(1918)到昭和七年(1932),其间爆发"米骚动"、俄国"十月革命"、实行普选等重要事件,尤其受"大正新教育"的影响,教科书明暗两方面的特色都比较突出;第4期从昭和八年(1933)到昭和十五年(1940),其间法西斯势力迅速膨胀,发动全面侵华战争,建立"大政翼赞体制",虽然教科书技术有所进步,但处处弥漫着"神风""神敕"等军国主义思想;第5期从昭和十六年(1941)到昭和二十年(1945),在"大东亚战争"背景下,教科书亦是"圣战"工具,"皇国史观"泛滥成灾。③比如国民学校二年级《修身·好儿童》(1941)教科书所灌输的观念:"日本是美好而又洁净的国家!世界上唯一的神国!日本是美好而又强大的国

---

① 现在已看不到全稿。久保义三按照教学局发行的『家族制度尊重方策ニ関カスル協議會』推算是这个时间。

② 文部省教学局编:『大東亞戰争とわれら』,内閣印刷局1943年版。

③ 这里的分期与第二章第三节"修身教科书的编纂与使用问题"中唐泽富太郎的分类略有不同,之所以再说一遍的理由:一是与下面讨论的问题契合;二是给读者提供另一种研究视角。

家！世界上高贵而且伟大的国度！"①

（一）军部进一步插手国定教科书

1920年，文部省决定设置包括军部和政界代表在内的国定教科书咨询机构，并于4月28日公布《教科书调查会官制》。翌年，修正教科书使用名称，将"日本历史"统称为"国史"。②1936年再次全面改订小学教科书，主要目的是用具有军国主义特征的"昭和精神"取代残留和平主义色彩的"大正精神"。③

1940年6月，文部省图书局推出《国民学校教科书编纂方针案》。该方案规定，教科书的编纂及其内容审定，由文部省和陆军教育总监部共同完成，以后成为定制。根据时任文部省图书监修官井上赳的回忆，图书局按照教科书编纂方针整理成细目后，先送陆军教育总监部；再根据其制定的《关于国民学校教科书陆军要求事项》进行筛检，重点是炼成国民国防的基础以及国防本义、国家总体战等内容是否合乎规定，甚至连"战场阵地的道义"的内容也要包括进去。此外，军部还直接派遣将校到图书局，实际插手教科书的编纂过程。④

1941年5月，文部省设置"教科用图书调查委员会"，废除了"教科书调查会"。⑤同时公布"教科用图书调查委员会官制"，会长是文部大臣桥田邦男，委员包括法制局参事官森山锐一、企划院部长秋水月三、陆军中将今村均、陆军少将田中隆一、海军少将德水荣、国民精神文化研究所纪平正美、东大教授穗积重男等76人，规模庞大。

此后，国定教科书的编纂、出版，不仅是文部省和军部的事，而且还加入了大东亚省⑥共同运作。

（二）昭和时期的"国民科"教科书

1933年全面修订国定教科书，以便更彻底地贯穿"国体观念"和"皇国思想"，并有效地涵养国民精神。

到1937年在成立"教育审议会"之际，文部大臣木户幸一宣布了新的教育改革任务。除强调"国体本义"外，重点是使教育符合高度国防的需要。这个

---

① 德武敏夫：『日本の教科書づくり』，みくに書房1985年版，第15页。
② 直到1945年日本战败，作为教学科目的"国史"才被废除。
③ 久保義三：『昭和教育史：天皇制と教育の史的展開』，三一書房1994年版，第239页。
④ 山中恒：『少国民はどう作られたか——若い人たちのために』，築摩書房1986年版，第105页。
⑤ "教科用图书调查书"并入了"教科书调查会"（1920）、"中等学校教科书调查委员会"（1937）、"日本语教科用图书调查会"（1939）、"青年学校教科书协议会"（1939）。
⑥ 1942年9月1日内阁决定成立"大东亚省"，原拓务省、兴亚院等并入该省，首任大臣青木一男。

政策一直持续到 1941 年，改"寻常小学"为"国民学校"，算是基本完成。概括其教育方针，主要内容包括：修炼皇国之道，加深国体信念；明确日本文化的特质，知晓东亚及世界发展趋势，以及皇国在其中的地位和使命；发挥各学科特色，并使之有相互联系；等等。作为炼成"皇国民资质"的学科和科目如图示 8-1：

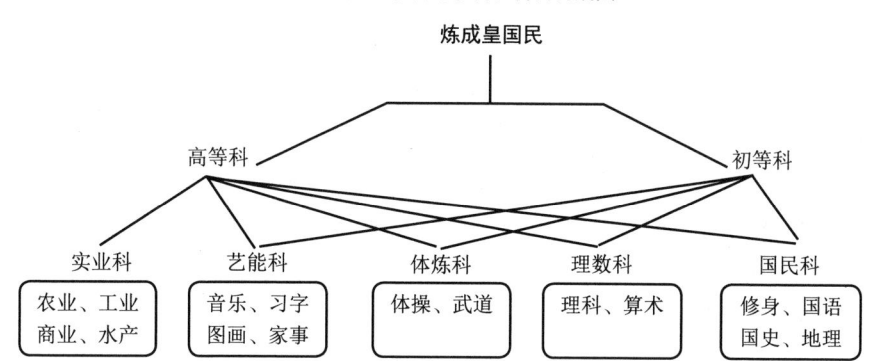

图 8-1　国民学校的学科和科目构成图

```
                    炼成皇国民
              ┌──────────┴──────────┐
            高等科                  初等科
    ┌────────┬────────┼────────┬────────┐
  实业科    艺能科   体炼科    理数科    国民科
  农业、工业 音乐、习字 体操、武道 理科、算术 修身、国语
  商业、水产 图画、家事                    国史、地理
```

昭和时期的"国定教科书"，仅在教科书编纂技术有所变化，如第 4 期的《寻常小学修身书》封面和内容都换成彩色印刷，而且加入了与日常生活相关的修身内容；第 5 期的《寻常小学修身书》插图明显增多。但是，其内容也混合着浓烈的军国主义、天皇主义、极端国家主义和法西斯主义味道，一个突出特点便是在各科目中加入更多的战时题材。

例如，国语教科书的《哥哥入营》(第 4 册)、《忠犬》(第 5 册)、《神风》《军旗》《东乡元帅》(第 6 册)、《兵营来信》《乃木大将的幼年时代》(第 6 册)、《大连来信》《广濑中佐》(第 8 册)、《军舰生活的早晨》《橘中佐》(第 9 册)、《水兵之母》《水师营会见》(第 10 册)、《日本海海战》《日本刀》(第 11 册)，以及修身教科书的《忠君爱国》(第 3、5 册)、《靖国神社》《能久亲王》(第 4 册)、《举国一致》(第 5 册)、《职分》(第 6 册)等[①]，内容多枯燥无味、以说教为主，如下例：

---

① 这里选用第 4 至第 5 期寻常小学修身和国史国定教科书中内容比较稳定的篇目，由文部省编纂，第 4 期教科书是 1934 年版，第 5 期教科书是 1940 年版。

祝日、大祭日是我国非常重要的仪式性活动日。身为国民在这个日子里，需要放下其他事情专心于祝日和祭日，这样做才能培养为国争光的感情。看看能久亲王[①]，有着那么高贵的身份，仍能为天皇和国家捐躯！至今靖国神社供奉他，使人人得见的精神，宛若神明一般。总之，当有国难时，必须竭尽全力忠君爱国，因为忠义是臣民的第一要务。

《寻常小学修身书》第六册第27课《好的日本人》节选[②]

再如"国史"教科书，它呈现出两个基本特点：其一是强化皇国史观。如《小学国史》上下两册，开卷即是"御历代表"，上册内容写到16世纪第105代后奈良天皇，下册到昭和天皇即位。此外，按照"编纂要求"，第一课必须是"天照大神"，即教科书"要从神敕学起"，编写内容是"丰苇原瑞穗之国，乃千百年来吾等子孙繁衍生息之地；尔皇孙继承治理，须崇隆宝祚，以至天壤无穷"之类。其二是贯彻"皇国的历史使命""皇统无穷""举国奉公的史实""一贯的肇国精神"等概念。

于是，从第4期国定教科书开始，意识形态学科必须凸显"国体明征"的性质，需把侵略战争美化为"海外发展"，既宣扬日本自古以来的尚武传统，又要极力粉饰战争的正当性。如《初等科国史教师用书（上）》给出的学习指导题目：景仰历代天皇的高德与鸿业；彰显尊皇敬神的事迹；阐明神国的传统；大书特书海外发展的壮举；摘录国防设施的沿革；宣扬尚武兴学的美俗；探究创造的素质；讲述大东亚战争的由来。[③]为了获得好的教学效果，要求改变由人物构成学习内容的传统，文体也更加口语化，甚至强调非必要不使用文言文。还指出，"叙述日支事变（中日战争）以后国内状况时，充分体现战时体制下的国家思想"。[④]

[①] 北白川宫能久亲王，日本皇室，顽固的军国主义分子，侵略台湾的急先锋，死在台湾。后被日本军国主义者神格化。
[②] 世界思想社编集部：『資料で読むと戦争——学生新聞を中心として』，世界思想社2008年版，第208頁。
[③] 奥田真丈监修：『教科教育百年史』，建帛社1985年版，第317頁。
[④] 海後宗臣监修：『図説教科書のあゆみ』，横山印刷株式会社1971年版，第237頁。

表 8-1 昭和时期"国民科"国定教科书目录一览表(摘录)[1]

科目	教科书	内容(课)
修身	寻常小学修身书(第六卷)	皇大神宫;皇室;忠;孝;祖先和家;勤勉;师弟;自立自营;公益;协同;职分;宪法;国民义务之一;国民义务之二;国民义务之三;国交;德器;仁爱;勇气;至诚;国运的发展;国运的发展;创造;教育;教育敕语;教育敕语续
历史	寻常小学国史(下卷)	织田信长;丰臣秀吉;德川家康;后光明天皇;德川光圀;大石良雄;新井白石;德川吉宗;松平定信;本居宣长;高山彦九郎和蒲生君平;攘夷和开港;孝明天皇;武家政治结束;明治天皇;大正天皇;今上天皇即位;国民觉悟
国语	寻常小学国语读本(第十二卷)	出云大社;古代遗物;支那印象;孔子和颜回;西山庄的秋天;镰仓;黄濑川对岸;末广里;姬路城;鸟居胜商;初冬二题;机械化部队;光辉的奖章;万叶集;奈良;修行者和罗刹;欧洲各国;李尔王;裁判;残雪;太阳;关孝和;白洲灯塔;雪国之春;静宽院宫;山樱花

1945 年 12 月 31 日,联合国军驻日最高司令部(General Headquarters,简称 GHQ)发布《关于停止修身、日本历史及地理教学的命令》。人们从其中对"国史教育"的否定,也能够推论出它的要害问题,如独善、偏执的历史观;歪曲、遮蔽的史实;滥用治乱兴亡的政治史;美化"共存共荣"的侵略战争。[2]

另外,在《国民学校教则案说明要领》中,尤其强调"炼成皇国民"的基础资质,需要各学科相互产生作用,比如要求"各教科相关内容须加以系统组织",而且要确保"符合课程性质"并达成教育目的。比如"国民科"和"体炼科""艺能科"的结合。后者可在锻炼身心、高雅情操方面诱发前者的表现力和实践力,再如小学"唱歌课"必学的军歌,就有《日之丸旗》《光芒万丈》《靖国神社》《天照大神》《日本国》《和歌》;《士兵之歌》《广濑中佐》《橘中佐》《桃太郎》《丰臣秀吉》《加藤清正》《出征战士》《曾我兄弟》《日本海海战》《我是海之子》《水师营会见》;《鹈越》《菊花》《大塔宫》《日本三景》《父母之恩》《冬夜》《雪中交战》《村祭》等各种题材,其教育目标非常明确,不只在音乐,而必须是提高"忠君爱国的志气"。

在学校教育各教学科目中,修身、国史、国语和地理构成的"国民科"最为重要,这是由军国主义教育的性质决定的。究其理由,一是文部省视其为"炼成皇国民的主眼";二是训练"身心一体"的国民,要以"知识和道德"为

---

[1] 世界思想社编集部:『資料で読むと戦争——学生新聞を中心として』,世界思想社 2008 年版,第 212、228、195 頁。

[2] 梅野正信:『社會科歴史教科書成立史——占領期を中心』,日本図書センター 2004 年版,第 21 頁。

基础；三是"国民科"承担着"体认国民精神，确立国体信念，自觉养成皇国使命"的任务。当然，国定教科书等同于国民科的国定化，抑或是国民思想、国民精神的国家化。它突出反映了日本畸形的意识形态下，日本军国主义教育法西斯化的本质。

三、"御真影"与参拜靖国神社的作用
（一）"奉护御真影"及其典型

"御真影"是对天皇、皇后以及皇太子以下皇室成员的肖像、照片的通称。在明治时期，也称"尊影""御影"或"御写真"。1868年至1880年，明治天皇巡视全国，"御真影"随之被政策化。一方面天皇经常出行，极大地提高了国民的关注度，政府借此向国民宣传"天皇即国家"的观念；另一方面一般民众不能直接目睹天皇形象，通过照片和肖像（锦绘）两种形式，既能够让臣民感到天皇的真实存在，也容易使天皇制国家的概念具象化。加之强制实行特定的敬礼仪式，亦使天皇信仰由习惯而成自然。尤其是在学校，人们对"御真影"的态度，等同于忠君爱国思想的深度。

1875年6月4日，奈良县率先"奏请政府向各府县下赐一张天皇御写真，以便供人民仰拜"。这也是为了配合政府开展的"祝日"活动。不过，内务省对此事仍相当慎重，直到出台"教则三条"，并把修身教育提到前所未有的高度以后，才水到渠成。1882年，文部省向直属学校交付"御真影"。[①]以后，逐步普及到各类学校。其中，不乏像"大日本教育会"这样的全国性组织的督促和监督。

天皇在1872年开始拍摄"御影"，皆站姿，有"束带""直衣"两种。自1873年始，除出席皇室传统祭祀活动外，明治天皇在其他场合（包括全国巡视）都身着军服，以此突出尚武勇猛的新国家形象。

1873年6月，确定"天皇正服"。10月，拍摄"军服写真"，身着元帅服，帽子放在桌上，坐姿持剑。这张照片悬挂于府县官厅、师团本部、军舰等军事设施、政府要人官邸等。1974年，下赐给开城学校。[②]

1889年12月，由文部省总务局长通告地方知事下赐"御真影"的情况，并

[①] 岩本努：『御真影に殉にた教師たち』，大月書店1989年版，第13—15頁。
[②] 小野雅章：『御真影と学校——「奉護」の変容』，東京大学出版社2014年版，第1—3頁。

使之成为惯例。翌年 10 月，发表《教育敕语》。随后文部省又发表训令要求各校"择一固定地方，以最尊重的方式安置敕语和御真影"。至此，"御真影"和《教育敕语》一并构成学校最重要的敬拜仪式。对"御真影"不敬被认为是无礼的行为，视如大罪。

  1891 年 1 月 9 日，在东京第一高等学校礼堂举行开学仪式。先是奉读敕语，之后由教师和学生每 5 人依次出列，在放着敕语和天皇署名的御真影的桌前敬礼，当轮到内村鉴三所在的第 3 组出列时，内村犹豫不决。因自己是基督徒，不知该不该向敕语和御真影行最敬礼。其行为被认定是"拒绝敬礼"，他也被学校的国家主义者称为"无礼汉"。2 月 3 日，被解职。[①]

  甲午战争后，政府和舆论界借机鼓噪各种忠君爱国行为，并在其中树立了保护"御真影"的典型人物栃内泰吉。

  1896 年 6 月 15 日，日本遭到有记载以来第二个大海啸[②]，仅是岩手县就死亡 23,309 人，房屋被毁 5920 户，学校毁之殆尽。灾难中岩手县南闭伊郡箱崎寻常高等小学教师栃内泰吉为抢救"御真影"身负重伤死亡。[③] 后经《教育时论》（1896 年 7 月 5 日）报道，栃内成为"忠死"的典范，被称为"赤心忠魂，千秋不朽"；"集尊敬和信仰于一身的好教师"。与之同时，《国民新闻》却认为，"为了御真影舍身，则是咄咄怪事！"因为"无论什么照片都可以复制五次、十次，可是人的性命一旦失去便不会再有"。然而，在教育迅速军国主义化的背景下，政府需要宣传的恰恰是这种个人牺牲精神。

  1897 年，南闭伊郡郡长下令表彰栃内的行为。1928 年，岩手县为其修建纪念碑。[④] 更大的鼓励还是利用从甲午战争中所获赔款给小学教师加薪，不仅极大地刺激了教师为军国主义教育服务的积极性，而且在教师中出现了赞美战争的风气。

[①] 山住正己编：『戦争と教育：四つの戦前と三つの戦後』，岩波书店 1997 年版，第 72—73 页。另，此事在本书第二章第三节"愚蠢的行为与不敬事件"中提及，读者可以结合起来看。
[②] 地震发生在午后 7 时 32 分，大海啸降临在午后 8 时 10 分左右，浪高 38.2 米。
[③]《东京朝日新闻》报道："南闭伊郡箱崎教师栃内泰吉氏，闯入危校，为救护御真影身负重伤，遂死，可谓忠死之士也。"
[④] 岩本努：『御真影に殉にた教師たち』，大月书店 1989 年版，第 27—28 页。另，这个人物在本书第二章第三节"愚蠢的行为与不敬事件"中也有提到。

根据 1896 年 3 月 24 日发布的《市町村小学教师教龄加俸国库补助办法》，教师满 5 年教龄增长 15%，以后每 5 年加 10%，加俸最高到 35% 封顶。

在文部省给众议院的提案中，写道："夫论国防如何完备，若国民无识昏昧，即便坚船利炮亦能力有限。征清之役（指甲午战争）我军之所以接连获胜，用知识和精神破敌之无识固陋，乃法宝之一。故普及教育，增进国民之智慧和道德，实乃大事也。"①

其他作为"奉护美谈"的例子。如福井县南条郡水灾，杣山村鲭波区杣山小学教师金森可近，把"御真影"绑在头顶，在齐腰深的水中渡险，"御真影"安然无恙；秋田县仙北郡长信寻常高等小学基建，把"御真影"安置在居民家，不料这家发生火灾，校长高桥龙司及时施救，自己受伤，但"御真影"无恙；秋田县雄胜郡驹形寻常高等小学教师小野达三，在地震中，不顾危险抢救"御真影"和《教育敕语》。

被宣传用的故事中，还有关东大地震（1923）中，为"御真影"殉职的教师群体。当然，也有相反的例子，如 1898 年 3 月 27 日，长野县小县郡上田寻常高等小学女子部大火，"御真影"被毁，校长久米由太郎"负疚"自杀。

（二）"拜戴御真影"使《教育敕语》制度化

为了进一步强化"敕语体制"，政府尤其重视"御真影拜戴仪式"和"敕语奉读仪式"，并力图用严格的程式加固仪典教育，即通过仪式的庄严感塑型集体的国体观念。比如在仪式上，要"向御真影最敬礼"、齐声呼喊"天皇陛下万岁"；"奉读《教育敕语》、校长致辞、齐唱《君代》"等。

以兵库县丰冈寻常高等小学校迎接"御真影"的仪式为例：

> 1890 年 9 月 13 日，是政府下赐"御真影"的日子。早晨八点，高等、寻常、简易小学 700 余名学生整齐列队，和教员们一起去迎取"御真影"。
>
> 在队伍的最前面是写着"拜戴"的白色旗帜，行进的号角一吹响，神矢校长就发出了出发的命令。在向郡役所的行进中，号角嘹亮，步调整齐，人们非常严肃。
>
> 校长手捧"御真影"回到队伍面前。一声礼炮后，三所学校的人们齐声高唱《君代》。歌声一落，校长捧着"御真影"坐上轿车，高等小学三、

---

① 岩本努：『御真影に殉にた教師たち』，大月書店 1989 年版，第 36 页。

四年级五十名学生握枪护卫在前后左右，其他学生合为一队，在车尾徐步前进。途中和来时一样，一路吹奏，迈着整齐的步伐。

到了学校，校长把"御真影"安置在操场西面的"玉座"上，再放礼炮，"祝御真影安好"的仪式开始。各役所官员，本郡各町、村长、町会议员、邻近小学的教师和学生，及其他市街的参加者整齐参列。首先是集体拜礼，随后学生齐唱《君代》；歌毕，由郡长谕吉和校长致辞；再次是高等小学的学生演奏《皇国之歌》；最后，三所学校的学生按顺序向前敬拜"御真影"，来宾紧随其后。所有仪式完成后，放起一个写着"天皇陛下万岁"的气球。①

对"御真影"的重视也给学校带来不小的压力。特别是校长，因为按照"奉护规程"，一旦出事就是"不敬罪"。但是，失火、失掉、污损等事却防不胜防。例如，1929年4月4日，长崎县知事伊动喜八郎向文部省报知的问题中，就列有7类之多：（1）不敬者的行为（如朝鲜人、思想嫌疑犯和外国人）；（2）职员内讧导致的损害（如嫁祸）；（3）出入学校的学生（如新生、毕业生、落榜生）；（4）教师泄私愤（如被免职、待遇问题）；（5）宗教原因；（6）社会问题方面（如不良少年）；（7）对学校或校长不满。②

1923年，文部省发表《关于御真影及其他御影的调查情况》。根据它的统计，在东京大地震中，东京有157所学校实施了保护行为，即"御真影"没有被损害，还有536所学校完整保护了《教育敕语副本》；神奈川县采取同样行为的学校，有193所和271所；琦玉县的学校数，分别是201所和449所。这个报告至少说明了两个问题：一是各地学校所有的《教育敕语》和"御真影"的数量存在差距；二是保存"御真影"的风险和成本很高。

表8-2 "御真影"出现的问题及原因一览表③

损害种类	原因	注意事项
抚摸	清扫不彻底；处理不当；出现手垢	戴好手套
灰尘	用水掸土；使用毛刷	使用防尘手套或羽毛掸子
油渍	使用桧树、杉树材料所产生的油渍	放入"奉安箱"，镜框采用桐木

---

① 岩本努：『御真影に殉にた教師たち』，大月書店1989年版，第14—15頁。
② 久保義三：『昭和教育史：天皇制と教育の史的展開』上，三一書房1994年版，第189頁。
③ 小野雅章：『御真影と学校——「奉護」の変容』，東京大学出版社2014年版，第222頁。

续表

损害种类	原因	注意事项
镜框损伤	因镜框损伤，导致"御影"损坏	精心护理镜框
镜框变形等	因湿气过重，导致镜框、玻璃材料等多种异常	每月至少擦一次玻璃，晒阳光5分钟
斑点	出现虫蛀等问题	同上
受潮	长时间不通气导致的问题	同上
虫害	室内不通风导致的问题	注意通风，开通气孔
白蚁	在温暖地区，易产生白蚁	时时注意是否有白蚁迹象
雨滴	混凝土建筑易导致漏水的问题	采用双开门并时常检查
被盗	锁头过于简易导致的问题	更换钥匙
火灾	锁头不易打开或频繁更换钥匙位置等	固定钥匙位置，由专人看管

到1928年，伴随着社会主义运动、工人运动火焰的熄灭，以及最高可判死刑的"治安"措施等社会高压政策的出台，针对"御真影"的"不敬"判定尺度也越来越严格。进入20世纪30年代后，有关"奉戴'御真影'和《教育敕语》"的规定，在全国范围内形成新的特点。一是学校普遍设立安放"御真影"和《教育敕语》的"奉安殿"；二是进一步规范"御真影"下赐制度，如由文部大臣以"呈报书"的形式"照会"宫内大臣，宫内大臣决定"御真影"授予事宜；三是特高课介入相关的检举、拘留活动，加大了判"不敬罪"的可能性；四是结合"国体明征运动"，把"奉戴御真影"视为"教育报国"的一部分；五是大学开始"奉戴御真影"。这些制度和规定一直到战后民主改革才被废黜。

1936年在大阪建立"教育塔"，合祀"三陆大海啸殉职者"。10月30日（《教育敕语》发布纪念日），举行第一届教育祭，合祀明治以来的"殉职"教师137人以及1435名儿童。其中，12位是为"奉护御真影"殉职的教师。该教育塔，也被称为"教育人士靖国神社"。[①]

1936年10月15日，立教大学提出申请"奉戴御真影"。26日，早稻田大学、关西大学、高野山大学、大正大学五所学校通过申请。1937年，增加明治大学、法政大学、中央大学、日本大学、专修大学、拓殖大学、立正大学和上智大学；1938年，再增加庆应义塾、驹泽大学、日本医科大学、东洋大学。在军部推动下，帝国大学、官立单科、高等师范相继申请

---

① 久保义三：『昭和教育史：天皇制と教育の史的展開』上，三一书房1994年版，第184—185页。

并获得通过。①

(三) 象征军国主义的靖国神社

靖国神社的前身,是 1869 年 6 月 29 日启用的"东京招魂社",民间也称"招魂祠"或"招魂场"。建造"招魂社"的目的,是感念在戊辰战争中的死难者,包括军人和军人家属。因为旗号是纪念为天皇做出牺牲的"英魂",所以地位非同一般。

1879 年 6 月 4 日,"招魂社"提高社格,成为"特别官币社",同时更名为"靖国神社"。"靖国"即护卫国家之意,因此它专门供奉和祭典皇军。同月 25 日的"靖国神社祭文"写道:"明治元年以来,汝等涤荡海内外之寇,无不从服;汝等以身取义,诚心可鉴,……从今往后,弥之久远,祭给无怠。"② 由此可见,靖国神社一开始就是军国主义的"慰魂场",并非普通的宗教或祭奠场所。

简言之,靖国神社是国家神道的代表,其地位显赫、性质特殊;它由军部掌控,且专门供奉战死的皇军及其相关者,象征国家军国主义。至今,靖国神社供奉灵位 2,466,532 柱,包括明治维新、西南战争、甲午战争、侵略台湾、镇压义和团运动、日俄战争、济南事变、九一八事变、两次世界大战、中日战争和太平洋战争的战死者。其中,还有 14 名甲级战犯。

按照"国体原理主义者"平田笃胤的说法,日本是宇内各国之祖,日本皇室就是万国之主,日本的古神道便是人类之道,因此侵略即是"扩张国威"。而佐藤信渊的《宇内混同大论》和《宇内混同秘策》所描述的"世界和平"图景,同样幻想"日本人做世界的主人",并让古神道"统一世界"。要知道,靖国神社的信仰根源,就是这些虚构且荒诞的东西。但是在军国主义教育中,这些虚幻的内容却能堂而皇之地成为学生的基本知识和基础信念。

第一,看教科书内容。1911 年版第 2 期国定教科书《寻常小学修身书》第 4 卷第 4 课"靖国神社"写道:

> 靖国神社位于东京的九段坂,这里供奉着为了天皇和国家而牺牲的人们。春、秋两季的大祭日,天皇都派特使来参拜。临时大祭时,天皇和皇后两陛下还会亲自前来参加仪式。

---

① 小野雅章:『御真影と学校——「奉護」の変容』,東京大学出版社 2014 年版,第 240—250 頁。

② 高橋哲哉:『靖国問題』,筑摩書房 2005 年版,第 100 頁。

按照天皇陛下的旨意，在这里常年祭典忠臣义士。我们必须感念陛下的恩泽，效法供奉在这里的人们，为了国家和天皇鞠躬尽瘁。①

1920年版第3期国定教科书《寻常小学修身书》第4卷第3课"靖国神社"改写为：

靖国神社位于东京的九段坂，这里供奉着为了天皇和国家而牺牲的人们。在春季的四月三十日和秋季的十月二十三日的这一天，天皇都会派特使前来参拜，而到了临时大祭时，天皇和皇后两陛下也会起驾来这里参加仪式。

按照天皇陛下的旨意，在这里供奉为天皇和国家而牺牲的人们，并举行隆重的祭祀仪式。我们必须感念陛下的恩泽，效法供奉在这里的人们，为了天皇和国家鞠躬尽瘁。②

尽管课文只是做了细小的修改，但从中还是能够看出修身教科书"一旦缓急，义勇奉公，扶翼天壤无穷之皇运"的修订宗旨。一是明确"大祭日"的具体时间；二是始终把天皇放在国家的前面；三是突出靖国神社的祭祀特征。到了1937年，第4期国定教科书《寻常小学修身书》第4卷第3课"靖国神社"，着意强调的"忠义"意识。

靖国神社里供奉着许多为天皇、为国家而死的忠义烈士。每年春季的四月三十日和秋季的十月二十三日，都在这里举行大祭，而且天皇还派特使前来参拜。每当合祀忠义之士时，即举行临时大祭，天皇和皇后两陛下还会亲自前来参加仪式。③

其他教科书，如1937年版《新订寻常小学唱歌》第4学期唱歌"靖国神社"一节，则完全照搬武士道的信条，内容毫无童趣和艺术味道，只是灌输赤裸裸的"忠死"观念。

---

① 山中恒：『靖国の子——教科書・子どもの本に見る靖国神社』（影印教科书），大月書店2014年版，第50頁。
② 山中恒：『靖国の子——教科書・子どもの本に見る靖国神社』（影印教科书），大月書店2014年版，第55頁。
③ 山中恒：『靖国の子——教科書・子どもの本に見る靖国神社』（影印教科书），大月書店2014年版，第80頁。

花是樱花，人是武士／被樱花簇拥着／啊！靖国神社／你即是报效国家的象征／人生若花落一般／灵魂却永存在此

命若鸿毛，义重如山／为了天皇以身求义／哪有畏惧可言／就在铜鸟居的深处／供奉着高高在上的神明／光耀世界永不磨灭[①]

第二，看统一的活动规程。根据内务省第12号令（1939年3月15日），各地方的"招魂社"改称"护国神社"（4月），并且特别要求从以下方面实施对儿童的指导：强调靖国神社的祭神地位和祭典活动；提高敬畏靖国神社和皇室的意识；充实并重视护国神社的祭神活动。目的依然是通过祭祀活动，"唤起义勇奉公精神"。为此，政府部门也一再发布"国民默祷通知"或"默祷并慰灵通知"等，使国民和学生时时紧绷"感恩"的神经。

例如，1938年4月7日，次官会议决定的《关于靖国神社临时大祭之际国民默祷时间的通知》。当日上午10时15分，全体国民面向靖国神社默祷祈念。同一时刻鸣警笛、敲响钟声，既有提示作用，也营造了严肃气氛。[②] 同年9月8日，再发《关于靖国神社临时大祭之际全国默祷时间及实施战殁军人慰灵祭的通知》，要求届时全体国民默祷1分钟。[③] 道府县举办慰问战死军人及家属活动，各学校则必须以训话方式对学生进行相关教育。

第三，看该活动的实施效果。九一八事变以后，军部和政府力图把国民的眼光引向中国，除了进一步宣传建设"王道乐土"外，还通过文教政策将祭祀、政治、教育一体化。比如1932年政府在靖国神社举行"满洲事变战殁者合祀"活动，东京各校学校学生进行参拜逐渐成为义务。

> 1932年5月5日，军部派遣到上智大学的陆军大佐北原一视，准备率领预科二年级60名学生参拜靖国神社，结果有学生以自己是天主教徒为由，拒绝参加活动。北原立即上报陆军省。
>
> 为此，陆军省次官小矶国昭照会文部省次官粟屋谦，给上智大学扣上了"有悖国体"的帽子。

[①] 山中恒：『靖国の子——教科書・子どもの本に見る靖国神社』，大月書店2014年版，第121頁。
[②] 「靖国神社臨時大祭に際し全国默禱の時間設定に関する件」，吉田裕、吉見義明編集：『資料日本現代史10』，大月書店1984年版，第72頁。
[③] 「靖国神社臨時大祭に際し全国默禱の時間設定並に戦殁軍人慰霊祭執行に関する件」，吉田裕、吉見義明編集：『資料日本現代史10』，大月書店1984年版，第84頁。

军部认为,在九一八事变后,国体观念是思想支柱,拒绝参拜靖国神社不能容忍。

不久,文部省要求上智大学处理此事。9月,校方和天主教东京主教都回复文部省,表示学生应该基于爱国心参拜神社或招魂社,这一行为和天主教(基督教)信仰并不冲突。

10月,上智大学登报(《朝日新闻》和《东京日日新闻》)重申上述态度。

11月,问题基本得到解决。

一是军部调整配属将校,保证今后再有此类活动须得到校长同意;二是学生有义务参拜神社,指出参拜神社是一种教育行为,体现国民的爱国心及对国体的态度,与个人信仰无关;三是强化大学的国体教育,大幅度增加"国民道德"等相关课程。①

第三节 "总动员体制"下的教育改革

1930年5月,为了适应总体战需要,将国家顺利转型为"国家总动员体制",成立了以近卫文麿为首的"教育研究会",并着手全面的教育改革。② 之后,便是一系列的调查和咨询会议。最终在1937年发表了一个综合性的《教育制度改革案》,把学校划分为小学、青年国民学校③、中学及专门学校④、大学,尤其强调与国防关系密切的青年教育。同年,文部大臣平生釟三郎提出《义务教育8年制延长案》,理由是彻底贯彻国体本义、充实国防教育和提高劳动力素质。

1935年4月,文部省发表否定"天皇机关说"的训令。11月,成立以思想局局长伊东延吉为首的"教学刷新评议会",其工作宗旨是:确立教学刷新指导精神,统一国民的国体意识;树立新的教学刷新方针,抵制外来思想对国体观念的侵扰;议定教学刷新纲要。评议会除以日本精神派为主干成员外,军部出任代表一事非常引人注目。

1937年5月,为把学校彻底改造成为"基于国体的修炼场所",废"思想

---

① 久保義三:『昭和教育史:天皇制と教育の史の展開』上,三一書房1994年版,第142—154页。
② 1937年5月,改称"教育改革同志会"。6月,近卫文麿组阁(第一次)。
③ 同时废除"青年训练所",实际由军部掌管,成为预备役。
④ 废除高等师范,各大学毕业者可充任教师。一般而言,小学教师学历与中学毕业同,中学教师学历与专门学校毕业同。

局"而设"教学局"。同月，废止"教学刷新评议会"，新设内阁咨询机构"文教审议会"。7月，侵华战争全面爆发。近卫内阁又将"国民精神总动员运动"纳入"高度国防"的战时体制。10月，内阁提出"举国一致、尽忠报国、坚忍持久"三项目标。12月10日，废除"文政审议会"，设置"教育审议会"，旨在整备战时教育体制，全面刷新教育制度，实施战时的军国主义教育改革。[①]

一、"教育审议会"推行的教育改革

频繁更换教育咨询机构并设置各种教育或教学委员会，凸显了以下问题：一是不断强化国家法西斯体制，尤其是侵华战争全面爆发以后，急需将国民的"思想善导"彻底化，即把民主主义、社会主义、自由主义视为敌对国体的根源。二是以《教育敕语》为核心展开"国体明征"运动，需要政府具有绝对权威。在战时条件下，军部更依赖天皇制的神圣性、正统性和永恒性来实现专制或独裁。三是完全失去自由、民主意志的教育，只是政府的愚民工具。一切"为了圣战刷新教育"，即所谓"在彻底抵制社会主义、自由主义思想的同时，以积极的态度确立符合国体观念和日本精神的教育与学问"。

根据1933年3月众议院《关于教育制度及内容改革建议》、1935年3月贵族院《关于刷新政教建议》，尤其是"教学刷新评议会"的"鉴于国内外形势以及指导教学及改善文政的重要事项，设置直属于内阁总理大臣的、强有力的咨询机构的建议"，并"蒙上谕恩准"设置"教育审议会"，以实施彻底的战时教育政策。[②]另外，为了确保审议会能够有稳定的立场，由枢密院副议长荒井贤太郎挂帅[③]，委员则从各界推荐出有影响力的人物5到6人，干事长是文部省次官伊东延吉。

第一届教育审议会成员名单
总裁：荒井贤太郎
委员：原嘉道、南弘（枢密顾问官）；河上哲太、德川义亲、安部矶雄、永田秀次郎、渡边千冬、添田敬又郎、东乡实、山本厚三、安藤正

---

① 相关"审议会"材料，见八本木净『両大戦間の日本における教育改革の研究』（日本図書センター1982年版），第43、249页。
② 小沢熹：「教育審議会および国家総動員体制下の教育改革」，「講座日本教育史」編集委員会編：『講座日本教育史』第4卷，第一法規株式会社1984年版，第54页。
③ 荒井之后，继任者原嘉道和铃木贯太郎也都是枢密院副议长。

纯（众议院议员）；野村益三、芳泽谦吉、吉田茂、松浦镇次郎、丸山鹤吉、田所美治、下村宏、大久保利武、大藏公望、松井茂、林博太郎（贵族院议员）；青木一男（企划院院长）；阿部信行（陆军大将）、野村吉三郎（海军大将）；广濑久忠（内务次官）、粟屋谦（原文部次官）、梅津美治郎（陆军次官）、山本五十六（海军次官）、伊东延吉（文部次官）、安井英二（前文部次官）、内崎作三郎（文部政务次官）、石渡庄一郎（大藏次官）、村濑直养（商工次官）、井野硕哉（农林次长）、船田中（法制局长官）、菊池丰三郎（教学局长官）、池崎忠孝（文部参与官）、风见章（内阁书记官）；长与又郎（东京帝大校长）、三上参次（东京帝大名誉校长）、作田庄一（京都帝大校长）、滨田耕作（京都帝大校长）、小泉信三（庆应大学校长）、田中穗吉（早稻田校长）、椎尾辨匡（大正大学校长）、西晋一郎（广岛文理大学校长）、下村寿一（东京女高师校长）、关口八重吉（东京工大校长）、上原种美（三重高等农林校长）、上田贞次郎（东京商科大学校长）、田尻常雄（横滨高等商业校长）、西田博太郎（桐生高等工业校长）、桥田邦彦（第一高等学校校长）、森冈常藏（东京文理大学校长）、吉冈弥生（东京女子医专校长）、三国谷三四郎（京都师范校长）、佐藤宽次（东京农业教育专门学校校长）、西村房太郎（东京府立一中校长）；关屋龙吉（国民精神文化研究所）、穗种重远（东京帝大教授）、山田孝雄（神宫皇学馆教授）、阿部重孝（东京帝大教授）、中村清二（东京帝大教授）、桥本传左卫门（京都帝大教授）、香坂昌康（大日本联合青年团理事长）、佐佐井信太郎（原大日本报德社副社长）、三好重道（三菱石油社长）；平生釟三郎（日本制铁会长）、小仓正恒（住友本社代表）、大河内正敏（理化学研究所长）、南条金雄（三井常务）。①

  教育审议会用了大约四年的时间，刷新了初等、高等以及社会教育制度，推出了诸多教育行政和财政计划或政策案，比如《青年学校教育义务制实施报告书》《国民学校、师范学校及幼稚园报告书》《中等教育报告书》《高等教育报告书》《社会教育报告书》《高度国防国家体制整备条件》《各类学校其他事项报告书》等。仅择基础教育改革内容如下：

---

① 大日本雄弁会编：『近代日本教育制度史料』第14卷，講談社1956年版，第449—450頁。

表8-3 "教育审议会"主要咨询报告一览表[1]

名称	时间	文件号
实施青年学校教育义务制报告书	1938.7.5	第 9 次总会
国民学校、师范学校及幼稚园报告书	1938.12.8	第 10 次总会
中等教育报告书	1939.9.14	第 11 次总会
高等教育报告书	1940.9.19	第 12 次总会
社会教育报告书	1941.6.16	第 13 次总会
各类学校其他事项报告书	1941.6.16	第 13 次总会
教育行政财政报告书	1941.10.13	第 14 次总会
关于过于教育建议书	1938.12.8	第 10 次总会
关于国民学校教师待遇及迅速刷新师范学校制度建议书	1938.12.8	第 10 次总会
关于设置咨询机构建议书	1938.12.8	第 10 次总会
关于尊重教育的建议书	1938.12.8	第 10 次总会

（一）关于青年学校。1938年7月15日提出《实施青年学校义务制报告书》，指出：在中日战争全面爆发之际，对帝国的使命感显得愈发重要。谋求普遍的青年教育，旨在基于国体本义振作国民精神，振兴产生，巩固国防。其要点如下：（1）基于国体本义，符合职业及实际生活要求，实施皇国民的炼成教育。（2）刷新青年学校教育制度，养成充足的教师。为此，强调教师的精神和能力都要过硬，以便胜任炼成教育；修业年限为三年；注重改善教学内容和方法。（中略）（3）青年学校的教学及训练时间，依照义务教育最高限实行。（4）义务制既给青年提供普通教育机会，也奖励其就业。（5）地方各行政部门应完善相应机构。（6）女子可以接受速成的青年学校教育，教学及训练时间相当普通科的二至三年，并适应地方情况，开设家事、缝纫以及理科。

（二）关于国民学校。1938年12月8日提出《国民学校、师范学校及幼稚园报告书》，重点是夯实基础性的炼成教育。其要点如下：（1）国民学校分为初等（国民学校）和高等（国民实业学校）两个阶段，前者修业6年，后者修业2年，共8年制义务教育。（2）整合国民学校的学科教育，设置"皇民科"，面向6岁至14岁的所有儿童。（3）国民学校教育所奠定

---

[1] 小沢熹：「教育審議会およる国家総動員体制下の教育改革」，「講座日本教育史」編集委員会編：『講座日本教育史』第4卷，第一法規株式会社1984年版，第57頁。

的国民基础；宗旨是"归一皇道"，振作教学、提高身体素质、醇化情操，锻造大国民；以"皇民科"为核心；避免各学科各自为政，须将知识加以整合；注重实效性、具体性和实践性；注重整体性训练。

（三）关于师范学校。宗旨：（1）重视修炼皇国之道，躬身实践，为人师表；（2）按照勤劳标准炼成身心浑然一体、学识渊博、情操醇化的表率，以便能够完成布道东亚及世界的皇国使命；（3）克尽职守自己的国民重责，养成见多识广的实力。①

1942年2月21日，"教育审议会"被"大东亚建设审议会"所替代。它存在的5年时间里，可谓集国体、国防教育之大成。为了达到目的，利用各种委员会的咨询报告，编制了战时教育体系，核心观点就是炼成适应"高度国防国家"的皇国民。

"高度国防国家"是军部和右翼官僚共同制造出来的法西斯体制，以方便他们运用国家机器集中控制资源、企业、金融、物价、税金、地租和劳动力，教育虽然不直接与物质有关，但其产生的精神作用具有本源性和支配性。因此，"教育审议会"所做的一切，看上去只是将"国体本义"固定在"皇国之道"上，但本质是在利用一整套制度且组织严密地实现法西斯主义的"皇民炼成"计划。之后的"大东亚建设审议会"，打出"文武一如""炼成刚健的身心""知行合一""八纮一宇大义"等口号，都延续了"教育审议会"的思路。

二、"国民总动员教育"及其勤劳运动

"国家总动员教育"源于1914年陆军"临时军事调查委员会"所进行的总动员调查，到1917年寺内正毅内阁发表《帝国国防资源》和《军需工业动员法》时，"国家总动员计划"已初见端倪。反映在教育方面，以"临时教育会议"（1917—1919）提出的《兵式体操建议案》和由"文政审议会"（1924—1935）推行的"现役将校配属令"、青年训练所等措施最为典型。

1927年，政府设置"内阁资源局"，旨在实现总体战体制下的国家总动员。两年后，文部省所实施的"教化总动员"，就是该体制运作的结果之一。教化要达到的目的，一是普及爱国教育，二是严禁危害总体战体制的活动，尤其要压制反战言行。1931至1935年，无论是炮制"教师赤化事件""泷川事件"，还

---

① 八本木净：『両大戦間の日本における教育改革の研究』，日本図書センター1982年版，第249—266頁。

是否定"天皇机关说",无一不体现"国家总动员教育"的特征,包括通过设置"教学刷新评议会""教学局"等措施,亦在夯实排除"国体禁忌",保障"国论统一"的基础。

1937年7月31日,文部省为了迎合军部对侵华战争的基本估计,指示全国各类学校"在高扬奉公精神的同时,积极培育后备军人"。8月13日,它又召开道府县学务部长会议,明确要在学生的日常生活中,着重培养军人"视死如归,忍耐艰苦,忠心报国"的精神,把在校学生看成是"皇军后援"的一部分,并据此展开勤劳服务。同月24日,政府公布《国民精神总动员实施纲要》。10月13—19日,宣布设定"国民精神总动员周";11月10—16日,设定"振兴国民精神周"。这些活动的宗旨,与《戊申诏书》《振兴国民精神诏书》无异。

所谓勤劳服务,就是以慰问战死的军人家属、到战死者墓前祭拜和扫墓、开展援助前线军队活动、为制造军械捐款等"爱国活动",也在凸显"皇军后援"的作用。①

1938年4月1日,颁布《国家总动员法》后,文部省随即提出节约消费、奖励储蓄、后援军属三大主张,并要求把学校作为"实践总动员精神,养成皇国民的道场"。5月16日,文部省再次召开道府县学务部长会议。31日,此次会议以文部大臣名义发布《集体勤劳作业训令》。主要内容是安排中学生的暑期勤劳作业。其具体任务是:从事防空设施、公园公共设备、军用品、土木、开垦等简单劳动。动员范围包括,中学低年级学生须有3天、高年级学生须有5天的劳动日,而且是全员参加。翌年3月,为了强化"锻炼尽忠报国精神",又扩大了集体劳动范围、延长了劳动时间,并使之长期化。

1941年12月,太平洋战争爆发。"国民总动员体制"进入了最后阶段。教育改革的重点,就是从物质和精神两个方面整合国家资源,包括生活必需品、劳动力和兵源。简言之,一切围绕"勤劳奉公"或"灭私奉公"的理念展开教育。

1942年2月10日,内阁决定设置"大东亚建设审议会",以期充分发挥国家的总体实力。21日,公布官制并组成了以东条英机为总裁的41人委员会。宗旨是:"破除帝国自存自卫的障碍和一切阻力,以帝国为中心,基于道义确立大东亚新秩序。"②

---

① 逸见勝亮:「ファシズム教育の崩壊」,「講座日本教育史」編集委員会編:『講座日本教育史』第4卷,第一法規株式会社1984年版,第176頁。
② 企画院研究会:「大東亜建設の基本綱領」,久保義三:『昭和教育史:天皇制と教育の史的展開』上,三一書房1994年版,第459頁。

同月，文部次官和农林次官联合发布《关于青少年学生参加粮食饲料等增产运动的通知》，规定学生一年中必须有30天的勤劳日。3月14—15日，文部省召开道府县学务部长会议，决定为了促进粮食、饲料生产，由文部省下达《关于青少年学生协力于国防事业的相关事项》的指示，将"勤劳服务制度化"。

5月21日，审议会在《答复大东亚文教政策》中重申了"炼成皇国民"的基本方针："遵循国体本义，奉行教育敕语，彻悟身为皇国民的自觉；基于肇国之大精神，具备建设大东亚道义之使命。"并在刷新教育内容中，特别提出"刷新历史教育，贯彻彻底的皇国史观；敬神崇祖，承诏必谨；躬身实践"三项任务，目标是"使军教浑然一体"。

此外，作为"国民精神总动员运动"的教育实践，在中学成立了诸多组织，如"赤心报国队""祖国振励队""勤劳报国队""修炼报国团"等。文部省因势利导，于8月8日发表《学校报国团体制确立案》，实际加深了学校教育的法西斯化。同月21日，内阁决定大学生满21岁毕业，以便充实军需生产，尽早报效国家。11月22日，内阁发布《国民勤劳报国协力令》，规定臣民从14岁至50岁必须参加勤劳运动。

鉴于形势需要，从1943年4月开始，中学修业年限缩短至4年，原因是战局恶化，兵源和劳动力严重不足。

在战场上，1942年6月中途岛一战，日本惨败。1943年伊始，日军在瓜达尔卡纳尔岛失利。4月，山本五十六的座机被美国击中而致其身亡。此时，日本的败局已经相当明显。

5月3日，内阁发表《昭和十八年度国民动员实施计划案》，动员数万学生以农业为重点实行集体勤劳作业。6月25日，内阁发表《学生战时动员体制确立纲要》，要求所有学生进入战时动员体制；整备军务；全面协力本土防卫。至此，战备勤劳常年化，而且勤劳服务不再是学生的主要勤劳任务。

9月21日，内阁发布《现局势下的国政运营纲要》，在强调"官民一致贯彻决战之本义""举国力急速增强军需产生（特别是航空战斗力）""确保粮食自给""强化国防"的同时，要求执行"彻底地国民动员"。就在这一年，文部省把大学生、专门学校学生和师范生编成"兴亚学生勤劳报国队"，派往中国从事开垦、土建、运输、矿产劳务等劳动。①

1944年2月25日，内阁颁布《决战非常措施纲要》。它把"彻底动员学生"

---

① 久保义三：『昭和教育史：天皇制と教育の史的展开』上，三一书房1994年版，第472页。

放在第一项，指出"中学以上学生随时勤劳作业"，而且具体到理科学生去军工厂、医院等特殊地点；甚至把校舍纳入军需工厂化范围（用作军需仓库、医院、避难所）的程度。比如"三鹰航空工业"所有从业者中，学生占比34%；"第21海军航空兵器厂"学生占比高达30%。有统计说，飞机制造厂学生占比在工人总数的30%—40%。①显然，"总动员体制"已经到了崩溃的边缘，很难再支撑下去。

从1944年6月开始，美军对日本实施本土轰炸。与此同时，被"勤劳动员"的学生总数达89万9000人。到了10月，猛增至288万8000人。11月，东京遭到空袭，危局加重。到1945年3月，"勤劳动员"学生总数达311万；8月，达到340万人。包括大学生中的64%，中学生的82%，以及国民学校高年级学生的59%。即70%的学生都在"学生出征"的号召下被拉入战争。②师范生的比率更高，以东京第一师范本科二、三年级学生为例，1944年的服役者占比达85%以上。③

另外，从1945年3月的数字看，有64%的大学、专门学校学生，82%的中学生，59%的国民学校高年级学生，即占总人数70%的学生被动员直接服务于战争。④关于"学生出征"的情况，以东京第一师范本科二、三年级学生为例，1944年服役者占比85%以上。

1945年3月至10月，东京频繁遭到空袭。虽然政府百般封锁前线消息，继续隐瞒真相、蛊惑人心，但国民头顶上的轰炸机和丢下来的燃烧弹，已让他们的战意低落，失败的感觉油然而生。学生则被《决战教育措施纲要》所钳制，政府渲染他们是"国民国防之一翼"。5月22日，政府又发布了《战时教育令》，第一条仍是强调"学生承担着尽忠和国运两项重任"，要求他们"在战时的关键时刻挺身而出"。⑤

1945年3月26日，美军在冲绳登陆，冲绳战役开始。

---

① 逸见胜亮：「ファシズム教育の崩壊」，「講座日本教育史」編集委員会編：『講座日本教育史』第4卷，第一法規株式会社1984年版，第198頁。
② 久保義三：『昭和教育史：天皇制と教育の史的展開』上，三一書房1994年版，第482頁。
③ 根据1943年10月2日敕令《延长在校学生勤劳动员临时特例》的规定，需要大学生"一齐入营"（同等于征兵），美其名曰"学徒出阵"。有关人数的统计出入甚大，一般认为在20万到30万人之间。学界最保守的估计，也有12万到13万人。军方给出的数最低，只有96000人。防衛廳防衛研修所戰史部著：『陸軍軍戰備』，朝雲新聞社1979年版，第385頁。
④ 久保義三：『昭和教育史：天皇制と教育の史的展開』上，三一書店1994年版，第482頁。
⑤ 八本木净：『両大戦間の日本における教育改革の研究』，日本図書センター1982年版，第274頁。

冲绳守备部队司令部命令县内师范学校和男子中等学校的学生组成"铁血勤皇队"。它是在校学生作为战斗人员上阵作战的总称，别名也称"健儿队"。队员从初中 2 年级到师范本科 3 年级（相当于大学 2 年级），即 95% 以上是未成年人。

　　他们被分配到各处的守备点，作战时与士兵没有区别。即使是不懂枪械操作的低年级学生，也会用速成的方法迅速使他们投入战场。

　　"铁血勤皇队"成员被分配到通信或炮兵这样的部队，死亡率很高。其结果，从军男生 1780 人，战死 890 人。其中，县立工业学校动员 94 人，85 人战死，死亡率高达 90%；第二中学动员 143 人，127 人战死，死亡率是 88%；冲绳师范男子部动员 386 人，224 人战死，死亡率达 58%。[①]

　　到日本战败时，至少有 310 万学生到军工厂和农村勤劳作业，死亡不少于 2 万人。从勤劳服务、集体劳动到勤劳动员，既是"国家总动员法"从确立劳动政策到强制学生劳动的过程，也是法西斯教育的终点。

[①] 大田昌秀：『沖縄戦とは何か』，久米書房 1985 年版，第 73—74 頁。

第九章　走向灭亡的军国主义教育

引　言

1941年3月1日，根据"教育审议会"的建议，近卫文麿内阁颁布了《国民学校令》（4月实施），同时所有义务教育学校更名为"国民学校"，这也是日本帝国的最后一次学制变革。①

《国民学校令》第一条规定："国民学校以皇国之道为准则，实施初等普通教育，并以炼成国民之基础为目的。"据此，由修身、国语、国史及地理四门课程构成"国民科"，亦为第一教科。②引申说，这个时期的教育已然是极端国家主义运动与军国主义教育、法西斯主义教育的混合物。国民学校作为典型代表：其一，它所体现的义务教育性质，实际上与增进国民知识及幸福无关；其二，所谓"炼成国民之基础"，本义是护佑"皇国之道"，并诱导儿童全身心地投入战争；其三，它是"国家总动员体制"的有机部分，以炼成彻底的天皇臣民和军国民为目标。

太平洋战争爆发后，生活必需品匮乏、劳动力不足、兵源紧张，战局的恶化程度越来越严重。于是，从1943年开始，为了能够解决这些问题，帝国政府缩短了中等学校以上学生的学习年限，以便补充军需劳动力，甚至把学生直接

---

① 1881年，日本初置"小学初等科"。按照政府的要求应为4年，但因各地差异较大，3年制"简易小学校"仍然存在；1886年，政府颁布《小学校令》，定学制为4年；1890年，政府修订《小学校令》，取消"简易科"，推行4年制"寻常小学校"，还允许3年制"寻常小学校"存在。1900年修订《小学校令》时，寻常小学才统一为4年制义务教育。也就是说，从1881年到1900年，用了19年时间普及4年制义务教育。1908年，又将义务教育年限延长到6年。1941年颁布的《国民学校令》，分初等（6年）和高等两级（2年），皆为义务教育。当日本深陷太平洋战争泥潭后，正常的义务教育不可能延续。1947年，新教育改革废除了国民学校。
② 奥田真夫监修：『教科教育百年史·资料编』第2卷，建帛社1985年版，第259页。

送上战场充当"炮灰"。

到了1944年,政府连正常的教学时间都难以维持,原有的义务教育计划只得搁浅,而且要求中等学校以上学生全年处于"勤劳动员"状态,准备随时应招为国献身。在大学,商业系和农业系的学生一并转入工业系。6月,面对美军轰炸的严峻现实,开始实施"学童疏散"计划。①

1945年1月,根据最高战争指导会议发布的《决战非常措置纲要》,废除了国民学校初等科,所有学校停课,"总动员体制"进入最后阶段。

第一节 "大东亚共荣圈"贯彻"战争即建设"的方针

1940年7月,近卫文麿第二次组阁。9月27日,日本与德、意法西斯缔结《三国同盟条约》(《柏林公约》)。条约规定:日本承认并尊重德、意"建设欧洲新秩序"的领导权(第1条);德、意也承认并尊重日本"建设大东亚新秩序"的领导权(第2条);三国保证缔约国的任何一方若受到未参与欧战或中日冲突的一国攻击,须动用政治、经济、军事力量相互援助(第3条)。②10月12日,"大政翼赞会"成立,实施更为专制的法西斯独裁统治。1941年4月13日,日本又与苏联签订《日俄中立条约》,一方面双方确认友好关系,维持并相互尊重领土安全(第1条);另一方面双方又相互保证不介入对方和第三国之间的冲突(第2条)。③

概言之,近卫内阁希望通过高度统一的国内外政策,巩固"举国一致体制";也奢求这个"新体制"有助于他建成"大东亚共荣圈",这如同实现大日本帝国的梦想。

一、"大东亚共荣圈"的实质

1940年8月1日,外相松冈洋右在谈话中第一次公开使用"大东亚共荣圈"的概念。从太平洋战争爆发直至第二次世界大战结束,日本的外交政策皆以

---

① 1944年3月7日,内阁决定实施"学生全年勤劳动员计划";5月16日,文部省发表《学校工场化实施纲要》,特别要求女校工场化;6月30日,内阁决定《促进学童疏散纲要》;8月23日,公布《学徒青睐令》和《女子挺身勤劳令》。

② 「日本國、獨逸國及伊太利國間三國条約」(柏林),外務省編纂:『日本外交年表竝文書(1840—1945)』下,原書房1978年版,第459頁。

③ 「日蘇中立条約」(莫斯科),外務省編纂:『日本外交年表竝文書(1840—1945)』下,原書房1978年版,第491頁。

"建设大东亚共荣圈"为基点。① 作为一种侵略理论，其源头可以追溯到20世纪30年代初，日本政府构想的"东亚联盟"。

如果综合考虑日本政府一贯推行的军国主义政策的话，则从1932年斋藤实开启"军人宰相"的大门时，"经略大东亚战争"和"建设大东亚共荣圈"就进入了实质性阶段。

表9-1 "军人内阁"首相一览表（1932—1945）②

首相姓名及军级	任期时间	主要事项
斋藤实（海军大将）	1932.5.26—1934.7.8	联合"政友会"和"民政党"等组成"举国一致"内阁；镇压进步运动，退出"国联"。
冈田启介（海军大臣）	1934.7.8—1936.3.9	否定"天皇机关说"；永田铁山遇刺；"二·二六事变"。
广田弘毅（右翼政客）	1936.3.9—1937.2.2	军部大臣现役武官制；发布《基本国策纲要》；与德签订《反共产国际协定》。
林铣十郎（陆军大将）	1937.2.3—1937.6.4	排挤政党，强化军部主导的国家政治。
近卫文麿（右翼政客）	1937.6.4—1939.1.5	卢沟桥事变；实施"国民精神总动员"；南京大屠杀；提出"近卫三原则（近卫声明）"。
平沼骐一郎（右翼政客）	1939.1.5—1939.8.30	设立"国民精神总动员委员会"；颁布《扩充生产力计划纲要》；修改兵役法。
阿部信行（陆军大将）	1939.8.30—1940.1.16	第二次世界大战爆发，采取中立立场；要求全力解决中国问题；扶植汪伪政权。
米内光政（海军大将）	1940.1.16—1940.7.22	主张对美英采取缓和措施；政府与陆军省矛盾激化。
近卫文麿（右翼政客）	1940.7.22—1941.7.18 1941.7.18—1941.10.18	签订《三国同盟条约》；要求建设"大东亚共荣圈"；签订《日苏中立条约》；决定与美一战；偷袭珍珠港。
东条英机（陆军大将）	1941.10.18—1944.7.22	集首相、陆相、内相、文部相、工商相、军需相于一身；以"大东亚共荣圈"为国是。
小矶国昭（陆军大将）	1944.7.22—1945.4.7	东京大空袭；美军在冲绳登陆作战；美英苏发表《波茨坦宣言》。
铃木贯太郎（海军大将）	1945.4.7—1945.8.17	日本海军覆灭；美国在广岛、长崎投下原子弹；苏联出兵中国东北；日本无条件投降。

---

① "大东亚战争"一词，由1941年12月10日的大本营政府联席会议确定并使用。12月12日，内阁情报局发表声明说：大东亚战争"意味着以建设大东亚新秩序为目的的战争。"所谓建设"大东亚共荣圈"则是对太平洋战争的美化，日本政府视其为"圣战"。
② 八幡和郎：『歴代総理の通信簿：国家の命運命を託したい政治家とは』，株式会社PHP研究所2013年版，第152页。

例如，1936年8月7日"五相会议"制定的《国策基准》，以及同日"四相会议"制定的《帝国外交方针》①，都宣称为了确立东亚的永久和平和帝国的安全，需要在东亚排除列强的霸道政策，真正地实现"共存共荣主义"的世界。②

1940年7月19日，近卫文麿与其幕僚拟定的《荻窪会谈备忘录》，内容仅有两条，第一条是"为了应对支那事变及迅速变化的国际形势，应强化包括战时经济在内的各项内外政策，实施一切听从于政府的一元化指导"；第二条列出四项"对世界的政策"，即"抓紧建设东亚新秩序，谋求强化日德意轴心，以期东西政策相互呼应；速与苏联签订五至十年的中立条约，确保其不侵扰日满蒙国境；将东亚及邻近岛屿所有英、法、（荷）兰、葡（葡萄牙）的殖民地纳入东亚新秩序的范围；为顺利建设东亚新秩序避免与美国发生无用的冲突"。③同月26日，内阁通过《基本国策纲要》，其中"基本方针"第二条"国防及外交"中规定："鉴于皇国内外之新形势，须把发挥总体战之国防国家体制作为国是之根基，不遗余力地充实军备。"它着重强调了当下的"皇国外交"重点是"建设大东亚新秩序"，而且要根据中国战场局势灵活地处理国际大变局。在第三条"刷新国内局势"中，重申基于国体本义实施诸政，包括"确立日满支相互包容的大东亚自给自足经济政策"④。

1942年1月21日，东条英机在贵族院和众议院发表演讲，他说："建设大东亚共荣圈的根本方针，其实就是以肇国之大精神为渊源，将其传播到大东亚各国家及各民族。大东亚共荣圈以帝国为核心，它基于共同的道义基础，谋求更广大区域内的各民族相倚相携，以便共享丰富的资源。然而，近百年间来，美英等国对亚洲的榨取甚苛，而且严重阻碍了该地区文化的发展。"他同时把日本打扮成了亚洲的救世主，宣传"如今帝国动员全国力量，并进行宏伟且广泛的大规模作战，正是迈向建设大东亚共荣圈的伟大事业"。⑤

其实，"大东亚共荣圈"就是一个彻头彻尾的侵略理论。其本义无外通过侵

---

① 由首相兼外相广田弘毅（外交大臣）主持，海相永野修身（海军大臣）、陆相寺内寿一（陆军大臣）、藏相马场瑛一（财政大臣）参加，故称"五相会议"。所谓"四相会议"，藏相没有参加。
② 「国策の基準」「帝國外交方針」，外務省編纂：『日本外交年表竝文書（1840—1945）』下，原書房1978年版，第344、345頁。
③ 「荻窪會談覺書」，外務省編纂：『日本外交年表竝文書（1840—1945）』下，原書房1978年版，第435頁。
④ 内閣：「基本國策要綱」，外務省編纂：『日本外交年表竝文書（1840—1945）』下，原書房1965年初版、1978年版，第436—437頁。
⑤ 東條英機：「第七十九回帝國議會（通常會）における施政方針演說」，内閣制度百年史編纂委員会編：『歷代内閣総理大臣演說集』，大蔵省印刷局1985年版，第304頁。

略战争，建立由日本控制的东亚和东南亚，甚至把整个亚洲地区都变成日本的势力范围。"共荣"的着眼点是排斥欧美列强在亚洲的势力，由日本独霸亚洲，即所谓将"大亚洲的资源供日本帝国传布皇道①之需"。"共存"的基础则依赖日本的世界观和价值观实现"独立亲和""文化昂扬""经济繁荣""为世界进步做贡献"。1943年11月6日，在东京举行的"大东亚会议"，其《共同宣言》兜售的就是这个东西。②

二、"大东亚共荣圈"没有前途

"大东亚共荣圈"不仅延续了明治以来的扩张主义政策，而且打破了"东亚联盟论"的理论框架。③从平沼骐一郎内阁、米内光政内阁到近卫文麿、东条英机内阁，都强调"基于皇道建设大东亚新秩序"是政府处理内外事务的根本原则。除了侵略扩张的野心和以亚洲的救世主自居外，其中还充斥着旧道德、旧礼法、旧观念的腐臭！④本来"皇道"就是日本人自己制造出来用于自我迷信的东西，无论是制度还是文化都是落后的，根本不具备普遍适用的可能。抑或是说"大东亚共荣圈"理论本身，就没有"共存共荣"的基础，乃至除了利用近代战争强制征服他者外，再无近代因素使其成为他者的救星，当然日本国力有限事实上也没有坐稳亚洲霸主的位置。

1942年2月，当"建设大东亚审议会"（东条英机任总裁）打出"战争即建设"的口号时，"建设"就彻底地沦为"一切为大东亚战争服务"的战时噱头。5月21日，东条内阁接连出台《建设大东亚的人口政策》和《建设大东亚的文教政策》，"炼成皇国民"的任务显得格外迫切。至于成就皇国民的理念：其一是坚信《教育敕语》具有至高无上的地位，而且必须依赖祭祀、政治、训育一

---

① "皇道"即所谓"天皇以仁德治国之道"。它本来属于内政的范畴，松冈洋右做外相时，致力于对外宣扬皇道。按照他的说法，就是"将天皇的治政扩展到整个世界"。这与"八纮一宇"是一个意思。
② 会议从5日开始，共2天。参会者包括伪南京政府主席汪精卫、伪满洲国政府总理张景惠、菲律宾傀儡总统劳雷尔、缅甸傀儡首相巴莫、泰国傀儡代首相瓦拉汪、印度"独立运动"领导人鲍斯、印尼代表斯卡尔登等。6日，发表《大东亚共同宣言》。
③ 关于日本的"亚洲主义"及其活动，参见〔日〕狭间直树，张雯译：《日本早期的亚洲主义》，北京大学出版社2017年版。狭间认为，日本的亚洲主义和政策以九一八事变为分水岭。之前的中日冲突，日本的亚洲主义者认为是"兄弟阋墙和鹬蚌相争"，之后则完全变了性质。另外，石原莞爾著『最終戦争論』（経済往来社1972年版）、寺田彌吉著『日本総力戦の哲学』（二見書房1943年版），也具有重要的参考价值。
④ 上述内容在平沼、米内、东条在议会的演讲中有充分表达，详见内阁制度百年史编纂委员会编：《歴代内閣総理大臣演説集》，第282、288、292页。

体化的政策；其二是强调基于文武如一的精神，锻炼刚健的身心，努力修炼长远的见识，养成知行合一的雄浑气概和强韧的实践能力。显然，这也是1890年以来一直推行的文教政策。

如果说它与以往有所不同的话，那就是凸显了战时环境下对军需和精神的要求。例如强调"基于国防、产业、人口等各种国策的综合需求，树立一以贯之的国家教育计划，确立学校、家庭及社会一体的皇民炼成体系"。包括"刷新历史教育，强调敬神崇祖的实践；真正以日本的诸学问为基础改革大学；充实勤劳青年教育及彻底的母性教育"。[1] 另一个变化是审议会出台对于"南方占领地区诸民族"的教育方针，宗旨是"以八纮一宇的大义为基准"，"使各民族各得其所"。[2] 同时，强化对朝鲜、中国的台湾和东北地区的殖民地同化政策，将其视为日本帝国的一部分。

然而，日本帝国的实力与军国主义者的野心之间差距实在太大，以致战争的范围越大，国家的实力越是捉襟见肘；越是鼓吹天皇的权威和国体的精神，越衬托出领导者的无能和国家的虚弱。特别是在和美国的实力相比较时，简直可用抔土巨壑来形容。比如建造军舰和战机方面见下面两表：

表 9-2　日美建造军舰的能力之比较（1940—1945 年）[3]

种类	驱逐舰	护卫舰	海防舰	潜水艇（艘）
日本	31	32	171	134
美国	397	505	96	223
种类	战舰	巡洋舰	标准航母空母	小型航母（艘）
日本	2	5	9	9
美国	10	49	31	89

表 9-3　日美建造战斗机的能力之比较（月生产）[4]

时间	日本（架）	美国（架）	对美比率（%）
1941 年 12 月	500	2,500	22.0

---

[1] 大東亞建設審議會：「大東亞建設ニ處スル文教政策答申」，宮原誠一：『資料日本現代教育史』第 4 卷，三省堂 1979 年版，第 314 頁。
[2] 八本木净：『両大戦間の日本における教育改革の研究』，日本図書センター 1982 年版，第 274 頁。
[3] 堀元美：『連合艦隊の生涯』，戶部良一はか等：『失敗の本質——日本軍の組織論的研究』，中央公論社 2012 年版，第 303 頁。
[4] 山本親雄：『大本營海軍部』，戶部良一はか等：『失敗の本質——日本軍の組織論的研究』，中央公論社 2012 年版，第 304 頁。

续表

时间	日本（架）	美国（架）	对美比率（%）
1942年6月	650	5,000	13.0
1942年12月	1,040	5,400	19.3
1943年10月	1,620	8,400	19.3
1944年6月	2,800	8,100	34.6
1944年11月	2,100	6,700	31.3
1945年4月	1,800	6,400	28.1

从钢材生产量看，太平洋战争爆发以后，日美差距已达到十分惊人的程度。要知道，日美开战前，日本的工业、贸易都是重美国的。

表9-4 日美两国钢材产量的比较（万吨）[①]

年份	日本	美国	美/日比率（%）
1938	489	3200	6.5
1939	466	4500	9.7
1940	456	6500	14.3
1941	430	8100	18.8
1942	418	8300	19.9
1943	420	8400	20.0
1944	268	8500	31.7
1945	32	8200	256.0

总之，"大东亚共荣圈"政策，虽然使国防国家的战时体制达到了最高阶段，但是日本帝国的颓势已无法控制。无论帝国政府如何张扬其狂妄野心，都难以掩饰其脆弱的国力。尤其是在它决定挑起太平洋战争以后，"大东亚共荣圈"的幻灭就只剩下时间问题了。但是为了赢得战争，帝国政府还是一面竭力利用一切手段隐瞒实际战况，一面决意拿所有国民的生命做最后的赌注。因此，唯有更严格地控制和压榨国民，用"精神动员"支撑战争。

第二节 国民的"炼成"教育

国民学校时期，普遍使用"炼成"一词。在现代日语中，它却是个"死语"，以致人们在翻译它时也不易把握其内涵，如把它译为"锻炼"，就减弱了

[①] 若槻泰雄著，赵自瑞等译：《日本的战争责任》，社会科学文献出版社1999年版，第28页。

它的本义。根据"教育审议会"改革方针给出的定义,"炼成"犹如"致力于建设东亚新秩序",因而"必须发挥思想、产业、国防等综合的国家实力",并"面向全体国民普及基础教育,而且由新学制炼成日本国民致力于拓展皇国国运所必备的素质"。审议会特别委员长田所美治重申道:炼成既是"教育之根本,也是紧要之国策"。[①]

一、"炼成"的基本含义

用"炼成"代替"教育",并非只是语义上的变化,而是"大政翼赞会"教育改革的思想和行动指南。抑或是说,"炼成"才是战时体制下学校教育的最高目的。比如东京女子高等师范学校教授仓泽刚在《总体战教育理论》中指出:该教育体制需要"集中家庭、学校、青年团体、工厂和军队各方面的教育力量",并促使"国民生活和国家政策高度统一,进而达成每个人的发展都能符合总体战对个人素质的要求"。[②]

其实,早在1923年实施军事教练开始,"炼成"的观念就蕴涵在了"国防即国民国防,若一朝有事,当举国一致同赴国难"中。1924年,文部省以"矫正学生"思想为由,再次强化"兵式体操"时,也从"充实德育"和"增进国防能力"两方面渗透了"炼成教育"。进入30年代以后,舆论广泛鼓吹"国防不再是军人的专利"的论调。用永田铁山的话说,"炼成"即是将培养对象"训练成为一个有机整体","从形式到精神须彻底划一"。[③]1932年,上智大学学生拒绝参拜靖国神社,舆论便借机渲染此事是因为没有进行军事训练的缘故。最终学校还是屈服于陆军省和文部省的压力,做出了"凡没有参加军事训练的学生不能毕业"的规定。

那么,"炼成"与"国防"又是什么关系呢?竹下直之认为,"国防国家"就是实施"炼成教育的国家"。在这里,"炼成"的意思是"磨炼育成"。即《国民学校令》所确定的"三项任务":其一是"以皇国之道为准则";其二是"集中儿童之正确的全能力";其三是"强制培养国民的性格"。一言以蔽之,"炼成就是磨炼和育成皇国臣民的素质"。[④]

---

① 「教育審議会総会会議録」(第五辑),寺崎昌男编:『総力戦体制と教育:皇国民「錬成」の理念と実践』,東京大学出版社1987年版,第1頁。
② 倉沢剛:『総力戦教育の理論』,目黒書店1944年版,第269頁。
③ 永田鉄山:『陸軍の教育』,『教育科学』第8册,岩波書店1933年版,第13頁。
④ 竹下直之:『道義の世界観と教育』,青葉書房1943年版,第168頁。

松田友吉则在《臣民之道与炼成教育》一文中说，臣民之道"就是肇国以来千古不变的大道啊！凡日本臣民决不能怀疑它"。"在臣民之道上，若能审时度势，炼成应当处于首位。""实际上，为度过艰难时刻，须动员心身之全能力，直至臣民能够以身殉国。"据此，炼成的臣民之道，需要"基于质实刚健之精神以及简洁之生活"，"以灭私奉公及死守职域之传统精神为基础"。总之，"炼成教育是在非常时期运用的教育方略"①。

关于"炼成"的由来，还有各种说法。如菊池丰三在《皇国民炼成之眼目》中认为，它"是日本传统的教育方法"（武士道）；海后宗臣在《炼成与国民教育之构造》中则说，"炼成"只是"着眼人的修养的教育方法"而已。

宫坂哲和坂本一郎都认为，"炼成"的直接形态源于20世纪初的修养运动。宫坂给出了两个理由："其一是作为宗教修行而去道场的参拜方式；其二犹如宗教道场，只是要有一定的场所进行修炼，如宿舍等。"他进一步说，国民学校描绘的理想方案，正是要在一定的道场"成就炽烈的皇国精神，以及有丰富的智识和强韧体魄的大国民"。坂本在《国民学校——皇民炼成研究》一书中说，"国民学校是皇民炼成的道场"。而且"自古以来，我忠良皇民多被道场所炼成，学校不过是近代的教育形态而已。过去被称为'塾'的地方，就是国民炼成身心之道场"。今天的国民学校"理应是修炼皇国之道的道场。于此道场，国民学习扶翼皇运的臣节，并肩负皇国永昌之重责，必须体力和能力二者兼修。斯之道，于合理的创造力之修炼场，乃是磨炼身心之道场也；于科学技能之修炼场，乃是打磨职业本领之道场也"。

另外，铃木源输在《战时国民教育的实践》中，从教师教育的角度说道：尽职皇国之道的教师，必须体认皇国之道。因为"国民学校是为遵循皇国之道而设置，而且具有炼成国民基础之大目的。故学校一切工作必须要符合此目的。围绕学校运作之大纲和细目，皆须与皇国之道相关联，此乃作为皇国道场之国民学校关键所在"②。

概括地说，"炼成"有"锻炼"和"成就"两种意思。前者主要指内容和形式，后者则在强调目的或愿望。如果只从"锻炼"方面理解，势必会模糊它的本质——修炼臣民之道，成为效忠于天皇的愚民。因为"炼"是外在的表现，

---

① 松田友吉：「臣民の道と煉成教育」，長浜功：『国民学校の的研究：皇民化教育の実証的解明』，明石書店1985年版，第134—135頁。

② 長浜功：『国民学校の的研究：皇民化教育の実証的解明』，明石書店1985年版，第140—141頁。

"成"才是"炼"的结果。此时的军国主义教育在"炼成皇国民"上,无疑比它以前的军国主义教育更为彻底。

二、"炼成"教育的分期及其特征

根据寺崎昌男有关"皇国民炼成体制"的研究[①],可以把"炼成"教育分为四个时期。

第一期从20世纪20年代后半期开始,到1937年"教育审议会"成立结束。其间,官方推出思想善导政策,要求国民教育军事化。九一八事变以后,政府又以"非常时期"为名,大肆检举左翼人士。文部省方面的思想善导,主要通过改革初等教育等手段,形成了最初的炼成教育。这一时期最典型的例子,包括1924年和1925年实施《陆军现役将校学校配属令》《青年训练令》;学校成立少年团、导入军事训练,以及要求学生和教师广泛参加民间的各种修养团体;神社、寺院也向学校渗透与军国主义相关的宗教内容,就连偏远的农村地区也被纳入其中。1935年,"教学刷新评议会"直接使用"修炼"一词,明确了炼成的内容,并且更加强调修炼中的"形"(场所)与"质"(理念)应该相互统一。

第二期从1937年12月"教育审议会"成立开始,到1941年3月颁布《国民学校令》结束。以1938年的青年学校为例,其教育本质"就是把自身修养和兵役结合起来"。同年夏天,全国初、高中学生参加预备役训练的人约有800万。此外,"学校报国队"等团体,实际上也是一种军事化组织。在文部省教学官长屋喜一看来,这是"皇国民炼成的最好形式"[②]。

政府则利用国民精神总动员运动,将国民的一般生活纳入训育运动,即所谓"行的教育"。引申说,就是让人们,尤其是学生通过服务、野营等方式,在现实生活中"体认皇国之道"。这种实践到了1939年5月20日天皇赐予文部大臣荒木贞夫《青少年学生敕语》时,修炼"文武两技"就成了学生必须肩负的两大任务。用《敕语》的话说,便是"精于思索,长己见识;不失于执之所中,不谬于修之所正。恪守各自之本分,以振励修文练武之质实刚健的气质"[③]。

---

① 寺崎昌男编:『総力戦体制と教育:皇国民「錬成」の理念と実践』,東京大学出版社1987年版,第15—20頁。
② 長屋喜一:『集団勤労作業の精神』,目黒書店1940年版,第3頁。
③ 昭和天皇:「青少年学徒ニ賜ハリタル勅語」,井原頼明编:『増補皇室事典』,冨山房1942年版,第478頁。

以后，不仅强调以"道场"（各种锻炼场所）为中心进行训练，而且把日常学习（如功课）也作为炼成的一部分，大力推进所谓的"生活型炼成"。

第三期与"大政翼赞会"同步，从1941年3月到1943年10月，由"大政翼赞会"主导炼成教育。可以用一句话概括其特征，就是把"以在校学生为对象实施的炼成教育"，转变成为"以全体国民为对象的炼成运动"，并形成全国性的炼成体制。

太平洋战争爆发后，军部进一步要求将全体国民动员起来，使其"炼成"为符合大东亚战争需要的大国民。1941年1月，陆军省发布《战阵训》，并明确指出它不只是军人的教条，而且也是国民的准则。该书分"本训一"（皇国、皇军、军纪、团结、合作、攻击精神、必胜信念）、"本训二"（敬神、孝道、敬礼举措、战友道、率先躬行、责任、生死观、爱惜名誉、质实刚健、清廉洁白）、"本训三"（战阵戒、战阵嗜）和"结语"四个部分，要求士兵绝对听从命令，作战时要义无反顾，达到超越生死并能从容报国的武士道精神境界。[1]针对国民而言，这也是最具体的臣民之道。从精神总动员体制的视角看，1942年在大东亚省设置的"炼成课"，以及1943年成立的"大东亚炼成院"[2]等国家机构，包括文部省在1942年设置的"国民炼成所"，都从事与《战阵训》内容相关（或直接灌输其思想）的训导工作。尤其是1943年又将"国民炼成所"和"国民精神文化研究所"合并为"教学炼成所"，专门对校长和高级教员进行培训，无疑强化了皇国民炼成的有效性。其他，如内务省早在1940年就通知各下级行政部门建立"炼成国民道德和谋求精神团结的基层团体"；农林省和厚生省也设有"炼成所"，专门培训农民骨干和工人干部。[3]

1941年4月，作为"炼成体制"的中央训练机关，"大政翼赞会"成立"炼成部"（以后扩大为局）。它麾下有"大日本翼赞壮年团""大日本产业报国会""商业报国会""大日本青少年团""大日本妇人会"等组织。1942年9月，"翼赞会炼成局"编制《国民炼成基本纲要》，宣称它是"炼成体制一元化"的政治纲领。其要点如下：炼成的目的不是单一的教育或修养，而是将皇国之道和肇国之精神具体地体现在为大东亚战争做贡献的实际行动中；炼成的对象是

---

[1] 陆军省检定：「戦陣訓」，井上哲次郎监修：『武士道全書』（第一卷），国書刊行会1998年版，第7—17頁。

[2] "大东亚炼成院"是在合并"兴亚炼成所"（1941年成立）和"兴南炼成院"（1942年成立）基础上成立的国家机构。

[3] 赤沢史朗、北河賢二编集：『資料日本現代史12』，大月書店1984年版，第188頁。

所有国民；炼成场所包括国家及国民生活所有可以利用的地方；要使炼成的内容和方法统一化、系统化。至此，炼成体制已经完成。

第四期从1943年开始到战败结束。这个阶段的炼成体制实际无法全面展开，各种炼成理念也进入混乱状态。最突出的特征便是宣扬"特攻精神"，即强制国民为天皇送死。"特攻"，即是炼成的欺骗手段，如把"冒死决战"说成是国民的自发行动。其实，在战场上体现出来的"军人素质"，也是"炼成教育"的凶残表现。

第三节　愚蠢的皇国民"炼成"内容

明治后半期以来，教师职业即被当成圣职加以赞扬。师德的标准是绝对忠诚天皇和遵从国家意志，并具有强烈的忠君爱国品质。1934年4月3日，在东京召开全国小学教员振兴精神大会，教员代表觐见了天皇。天皇同时赐予文部大臣斋藤实以《面向初等教育家之敕语》，其中言道："振作国民道德，以致隆兴国运，其渊流所在，即小学教育事业耳。故望诸君夙夜奋励，努力为之。"[①]5日，文部省速将该《敕语》发布全国，以便确立圣职意识、坚定国体观念。依照官方给教师的定位，"教师乃国家之教师，故须以国家之目的为目的"[②]。

一、教师的"炼成"目标

1943年3月18日，政府公布新的《师范教育令》和《师范学校规程》，强调"以皇国之道为准则，炼成国民学校教员"。"以《教育敕语》为宗旨，阐明国体本义"，并要求教师"自觉履行皇国使命，率先达成皇国之道"；"积极修炼自身，彻底炼就至诚尽忠之精神"。[③]在"教育审议会"报告书中，又将其解读为"体观"的教育论，等于炼成"心身一体、智德一体、教授与训练一体"，能够使"皇道归一"的炼成目标。对教师而言，最重要的特征即"圣职意识"和"坚定国体观念"。

在理论界，伊藤忠好编著的《国民学校的体验与反省》一书最有代表性。其基本内容：一是"彻底的教育道"，包括"舍去主我"的立场，以"道"（师

[①] 昭和天皇：「初等教育家へ勅語」，井原頼明編：『増補皇室事典』，冨山房1942年版，第470頁。
[②] 寺崎昌男：『総力戦体制と教育：皇国民「錬成」の理念と実践』，東京大学出版社1987年版，第82頁。
[③] 吉見義明、横関至編集：『資料日本現代史4』，大月書店1981年版，第330—332頁。

道即皇道）为中心，自信当下生活无比正确；贯彻务实的教育，追求其中的快乐；自觉地做皇国之道的实践者，以宣布圣教（国家神道）为己任；须与儿童共道，做皇民、敬信义、尽慈爱，以达熏染德化之至诚；炼成皇国民的基础，自觉成全天业翼赞的大任。二是积极修养钻研（炼成内容），不懈怠修养和研究，日日自新明朗阔达的心境与态度；深研并体认日本（主义）的教学精神；考究新制的国民学校方案；等等。①

1943 年，国家图书监修官竹下直之出版了《师魂与士魂》一书，其中说道："教育之真谛乃是师魂，师魂与士魂（武士道）相通。士魂亦即生死如一之清澄心境，彻底忘我勇于献身之精神，以及透彻的责任感和自我信赖。""日本儿童尊师亦在感受国体之尊严，抑或养成祖孙一体之血脉绵绵不绝之爱国情怀。"② 显然，教师的素养必须与其所承担的军国主义教育义务相匹配。所谓圣职，恰是作为学生思想刽子手的虚荣。对于天皇或国家而言，圣职也体现在具有武士一样的职业信仰。

二、"炼成"教师的实践道场

1938 年，在政府指导下成立"训育研究会"（后改称"国民训育联盟"）。从 1939 年到 1940 年，东京地方教育局经常举办大规模的"炼成讲习会"。1942 年，又在文部省设置"国民炼成所"，体现了政府对教师炼成（再教育）的重视。

另外，文部省所辖的"国民精神文化研究所"，其属下亦有"教员研究科"。如果说"国民精神文化研究所"还具有一定的研究性质的话，那么"国民炼成所"则完全是一个训导机构，其主要职能是进行"合宿训练"，即集中培训教师。

1943 年，撤销"国民精神文化研究所"等相关机构，设置"教学炼成所"，顾名思义旨在提高教师实施炼成教育的操作能力。理论上也是将相关教练（所有从事军事训练的教员）的训练内容、方法、时间趋于一致。下面是"合宿训练"的日程表，训练时间为一周。

---

① 伊藤忠好：『國民学校の体験と反省』，玉川学園出版部 1942 年版，第 70 頁。
② 竹下直之：『師魂と士魂』，聖紀書房 1943 年版，第 24—25 頁。

表9-5　国民学校校长炼成会日程表[①]

时间[1]	月日						
	第一日 (6.4) 周五	第二日 (6.5) 周六	第三日 (6.6) 周日	第四日 (6.7) 周一	第五日 (6.8) 周二	第六日 (6.9) 周三	第七日 (6.10) 周四
8.30—9.25	入所准备	谨写	谨写	谨写	参拜、参观、行军（皇宫、首相府、靖国神社等）	谨写	谨写
9.30—11.20		修学炼成本义松冈忠一所长	修学农业祭祀高冈洁指导官	修学日本教育精华伊东延吉		修学海军教育日暮丰年	修学日本的世界观市谷信义
13.30—16.00	入所式	训练武道团体训练	行修[2]农事作业	行修农事作业		行修农事作业	毕业式
			浴		浴		
19.00—19.30	电影	内修	内修	内修	内修	内修	

1　一天的修炼时间，从凌晨4时起床开始，接下来是拜神、奉拜、食礼、清扫、朝礼、学修、行修、夕礼、沐浴、内修、谨唱等一系列的修炼内容，称作"学行一体二十四小时全生活"。
2　炼成课程分学修、行修、内修三大部分。原来的"国民精神文化研究所"侧重于学修内容，主要是通过专题讲座的形式灌输军国主义思想。"国民炼成所"侧重于宗教式的修炼方式，要求"禅堂教育"和"军队教育"并重。课程内容特别重视神道思想（如"禊"）和武士道精神。"行修"就是做事体验；"内修"即是精神"悟道"。

有时一个"道场"的训练规模很大。例如，1938年8月2日至5日，镰仓第一小学举办的"教育与践行"讲习会，参加者就有801人，其中32人是校长，37人是师范学校训导员，还有5名中学教师。演讲内容包括纪平正美的"日本人的行"（实践原理）、石山修平的"新学习指导形态"（实践方法）、长田新的"民族教育学问题"、水西重直的"师道与爱心"、草场弘的"文化转型与日本教育的再建"等。1941年以后，训练对象扩大到所有教师（小学至高中）。其目的非常明确：首先炼成教师，再由他们去感化国民。其次要求教师能够开新时代新风，并具有打破英美旧（世界）秩序、弘扬"八纮一宇"的大理想。

1944年3月，原文部大臣桥田邦彦出任"教学炼成所"所长。11月，出台新的《教学炼成所纲领》，并依此制定《炼成内容草案》《炼成要旨》《学寮规矩》《炼成每日功课》等文件。它们强调"敬奉圣旨，培养以死殉国的精神"；"奉拜主座（天皇家）且能感恩戴德，以炽盛纯忠之气魂，宣誓奉公灭私。为报答皇恩，即使粉身碎骨也在所不惜"。简直到了"不死不忠"的地步，当然也

---

① 这是1943年6月4日的国民学校校长炼成会日程表。寺崎昌男：『総力戦体制と教育：皇国民「錬成」の理念と実践』，東京大学出版社1987年版，第70页。

映衬出日本帝国的垂死挣扎。值得深思的问题还有：主管部门高频次地出台各种措施，如以上的"纲领""草案""要旨"等，说明政府的控制欲达到了顶点；各种措施的内容越来越直接，生怕丢掉任何抓住救命稻草的机会，恰是政府无视国民的表现，所谓"忠死"其实只是臣民的义务，却美其名曰"尽灭私心，磨炼一死奉公的至诚"，以及"在决战时候挺身而出为天皇殉难的气魄"；高强度的教师培训，同样出于控制教师的需要。①

如此"炼成"的教师，本质上就是能够训导出以国家（天皇）名义杀人的工具。为了天皇或大日本帝国，他们劝说学生加入少年航空兵、预科训练营和满蒙开拓义勇军；在中学和女子学校，为了补充劳动力的不足，他们动员学生去工厂和农村"勤劳报国"；为了弥补下级军官的不足，自1943年始，他们协助政府将所有学生拖入"战时动员体制"。比如同年10月，在明治神宫外苑冒雨举行"出征学生壮行会"。②翌年，学生的"勤劳动员"贯穿全年，直到日本投降。

无疑，教师的作用在使"皇道归一"，他们平庸且尽职，其恶不仅是充当帝国的说客，动员学生们为天皇殉难，而且作为军国主义的一分子，尽心竭力地给学生洗脑，鼓吹天皇主义，美化侵略战争。当美军开始轰炸日本本土时，为人师表的教师，没谁能从"一亿玉碎"中反顾自己的一贯偏见！当他们被迫帮助学童进行疏散时，没谁能够体悟到这就是"十五年战争中最悲惨的儿童受难史"！③

三、学生的"炼成"教育

早在1917年9月，陆军省调查委员会（1915年成立）就在《关于全国动员计划必要性的建议》中，列有"关于和平和战争期间，学校与社会为适应军事要求所须之国民教育"，以及"国民教育与军事方面的要求相互协调之方法"等方面的研究课题。1920年5月，由永田铁山执笔的调查委员会报告书《关于国家总动员的意见》，采用"教育动员"等概念，要求在大中小各类学校渗透军事教育，提出近代战争就是国民的战争和国力的战争的观念，并断言"归一人心"才是"国家总动员的根源"。④

1937年，文部省出版国民读物《国体本义》。这是在陆军省直接授意下，由陆军新闻班的岛崎藤树等召集一批文化人纂写的，目的是"提高国防的本义，

---

① 寺崎昌男：『総力戦体制と教育：皇国民「錬成」の理念と実践』，東京大学出版社1987年版，第75頁。
② 1943年10月21日，文部省和学校报日本部联合主办"出征学徒壮行会"，首相东条英机和文相冈部长景致辞，参加者6万余人。
③ 長浜功：『国民学校の研究：皇民化教育の実証的解明』，明石書店1985年版，第227頁。
④ 纐纈厚：『総力戦体制研究：日本陸軍の国家総動員構想』，三一書房1981年版，第199、213頁。

积极加强国防实力","针对非常时局,促进国民觉悟"。该书的首页写道:"战争是创造之父、文化之母。"据此,需要站在日本主义立场上,"阐明万古不易的国体,排除一切文化追随行为(指外来文化的影响),很好地再现国体的本来面目";提倡"为天皇而献身,为大我而舍小我,发扬国民的真生命"。[1] 同年,文部大臣木户幸一指出,今后的教育改革须进行"彻底的国体本义教育",以便适应高水平的国防国家体制。[2]

1938年12月8日,"教育审议会"根据上述精神制定了《国民学校纲要》。它指出:"伴随着国运从未有过的伸张,于东亚及世界我国的地位及使命愈加重要。遵照教育之本旨,适应时代之愿望,须实施教育内容的全面改革。"改革旨在"修炼皇国之道,炼成国民昂扬的精神";"开启智能,提高身体素质,培养产业及国防根基,于内充实国力,于外显现八纮一宇的肇国精神,以期育成大国民。"抑或概括为"显扬国威,雄飞世界"的教育改革方针。[3] 1941年3月公布的《国民学校令》,重申了上述内容。

国民学校遵循"皇国之道",在教育内容和教学方面都具有"祭、政、教一体"的特征。犹如教育审议会委员田所美治所说,"育成大国民"就是要达到"掩八纮为一宇"的目的。这是一个以日本为统治中心,由天皇凌驾于全人类的世界。[4] 所以有必要将义务教育年限延长到8年(初等国民学校6年,高等国民学校2年),以便彻底地推行国民"炼成"计划,适应"建设东亚新秩序"的国策。其教育方针如下:

1. 修炼皇国之道,须加深国体之信念。
2. 须体认国民生活所必须之知识技能,以便醇化情操,锻炼健全之身体。
3. 阐明我国文化之特质,知晓东亚及世界发展大势,自觉认清皇国之地位和使命。
4. 须身心一体,避免教授、训练、养护相互分离之现象。
5. 学科须发挥各自之特色,认识其相互联系,使国民炼成能够归于一途。
6. 须重视仪式、学校节日等相关活动,其一视其为教育之重要组成部分,其二视其为增强教育实效性之重要手段。

---

[1] 長浜功:『国民学校の研究:皇民化教育の実証的解明』,明石書店1985年版,第76頁。
[2] 奥田真上監修:『教科教育百年史』,建帛社1986年版,第172頁。
[3] 吉田裕、吉見義明編集:『資料日本現代史10』,大月書店1984年版,第66頁。
[4] 奥田真上監修:『教科教育百年史』,建帛社1986年版,第172頁。

7. 须与家庭、社会密切关联，促使儿童之教育成为一个有效整体。

8. 须把教育与国民实际生活相互联系，对高年级学生，须增加职业指导。

9. 须关注儿童之身心发展、男女差异、个性、环境等因素，并选择适宜的教育方式。

10. 须唤起学生自习的兴趣，养成自习的能力。①

再结合文部省训令所提示的国民学校改革任务看，诸如以炼成皇国民为目的；学校是炼成"身心一体"的道场，故要求知识与道德相互作用；对学科进行必要整合，彻底改革教科书内容；国民学校分初等和高等两个学段，延长义务教育；提高国民学校教师待遇等，就不会囿于教育学方面的课程设置和教学法等内容，判断其是否合理或进步，而是需要深究这些教育内容和方式直通"皇国之道"的目的。

其一，从课程构造方面看，国民学校有四类课程，即（1）"国民科"或称"皇民科"，包括修身、国语、国史及地理；（2）"理数科"，包括数学和理科；（3）"体练科"，即体操和武道；（4）"艺能科"，包括音乐、习字、图书、手工等。高等国民学校增设"实业科"，由农业、工业、商业、水产和外语组成。②一般而言，初等国民学校注意锻炼国民的基础素质，高等国民学校强调磨炼国民的实务能力。具体的教学时间安排如下：

表9-6 初等国民学校每周教学时间安排（单位：学时）

学科	一年级	二年级	三年级	四年级	五年级	六年级
国民科		10	12	12	12	12
理数科	21	5	6	7	7	7
体练科		8	8	10	11	11
合计	21	23	25	29	30	30

表9-7 高等国民学校每周教学时间安排（单位：学时）

学科	一年级	二年级
国民科	6	6
理数科	6	6
体练科	8	8
实业科	10	10
合计	30	30

---

① 奥田真上监修：『教科教育百年史』，建帛社1986年版，第173页。
② 吉见义明、横关至编集：『资料日本现代史4』，大月书店1981年版，第325页。

如前所述，国民学校的教育宗旨是："以皇国之道为准则，实施初等普通教育，并以炼成国民之基础为目的。"因为必须全面贯彻《教育敕语》精神，所以"国民科"的地位特别重要，被称为"第一学科"。概括地说，修身、国语、国史和地理的教学任务就是灌输神国思想，鼓吹"建设大东亚新秩序"的使命，反映军国主义、极端国家主义和天皇中心的家族主义的意识形态。"理数科"和"实业科"，则致力于总体战的科学技术，使学生能够掌握相关知识和技能，直接地服务于战争需要。"艺能科"中的音乐和"体炼科"的武道等，更是要突出军国主义教育本质，如提高士气（唱歌）、磨炼集体精神或集体意识，以及集体行动能力（剑道和柔道）等，都与军队训练方式有关。[1]

至于整合学科的做法也非实现普通教育的意义，完全是出于获得良好的军国主义教育效果的考虑。它着眼的炼成目标，当然是培养能扶翼皇运的忠良臣民。无论作为仪式还是课程，学生的情绪陷入其中，除了无脑的服从，再难存半点理性。

其二，从学习内容方面看，满足于炼成皇国民的国定教科书充斥着极端国家主义和军国主义的内容。例如1941年开始使用的第五期教科书，以"国体明征"和"八纮一宇"为主导思想，把日本的侵略战争美化为圣战。在"国民科"中，修身教科书大量增加了国家伦理内容。该方面的内容，第一期占15.1%，第二期占17.9%，第三期占18.6%，第四期占19.8%，第五期占37.8%。反映社会伦理方面的内容，第三期占27.6%，第四期占25.3%，第五期下降到13.9%。个人伦理方面的内容，也呈递减趋势，减得最多的则是家庭伦理部分。[2] 道理很简单，因为《国民学校令实施规则》规定，"国民科"之"修身教科"倡导的唯一道德是"国民伦理"，即"扶翼天壤无穷的皇运"的皇国民道德。[3] 该课程的首要任务乃是炼成能够履行"皇国使命"和"八纮一宇"义务的臣民。据此，教学方式才要求必须务实，如以太平洋战争为背景写给士兵们的信，通过这种形式训导二年级小学生要有当兵的愿望；以"日本的孩子"为主题，强调把神国理念和军国主义思想结合起来，培养学生作为小武士的信念。再有就是《日之丸》《君代》《日本是神国》《军神的风采》《特别攻击队》等课文，扑面而来的都是军国主义教育。[4] 唐泽富太郎用图示的方法归纳出修身教育的内部结构关

---

[1] 奥田真上监修：『教科教育百年史』，建帛社1986年版，第260—262页。
[2] 唐澤富太郎：『教科書の歷史：教科書と日本人の形成』，創文社1980年版，第486页。
[3] 奥田真上监修：『教科教育百年史』，建帛社1986年版，第260页。
[4] 海後宗臣編纂：『日本教科書大系』近代編（第3卷），講談社1978年版，第380、390、403、413、442、451页。

系（或内在关系系统），让人看了一目了然。①

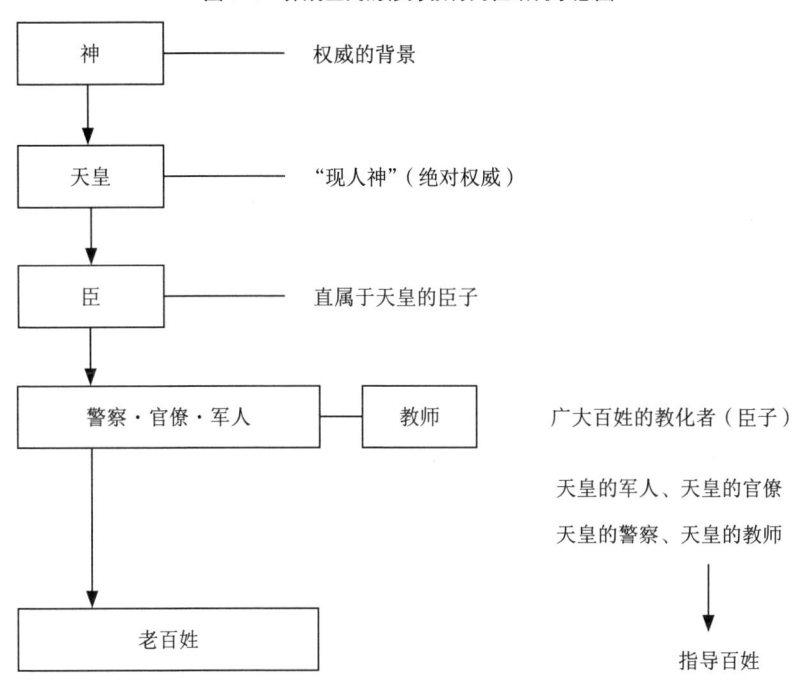

图 9-1　养成臣民的修身教育内在结构示意图

```
┌──────┐
│  神  │────── 权威的背景
└──────┘
   │
   ▼
┌──────┐
│ 天皇 │────── "现人神"（绝对权威）
└──────┘
   │
   ▼
┌──────┐
│  臣  │────── 直属于天皇的臣子
└──────┘
   │
   ▼
┌──────────────┐    ┌──────┐
│警察·官僚·军人│────│ 教师 │──── 广大百姓的教化者（臣子）
└──────────────┘    └──────┘
   │                           天皇的军人、天皇的官僚
   │                           天皇的警察、天皇的教师
   ▼                                    │
┌──────┐                                ▼
│老百姓│                             指导百姓
└──────┘
```

其三，从"炼成"实践方面看，国民学校学生必须绝对服从秉持"皇国之道"的教师的指导。② 在学校的"炼成"教育中，教师的权威性与国家的权威性一致。抑或是说教师能够左右"炼成"教育的成败。因此，在研究国民学校教育时，有必要首先考虑教师的作用，然后再兼顾其他方面的教育情况。

四、学校的"炼成"仪式

以长野县伊那国民学校的《训练细目》为例（只列举与皇室、国家相关的内容）。③

---

① 唐澤富太郎：『教科書の歴史：教科書と日本人の形成』，創文社 1980 年版，第 757 頁。
② 関計夫：「国民学校の教育法」（1942 年），長浜功：『国民学校の研究：皇民化教育の実証的解明』，明石書店 1985 年版，第 120 頁。
③ 『长野県教育史』（第 15 卷），長浜功：『国民学校の研究：皇民化教育の実証的解明』，明石書店 1985 年版，第 187—188 頁。

1. 关于皇室

(1) 有关皇室的书籍、文章必须使用的敬称、敬语。(2) 奉读诏敕、圣旨及奉诵御制、御歌时,听者必须有正确的姿势和严肃的态度。(3) 上学、下学时,必须向奉安殿敬礼;敬礼时姿势、目光要正确,并以最尊敬的方式敬礼。(4) 四大节举行御真影奉迁仪式时,不能站在通道上,已经在通道上的人要闪在旁边敬礼。(5) 对于报纸或杂志刊登的皇室御写真,不能随便放置,以免不敬;学校内的报纸、杂志要有专人负责处理。(6) 不能随便描绘御纹章。

2. 关于国旗·国歌·万岁

(1) 须庄重地放置国旗,不能有污损,不能拖地。(2) 国旗在祝祭日及其他有特别意义的日子升起,不能为私事升国旗;不能在夜间还让国旗飘在外边。(3) 要特别保持国旗的庄严,使其高高飘扬;若在门口处升旗,要放置在正中或右侧位置。(其他要求参见《国民礼法》中的规定)。(4) 唱国歌时,要有与对待国旗一样的庄严态度。(5) 准备唱国歌或唱完国歌必须肃静、肃穆。(6) 高呼天皇陛下万岁时,必须有身份适宜的人领呼,并从左侧开始唱和。例如,天皇陛下—唱和—万岁!陛下—唱和—万岁!陛下—唱和—万岁!三呼万岁之后,立正姿势、脱帽、双手高举,强有力的一齐唱和。不许拍手、谈笑、喧哗。

3. 关于祝祭日·纪念日

(1) 祝祭日要升国旗,遥拜宫城,表示祝贺敬肃之诚意。(2) 参加仪式的人必须着装整齐,容仪严肃,而且始终持有真心。(3) 进入仪式场所时,行礼。(4) 举行仪式时,唱适宜的歌曲(曲目按照仪式内容确定),唱歌前后必须静肃。(5) 奉读敕语时,参加者必须始终最敬礼。

面对天皇的"御真影"和在"奉读敕语敕谕"都要求"最敬礼"。关于"最敬礼"的标准姿势,文部省 1941 年颁布的《新国民礼法》第二章做了如下规定。

最敬礼:首先是端正姿势,正视前方,上身慢慢前倾,手自然下垂,手尖触膝,身体约 45 度,完成一次呼吸,再慢慢恢复原姿势。注意,不能歪头,不能屈膝。[1]

---

[1] 山中恒:『靖国の子——教科書・子どもの本に見る靖国神社』,大月書店 1993 年版,第 119 頁。

一丝不苟的体态表明对天皇和皇室的"真心诚意",整齐划一的行为则显示臣民绝对服从的意志。"最敬礼"的对立行为是"不敬",比如姿势不够标准,敬礼时打喷嚏或哈欠等。如果"奉读"时读错敕语、敕谕内容,甚至连漏掉了"御日期""御玺"也是"大不敬"。足见"最敬礼"中隐含的奴化教育对于日本国民起着怎样的作用。

再把"炼成"教育放到一个具体单元来看。以《静冈县骏东郡小山町立北乡小学百年史》一书为例——1941 年该国民学校学生的一日生活安排:[①]

1. 开始上课时:
(1) 在出勤簿上按手印,坚守奉公精神,各尽其职;(2) 奖励自习,看谁最早到校学习;(3) 准备上课,教师必须提前进教室准备;(4) 美化教室,轮流值日,使环境与心灵一样干净。

2. 职员朝会:(略)

3. 学生朝会:(1) 检察学生是否严肃;(2) 升国旗;(3) 遥拜神宫及皇宫;(4) 敬礼,向教师问早安;(5) 听教导教师训话;(6) 检查有无违反规则的行为;(7) 回教室。

4. 课堂教学:(1) 进出教室要向皇宫照片、国旗挂图鞠躬(把教室视为道场);(2) 在教师带领下祈祷战争胜利;(3) 教师授课结束,学生向其道谢;(4) 遵守时间,讲究效率,端正学习态度。

5. 集体训练(略)

6. 午餐:安静地入场,待值班生分配盒饭;饭前使用惯用语;播放新闻;饭后使用惯用语;饭后到操场呼吸空气、晒日光浴、运动。

7. 清扫工作(略)

8. 下学时间:(1) 放学集体回家,做家庭劳动,预习功课;(2) 反省一天的生活,制定明天的计划。(以下略)

此外,国民学校与军国主义教育有关的活动甚多,它们既体现为忠君爱国应有的行为,也是"炼成"臣民的具体的教育项目,如表 9-8 所示。

[①] 奥田真上監修:『教科教育百年史』,建帛社 1986 年版,第 176 页。

表 9-8　国民学校军国主义教育纪念活动一览表①

分类	活动内容
皇室国家方面	新年祝贺仪式或称"四方拜""岁旦祭"（1月1日）；纪元节（2月11日）；地久节（3月6日）；陆军纪念日（3月10日）；天长节（4月29日）；靖国神社祭（4月30日）；圣武天皇纪念日（5月2日）；海军纪念日（5月27日）；皇太后生日（6月25日）；"支那事变"爆发纪念日（7月7日）；《戊申诏书》奉读仪式（10月23日）；《教育敕语》奉读仪式（10月30日）；靖国神社祭（10月23日）；明治节（11月3日）；《振作国民精神书》奉读仪式（11月10日）；靖国神社临时大祭（按惯例）；"兴亚奉公日"（每月1日）。 其他，根据学科内容，以训育形式举行。如神武天皇纪念日（4月3日）；秋季皇灵祭（9月秋分之时）；神尝祭（10月17日）；新尝祭（11月23日）；大正天皇纪念日（12月25日）；春季皇灵祭（3月春分之时）等。
社会乡土方面	女儿节（3月3日）；节分日（立春前日）；春之彼岸（春分前后7天）；爱马日（4月7日）；赏花节（4月8日）；端午节（5月5日）；爱牙日（6月4日）；七夕节（7月7日）；盂兰会（7月中旬）；秋之彼岸（秋分前后7天）；氏社祭（10月中旬）。 其他，还包括各种乡土节及地方神社祭。 上述节日原本与军国主义教育无关，但是在节日期间，学校会利用各种名目渗透军国主义教育。
学校方面	入学式；始业式；建校纪念日；春季远足；体力测试；夏季锻炼会；秋季远足；运动会；学艺会；毕业式；遥拜宫城；朝礼；兵式体操；课外运动；作业；实习；年级会；时局讲话等。 其他不定期但不可缺少的活动还有：出征将士欢迎会和欢送会；祈祷武运长久和战争胜利；迎"英灵"及慰灵参拜；给出征将士写慰问信、寄慰问品；慰问战死、伤残军人家属等。

第四节　"大政翼赞会"与军国日本的覆灭

1940年10月12日，"大政翼赞会"成立。它是日本帝国最后一个政治设计，也是典型的法西斯体制。"翼赞"特指辅佐天皇实现"八纮一宇"的幻想。之所以称为"大政"，一是该项事业超越任何党派或政治组织的政治理念，直面日本全体国民展开"万民翼赞、一亿一心、职责奉公"的国民运动，二是"翼赞"以扶翼天皇、坚守国体、贯彻国是为宗旨，开拓"大东亚新秩序"。据此，军部与右翼政客联手剪除其他政治势力，建成"一君万民""庶政一新""一元统合"的高度国防国家。

一、"兴亚奉公日"及其对国民生活的控制

1939年7月4日，政府公布《战时状态下刷新公私生活的基本方针》，对于指向"灭私奉公"的国民生活提出具体要求，内容包括：（1）早起励行；（2）报恩感谢；（3）通力合作；（4）勤劳奉公；（5）严守时间；（6）节约储蓄；（7）锻炼心身。8月8日，内阁设置"兴亚奉公日"。规定每月的第一天为"全国百

---

① 長浜功：『国民学校の研究：皇民化教育の実証的解明』，明石書店1985年版，第157—158頁。

图 9-2 国民学校炼成皇国民的实践体系示意图[①]

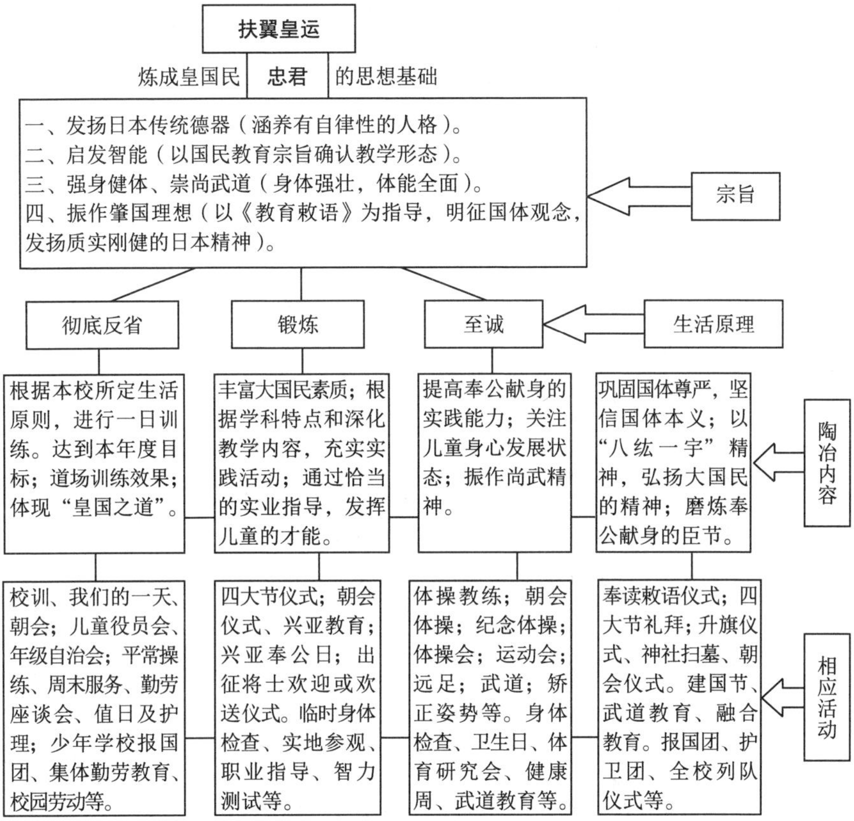

炼成皇国民 **忠君** 的思想基础

扶翼皇运

一、发扬日本传统德器（涵养有自律性的人格）。
二、启发智能（以国民教育宗旨确认教学形态）。
三、强身健体、崇尚武道（身体强壮，体能全面）。
四、振作肇国理想（以《教育敕语》为指导，明征国体观念，发扬质实刚健的日本精神）。 ← 宗旨

彻底反省 | 锻炼 | 至诚 ← 生活原理

彻底反省	锻炼	至诚	
根据本校所定生活原则，进行一日训练。达到本年度目标；道场训练效果；体现"皇国之道"。	丰富大国民素质；根据学科特点和深化教学内容，充实实践活动；通过恰当的实业指导，发挥儿童的才能。	提高奉公献身的实践能力；关注儿童身心发展状态；振作尚武精神。	巩固国体尊严，坚信国体本义；以"八纮一宇"精神，弘扬大国民的精神；磨炼奉公献身的臣节。	← 陶冶内容
校训、我们的一天、朝会、儿童役员会、年级自治会、平常操练、周末服务、勤劳座谈会、值日及护理、少年学校报国团、集体勤劳教育、校园劳动等。	四大节仪式：朝会仪式、兴亚教育、兴亚奉公日；出征将士欢迎或欢送仪式。临时身体检查、实地参观、职业指导、智力测试等。	体操教练；朝会体操、纪念体操、体操之日、运动会、远足、武道、矫正姿势等。身体检查、卫生日、体育研究会、健康周、武道教育等。	奉读敕语仪式；四大节礼拜；升旗仪式、神社扫墓、朝会仪式。建国节、武道教育、融合教育。报国团、护卫团、全校列队仪式等。	← 相应活动

姓思念战场之劳困，并在现实生活中自行节约"。美其名曰"体现翼赞兴亚之大业，彰显一亿一心奉公之至诚"。"奉公"的目的是"灭私"。以勤劳和节约的名义"灭私"，既容易让国民获得道德上的高尚感，并心甘情愿为"国家"尽微薄之力，又可以达到"精神动员"的目的，使国民日常生活的每个方面都与忠君爱国相关。因此，国民支持战争也有了神圣的感受。

例如，"国民精神总动员中央联盟"负责实施的动员任务，已经具体到了下列事项：（1）缩短餐厅、饮食店、咖啡馆、茶室（供召妓用的地方）、游乐场所的营业时间；（2）管制霓虹灯照明；（3）禁酒（有阶层和场所限制）；（4）禁止奢华的订婚宴及过度的葬礼（葬祭）等；（5）禁止中元、岁末（传统节日）的

---

① 石山修平、森屋高蔵：「国民学校の実践教育学」，長浜功：『国民学校の研究：皇民化教育の実証的解明』，明石書店 1985 年版，第 142 頁。

赠答活动；（6）禁止身穿华丽服装参加公开仪式，如礼服、礼服大衣等，要求服装简易化。男学生禁留长发，妇女不许烫发；浮华的化装服务等，一概在禁止之列。[①]

文部省出台的"兴亚奉公日"实践内容，与"国民精神总动员中央联盟"发表的《兴亚奉公日实施要目》大致相同，只是根据学校情况做些有针对性的处理，包括：（1）朝礼（升国旗、齐唱君代、遥拜皇宫、向出征军人表示感谢并对阵亡将士行默哀礼、诵读大臣训辞、做体操[②]等）；（2）简便盒饭（食堂十钱一盒的午餐）；（3）禁酒、禁烟；（4）节约储蓄（当日每人存 10 钱以上的"支那事变国民储蓄金[③]"）；（5）下午 4 时至 5 时以班为单位对室内进行整理，清理不要的杂物、印刷物、报纸、官报等，若有与国家安全有关的印刷品，送到会计课；（6）奖励"徒步主义"者（不乘坐交通工具）；（7）慰问各局课的出征者，写慰问信、寄慰问袋、看望伤残军人、慰问出征者的家属。

甚至规定"兴亚奉公日"实行顺序，如学校一早开始的"兴亚奉公日"活动顺序（相当于清晨仪式），主要是：（1）相互问候；（2）正式参拜神社；（3）升国旗；（4）唱国歌；（5）遥拜皇宫；（6）祈愿默祷；（7）少年团宣誓；（8）朗诵（德川齐昭的《大和之路至关重要》）；（9）做国民保健体操；（10）讲话；（11）齐唱爱国进行曲；（12）礼拜；（13）三呼万岁（由町务委员领头欢呼）；（14）最后致辞。要知道，"兴亚奉公日"虽然只有一天，但它是贯穿全年的教育活动，而且从这一天开始，每个月的"皇国民炼成"项目都是一个整体，如广岛县西条町国民学校 9 月份的相关教育内容。

表9-9　西条国民学校校历（1939 年 9 月）[④]

日	学校教育活动	社会教育活动	生活环境
1	兴亚奉公日；纪念参拜；工作人员任命；第二学期始业式；体位测试；废品等回收	青年团总会；东京大地震纪念日	
2	教室、运动场所卫生和整理		禁酒日
3	对虚弱儿童进行调查		
5	夏季休业；成绩展示活动	壮年团例会	

---

① 長浜功：『国民学校の研究：皇民化教育の実証的解明』，明石書店 1985 年版，第 177 頁。
② 规定性的集体操，每早 8 时在操场举行，遇雨转到室内。
③ 即强制日本国民以储蓄方式支持政府在中国作战。它从一个侧面说明，日本国民是"全民参战"了。
④ 長浜功：『国民学校の研究：皇民化教育の実証的解明』，明石書店 1985 年版，第 168—189 頁。

续表

日	学校教育活动	社会教育活动	生活环境
上旬	各种讲习会获得		
10	爱护道路日		
11	驱除蛔虫		
13	乃木（希典）日；讲演会；登山会；储蓄日		
15	御凤辇技能日		
16	参观日		
18	非常状态训练日	壮年团分会例会	晚上观月会
中旬	旭日遥拜；严禁日光浴	男女青年团修养会	
20	检查设备	西条町青年团体育会	彼岸；扫墓
23	秋季皇陵祭；儿童扫墓；追悼会	青年团纪念夜	秋分
下旬	运动会预演；儿童学习作业本展示；月之会（满月）；清扫神社	加茂郡青年团体育大会；青年学校自查	准备厚衣服

国民学校在"新体制"中始终起表率作用，很多地方性活动常常让在校学生充当主角，一方面为了渲染活动的气氛，并让整齐划一的学生体现全民化的效果，另一方面利用学校对所有学生进行军国主义教化，也是各级政府和地方组织经常性的工作任务。

以后，在"兴亚奉公日"又规定国民5时起床，遥拜皇宫和大神宫，做战争祈祷。太平洋战争爆发后，政府于1942年1月2日决定，每月8日为"大诏奉戴日"，方针是"提振国民的大东亚战争必胜的信念"。要求各官府、学校、会社、工厂等必须"奉读诏书"；神社、寺院、教会必须祈愿大东亚战争胜利；各户必须悬挂国旗；各职场必须恪尽职守，甚至取消休假；其他活动与"大政翼赞会"的《实践项目》相同。[①]

概言之，无论是"兴亚奉公日"还是"大诏奉戴日"，都体现了"祭政教一致的日本法西斯教育本质"[②]，包括慰灵、谒拜、清扫、寄送慰问文、制作慰问袋、看望伤残军人、徒步、忘我工作、素服、素食、禁烟、禁酒、禁游兴、储蓄等在内的具体行动，不过是全面控制皇国民的生活方式（尤其是学生）的手段，而且如此事无巨细的规定在达成努力自省自肃目标的过程中[③]，也把绝

[①] 赤泽史朗、北河贤二编集：『资料日本现代史12』，大月书店1984年版，第328—329页。
[②] 下村哲夫：『国民学校の成立と実態』，長浜功：『国民学校の研究：皇民化教育の実証的解明』，明石書店1985年版，第186页。
[③] 吉田裕、吉见义明编集：『资料日本现代史10』，大月书店1984年版，第105、109页。

对忠诚天皇和绝对服从政府的"臣民之道"具体化了，如国民学校的校训与誓词。

　　生于皇国，倍感幸福。远离私心，本分奉公。以诚为本，励精事业。（南吉田国民学校校训）

　　我们是天皇陛下的臣民，为了光耀帝国的棱威，粉身碎骨在所不惜；我们是振兴亚洲的儿童，为了帝国强健体魄，炼就气宇轩昂的气概；我们是菊园的学生，一早起来就精神抖擞，努力向上！天天成长！（大泉师范附属国民学校的校训）

　　我们是天皇陛下的臣民，无论何时都在尽忠尽孝；兴亚就是我们的责任，所以需要有强壮的体魄和健康的心智；我们是橘北学校的学生，彬彬有礼而且言必行、行必果！（橘北国民学校誓词）

　　我们悉心爱戴天皇的玉体，敬祝安康！我们是日本的儿童，无比健康和开心！大久保学校的孩子们，要争当日本第一！作为大久保人，怎能有半点懈怠！（大久保国民学校誓词）[1]

这样的校训和誓词无不雷同，在公布"兴亚奉公日"和"大诏奉戴日"以后，甚至成为国民学校展示自己的招牌。

二、"大政翼赞会"的终结与日本帝国的崩溃
（一）"国防国家"是彻头彻尾的法西斯体制

1940年7月6日，"社会大众党"解散。22日，近卫文麿组阁（第二次）。26日，内阁发布《基本国策纲要》，共涉及"根本方针""国防及外交""刷新国内态势"三项内容。概括地说，一是皇国之国要基于"八纮一宇"的肇国大精神；二是以皇国为核心建设大东亚新秩序；三是依照透彻的国体本义刷新教学，排斥自我功利思想，树立服务国家的观念；四是强化新政治体制，以便能够综合地运用国政。[2] 这些方针也体现了近卫"取消多党倾轧""抑制自由主义、民主主义和社会主义思潮"，"奉行国体本义，庶政一新"的一贯主张。[3] 7月30

---

[1] 長浜功：「国民学校の研究：皇民化教育の実証的解明」，明石書店1985年版，第216—217页。
[2] 内阁：「基本國策要綱」，外務省編纂：『日本外交年表並文書（1840—1945）』下，原書房1978年版，第436页。
[3] 赤木須留喜：『近衛新体制と大政翼賛会』，岩波書店1984年版，第134页。

日,"政友会"解散。8月15日,"民政党"解散。[①]28日,在新体制准备委员会上,近卫再次重申高度国防国家的基础需要一个强有力且有效的体制。该体制应该包括"各政党、派别、经济团体、文化团体等",其本质乃是"属于公益优先的超政党的国民运动",因此理应具有"举国性、全体性和公共性"。[②]

10月12日,在首相官邸正式对外公布成立"大政翼赞会",近卫文麿出任总裁,日本帝国进入"翼赞体制"阶段。其任务是"彰显八纮一宇之国政","举一亿一心之全能力,确立物心一如之国家体制","做光耀世界道义的领导者"。据此,"翼赞体制"致力于彻底地提高皇国臣民之觉悟的事业,指导国民挺身臣道实践,包括共同合作建设大东亚共荣圈、建设翼赞政治体制、建设翼赞经济体制、建设新文化体制、建设新生活体制。[③]

按照《大政翼赞会实践纲要》的提法,这是一个"面向所有国民的公共运动,而非各政党或其他政治性结社"。该运动的性质是"实践臣道";目标是"以高度的国防国家体制建设大东亚共荣圈";作用是"上意下达,下情上通"。故需以更强的"举国一致"体制,炼成"尽忠报国""坚忍持久"的帝国臣民,方式则是"日日严守励行"。《实践纲要》还强调,日本帝国需要面对"世界历史的转折点",顺应时势地集中权力,追求东亚新秩序的世界史意义并确立日本统治亚洲经济的地位。据此,应该打倒经营私利的财阀和政党,包括与时代脱节的旧官僚、旧军阀等,一切国家机构需要置于一党之下,并让最高领导人成为天皇唯一的辅弼者。[④]事实则是,在"举国一致"的幌子下,一切政党被解散,一切宪政自由被禁止,实现了一国一党的独裁统治。

"大政翼赞会"的组织结构复杂,包括中央本部事务局和广布全国各地的支部。中央本部事务局设总务、组织、政策、企划、议会五个部门。鉴于1941年1月第76届议会和舆论的批评,4月"改组翼赞机构",废政策、企划和议会局,以突出"翼赞"的"公事性质"。地方支部遍及道府县、郡市町村,其功能即"上意下达",任务范围相当广泛。(见图9-3)

[①] 同年,"大日本农民组合"等解散,就连国家社会主义团体也转称"日本主义"组织。各出版团体解散,成立统一的"日本出版文化协会"。总之,政治组织全部解散,社会团体要么解体,要么形成一个组织纳入"翼赞体制"。
[②] 世界思想社编集部:『資料で読む教育と戦争——学生新聞を中心として』,世界思想社1993年版,第77—78页。
[③] 赤沢史朗、北河賢二编集:『資料日本現代史12』,大月書店1984年版,第4—5页。
[④] 大政翼赞会:「大政翼赞会实践要纲」,赤沢史朗、北河賢二编集:『資料日本現代史12』,大月書店1984年版,第4页。

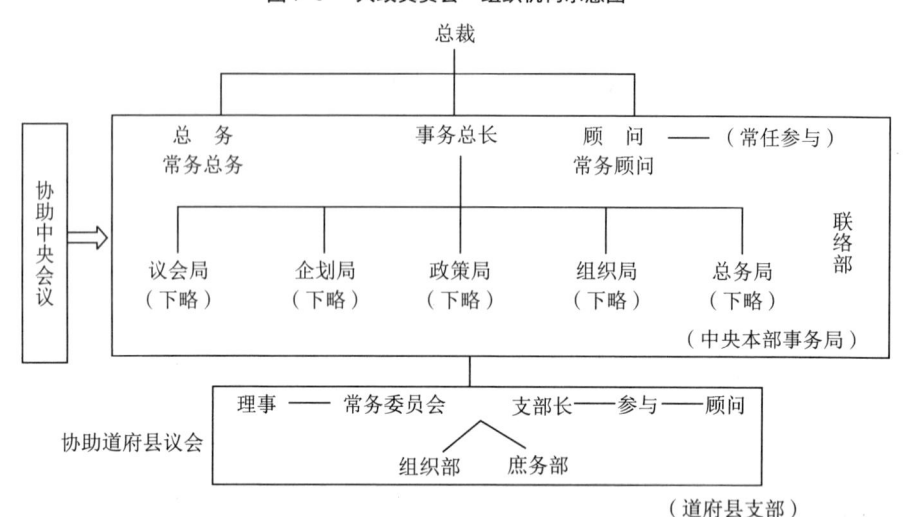

图 9-3 "大政翼赞会"组织机构示意图①

```
                              总裁
                               │
        ┌──────────────────────┼──────────────────┐
        │                      │                  │
      总　务              事务总长            顾　问 ──（常任参与）
    常务总务                                  常务顾问
        │                      │
  ┌─────┬─────┬─────┬─────┬─────┐
 议会局 企划局 政策局 组织局 总务局            联
 （下略）（下略）（下略）（下略）（下略）          络
                                              部
                                    （中央本部事务局）

  理事 ── 常务委员会    支部长 ── 参与 ── 顾问
               │
          ┌────┴────┐
        组织部    庶务部
                                    （道府县支部）
```

协助中央会议 →

协助道府县议会

简言之，"中央本部事务局"五局的内部构成是："议会局"下设贵族院一至三部；众议院庶务部、审查部、议事部、临时选举调查部。"企划局"下设经济组织部、文化部、制度部。"政策局"下设内政部、财政部、经济政策部、调度部。"组织局"下设组织部、青年部、调练（调教与训练）部、联络部。"总务局"下设总务部、监察部、宣传部、国民生活指导部、协力会议部。另外，常务顾问下有"常务参与"，也设有联络部。

地方最高一级的组织机构是"道府县支部"，其内部设"组织部"和"庶务部"两个部门。支部长1人，另有顾问和参与若干；常务委员会则由若干理事组成。"道府县支部"在北海道、东北、关东、北陆、中部、近畿、中国、四国、九州各有一个，其下是"六大都市支部"②和"郡支部"，再往下就是"市区町村支部"。最下面的基层组织，叫"部落会"和"町内会"。也就是说，"翼赞体制"通过这些组织能够把触角延伸到每户人家，它借"举国体制"牢牢控制了国民的思想、行动和生活。

1941年7月21日，近卫文麿在两院演说，强调"大政翼赞运动"是可以影响"国运消长"的。③1942年1月，在军部的指导下，组建了21岁以上"青壮

---

① 大政翼赞会：「大政翼贊会地方組織方針ノ関ニスル件」，赤沢史朗、北河賢二編集：『資料日本現代史12』，大月書店1984年版，第16頁。
② 即东京、大阪、京都、神户、横滨、名古屋六大城市。
③ 近卫文麿：「第76回帝國議會通常會における施政方針演説」，内閣制度百年史編纂委員会編：『歴代内閣総理大臣演説集』，大蔵省印刷局1985年版，第293頁。

年实践部队"，这也是"翼赞社会运动"的一部分。然而，由于统治集团内部关系错综复杂，"大政翼赞会"并没有真正凝聚各方资源的能力，最后还是退化为行政的辅助机构。更确切地说，它是一场官化运动。但其作为法西斯国家体制的性质，并不因为政府权威的强弱而改变。

（二）最后的皇国民"炼成"实践

就全国而言，1940年10月成立的"大政翼赞会"，标志着"翼赞体制"已动员全国所有方面（政治、经济和文化）进入"一亿一心的报效国家"阶段，所谓"万民翼赞"的"总体战体制"或"一君万民"的"高度国防国家体制"。随后，11月8日通过《新体制勤劳行动纲要》，在工厂、学校、各级政府和农村进一步推动军事化进程。1941年11月发布的《国民勤劳报国协力令》，在重申《国家总动员法》（1938年敕令）基础上，要求"以队为单位"成立基层的"勤劳组织"。① 因此，"动员"可以说无孔不入。

其一，女子教育。以长野县为例，1940年7月该县成立"女子拓务训练所"，专门针对女子开展"炼成"教育。其"炼成目的"第一条规定，"率先尽力于兴亚之圣业，据此陶冶精神，涵养德性，磨炼与之相匹配的知识和技能"；"训练得体的、身心皆健的日本女性"。实践内容第九条则要求，"作为配偶身份加入满蒙开拓青少年义勇军；成为雄飞海外的献身者；成为建设新时代的推动者"。训练班分长期生（一年）和短期生（一个月）两种，分别招收20名和500名学员。训练科目有"修身、作法、公民科、农民道、家事裁缝、皇国运动课，外加开拓精神，满（州）支（那）及南洋情况"。训练方式是"学员集体住宿、集体生活，教员也和学员生共同起居"，即道场式炼成。② 到1942年9月，"长野县翼赞会"制定《长野县国民炼成基本纲要》，把炼成对象扩大到每个县民，除要求"完成大东亚战争"外，还宣称"领导大东亚人民"。其"生活即炼成"的宗旨，也将"皇国精神具体到家庭、社会、职域和日常生活中"。③

其二，家庭教育。1940年7月，国民精神总动员委员会提出女性在军事援护、社会服务方面具有重要作用。《新体制勤劳行动纲要》即称家庭是"国民的第二养成所"。④ 1943年8月，"大政翼赞会调查会第五委员会"以东条英机的

---

① 世界思想社編集部：『資料で読む教育と戦争——学生新聞を中心として』，世界思想社1993年版，第104頁。
② 寺崎昌男：『総力戦体制と教育：皇国民「錬成」の理念と実践』，東京大学出版社1987年版，第37頁。
③ 寺崎昌男：『総力戦体制と教育：皇国民「錬成」の理念と実践』，東京大学出版社1987年版，第49頁。
④ 日本妇女支持对外战争亦有传统，如1901年成立的"爱国妇女会"、1930年成立的"大日本联合妇女会"、1932年成立的"大日本国防妇女会"。1942年，以上三会合并为"大日本妇女会"。《国民勤劳报国协力令》发布之后，"女子勤劳报国队"也随之成立。

名义发表《家庭调查报告书》，明确表示家庭是"健兵健民之母体"，因为"日本人真正的国民性是由传统的家养成的"，"日本精神无疑以家庭为母体，故家庭亦是炼成皇国民的最好道场"。① 以文部省编《家的本义》（1943）为圭臬，（1）"维系敬神崇祖之美风，奉行祖孙一体之信仰，借此扶翼皇运"；（2）"家庭乃育成皇国民之第二道场，包括涵养信念，磨炼生活技艺"；（3）"炼成"忠君殉国的意志。②

其三，学校教育。遵照"翼赞会"宗旨："遵循肇国之精神，建立大东亚新秩序，以期进而确立世界新秩序；彰显国体本义，实行各项行政改革整合国家总体实力，以期完成国防国家体制；致力于万民奉公尽职，戮力同心，以期完成翼赞大政之臣道。"从1940年到1943年，政府接连出台新修订的《师范学校令》《国民学校令》和《中等学校令》，把所有学校彻底纳入"皇国民炼成"体制（"翼赞体制"），全面推行法西斯教育。既强化思想控制，又变本加厉地鼓吹"必胜信念"。比如在学校到处张贴或手绘大东亚地图，日军侵略到的地方用日本旗标注；营造"士兵艰苦卓绝"的氛围，为的是燃起学生同仇敌忾的情感；③ 利用流行的军歌侵蚀学生思想，培养军国主义的牺牲精神。对于学生而言，要达到精神"彻底划一的目的"，形式和环境尤其重要。如永田铁山的皇国民"炼成"理论：要使国民在精神和行为方面完全融入体制，需要采用不断重复的、单一的训练方法，将思想和生活一体化，进而提升"军纪至上"和"绝对服从"的意识。④

　　生为日本男儿／在战场上／像武士一样为国捐躯／宛若散落的樱花般清洁／即便是人情深厚的汉子／剑一出鞘便决无旁骛／面对千军万马／怀着必胜的信念／让敌人在皇军面前胆颤心寒⑤

其四，社会教育。太平洋战争爆发后，为了能够支撑长期的战争，获得战争所必需的铁、煤、石油、橡胶等战略资源，军部制订了"南进计划"。与此同

---

① 寺崎昌男：『総力戦体制と教育：皇国民「錬成」の理念と実践』，東京大学出版社1987年版，第282頁。
② 文部省教学局编：「家の本義」，寺崎昌男：『総力戦体制と教育：皇国民「錬成」の理念と実践』，東京大学出版社1987年版，第298—299頁。
③ 山住正己：『日本教育小史』，岩波書店1987年版，第133頁。
④ 永田鉄山：『陸軍の教育』，『教育科学』（第8册），岩波書店1933年版，第13頁。
⑤ 「戦陣訓の歌」，梅木三郎作词，須摩洋朔作曲，1941年。大野敏明編：《軍歌と日本人》，産經新聞2019年版，第223頁。

时，把国民的注意力转向南方。日军在东南亚攻破一地，政府和军部都拿来渲染，以进一步刺激国民的"战意"。

从手段看，一是鼓励"武能"实践活动。如1942年"大政翼赞会"及"大日本体育会"为了援助"大东亚战争"，适应"南进计划"对国民体质的需要，提倡"国民皆泳"活动，并举办各种"壮丁游泳训练班"。学游泳一时成了"海国国民的义务"。士兵则要"人人善泳"，并将其和日本的古俗相联系。《古事记》言及"此技能"是"基于神圣的肇国精神"，因此"善泳"意味着具有"海国精神"。这样一来，"善泳"也是尊神技艺，是"发达武技"的手段，可以通过它增强国体观念，提高"神国志气"，甚至说这门技能只有日本国民才是优秀的，其他任何国家的国民都不能胜任。[1] 二是通过颁布《国民炼成所官制》（2月1日）和《战时刑事特别法》（2月24日），以及设置"大东亚建设审议会"（2月10日）等措施，在全面实践臣道的同时，通过法律控制国民生活，包括灯火管制和物资防备。

（三）军国主义教育的丧钟——"疏散学童"

1943年以后，由于美军加剧空袭以及各地战况危急，政府召集的非战斗人员越来越多。同时，要求"疏散儿童和学生"的提案也愈加急迫，以致政府上下也认为必须尽快拿出妥当方案。但是，东条英机却迟迟不予回应。一个原因与他一贯的固执、傲慢、狭隘的性格有关，另一个原因和他的能力有关——不能对战局做出清醒的判断。军部同样僵化，他们的反应仍停留在发布《学生战时动员体制纲要》（1943年6月25日）的水平，即认为强迫学生直接守土卫国，为国防而献身就够了。[2] 因此《纲要》强调：大学、高等专业学校、青年学校学生中断学业，全部到工厂、农村从事"勤劳作业"，视其为战斗预科班。10月12日，文部省发布《战时教育非常措施方案》，配合军部推进国防实践和训练，措施是鼓动大学生直接上战场。[3] 至于儿童和低学龄学生，因不能作为战斗人员使用而被搁置一边。

一直到12月10日，文部省才向记者发布了一个《关于疏散儿童学生的执行措施》的通告。这应该不是文部省的擅自行动，更不是要违背军部首脑的意志，而仅仅是因为地方为了减少空袭造成的人员损失，已经自行布置了疏散措

---

[1] 横山健堂：『日本武道史』，三省堂1943年版，第18页。
[2] 内阁：『学徒戦時動員体制要綱』，世界思想社编集部：『資料で読む教育と戦争——学生新聞を中心として』，世界思想社1993年版，第1053—1054页。
[3] 吉见义明、横关至编集：『資料日本現代史4』，大月书店1981年版，第333页。

施。于是内阁顺水推舟，同月发布了《城市疏散实施纲要》，范围包括东京—横滨、大阪—神户、名古屋地带和北九州地带四个区域，疏散对象是儿童、老人和病人。

日语中的"疏开"即"散开"的意思，本来是一个军事术语，用于战争状态下拉开队形。"学童疏开"则是一个教育术语，专指在太平洋战争后期，美军开始大规模空袭日本本土的情况下，政府将儿童（主体是小学低年级学生）疏散到安全地方（郊区或乡下）的政策性行为。也有一种更宽泛的解释，凡是为了躲避空袭和火灾，远离建筑物集中的地方并分散人口，都称为"疏开"。陆军省兵务局长田中隆吉最早提出这个方案，但是军部认为这样做是胆怯的表现，而且还会产生不良后果，如影响战斗力意志，导致降低产生能力，所以不予接受。海军中甚至有人说，实施疏散政策简直是对大日本海军的侮辱。

然而，从 1944 年 6 月开始，美军的轰炸规模越来越大、频次越来越多。鉴于局势突然变化，14 日，文部省先是下达《奉迁〈教育敕语〉的通知》，要求把《教育敕语》转移到安全地方。各校依照这个通知连同《赐青少年学生敕语》《振作全国小学教师精神大会敕语》《东京高等师范学校纪念典礼敕语》等也一并算在其内。28 日，内务大臣安藤纪三和文部大臣冈部长景联名发表《促进学童疏散的意见》。30 日，内阁通过他们的提案，同时发表《促进学童疏散纲要》，准备布置防空活动，疏散大城市中国民学校初等科学生。5 月 22 日，政府发布《战时教育令》，冠冕堂皇地重申了"疏散学童"的理由：一是学生承担着尽忠和国运两项重任，在国家危机时，须磨炼挺身而出的智能；二是需要考虑国家要后继有人。

> 对日轰炸分为三个阶段：第一阶段从 1944 年 6 月到 1945 年 2 月，以产业基地为目标，使用高性能炸弹实施夜间轰炸；第二阶段从 1945 年 3 月到 5 月，轰炸大部分城市，在夜间使用燃烧弹，目的是摧毁"日本人的意志"；第三阶段从 1945 年 6 月到 8 月，采用低空轰炸，扩大到小城市，包括采用雷达和燃烧弹在夜间实施精确轰炸，目的是导致日本经济、生活瘫痪，震荡其政治、社会。①

尽管如此，10 月 5 日，最高战争指导会议出台《决战舆论指导方策纲要》

---

① 荻野富士夫：『「戦意」の推移——国民の支持・協力』，校倉書房 2014 年版，第 42 页。

时，仍用"唤起国体信仰"的陈词滥调麻痹国民。11月，东京遭到空袭。政府喊出"全岛玉碎"的号召。事实却是，美军拿下塞班岛后，轰炸机从这里起飞轰炸日本本土，可谓举手之劳；日本国内的粮食严重短缺，加之美军的猛烈空袭，使集体疏散中的儿童饥寒交迫；国民生活陷入极端困苦中，"战意"严重受挫，战败的悲观情绪开始蔓延。

> 美军轰炸机频繁来袭，集体疏散成了国家非常头疼的问题。1944年春天，我还是附石国民学校的主事，我和校长故下村寿先生商量，先疏散一、二年级的学生，然后再疏散三年级和其他年级的学生。
> 万幸的是，在疏散中没有一个学生得重病。①

1945年3月初，在东京大空袭中，内阁无奈批准了文部省的《强化学童疏散纲要》，要求将国民学校3至6年级的儿童有序从大城市撤离；1—2年级儿童则是集体撤离。同月，政府又发布《决战教育措施纲要》，重申学生是"国民国防之一翼"。此时，除国民学校初等科外，从4月开始，所有学校一律停课。其目标是为了完成"炼成体制"的最后任务，让学生全员参战。

在国民学校停课后，大量的学生走进工厂战备，以备上战场拼命时，日本还能继续作战。当然，兵源到了这个程度，也就失去了作战能力。从大规模的"疏散学童"看，无论政府投入多少精力组织疏散，都无法减轻学童心身高度疲惫带来的痛苦，尤其是与亲人离别、轰炸与火灾等战争恐惧，和亲临战争的压力没什么两样。②

（四）军国主义的覆灭——日本投降

1945年1月20日，大本营上奏《帝国陆海军作战计划大纲》，得到昭和天皇认可。随后，在25日的最高战争指导会议上，政府通过了《决战非常措施纲要》，可谓为决战做足了准备。如同予以回应似的，27日，美军开始新一轮的轰炸。2月11日，雅尔塔会议结束，苏联承诺对日作战。国际社会的进展速度，

---

① 堀士藏：「当時の疏開事情について」，中根美寶子：『疏開学童の日記』，中央公論社1970年版，第225页。
② 如今这些内容在日本中小学的社会科和历史教科书中比比皆是，让学生记住战争的残酷本无可厚非，问题是，如果因此把自己打扮成战争受害者的话就本末倒置了。儿童苦难的根源是日本军国主义者发动侵略战争。需要强调的是，日本军国主义不仅加害本国儿童，对于被侵略国家的儿童，痛苦和创伤都是无尽的。

让日本政府感到猝不及防。

2月16日，美军打响了硫磺岛战役。3月25日，全歼日军。尽管日本政府宣传视硫磺岛守军为"一亿玉碎"的典范，但是在这个时候他们再也无法掩饰取胜无望的情绪。4月1日，美军在冲绳登陆。5日，小矶国昭内阁总辞职，铃木贯太郎组阁。

6月3日，"大政翼赞会"解散。8日，天皇出席最高战争指导会议，决定采纳《战争指导大纲》，准备进行本土作战。22日，政府在公布《战时紧急措施法》的同时，依照天皇的指示开始商讨"终战"目标。23日，公布《义勇兵役法》，强迫15岁到60岁的男子和17到40岁的女子编入"国民义勇战斗队"，本土作战的架势全面拉开。

7月26日，中、美、英三国联合发表《波茨坦公告》（或称《波茨坦宣言》），决定对日予以最后打击，同时敦促日本无条件投降。要知道，7月16日美国已成功试爆了原子弹。日本战败，再无一点悬念，只是时间问题。但是日本天皇和政府仍指望通过苏联从中斡旋，以便能与美英体面地求和。①

8月6日上午8点15分，美国在广岛投下人类历史上第一颗原子弹，它瞬间摧毁了市内62.9%的建筑物，爆炸500米内几乎尸骨无存，1公里内的死亡率是59.4%，2公里内的死亡率是39.8%。到11月份，死于原子弹的人数是14万。②8月8日，苏联对日宣战。苏军势如破竹，关东军已今非昔比。8月9日上午11点02分，美国又在长崎投下第二颗原子弹，全市36%的房屋被毁，8万人死亡。

吊诡的是，到了这个时候，政府中枢仍麻木到"不能断定是真"的程度，居然执意下去实地调查。8月9日夜，才召开紧急御前会议。陆军大臣阿南惟几执迷不悟地表态道："即使1亿人全部倒下，也必须保住大义，必须将战争继续到底"。枢密院议长平沼骐一郎也说："国体之维护，皇室之安泰，即使国民全部战死，也必须保卫之。"③10日，大本营发出对俄作战的命令。

13日，外交大臣东乡茂德外相和参谋长梅津美治郎、司令部总长丰田贞次

---

① 由苏联充当中间人，主要基于两点：日苏之间仍存中立条约；苏联能够对美英施加影响，其他国家没有这个能力。所谓"体面求和"，就是保留天皇、护持国体。
② 根据1950年的统计，直接受害者是247,000人。宇野俊一等编：『日本全史』，講談社1991年版，第1086页。
③ 长崎的死亡数字说法很多，至今搞不清楚。小森阳一《天皇的玉音放送》说是12万人，生活·读书·新知三联书店2004年版，第26页。

第九章 走向灭亡的军国主义教育

郎举行会议。东乡表示在不改变国体的情况下，同意接受投降条件。丰田仍坚持说："如果决心死掉2000万日本人，作为敢死队，就决不会失败。"①直到14日，梅津、丰田和阿南仍计划"一亿玉碎"时，天皇决定接受《波茨坦公告》。

8月14日，御前会议通过接受《波茨坦公告》的决定，并于上午11时由天皇发表《终战诏书》。其间，陆军中的反对派一时闯入皇宫，试图抢夺《终战诏书》录音带，因录音带事先被宫内省严格保存，他们没有得逞，继而又跑到日本广播协会大楼，试图号召全国人民"一亿玉碎"，也被馆员切断了线路。15日，天皇通过广播向国民宣读了《终战诏书》。17日，东久迩宫稔彦内阁成立，其根本任务还是"护卫国体"。

> 虽然说到了"终战"，但是，文中只将"宣战于美英二国"视为问题。然而，接受《波茨坦宣言》是"针对美英中苏四国"进行的，因此，理所当然地应该涉及与"支那"即中国之间的战争问题。可是，文中排除了中国和苏联，显然说明其创作意图是要把战争期间限定在1941年之后。②

1945年9月2日，日本外交大臣重光葵、参谋总长梅津美治郎作为日本代表，来到停泊在东京湾上的美国密苏里号战列舰主甲板。上午9时，受降仪式开始，日本在投降书上签字，第二次世界大战宣告结束。9月9日9时，在南京中央陆军军官学校大礼堂举行中国战区受降仪式，日军总司令冈村宁次在投降书上签字，中国的抗日战争取得全面胜利。

9月11日，GHQ发布第一号命令，解散日本陆海军，关闭军需工厂，解除大本营武装。20日，文部省要求中等学校以下教科书，用墨涂抹有关军国主义、国家主义的内容。27日，裕仁到美驻日使馆拜访联军总司令麦克阿瑟（MacArthur, D.）。③11月，逮捕东条英机等39名战犯，财阀解体，废除《治安警察法》。12月，废除陆海省，逮捕政界和商界战犯。

1946年1月1日，天皇裕仁发表"人权宣言"，否定自己是"现人神"。4日，GHQ命令开除军国主义者的公职，范围包括军部、宪兵等军队中军国主

---

① 若槻太雄著，赵自瑞等译：《日本的战争责任》，社会科学文献出版社1999年版，第210页。
② 小森阳一《天皇的玉音放送》（生活·读书·新知三联书店2004年版）说是12万人，第48页。
③ 在日本麦克阿瑟具有很高的声望，按照堺屋太一的观点，他对日本主要有以下贡献：把日本打造成"理想的美国"；让日本成为"远东的瑞士"；民主化改革；关注平等和安全；解体财阀，解放自耕农；铲除家族制度等。堺屋太一：『日本を創った12人』，PHP研究所2006年版，第318—338页。

义分子，大政翼赞会、翼赞政治会、大日本政治会等极端国家主义组织中的干部，大日本一新会、大日本生产党、玄洋社等军国主义组织中的反动文人。3月5日，美国组织的第一次教育使团到达日本。一个月后，文部省决定效仿美国的"六三三学制"，并遵循美国的教育理念进行教育改革。5月3日，远东国际军事法庭开庭。10月8日，文部省废除奉读《教育敕语》，军国主义教育得到清算。

11月3日，颁布《日本国宪法》（又称"和平宪法"），不仅天皇只是国家和国民象征，而且第二章第9条明确规定：

> 日本国民真诚希求基于正义与秩序的国际和平，永远放弃以国权发动的战争、以武力威胁或武力行使作为解决国际争端的手段。
>
> 为达到前项目的，不保持陆海空军及其他战争力量，不承认国家的交战权。①

这就是"宪法三原则"，即放弃战争，主权在民，尊重基本人权。其第26条规定：人人有接受教育的权利，无偿接受义务教育，教育机会均等。1947年3月31日，颁布《教育基本法》《学校教育法》，将尊重个人尊严，谋求真理与和平，作为各类教育的基本目的和准则。彻底废除"敕令主义"教育政策，男女共学，摒弃极端的爱国主义教育，日本的学校教育迈向民主时代。②

---

① 蒋立峰主编：《日本政治概论》附录资料5，东方出版社1995年版，第500页。
② 明星大学戦後教育史研究センター編：『戦後教育改革通史』，明星大学出版部1996年版，第44、56頁。

结 论

本书以历史为经、教育为纬，叙述日本天皇制军国主义教育的整体面貌，内容结构简单，语言平铺直叙，极少加入学理分析，引证内容也以基础材料为主，这样做的理由，除了普及相关常识的目的外，还在于使读者容易理解以下问题：一是日本军国主义教育的国家基础是天皇制，军国主义教育反映天皇制的本质；二是日本军国主义教育的基本理念，严重依赖复古主义思想，以致其近代观念中普遍夹杂落后的东西；三是日本军国主义教育的遗毒不可小觑。

一、重申：近代天皇制是军国主义教育的根基

1946年1月，东京帝大教授岸本英夫、海后宗臣按照联合国驻日盟军最高司令部（简称GHQ）和驻日盟军司令官（简称SCAP）的指示，参与盟军主导的教育改革，并与盟军教科书调查人员一道先期制定教科书检查[①]基准。这项基础性工作有两个目的：彻底肃清学校教育中的军国主义教育余毒；为接下来的教育民主化改革提供事实依据。2月5日，检查基准获得批准。要点如下：

> 一、排除以下军国主义思想：
> 1. 美化侵略战争，宣传并赞美军人偶像。
> 2. 鼓吹为天皇和国家战死疆场无上荣耀。
> 3. 宣扬人间的最高名誉即是为国牺牲，并成为英灵。
> 二、排除以下极端国家主义思想：
> 1. 以扩张领土为目的，美化大东亚共荣圈。
> 2. 夸赞日本宇内第一，实现"八纮一宇"。

[①] 用于排查、检讨、删除过去教科书军国主义教育内容的原则性标准。这些基准具有典型性、基础性和指导性，能够较为全面地概括军国主义教育的主要特征。

3. 鼓吹护卫天皇即服务国家，要人们具有樱花散落人间般的个人牺牲精神，即所谓的大和魂。

4. 一切违背《联合国宪章》的内容。

三、排除以下天皇主义思想：

1. 基于肇国神话的天皇信仰。

2. 宣扬为天皇尽忠即是臣民义务。

3. 绝对服从天皇敕令及对天皇绝对忠诚。[①]

显然，这些基准就是本书呈现给读者的天皇制军国主义教育的核心内容。它警示人们，无论叙述还是分析哪方面的军国主义、极端国家主义、天皇主义教育内容，都不能虚化了天皇制，因为天皇制是根本性制度，抛开天皇制去看军国主义教育则属于弃本求末。

第一，近代日本是一个天皇制国家。自1868年倒幕运动树立天皇的权威开始，到1882年颁布《军人敕谕》，明确规定天皇享有陆海军统帅权，军队绝对服从天皇；再到1889年颁布《大日本帝国宪法》，以法律方式确立绝对主义的政权机构，天皇总揽统治权，其地位神圣不可侵犯。

政府效忠于天皇，内阁国务大臣是天皇"辅弼"者，官僚或官吏皆是臣子而非公仆。军部的职责同样是"辅翼"天皇，它统制皇军的权力来自天皇。一言以蔽之，国家权力要以天皇大权为中枢。天皇不仅不是"虚君"，而且具有"神性"。

这样的国家，只有臣民，也只需要为养成臣民设计与之相符的教育制度。于是，在1890年颁布《教育敕语》后，天皇制军国主义教育的性质就定型了。尽管1918年到1931年，有过短暂的教育民主运动，但是已无法触及教育改革的深层问题。还有就是，早已根深蒂固的"敕令体制"，注定了任何非天皇主义的教育改革，都只能是昙花一现。中日战争爆发以后，军国主义教育便急速演变为极端国家主义、法西斯主义教育。

第二，近代天皇制与生俱来的缺陷，既给国家带来了极强的侵略性、偏执性和不确定性，也致使国民教育异化为简单、粗暴、愚昧且又极尽功利、为侵略战争服务的极端工具性人格。

---

① H. J. ワンダーリック（Wunderlich）著，広橋洋子等訳：『占領下日本の教科書改革』，玉川大学出版部1998年版，第54—55頁。

从《大日本帝国宪法》看，天皇是国家元首，总揽统治权，并裁可法律，召集议会，发布敕令；天皇还是陆海军大元帅，决定陆海军的编制和常备兵额。天皇集国家所有于一身，本该日理万机。然而，作为"现人神"，天皇又是神秘的，不能像俗人一般理政，否则便是对天皇身份的亵渎。因此，天皇不轻易接见外臣，更不对政务直接表态。

天皇的身份和地位，导致日本实行军政、军令的"二元制"，目的是确保天皇独立行使统帅权。不仅内阁和议会没有军权，就连陆军省和海军省也只是军政机关。实权则在陆军参谋总部和海军军令部（两总长）手中，同样是为了天皇能够运筹帷幄。在现实中，军部之所以能够左右国家政治，除了藩阀打下的基础外，军政和军令"二元制"才是根本原因。

这种制度对于军事思想的影响，在以下方面反映出来：（1）由于自知经济和军事实力不够，不敢和欧美列强硬抗，因而热衷于短期决战或速战速决；（2）信奉极端精神主义，把英美视为"英鬼""美畜"，试图在精神上先胜对方，却事实上严重低估了英美的实力（到1943年才改变态度）；（3）迷信作战至上思想，习惯偷袭，却忽视情报、防御、卫生等必要的作战条件；（4）作战从教条出发，战法落后；（5）封建式的治军方式，导致军纪涣散；（6）兵力和劳动力相互掣肘，顾此失彼；（7）大量投入少年兵，既无法满足军队的专业化要求，也延缓了军队的近代化速度（来不及进行专门训练）。[1]

由于国家一再强化军国主义政策，加之陆军省和军部的教育总监部强势介入学校教育和国民教育，导致军事思想与教育思想相互影响、相互作用。简言之，自日俄战争"惨胜"后，日本的教育就进入了高度精神主义化的阶段。其一是道德教育充满虚假的忠君爱国观念、复仇的敌忾心，以及盲目自大的日本精神。其二是"兵式体操"不再以强身为目的，而是立足于充盈精神去达到军事目的。因此，尤其注重炼成灭私奉公的意志。其三是培养的"意志力"的过程简单直接，只满足于敢于在战场上为了天皇去舍命拼刺刀。其四是知识教育服务于道德教育，所有学科教育都要贯彻忠君爱国思想。包括实业教育在内，最后也到了"勤劳即教育"的程度，即为国防国家付出劳动。其五是精英阶层彻底地交出自己的良知。

总之，天皇制军国主义教育排斥人性、思考和责任，因为它只有天皇神圣不可侵犯一种信念，"八纮一宇"一个目标，此外都是离经叛道。然而，近代国

---

[1] 吉田裕：『日本軍兵士——アジア・太平洋戦争の現実』，中央公論社2018年版，第138—184頁。

家的方向，除了坚船利炮、资本贸易、殖民竞争（人定法），还必须包括自由、民主和法治等法则（自然法）。

第三，天皇制的信仰基础是家族主义国家观，这本来就不是近代的东西。尽管在摆脱民族危机的过程中，新政府与民间利用天皇的"正统性和神权性"获得成功，但是自由、民主、宪政并没有成为维新领导者的立国之本，他们遵循了佐藤信渊、吉田松阴、桥本左内等人主张，力图把"国权"和"国益"伸张到海外，进而从弱小国家攫取富国强兵的资本。因此，当务之急是依靠恢复天皇制凝聚力量。一旦选择了天皇制，维护它的文化价值只能来自历史，其文化视野也只局限在东亚世界的旧道德。

1890年颁布《教育敕语》之前，仍有自由教育存在。从自由民权运动视角看，即便推崇赫尔巴特（Johann Friedrich Herbart）的国家主义教育理论，也允许有人实践裴斯塔洛奇（Johann Heinrich Pestalozzi）的自立主义教育原理。之后，国外教育理论若不能依附于《教育敕语》的精神则被淘汰，更不要说其他教育理论和实践了。《教育敕语》成为教育法典，适用于国民教育的所有方面，其精神实质就是家族主义的伦理观和国家观。

伦理观由道德教育或修身教育养成的忠君爱国思想是"克忠克孝"，国家观由国体教育落实的忠君爱国思想是"义勇奉公"。其思想基础无外承认天皇是"现人神"，皇室万世一系，君民同族，亿兆一心；日本是神国，冠绝天下；神国国民的义务，则是遵从天皇的意志且义勇当先。由此衍生的战争观，完全不顾及人类的自然本性、自发秩序和自我完善，它以占有、掠夺和牺牲、妄想为目的，到处播种恶的果实。

20世纪30年代，军国主义教育以"明征国体"为宏旨。道德教育居于各类教育的首位，而且无所不在、无所不能。它排斥多样性、个性、自由发展和独立思考，强调绝对忠诚和服从，崇拜权威和权力，注重集体仪式感，信奉极端的道德主义。为了杜绝"危险思想"，通过"国体明征"运动，将天皇制军国主义教育彻底地融入国家体制、教科书内容和臣民训导体系。

1937年文部省发行《国体本义》一书，促使全民接受国体"万古不易"的信念，以及"忠孝一致""家国一体"的家国情怀，它将"国体观"视为政治、权力及教育的最高价值。

1945年8月，美国在日本投下两颗原子弹。在国将倾覆之时，最高决策者的脑子里，还只考虑如何"护卫国体"。实在没有办法了，投降的唯一的条件，也是保留天皇。可见，天皇制思想有多么顽固！在国家的操控者那里，只有天皇，没有国家和国民，这是什么体制才能促成的僵化、冷血和残忍！

二、反思：国家安全和国家利益不能建立在掠夺基础上

19世纪中叶，日本内忧外患。比较而言，外患的威胁更大。偌大中国数千年来蠢立东方，却在鸦片战争中轰然失势，这对日本的有识之士来说，也是前车之鉴。早在1853年"黑船来航"时，胜海舟就向幕府提出了"海防论"。直到戊辰战争爆发，德川幕府除了设立洋学所外，并没有什么实际行动。倒是美国、俄国、英国、法国、荷兰五国，从幕府手中拿到了"自由贸易权"。

"王政复古"和"版籍奉还"不久，日本就开始了"经略海外"，第一个目标是朝鲜，然后是中国东北、库页岛和堪察加。从地理因素、国际竞争环境，以及当时人的强国理论看，或许有其必然性。事实上，明治政府一开始就把"国运"与"国益"系于"国防"，而且必须依赖"国体"发挥作用，暂且抛开复杂的历史成因、文化传统不谈，仅从实际行动看，其国是就表现为扩张性和实利性特征。用山县有朋的话说，便是"盖国家独立自营之道无外途：第一是守护主权线，第二是保护利益线"[①]。直到爆发太平洋战争，日本依然固守这一思路，并且让"利益线"适用于整个"大东亚共荣圈"。如东条英机说："依赖肇国大精神之源远流长，惠及大东亚所有国家和民族，并使其各得其所。"[②]天皇制军国主义教育的基本任务，便是将谎言变成真理。

"侵略有理"，亦使教育和战争密不可分。因此看天皇制军国主义教育的特征：第一，灌输国体教育，夸大日本的优越性，让臣民自觉天下无双；第二，强调修身教育，要求臣民对天皇绝对忠诚，形成天皇即国家的共识；第三，利用"敕令体制"，统一臣民的思想和行为，促成高度一致的集体意志；第四，注重"奉拜御真影""奉读敕语"等仪式，反复给臣民洗脑，使忠君爱国思想彻底固化；第五，高度统一教育行政和教科书，如设立隶属于内阁的教育委员会、强制推行国定教科书；第六，军部干涉教育制度和内容，现役军人主导学校军事教育；第七，知识功利化，通过"炼成体制"只重视与战争或军需有关的知识和技能，培养服务于军国主义国家需要的低廉劳动力；第八，强化殖民地的"同化"教育，把朝鲜和台湾纳入"本土教育"。

但是，近代日本的总体实力一直落后于美、英、法、德等资本主义国家，

---

① 内閣制度百年史編纂委員会編：『歴代内閣総理大臣演説集』，大蔵省印刷局1985年版，第9頁。
② 内閣制度百年史編纂委員会編：『歴代内閣総理大臣演説集』，大蔵省印刷局1985年版，第304頁。

距离它所追求的"一等国"地位和目标尚远。因此，它也更热衷于用精神或观念来弥补实力的不足，进而尤其重视教育的作用。另外，由于它所执迷的国体观（也是世界观）严重影响它对世界做出正确判断，导致其越是急于求成就越依赖战争强行拔高自己。而作为战争附庸的教育，既钳制臣民思想，又充当宣传工具。比如把肆意侵略邻国说成"国防"，宣传"大东亚战争"是"圣战"，等等。

在天皇制军国主义教育内容中，发动战争是自保、自卫的正当行为，而且在道义上是为了传播文明（如对朝鲜和中国）、解放亚洲（如对东南亚和南亚），其最终目的是实现以日本为中心的"世界大同"。

这些荒唐的主张，不仅是为战争打造侵略理论，而且的确通过教育让日本国民信以为真。所以，任何民族既非天生的文明也非天生的野蛮。应该说，特定的人类制度造就了民族的文明与野蛮。好的制度，其人民既有选择做或不做的权利，又有信什么不信什么的自由；坏的制度，只有君主驱使人民去做，强迫人民去信他，根本由不得人民说不。无论军国主义者把天皇制打扮得多么神秘，在日本近代上，它不是符号，不是虚君，不是一般的国家象征，它是国家权力中心，是聚合极端国家主义、军国主义的国家权威，因此具有把国民炼成魔鬼的实力。

三、现实：作为民族的警示性遗产需要所有人的反思

人们常说"要把日本国民和军国主义者区分开来"，这是一种善意的理性表达。如果作为天皇制军国主义教育研究的话，应该还有其他角度。

1945年8月17日，为了利用皇室的权威收拾败局带来的混乱，成立了以东久迩宫稔彦为首相的皇族内阁。28日，东久迩在会见日本记者团时表示，他对"护卫国体"仍保持"坚定的信仰"，同时提出了著名的"一亿总忏悔论"：

> 事情到如今之地步当然也是由于政府政策的失败，但国民道义的败坏也是原因之一。在此我认为，军、官、民即国民全体必须彻底地反省和忏悔。我相信，全国上下的总忏悔乃国家重建的第一步。[①]

9月5日，东久迩在第88届临时帝国议会发表施政方针演讲。他说：终战

---

① 栗屋宪太郎等编：『資料日本現代史2』，大月书店1980年版，第30页。

首先是出于天皇的仁慈心意，然后才是鉴于日美双方实力的悬殊。他的演讲冗长，很大篇幅是赞许"大东亚圣战"和"勇战敢斗"的皇军，甚至责备国民没有接受"一亿总忏悔论"。①

事实是，从日俄战争始，政府的惯用手段就是压制民意、控制舆论，国民无法了解真实情况，只有被政府愚弄和欺骗。如果说1942年1月陆海军在东京举行"威壮飞行"时，政府还有向国民隐瞒的资本，那么到1943年9月御前会议出台"绝对防卫线"，着手本土作战，再到1944年8月内阁决定"一亿国民总武装"，准备最后决战，有些国民已经预感到局势不妙。然而，国民"捐银献铁"的活动同样热火朝天。

关于日本人的"战意"研究，我从荻野富士夫的《"战意"的演化趋势》一书中，为读者们摘录如下内容：

（1）1945年8月15日，杜鲁门总统决定成立"战略性轰炸调查团"，9月在东京设立总部。调查对象：轰炸工业区的情况，以检讨生成记录以及日本的防卫手段为重点。到12月29日，除北海道、四国外，对日本全国16岁到70岁的3150人进行了调查。翌年6月，形成了《太平洋战争综合报告书》《日本的终战努力》《广岛、长崎原子弹爆炸结果》等文件。

（2）战意是指国民服从政府命令或国家意志的实际意愿，即指为了赢得战争甘愿奉献或牺牲的品质和能力，并通过简单语言综合地表达出来。战意反映国民的政治观，以及生活和劳动态度等多个方面。

（3）关于日本人维持战斗精神要素的调查结果：确信日本仍有物质力量继续战争者，占调查总数的12%；相信日本人的精神力量能够支撑到最后者，占调查总数的44%。在投降前后，约三分之二的人表示，自身已丧失希望。但是，他们仍然要求保存日本国体，理由是"天皇的存在即是日本国家的存在"。

另外，大约25%的受调查者认为，有理由放弃战争；有37%的受调查者，对政府和军队感到不满，认为是他们导致食品短缺、空袭和失败。

---

① 内閣制度百年史編纂委員会編：『歴代内閣総理大臣演説集』，大蔵省印刷局1985年版，第388—396頁。

（4）受调查者中，知识分子（包括专家学者、商人、部分官吏）的战意最低；其次是手工业者、工人、农民等劳动者；战意最高的群体是职员、小商贩、公务员及非劳动者（包括主妇、学生、退休者、失业者）。

军需方面的生产者，相对"没有战意"。女性比男性的战意高；年轻人比年长者的战意高。如学生群体，有半数以上的人认为，战争应该继续打下去，甚至认为"这是唯一手段"。

美国投下原子弹后，日本人普遍感到恐慌，有25%的人确信，日本已经失败。但是，政府一方面隐瞒原子弹爆炸的真相，另一方面也的确感到了国民对战争的倦怠情绪。①

（5）从1942年后半期开始，"对取胜持怀疑态度者"渐增，"确信日本能够赢得战争者"微增。1945年6月冲绳失陷后，日本人的情绪大为沮丧。

（6）关于学生的"战意"。1938年1月，文部省教学局做出《思想倾向调查整理案实例》，提倡坚忍持久，因此学生的战意空前活跃。

另据1940年3月来自佐贺县"思想对策研究会"对县内小学、中学、青年学校的"战意"调查，结果是②：

对战争目的的认识	明确者60%	一般者38%	暧昧者2%
对长期战争的觉悟	巩固者57%	一般者42%	薄弱者1%
对统制的理解	理解者33%	一般者61%	不理解者5%
国体观念	明确者73%	一般者27%	不明确者1%

正是基于这类调查结果，文部省文教局归纳了思想动向，指出"为了强韧国民的战意，必须增强可能的战力"，并于1944年7月，教学局思想课刊行《思想动向调查报告》，其内容涉及国家观、战争观、国际观、时局观、现状认识、人生观，旨在矫正学生的动向③。

很清楚，日本的侵略战争是把全民都投入进去，没人例外。上战场的人中，谁是军国主义者，谁不是呢？支持侵略的人中，谁是军国主义者，谁不是呢？

---

① 荻野富士夫：『「戦意」の推移——国民の支持・協力』，校倉書房2014年版，第38—41页。
② 荻野富士夫：『「戦意」の推移——国民の支持・協力』，校倉書房2014年版，第51页。
③ 荻野富士夫：『「戦意」の推移——国民の支持・協力』，校倉書房2014年版，第43页。

当然，日本国民也是军国主义的"受害者"。但也必须认识到，对于被侵略国家而言，他们同样是加害者。这样的理由，从日本的军国主义史、军国主义教育史中，能够得到很多实证吧！

就现实而言，首先，在战后，天皇裕仁没有负任何战争责任；对"国体论"和"皇国史观"的清算并不彻底，以致不断有种种名目的"振兴道德教育"出现。[①]事实是，明治、大正、昭和三代天皇都直接参与了侵略战争。

其次，日本国内的右翼分子至今仍在战争问题上仍不消停。尤其是20世纪90年代以来，他们通过教科书问题、近代化问题、战争责任问题和慰安妇问题等大做文章，坚持使用"大东亚战争"（太平洋战争）的旧称，鼓吹战争的目的是"解放亚洲人民"，美化日本对殖民地的统治是帮助那里的人民"文明开化"；恢复战争期间刻意贬低中国文化、中国人和中国外交的态度；主张让学生知道日本的近代化是多么独树一帜；强调要排除"自虐史"，不能再让我们的青少年从本国历史中学到自卑[②]。至于日本为什么会战败，他们的解释是，过于信守宪法、国力不足、总体战体制不完备、军部过于急躁、外交与军事配合不当、外国人不适应"共存宽容"体制，等等。[③]他们在如此颠倒黑白的狡辩中，就是不说天皇制的落后性，不谈侵略战争的掠夺性、野蛮性和反人类性。对于军国主义教育，他们赞扬最多的是明治时期的"教育立国"，大正时期的"自由主义教育"，以及国民的"大精神"，似乎军国主义教育就是开放的、进步的近代化的日本教育史。[④]凡此种种谬论，在学术和新观念的包装下对于民众具有迷惑性。

最后需要强调的是，要客观把握和认识天皇制军国主义教育的深层问题绝非易事，爬梳各种材料、拓展研究视野、梳理历史过程，仍属于研究起点的范畴，但事实要复杂得多。比如对日本而言，是否存在天皇制以外的选择，强国梦是否就是近代化的动力，近代天皇制与日本人自卑和自负性格之间的关系，日本的侵略主义与亚洲民族主义的互动关系，日本人的世界观和价值观与东亚文明的纠葛，等等。若局限于"菊与刀"的文化二元论，或是基于"耻文化""岛国劣根性"等传统观点，很容易给天皇制军国主义下一些简单的结论，可是对于今天和将来人类而言，这种历史研究未必有实际意义。

---

① 佐藤伸雄：『戦後歴史教育論』，青木書店1976年版，第194頁。
② 藤岡信勝編：『污辱の近現代史・いま、克服のとき』，德間書店1996年版，第13、81頁。
③ 奥宮正武：『大東亞戦争と日本人：われわれは何のために戦ったか』，PHP研究所1998年版，第107—109頁。
④ 西尾幹二：『国民の歴史』，產経新聞1999年版，第494、670頁。

我把结语放在对战争的反思上，除了基于格劳修斯（Hugo Grotius）的"战争正义论"等近代政治学理论外，也着眼于第二次世界大战以后，国际社会通过各种公约、协商和合作确定下来的人类共同价值观，针对制度、正义和人性所做的思考，而非单纯地从国家或个人的视角背负历史罪责。

　　日本国家是否邪恶？日本人是否压根虚伪并令人厌恶？凡按照正常逻辑，有正常思维的人，都会得出理智的判断。侵略战争使日本成为"非正常国家"，让日本人背负"日本鬼子"的骂名。如何不使历史重演呢？所有的日本人如果能够反思战争，才是真诚地维护和平宪法吧！因为它是日本人长远地生活在一个安全、安定、安心的和平环境中的前提之一。其他国家的人们同样需要反思战争，因为地球人都应该承担避免战争恐惧的责任。

主要参考书目

一、日文参考资料
（一）史料部分
1. 井原頼明編：『増補皇室事典』，東京：冨山房 1942 年。
2. 今井清一、高橋正衛解説：『現代史資料 4』，東京：みすず書房 1963 年。
3. 姜徳相、琴秉洞解説：『現代史資料 6』，東京：みすず書房 1963 年。
4. 小林龍夫、島田俊彦：『現代史資料 7』，東京：みすず書房 1964 年。
5. 島田俊彦、稲葉正夫：『現代史資料 8』，東京：みすず書房 1964 年。
6. 臼井勝美、稲葉正夫：『現代史資料 9』，東京：みすず書房 1964 年。
7. 大山梓編：『山県有朋意見書』，東京：原書房 1966 年。
8. 姜徳相：『現代史資料 26』，東京：みすず書房 1967 年。
9. 山辺健太郎：『現代史資料 20』，東京：みすず書房 1968 年。
10. 宇垣一成：『宇垣一成日記』，東京：みすず書房 1968 年。
11. 外務省政策局第三課編：『大正 14 年から昭和 15 年までの日俄交渉史』，東京：原書房 1969 年複刻。
12. 高橋正衛：『現代史資料 23』，東京：みすず書房 1974 年。
13. 今井清一、伊藤隆：『現代史資料 44』，東京：みすず書房 1974 年。
14. 内務省編：『明治初期内務省日誌』（上、下），東京：図書刊行会 1975 年。
15. 海後宗臣編纂：『日本教科書大系』近代編（第 1—20 巻），東京：講談社 1962—1978 年。
16. 全国学校図書館協議会選定図書：『大東亜戦史：從軍記者が伝える』（第 1—10 巻），東京：富士書苑 1978 年。
17. 外務省編纂：『日本外交年表竝文書（1840—1945）』（上、下），東京：原書房 1965 年初版，1978 年第 6 次印刷。

18. 梅根悟等編：『資料日本教育実践史』，東京：三省堂 1979 年。

19. 宮原誠一、丸木政臣、伊ケ崎暁生、藤岡貞彦編：『資料日本現代教育史』（第 4 巻、戦前），東京：三省堂 1979 年。

20. 藤原彰編集：『資料日本現代史 1』，東京：大月書店 1980 年。

21. 栗屋憲太郎編集：『資料日本現代史 2』，東京：大月書店 1980 年。

22. 栗屋憲太郎編集：『資料日本現代史 3』，東京：大月書店 1981 年。

23. 吉見義明、横関至編集：『資料日本現代史 4』，東京：大月書店 1981 年。

24. 吉見義明、横関至編集：『資料日本現代史 5』，東京：大月書店 1981 年。

25. 由井正臣編集：『資料日本現代史 6』，東京：大月書店 1981 年。

26. 神田文人編集：『資料日本現代史 7』，東京：大月書店 1981 年。

27. 国策研究会編：『資料戦時政治経済』，東京：原書房 1982 年。

28. 功刀後洋編集：『資料日本現代史 8』，東京：大月書店 1984 年。

29. 栗屋憲太郎、小田部雄次編集：『資料日本現代史 9』，東京：大月書店 1984 年。

30. 吉田裕、吉見義明編集：『資料日本現代史 10』，東京：大月書店 1984 年。

31. 吉田裕、吉見義明編集：『資料日本現代史 11』，東京：大月書店 1984 年。

32. 赤沢史朗、北河賢二編集：『資料日本現代史 12』，東京：大月書店 1984 年。

33. 東京大学出版会編：『枢密院会議議事録』（明治編、大正編、昭和編），東京大学出版会 1984－1996 年。

34. 國史大系編修会：『新訂増補・國史大系・日本書紀』（前編、后編），東京：吉川弘文館刊行 1984 年。

35. 内閣制度百年史編纂委員会編：『内閣制度百年史』（上、下），東京：大蔵省印刷局 1985 年。

36. 内閣制度百年史編纂委員会編：『歴代内閣総理大臣演説集』，東京：大蔵省印刷局 1985 年。

37. 奥田真丈監修：『教科教育百年史・資料編』，東京：建帛社 1985 年。

38. 真藤建志郎編：『史料天皇詔勅選集』，東京：実業出版社 1986 年。

39. 大久保利謙著，遠山茂樹編集：『大久保利謙歴史著作集 2：明治国家の形成』，東京：吉川弘文館 1986 年。

40. 神田修、山住正己編：『史料日本の教育』，東京：学陽書店 1986 年。

41. 日本国政事典刊行会編：『日本国政事典（全 10 巻）』，東京：日本図書

センター 1958 年初版，1987 年複刻。

42. 長浜功編：『国民精神総動員運動民衆教化動員史料集成』，東京：明石書店 1988 年。

43. 帝国教育複刻版刊行委員会編：『帝国教育』（明治四十二年三、四月；大正四年一—十二月），東京：雄松堂 1988 年、1989—1990 年。

44. 軍人会館部編：『陸海軍・軍事年鑑』（1938 年版），東京：日本図書センター 1989 年複刻。

45. 東京大学史料編纂所編集：『大日本古文書』，東京大学出版会 1991 年。

46. 文部省：『日本教育史』（日本教育史基本文献資料叢書），東京：大空社 1991 年。

47. 海後宗臣監修，小池俊夫解説：『図説・教科書の歴史』，東京：日本図書センター 1996 年。

48. 井上哲次郎監修：『武士道全書（第一—十巻）』，東京：国書刊行会 1998 年。

49. 北河賢三編集：『資料集・総力戦と文化（第 1 巻）』，東京：大月書店 2000 年。

50. 高岡裕之編集：『資料集・総力戦と文化（第 2 巻）』，東京：大月書店 2001 年。

51. 世界思想社編集部：『資料で読むと戦争——学生新聞を中心として』，東京：世界思想社 2008 年。

（二）著作部分

1. 文部省編：『日本教育史』，東京：弘道館 1910 年。
2. 高橋俊乗：『國民日本史』，東京：富山房 1923 年第 9 版。
3. 北一輝：『日本改造法案大綱』，東京：改造社 1923 年。
4. 德富猪一郎：『公爵山県有朋伝』，東京：山県有朋記念事業会 1933 年。
5. 西田直二郎：『日本文化史序説』，東京：改造社 1937 年。
6. 德富蘇峰：『皇道日本の世界化』，東京：明治書院 1938 年。
7. 紀平正美：『日本の精神』（第 13 版），東京：岩波書店 1938 年。
8. 文部省編：『明治維新以来教育制度発展史』，東京：竜吟社 1938 年。
9. 渡邊幾治郎：『皇國大日本史』，東京：朝日新聞社 1939 年。
10. 鹿子損信：『皇國学大綱』，東京：同文書院 1941 年。

11. 伊藤忠好編著:『國民学校の体験と反省』,東京:玉川学園出版部 1942 年。

12. 竹下直之:『師魂と士魂』,東京:聖紀書房 1943 年。

13. 竹下直之:『道義の世界観と教育』,東京:青葉書房 1943 年。

14. 紀平正美:『皇國史観』,東京:皇國青年教育協会 1943 年。

15. 斎藤晌:『日本の世界観』,東京:朝倉書店 1943 年。

16. 横山健堂:『日本武道史』,東京:三省堂 1943 年。

17. 三上参次:『國史概説』(第 3 版),東京:富山房 1944 年。

18. 倉沢剛:『総力戦教育の理論』,東京:目黒書店 1944 年。

19. 馬場伸也:『満州事変への道』,東京:中央公論社 1950 年。

20. 田中正明:『正義を奪い返せ——パール判事の日本無罪論』,東京:共通の広場 2018 年。

21. 田中惣五郎:『日本軍隊史』,東京:理論社 1954 年。

22. 小田二郎:『日本の教科書』,京都:三一書店 1958 年。

23. 歴史教育者協議会編:『日の丸・君が代・天皇・神話』,東京:地歴社 1968 年初版,1990 年第 13 刷。

24. 小川太郎編著:『軍國主義教育の歴史』(講座・軍國主義教育),東京:明治図書 1970 年。

25. 海後宗臣:『日本教育小史』,東京:広済堂 1970 年。

26. 海後宗臣監修:『図説教科書のあゆみ』,東京:横山印刷株式会社 1971 年。

27. 奥野高広等:『天皇の歴史』,東京:福村出版 1971 年。

28. 三宅雪嶺:『真善美日本人』,東京:中央公論社 1971 年。

29. 石田一良:『日本文化史概論』,東京:吉川弘文館 1971 年。

30. 田中惣五郎:『北一輝:日本のファシズム象徴』(増補版),東京:三一書房 1971 年。

31. 熊沢京次郎:『天皇の軍隊』,東京:現代評論社 1974 年。

32. 北畠親房:『神皇正統記』,東京:岩波書店 1975 年。

33. 中島誠:『天皇制と昭和国家』,東京:太平出版社 1975 年。

34. 安部博純:『史料構成の近代日本政治史』,東京:南窓社 1976 年。

35. 山口一郎:『中国と日本』,東京:潮出版社 1976 年。

36. 歴史科学協議会編:『日本ファシズム主義論』,東京:校倉書房 1977 年。

37. 加登川幸太郎:『中国と日本陸軍』(上、下),東京:圭文社 1978 年。

38. 相蘇完一：『昭和経済史：戦争と日本経済』，東京：教育社 1978 年。

39. 北岡伸一：『日本陸軍と大陸政策』，東京：東京大学出版社 1978 年。

40. 浜田陽太郎他編：『近代日本教育の記録』（上、中、下），東京：日本放送出版協会 1978 年。

41. 山島麗逸編：『日本帝国主義と東アジア』，東京：アジア経済研究所 1979 年。

42. 早乙女勝元：『東京が燃えた日：戦争と中学生』，東京：岩波書店 1979 年。

43. 丸山真男：『現代政治思想と行動』，東京：未来社 1979 年。

44. 安藤良雄：『両大戦間の日本資本主義』，東京：東京大学出版会 1979 年。

45. 唐澤富太郎：『教科書の歴史：教科書と日本人の形成』，東京：創文社 1980 年。

46. 江口圭一：『日本帝国主義史論：満州事変前後』，東京：青木書店 1980 年。

47. 山口定：『ファシズム』，東京：有斐閣 1980 年。

48. 町田則文著，寺崎昌男解説：『明治国民教育史』，東京：日本図書センター 1981 年。

49. 纐纈厚：『総力戦体制研究：日本陸軍の国家総動員構想』，東京：三一書店 1981 年。

50. 竹島寛、竹島先生遺稿刊行会編：『王朝時代皇室史の研究』，東京：名著普及会 1982 年。

51. 八本木浄：『両大戦間の日本における教育改革の研究』，東京：日本図書センター 1982 年。

52. 大江志乃夫：『天皇の軍隊：帝国陸海軍の特質と全貌』，東京：小学館 1982 年。

53. 木坂順一郎：『太平洋戦争：大東亜共栄圏の幻想と崩壊』，東京：小学館 1982 年。

54. 毎日新聞社編：『教育を追う教科書検定』，東京：毎日新聞社 1982 年。

55. 永原慶二：『皇国史観』，東京：岩波書店 1983 年。

56. 杉森康二、藤平和貴夫：『日露・日ソ関係（200 年史）——日露の出合いからシベリア干渉戦争まで』，東京：新時代社 1983 年。

57. 倉沢剛：『幕末教育史の研究』，東京：吉川弘文館 1983、1986 年。

58. 中田易直：『近世対外関係史の研究』，東京：吉川弘文館 1984 年。

59.「講座日本教育史」編集委員会編：『講座日本教育史』（現代Ⅰ，現代Ⅱ），東京：第一法規株式会社 1984 年。

60. 佐藤三郎：『近世日中交渉史の研究』，東京：吉川弘文館 1984 年。

61. 佐藤秀夫等：『講座日本教育史』，東京：第一法規株式会社 1984 年。

62. 入江昭和、有賀貞編：『戦間期の日本外交』，東京：東京大学出版会 1984 年。

63. 高橋富雄：『武士道の歴史』（三巻），東京：新人物往来社 1985 年。

64. 長浜功：『国民学校の研究：皇民化教育の実証的解明』，東京：明石書店 1985 年。

65. 侵略史講座実行委員会編：『侵略・布告なき戦争』，東京：社会評論社 1985 年。

66. 徳武敏夫：『日本の教科づくり』，東京：みくに書房 1985 年。

67. 三国一郎編：『戦中用語集』，東京：岩波書店 1985 年。

68. 奥田真丈監修：『教科教育百年史』，東京：建帛社 1985 年。

69. 田口利介：『陸軍ファシズムと天皇』，東京：国書刊行会 1986 年。

70. 長野正：『日本近代国家と歴史教育』，東京：クオリ 1986 年。

71. 岸俊男編：『王権をめぐる戦い』，東京：中央公論社 1986 年。

72. 山中恒：『少国民はどう作られたか――若い人たちのために』，東京：築摩書房 1986 年。

73. 角田順：『政治と軍事―明治、大正、昭和初期の日本』，東京：光風社 1987 年。

74. 岩井忠熊：『天皇制と日本文化論』，京都：文理閣 1987 年。

75. 寺崎昌男、戦時下教育研究会編：『総力戦体制と教育：皇国民「錬成」の理念と実践』，東京：東京大学出版社 1987 年。

76. 堀尾輝久：『天皇制国家と教育：近代日本教育思想史研究』，東京：青木書店 1987 年。

77. 山住正己：『日本教育小史』，東京：岩波書店 1987 年。

78. 中内敏夫：『軍国美談と教科書』，東京：岩波書店 1988 年。

79. 稲叶正雄、小林竜夫等編：『太平洋へ道――開戦外交資料編』，東京：朝日新聞社 1988 年。

80. 木下半治：『日本国家主義運動史』，東京：慶応書房 1988 年。

81. 岩本努：『「御真影」に殉じた教師たち』，東京：大月書店 1989 年。

82. 飛鳥井雅道：『天皇と近代日本精神史』，東京：三一書房 1989 年。

83. 阿部正路監修：『天皇と日本史』，東京：日本書芸社 1990 年。

84. 永原慶二：『天皇制・新国家主義と歴史教育』，東京：あゆみ出版 1990 年。

85. 高嶋伸欣：『教育勅語と学校教育：思想統制に果した役割』，東京：岩波ブックレット 1990 年。

86. 永原慶二：『天皇制・新国家主義と歴史教育』，東京：あゆみ 1990 年。

87. 戸部良一等：『失敗の本質——日本軍の組織論的研究』，東京：中央公論社 1990 年。

88. 森川輝紀：『教育勅語への道——教育の政治史』，東京：三元社 1990 年。

89. 北村恒信：『戦前、戦中、用語ものしり物語』，東京：光人社 1991 年。

90. 長浜功：『増補：教育の戦争責任—教育学者の思想と行動』，東京：明石書店 1984 年初版，1992 年増補。

91. 中村康雄編集：『天皇の詔勅』，東京：新人物往来社 1992 年。

92. 中村紀久二：『教科書の社会史：明治維新から敗戦まで』，東京：岩波書店 1992 年。

93. 西川正雄編：『自国史を越えた歴史教育』，東京：三省堂 1992 年。

94. 大和岩雄：『古事記と天武天皇の迷』，京都：臨川書店 1993 年。

95. 黒田展之：『天皇制国家形成史の構造』，京都：法律文化社 1993 年。

96. 今谷明：『武家と天皇：王権をめぐる相剋』，東京：岩波書店 1993 年。

97. 小林英夫：『日本軍政下のアジア』，東京：岩波書店 1993 年。

98. 嵯峨敞全：『皇国史観と国定教科書』，京都：かもがわ出版 1993 年。

99. 久保義三：『昭和教育史：天皇制と教育の史的展開』（上），東京：三一書房 1994 年。

100. 長浜功編：『史料国家と教育——近現代日本教育政策史』，東京：明石書店 1994 年。

101. 舟越耿一：『天皇制と民主主義（战後五０年の考察）』，東京：社会評論社 1994 年。

102. 大石嘉一郎編：『日本帝国主義史』，東京：東京大学出版会 1985、1994 年。

103. 猪木正道：『軍国日本の興亡：日清戦争から日中戦争へ』，東京：中央公論社 1995 年。

104. 芹沢茂登子：『軍国少女の日記』，東京：株式会社カタログハウス

1995年。

105. 北博昭：『日中開戦——軍法務局文書からみた挙国一致体制への道』（第2版），東京：中央公論社1995年。

106. 大町桂月編：『日本国民性解剖』，東京：大空社1996年。

107. 纐纈厚：『日本海軍の終戦工作』，東京：中央公論社1996年。

108. 藤岡信勝編：『汚辱の近現代史・いま、克服のとき』，東京：徳間書店1996年。

109. 藤岡信勝編：『教科書が教えない歴史』（2冊），東京：産経新聞ニュースサービス1996年。

110. 新しい歴史教科書をつくる会編：『新しい日本の歴史が始まる』，東京：幻冬舎1997年。

111. 山住正己編：『戦争と教育：四つの戦前と三つの戦後』，東京：岩波書店1997年。

112. 堀幸雄：『戦前の国家主義運動史』，東京：三嶺書房1997年。

113. 飯島昇蔵編：『両大戦間期の政治思想』，東京：新評論1998年。

114. 平田諭治：『教育勅語の国際関係史研究』，東京：風間書房1998年。

115. 本山幸彦：『明治国家の教育思想』，京都：思文閣1998年。

116. 佐藤能丸：『明治ナショナリズムの研究：政教社の成立とその周辺』，東京：芙蓉書房1998年。

117. H. J. ワンダーリック：『占領下の日本教科改革』，東京：玉川大学出版部1998年。

118. 坂口茂：『近代日本の愛国思想教育』上下巻，千葉：株式ストーク1999、2001年；補巻、神奈川：タウンニュース社2004年；大正デモクラシーと愛国思想（上巻）、タウンニュース社2008年；大正デモクラシーと愛国思想（中巻Ⅰ、中巻Ⅱ）、タウンニュース社2009年。

119. 筥崎博生：《神道史概説》，東京：そうよう出版社2000年。

120. 佐藤元英：『近代日本の外交と軍事』，東京：吉川弘文館2000年。

121. 西尾幹二編：『新しい歴史教科書「つくる会」の主張』，東京：徳間書店2001年。

122. 酒井直樹：『総力戦下の知と制度』，東京：岩波書店2002年。

123. 笠谷和比古：『武士道と現代』，東京：扶桑社2002年。

124. 梅野正信：『社會科歴史教科書成立史——占領期を中心に』，東京：

日本図書センター2004年。

125. 笠谷和比古:『武士道サムライ精神の言葉』,東京:青春出版社2004年。

126. 高橋哲哉:『靖国問題』,東京:筑摩書房2005年。

127. 国分麻里:『植民地期朝鮮の歴史教育 ——「朝鮮事歴」の教授をめぐって』,東京:新幹社2010年。

128. 中島岳志:『東京裁判批判と絶対平和主義』,東京:白水社2012年。

129. 八幡和郎:『歴代総理の通信簿:国家の命運を託したい政治家とは』,東京:株式会社PHP研究所2013年。

130. 又吉盛清、君塚仁彦、黒尾和久、大森直樹編:『靖国神社と歴史教育:靖国、遊就館フィールドノート』,東京:明石書店2013年。

131. 小野雅章:『御真影と学校 ——「奉護」の変容』,東京:東京大学出版会2014年。

132. 山中恒:『靖国の子 —— 教科書・子どもの本に見る靖国神社』,東京:大月書店2014年。

133. 荻野富士夫:『「戦意」の推移 —— 国民の戦争支持・協力』,東京:校倉書房2014年。

134. 山中恒:『戦時下の絵本と教育勅語』,東京:こどもの未来社2017年。

135. 大川周明:『日本二千六百年史』,東京:毎日ワンス2017年。

136. 吉田裕:『日本軍兵士 —— アジア・太平洋戦争の現実』,東京:中央公論新社2017年。

137. 藤村安芸子:『石原莞爾 —— 愛と最終戦争』,東京:講談社2017年。

138. 长山靖生:『「修身」教科書に学ぶ偉い人話』,東京:中央公論社2017年。

139. 都築陽太郎:『パール判事の日本無罪論を現代に問う』,東京:飛鳥新社2018年。

140. 百田尚樹、有本香:『「日本国紀」の副読本:学校が教えない日本史』,東京:産経新聞出版2019年。

141. 高井ホアン編:『戦前反戦発言大全』(2巻),東京:合同会社バブリブ2019年。

142. 大野敏明編:『軍歌と日本人:国民を鼓舞した197曲』,東京:産経新聞出版2019年。

二、中文参考资料

（一）史料部分

1. 今井武夫，《今井武夫回忆录》翻译组译：《今井武夫回忆录》，上海：上海译文出版社 1978 年。
2. 稻叶正夫编，天津市政协编译委员会译：《冈村宁茨回忆录》，北京：中华书局 1981 年。
3. 大隈重信：《日本开国五十年史》（上、下），上海：上海科学院出版社 2007 年影印本。
4. 德川光圀：《日本史记》（全 6 册），合肥：安徽人民出版社 2013 年。
5. 王芸生编著：《六十年来中国与日本》（全 8 册），北京：生活·读书·新知三联书店 1980 年。
6. 聂长振、马斌译：《明治维新基本文献史料选译》，载《世界历史》编辑部编：《明治维新的再探讨》，北京：中国社会科学出版社 1981 年。
7. 王宝平主编：《教育考察记》影印本（上下册），杭州：杭州大学出版社 1999 年。
8. 黄遵宪撰：《日本国志》，上海：上海古籍出版社 2001 年。

（二）著述部分

1. 陈铎：《日本现代史》，北京：商务印书馆 1931 年。
2. 万峰：《日本军国主义》，北京：生活·读书·新知三联书店 1962 年。
3. 蒋立峰主编：《日本政治概论》，北京：东方出版社 1995 年。
4. 卞崇道主编：《战后日本哲学思想概论》，北京：中央编译出版社 1996 年。
5. 吴廷璆主编：《日本近代化研究》，北京：商务印书馆 1997 年。
6. 李卓：《家族制度与日本的近代化》，天津：天津人民出版社 1997 年。
7. 周颂伦：《近代日本社会转型期研究》，长春：东北师范大学出版社 1998 年。
8. 汤重南等：《日本文化与现代化》，沈阳：辽海出版社 1999 年。
9. 杨宁一：《日本法西斯夺取政权之路》，北京：北京师范大学出版社 2000 年。
10. 高乐才：《日本"满洲移民"研究》，北京：人民出版社 2000 年。
11. 李卓主编：《家族文化与传统文化——中日比较研究》，天津：天津人民出版社 2000 年。
12. 王晓秋：《近代中日文化交流史》，北京：中华书局 2000 年。
13. 史桂芳：《"东亚联盟论"研究》，北京：首都师范大学出版社 2001 年。
14. 戴季陶：《日本论》，海口：海南出版社 2002 年。

15. 王秀文：《传统与现代——日本社会文化研究》，北京：世界知识出版社 2002 年。

16. 王屏：《近代日本的亚细亚主义》，北京：商务印书馆 2004 年。

17. 曲铁华、梁清：《日本侵华教育全史》（1—4 卷），北京：人民教育出版社 2005 年。

18. 蒋立峰、汤重南主编：《日本军国主义论》（上、下），硁庄：河北人民出版社 2005 年。

19. 朱冬生：《日本军国主义的侵略战争》，北京：解放军出版社 2008 年。

20. 步平：《跨越战后：日本的战争责任认识》，北京：社会科学文献出版社 2010 年。

21. 步平：《靖国神社与日本军国主义》，哈尔滨：黑龙江人民出版社 2011 年。

22. 杨栋梁主编：《近代以来日本的中国观》（1—6 卷），南京：江苏人民出版社 2012 年。

23. 马国川：《国家的启蒙：日本帝国崛起之源》，北京：中信出版社 2018 年。

（三）翻译作品

1. 〔苏〕塔宁·约翰著，刘尊棋译：《当日本作战的时候》，上海：上海三联书店 1937 年。

2. 〔美〕埃德温·赖肖尔著，孟胜德、刘文涛译：《日本人》，上海：上海译文出版社 1980 年。

3. 〔爱尔兰〕乔恩·哈利戴著，吴忆萱译：《日本资本主义政治史》，北京：商务印书馆 1980 年。

4. 〔美〕赫伯特·菲斯著，周颖如、李家善译：《通向珍珠港之路——美日战争来临》，北京：商务印书馆 1983 年。

5. 〔美〕本尼迪克特著，孙志民、马小鹤、朱理胜译：《菊花与刀》，杭州：浙江人民出版社 1987 年。

6. 〔美〕贝拉著，王晓山、戴茸译：《德川宗教：现代日本的文化渊源》，北京：生活·读书·新知三联书店 1998 年。

7. 〔英〕小泉八云著，胡山源译：《日本与日本人》，海口：海南出版社 2002 年。

8. 〔英〕萨道义著，谭媛媛译：《明治维新亲历记》，北京：文汇出版社 2017 年。

9. 〔荷〕伊恩·布鲁玛著，倪韬译：《创造日本：1853—1964》，成都：四川人民出版社 2018 年。

10.〔荷〕伊恩·布鲁玛著，倪韬译：《日本之镜：日本文化中的英雄与恶人》，北京：生活·读书·新知三联书店 2018 年。

11.〔美〕唐纳德·基恩著，曾小楚、伍秋玉译：《明治天皇1852—1912》，北京：生活·读书·新知三联书店 2018 年。

12. 植原阅二郎著，黄文中译：《日本民权发达史》，北京：商务印书馆 1940 年。

13. 岩渊辰雄著，云明译：《日本军阀祸国史》，国际文化服务社 1948 年。

14. 福泽谕吉著，群力译：《劝学篇》，北京：商务印书馆 1958、1984 年。

15. 福泽谕吉著，北京编译社译：《文明论概略》，北京：商务印书馆 1959、1982 年。

16. 日井上清、铃木正四著，杨辉译：《日本近代史》，北京：商务印书馆 1972 年。

17. 信夫清三郎编，天津社会科学院日本问题研究所译：《日本外交史》，北京：商务印书馆 1980 年。

18. 村上专精著，杨曾文译：《日本佛教史纲》，北京：商务印书馆 1981 年。

19. 井上清著，吉林大学日本研究所译：《天皇的战争责任》，北京：商务印书馆 1983 年。

20. 信夫清三郎著，周启乾、吕万和等译：《日本政治史》，上海：上海译文出版社 1982 年、1988 年。

21. 远山茂树著，邹有恒等译：《日本近现代史》，北京：商务印书馆 1983 年。

22. 永田广志著，陈应年等译：《日本哲学思想史》，北京：商务印书馆 1983 年。

23. 今井清一著，杨孝臣、郎唯成、杨树人译：《日本近现代史》（1—2卷），北京：商务印书馆 1983 年。

24. 服部卓四郎著，张玉祥译：《大东亚战争全史》（全4册），北京：商务印书馆 1984 年。

25. 井上清著，姜晚成、马黎明等译：《日本军国主义》，北京：商务印书馆 1985 年。

26. 小俣行男著，周晓萌译：《日本随军记者见闻录》，北京：世界知识出版社 1985 年。

27. 江上波夫著，张承志译：《骑马民族国家》，北京：光明日报出版社 1988 年。

28. 安冈昭男著，林和生、李心纯译：《日本近代史》，北京：中国社会科学出版社 1996 年。

29. 升味准之辅著，董果良译：《日本政治史》，北京：商务印书馆 1997 年。

30. 速水融等编著，厉以平等译：《日本经济史》（全8卷），北京：生活·读书·新知三联书店 1997 年。

31. 依田憙家著，卞立强等译：《日中两国现代化比较研究》，北京：北京大学出版社 1997 年。

32. 历史研究委员会编，东英译：《大东亚战争的总结》，北京：新华出版社 1997 年。

33. 梅原猛著，卞立强、李力译：《森林思想——日本书化的原点》，北京：中国国际广播出版社 1998 年。

34. 若槻泰雄著，赵自瑞等译：《日本的战争责任》，北京：社会科学文献出版社 1999 年。

35. 新渡户稻造著，张俊彦译：《武士道》，北京：商务印书馆 2000 年。

36. 吉田裕著，刘建平译：《日本人的战争观——历史与现实的纠葛》，北京：新华出版社 2000 年。

37. 丸山真男著，王中江译：《日本政治思想史研究》，北京：生活·读书·新知三联书店 2000 年。

38. 梅棹忠夫著，杨芳玲译：《何谓日本》，天津：百花文艺出版社 2000 年。

39. 江口圭一著，周启乾、刘锦明译：《日本帝国主义研究——以侵华战争为中心》，北京：世界知识出版社 2002 年。

40. 永田广志著，刘绩生译：《日本封建制意识形态》，北京：商务印书馆 2003 年。

41. 依田憙家著，卞立强等译：《日本近代化——与中国的比较》，上海：上海远东出版社 2004 年。

42. 依田憙家著，卞立强等译：《日本帝国主义研究》，上海：上海远东出版社 2004 年。

43. 小森阳一著，陈多友译：《天皇的玉音放送》，北京：生活·读书·新知三联书店 2004 年。

44. 土居健郎著，阎小妹译：《日本人的心理结构》，北京：商务印书馆 2006 年。

45. 南博著，邱琡雯译：《日本人论》，桂林：广西师范大学出版社 2007 年。

46. 筑岛谦三著，汪平、黄博译：《"日本人论"中的日本人》，南京：南京大学出版社 2008 年。

47. 高桥哲哉著，徐曼译：《国家与牺牲》，北京：社会科学文献出版社 2008 年。

48. 子安宣邦著，崔文辉译：《东亚论——日本现代思想批判》，长春：吉林人民出版社 2011 年。

49. 前坂俊之著，晏英译：《太平洋战争与日本新闻》，北京：新星出版社2015年。

50. 家永三郎著，靳丛林等译：《外来文化摄取史论》，郑州：大象出版社2017年。

51. 狭间直树著，张雯译：《日本早期的亚洲主义》，北京：北京大学出版社2017年。

52. 藤井让治著，刘晨译：《江户开幕》，北京：社会科学文献出版社2018年。

53. 鹤见俊辅著，邱振瑞译：《战争时期日本精神史：1931—1945》，北京：北京日报出版社2019年。

54. 三谷太一郎著，曹永洁译：《日本的"近代"是什么：问题史的考察》，北京：中国社会科学出版社2019年。

附录一　大事年表
（1867—1946）

时间	主要事件
	1867年　庆应三年　丁卯
1月9日	睦仁亲王（明治天皇）践祚。
5月21日	土佐藩士板垣退助、中冈慎太郎等与萨摩藩士西乡隆盛等密约举兵倒幕。
6月22日	土佐藩士后藤象二郎、坂本龙马、中冈慎太郎与萨摩藩士西乡隆盛、大久保利通等，结成"大政奉还"同盟。同月，坂本龙马等提出《舟中八策》。
10月14日	幕府将军德川庆喜上奏"大政奉还"。24日，庆喜请辞"征夷大将军"。
12月9日	朝廷发布《王政复古大号令》。
同年	广东发行的《中外新闻》，首次披露八户顺叔的"征韩论"。
	1868年　明治元年　戊辰
1月3日	戊辰战争爆发（1869年6月结束）。
1月7日	新政府发出讨伐德川庆喜令。
2月3日	新政府发布《亲征德川庆喜诏书》。
3月14日	天皇颁布《五条誓文》。
3月28日	新政府发布《神道教佛教分离令》。不久，各地发生"废佛毁释"运动。
闰4月21日	新政府发布《政体书》。27日，实施"太政官制"。
6月17日	各藩"版籍奉还"。25日，新政府任命各藩知事。
7月17日	改"江户"为"东京"。
8月26日	定天皇诞生日为"天长节"。次日，举行明治天皇即位典礼。
9月8日	改元"明治"，制定"一世一元制"。
10月	新政府在京都设置皇学所、汉学所（翌年废）。
12月15日	占领"虾夷地"全境，任榎本武扬为总督。

续表

时间	主要事件
\multicolumn{2}{c}{1869 年　明治二年　己巳}	
1月14日	萨摩、长州、土佐三藩代表在京都会谈,一致同意"版籍奉还"。20日,萨摩、长州、土佐、肥前四藩联名"版籍奉还"。
2月5日	新政府奖励在府县设置小学。
6月17日	版籍奉还。同时,废封建身份制,取消旧藩主对土地的领有权。
6月29日	在东京创设"招魂社",祭奠戊辰战争牺牲者。
7月8日	(1) 改革官制。废议政官,设置神祇官、太政官,实行"二官六省制",另有集议院和开拓使等政府机构。(2) 设置大学。
8月15日	改称"虾夷地方"为"北海道"。
10月	英国人芬特应邀为萨摩藩军队作军曲《君代》。
\multicolumn{2}{c}{1870 年　明治三年　庚午}	
1月3日	颁布《大教宣布诏书》,促使神道"国教化"。
1月27日	制定"日之丸"标准(5月15日,制定"日光线章"陆军旗)。
4月23日	制定《宣教使心得》。
6月8日	东京设置小学6所。
8月	山县有朋着手军制改革。
9月8日	明治天皇在东京越中岛检阅萨摩、长州、土佐三藩军队,萨摩军乐队首次演奏《君代》,西谦臧指挥。
9月19日	政府允许平民使用姓氏。
10月2日	新政府决定依照英制建设海军、依照法制建设陆军,统一兵制。
10月3日	发布《太政官令》,在军舰和商船上悬挂"日章旗"。
10月	菊池大麓去英国,矢田部良吉等3人去美国,其他9人去法国留学。
12月20日	公布相当于刑法的《新律纲领》。
12月22日	制定海外留学生规则。
\multicolumn{2}{c}{1871 年　明治四年　辛未}	
2月13日	在萨摩、长州、土佐征集"亲兵"万人,使其隶属于新政府。
4月4日	制定《户籍法》,设置行政区划(翌年2月1日实行)。
4月7日	给予发明者7到15年的专卖权,相当于后来的专利法。
5月10日	制定《新货条例》,采用金本位制,货币分円、钱、厘三种。
7月9日	废刑部、弹正台,设置司法省。
7月14日	(1) 天皇召集56藩知事,发布《废藩置县诏书》。(2) 29日,改定官制,设置正院、左院、右院。改"神祇省"为"教部省"。
7月18日	设置文部省。11月25日,全国学校事务归文部省。

附录一 大事年表（1867—1946） 341

续表

时间	主要事件
8月9日	承认散发、带刀自由。
8月23日	允许平民、士族、华族自由通婚。
8月28日	废除"秽多""非人"称呼，承认身份、职业平等。
10月23日	在东京设3千人规模的"逻卒"（警察），以维护治安。
10月28日	制定府县官制，设置府知事、县知事。11月2日，县知事改称县令。
10月31日	文部省设置编辑寮，专门掌管教科书编写。
11月12日	特命全权大使右大臣岩仓具视、参议木户孝允、大藏卿大久保利通、工部大辅伊藤博文、外务少辅山口尚芳等从横滨出发，赴欧美考察。同船还有津田梅子、永井繁子等5名女留学生。（1873年9月13日，岩仓结束考察回到日本）
11月13日	规定全国行政区划分为"三府七十二县"。
1872年 明治五年 壬申	
1月11日	文部省任命箕作麟祥等11人研究学制。
1月29日	（1）实施最初的全国户籍普查，男性16,796,158人，女性16,314,667人，共计3,311,825人。（2）定皇族、华族、士族、平民称呼。
2月28日	废兵部省，设置陆军省和海军省，陆海军分离。
3月9日	废亲兵，设置近卫军。
4月28日	发布《国民教化基本大纲》（"教则三条"，折中神道、佛教和儒教）。
5月29日	在东京创设师范学校，9月开学。
8月3日	公布以"国民皆学"为指导思想的《学制》。
9月8日	发布《小学校教则》和《中学校则略》。
11月15日	定神武天皇即位日1月29日作为"祝日"。翌年10月14日更改为2月11日。
11月28日	发布《征兵诏书》，诏令全国征兵。
12月3日	定该日为明治六年1月1日，废太阴历。翌年1月1日，始用太阳历。
1873年 明治六年 癸酉	
1月10日	发布以"国民皆兵"为国策的《征兵令》。同年，各地掀起反征兵风潮。
3月14日	政府允许国民和外国人结婚。
8月12日	规定大学教授、中学教谕、小学训导等职称。
10月15日	政府决定派西乡隆盛赴朝。17日，木户孝允、大久保利通、大隈重信、大木乔任四参议反对此事，提出辞呈。24日，天皇终止西乡的行动。次日，西乡一派的板垣退助、江藤新平、副岛种臣、后藤象二郎辞职。因"征韩问题"，政府两派斗争尖锐化。
10月19日	制定《报刊条目》，禁止诽谤国家。
11月10日	设置内务省。同时，在全国设置"国事警察"。

续表

时间	主要事件
	1874年　明治七年　甲戌
1月15日	在东京设置警视厅。
2月	日本最初的学术团体"明六社"成立。3月，《明六杂志》创刊。
2月5日	东京警视厅"逻卒"改称"巡查"。
2月6日	政府以琉球岛民被杀为借口，决定出兵台湾。
3月3日	东京设立女子师范学校（翌年11月29日开学）。
4月4日	决定由西乡从道任台湾事务都督，率3600人出兵台湾；大隈重信任"台湾蕃地事务局"长官。
5月4日	参议大久保利通、大隈重信和西乡从道在长崎开会，决定侵略台湾计划。17日，西乡从长崎出港侵略台湾。
7月25日	实施小学教师资格考试，开始教师准入制。
10月31日	在英国斡旋下，台湾问题解决，清政府赔款50万两白银。12月3日，日本撤兵。
	1875年　明治八年　乙亥
1月8日	规定小学生学龄，应从6岁入学至14岁毕业。
4月14日	废左院和右院，设置元老院、大审院和地方官会议，向立宪政体转型。
6月4日	奈良县"奏请下赐天皇皇后御真影"。
6月28日	公布《报刊条例（诽谤律）》，强化对反政府运动的压制，遏制言论自由。
7月17日	内务大臣松田道之至首里城命琉球藩和清政府断绝关系。
9月3日	修改出版条例，出版物由内务省控制。
9月20日	江华岛事件。
11月	政府取缔言论自由，包括《明六杂志》等刊物停办。
	1876年　明治九年　丙子
1月	全国人口普查，男性17,419,785人，女子16,918,619人，共计34,338,404人。
2月26日	日本迫使朝鲜签订《江华条约》。
3月28日	公布《废刀令》。
9月6日	命元老院起草宪法。
11月14日	东京女子师范学校开设附属幼稚园（日本幼稚园教育之始）。
12月	茨城、三重、爱知、岐阜等地爆发农民抗税暴动。
	1877年　明治十年　丁丑
2月15日	爆发西南战争。9月24日结束。
4月12日	创办东京大学。
同年	文部省设立教育博物馆（今国立科学博物馆）。

时间	主要事件
1878年　明治十一年　戊寅	
5月14日	文部省上奏《日本教育令》。
8月23日	近卫军两千余人暴动，平乱后53人被处死刑，史称"竹桥骚动"。
9月10日	将开设私立学校认可权交予地方。
10月12日	山县有朋发布《军人训诫》。
12月5日	废陆军省参谋局，制定《参谋本部条例》，天皇实际握有军权。
1879年　明治十二年　乙卯	
3月27日	通告琉球藩王"废藩置县"，即"琉球处分"；4月4日，改"琉球"为"冲绳县"，并向全国公布。
5月20日	清政府驻日公使抗议琉球"废藩置县"。
6月4日	东京"招魂社"改为特别官费支持的"靖国神社"，由内务、陆军、海军三省共同管理。
8月	(1)侍讲元田永孚笔录天皇讲话，发表《教学圣旨》，强调儒家教育。(2)9月，伊藤博文与元田永孚展开"德育论争"。
9月29日	废《学制》，颁布《教育令》。
12月9日	文部省上奏修改《教育令》，强化忠君爱国教育。28日，修订《教育令》。
12月18日	文部省通令各府县撤除"不适用"忠君爱国思想的教科书。
1880年　明治十三年　庚辰	
3月9日	文部省为监督学校教科书使用情况，成立相关的调查机构。
4月5日	政府制定《集会条例》，规定政治集会和结社必须得到警方允许。
8月30日	文部省进行小学教科书检查，有27种教科书因"不适当"而被禁用；9月11日，又追加了14种被禁用的教科书。
12月28日	修改《教育令》，强化国家控制。
1881年　明治十四年　辛巳	
1月29日	为督促儿童就学，制定《就学督责规则起草心得》。
2月2日	政府规定由内务省警保局统一管理出版审批事务，强化对报纸、杂志等出版物的控制。
2月	福冈"向阳社"改称"玄洋社"，并发展为极端国家主义团体。
3月11日	公布《宪兵条例》（相当于宪兵法）。
5月4日	规定《小学教则纲领》，把小学分为初等、中等、高等"三科"，重视修身、日本历史教育。
6月18日	制定《小学教员心得》，以强化国家主义教育。
7月5日	右大臣岩仓具视与太政大臣、左大臣共同起草《宪法》。
7月21日	文部省制定《学校教员品行审定规则》。

时间	主要事件
8月26日	植木枝盛起草《东洋大日本国国宪案》。
10月11日	以"大隈阴谋"为借口，萨长藩阀罢免大隈重信，封杀了自由民权运动，史称"明治十四年政变"。
1882年　明治十五年　壬午	
1月4日	发布《军人敕谕》，强调军队隶属于天皇，并且绝对服从天皇。
2月21日	天皇命令文部省（卿）彻底贯彻儒教主义教育。
2月	废除开拓使。
3月14日	伊藤博文等从横滨出发，去欧洲考察各国宪法。
4月16日	立宪改进党成立，大隈重信任总理。
6月10日	修改集会条例，并通令各府县禁止学生参加学术活动。
7月23日	朝鲜发生"壬午之乱"（又称"大院君之乱"），日本借机出兵朝鲜。
11月27日	元田永孚发表《幼学纲要》。
1883年　明治十六年　癸未	
1月11日	在东京京桥明治会堂，举办最初的西洋舞会。
4月11日	文部省发布《农学校通则》，此为实业教育之始。
7月27日	修改小学教师资格条例，强调师德和学力两个方面。
7月31日	实施小学、中学、师范学校教科书审定制。
8月3日	伊藤博文结束在欧洲的考察回国。
8月9日	文部省通告禁用教科书目录。
8月18日	文部省为提高教师教学质量，指示各府县设置"教员讲习所"或"督业训导"。
9月9日	东京教育会改组，成立全国性的、半民半官的"大日本教育会"，会长辻新次。
11月28日	鹿鸣馆竣工。
12月28日	修订征兵令，延长兵役期限。
1884年　明治十七年　甲申	
1月26日	制定《中学校通则》。
2月8日	把海军"军务局"改组为"军事部"，使海军军令成为独立机关。（12月25日废）
2月16日	陆军卿大山岩等赴欧洲考察兵制。
3月7日	在宫中设置"制度调查局"，着手设计内阁制。
7月7日	制定《华族令》，确定公侯伯子男爵位。
8月13日	制定《中等学校、师范学校教师认定规则》。
8月	元田永孚起草《国教论》，主张以儒教为基础建立国教。

时间	主要事件
12月4日	朝鲜"甲申事变"。
1885年　明治十八年　乙酉	
3月16日	福泽谕吉在《时事新报》发表《脱亚论》。
4月18日	清政府和日本签订《天津条约》。
8月12日	修改《教育令》,受经济危机影响,地方教育经费锐减。19日,文部省允许地方收取学费。
12月22日	废太政官制,设置内阁,初代首相伊藤博文,文部大臣森有礼。
1886年　明治十九年　丙戌	
2月	东京师范学校开始"行军旅行"(修学之始)。
3月2日	公布《帝国大学令》,东京大学改组为东京帝国大学。
3月6日	陆军大佐山川浩以现役军人身份就任东京师范学校校长,此为师范学校军事化之始。
3月18日	修订《参谋本部条例》,设置陆军部、海军部。
4月10日	公布《小学校令》《中学校令》《师范学校令》及诸学校通则,全面渗透军国主义教育。
5月10日	文部省发布《教科用图书审查条例》,实施教科书审定制度。
1887年　明治二十年　丁亥	
2月15日	德富苏峰创办《国民之友》杂志。
3月25日	制定《公私立小学教科书采用办法》。
4月20日	在首相官邸举办化装舞会,被社会斥责为"欧化主义",引起舆论普遍不满。
5月7日	制定《教科书审定规则》(废审定条例)。
5月21日	公布《学位令》,设大博士、博士(至1889年12月)。
7月30日	修订《官吏服务纪律》,要求公务人员必须忠顺勤勉于天皇和政府。
1888年　明治二十一年　戊子	
2月3日	文部省命令各学校在纪元、天长两个节日举行仪式并合唱纪元节歌。
4月3日	志贺重昂、三宅雪岭、杉浦重刚等创办《日本人》杂志(1907年改名为《日本及日本人》),成为"政教社"鼓吹国粹主义的重阵。
4月30日	设置枢密院,伊藤博文任院长。
5月7日	加藤弘之、菊池大麓等25人被授予博士称号,也是日本首次授予博士学位。
5月14日	废《镇台条例》,公布《师团司令部条例》《旅团司令部条例》。
6月18日	枢密院审议宪法草案。
8月21日	文部省制定《普通师范学校设备准则》。同时,修学活动法制化。

续表

时间	主要事件
\multicolumn{2}{c}{1889 年　明治二十二年　己丑}	
1月22日	修订《征兵令》，实现国民皆兵主义。
2月5日	枢密院通过《皇室典范》《大日本帝国宪法》。
2月11日	(1)颁布《大日本帝国宪法》《皇室典范》《议院法》《贵族院令》《众议院议院选举法》。(2)天皇出席阅兵式，其间小学生三呼万岁（此为三呼万岁之始）。
12月20日	文部省通令禁止教师参加集会和政治活动。
\multicolumn{2}{c}{1890 年　明治二十三年　庚寅}	
1月18日	富山县发生"米骚动"，漫延全国。
2月11日	对武功超群的军人授予金鵄（鸱）勋章。
2月26日	在地方长官会议上，与会者要求加强德育。
2月28日	禁止乱用菊花纹章。
3月25日	创置女子高等师范学校。
7月1日	(1)选举第一届众议院议员。(2)山县有朋提出"主权线"和"利益线"的主张。
10月30日	发布《教育敕语》，确立忠君爱国的教育方针。
\multicolumn{2}{c}{1891 年　明治二十四年　辛卯}	
1月9日	内村鉴三"不敬案"。
5月11日	津田三造在大津刺伤沙俄皇太子，史称"大津事件"。
6月17日	制定《小学祝日大祭日仪式规程》，要求各校必须统一形式，对"御真影最敬礼"，奉读《教育敕语》。
7月	文部省发布《修身教科书图书审定标准》；10月下发新教科书。
11月17日	(1)公布《小学校教则大纲》。(2)要求各校建造"奉安殿"。
\multicolumn{2}{c}{1892 年　明治二十五年　壬辰}	
3月4日	东京帝大教授久米邦武撰写论文《神道乃祭天之旧习》，遭笔祸，被免职。
3月25日	修订《教科书审定规则》。
8月6日	伊泽修二等主张小学教育经费应由国库负担，为此结成"促成国立教育同盟会"。
\multicolumn{2}{c}{1893 年　明治二十六年　癸巳}	
1月31日	文部省制定《视学规程》。
3月7日	文部省选定祝日、大祭日歌曲曲目。
5月5日	文部省要求各校"奉读敕语""奉拜御真影"。
5月20日	颁布《海军军令部条令》。
8月12日	文部省公布包括《君代》在内的祝日、大祭日仪式歌曲。
10月28日	文部大臣井上毅发布"箝口训令"。

续表

时间	主要事件
10月	大日本协会成立,主张强硬外交。(12月29日被政府解散)
1894年　明治二十七年　甲午	
1月23日	文部省发布《禁止教师参与政治活动的训令》。
3月29日	朝鲜东学党起义。5月,日本出兵朝鲜。
6月2日	清政府出兵朝鲜。
6月5日	日本在参谋本部设大本营。
6月10日	驻朝公使大鸟圭介率陆战队到汉城。12日,日本混成旅团在仁川登陆。
6月25日	公布《高等学校令》,高等中学改称高等学校。
7月23日	日军占领朝鲜王宫(景福宫),挟大院君。
7月25日	丰岛战役。
7月29日	陆军步兵第21连队号手木口小平在安城渡战役中被子弹打中左胸阵亡。(该事写入修身教科书成为军国主义教育的范例)
8月1日	甲午战争爆发。
8月2日	公布《新闻报道事先检查令》。
8月25日	博文馆创刊《日清战争实记》,配有照片,成为战争宣传的典范。
8月31日	川上音二郎剧团在浅草上演《壮烈绝伦日清战争》,受热捧。
9月17日	黄海大战。
10月15日	在广岛设置大本营,召开战时临时会议。
10月27日	志贺重昂的《日本风景论》出版。
11月21日	大山岩率军攻占旅顺口。30日,制造了"旅顺屠杀"。
同年	各种战争题材的彩色画大卖;开始出现从军护士。
1895年　明治二十八年　乙未	
1月27日	御前会议决定媾和条件。
1月29日	公布《高等女学校规程》。
1月31日	清政府媾和代表张荫桓、邵友濂到达广岛。日本政府任命首相伊藤博文、外相陆奥宗光为全权办理大臣。2月1日,日方以清政府代表不够资格为由,要求更换李鸿章。19日,清政府任命李鸿章为谈判全权代表。
3月20日	李鸿章在马关春帆楼与伊藤、陆奥进行第一次谈判。
3月24日	在第三次谈判归途中,李鸿章遇刺。
3月30日	清政府和日本政府缔结休战条约。
4月17日	清政府和日本政府签署《马关条约》(或称《下关条约》)。
4月23日	德法俄三国"干涉还辽"。(5月4日,日本放弃割让辽东半岛)

续表

时间	主要事件
4月	台湾岛内反日运动高涨。5月25日，宣布成立"台湾民主国"（"独立共和国"）。5月29日，日军在台北登陆。
5月	日本全国举行盛大活动，庆祝"日清战争胜利"，并流行"卧薪尝胆"一词。
6月2日	清政府全权代表李经方和桦山资纪总督交接台湾及澎湖列岛事宜。
8月5日	（1）为表彰"日清战争首功"，授予伊藤博文、大山岩、山县有朋、西乡从道侯爵爵位。（2）6日，陆军省出台《台湾总督府条例》，在台湾实行军政。（3）同月，刘永福领导台湾人民抗日。
10月8日	日浪人发动"京城事变"，杀朝鲜王后闵妃。
11月8日	日本从清政府索赔"赎辽费"3000万两白银。
12月21日	归还辽东半岛事宜完毕。
1896年　明治二十九年　丙申	
1月9日	众议院就"还辽问题"弹劾内阁。
2月4日	贵族院建议用国费编纂小学修身教科书。
2月11日	朝鲜总理金宏集被杀，亲日派打败亲俄派。
3月24日	政府公布《市町村小学教员年功加俸国库补助法》。
3月31日	在台湾设国语学校、国语传习所，开始殖民地教育。
8月17日	文部省训令严禁未满6岁的儿童入学。
1897年　明治三十年　丁酉	
3月1日	片山潜创设劳动学校。
3月24日	修改报刊条例，严格控制有关皇室的新闻报道。
5月4日	在道府县设地方视学（督学）。
5月	井上哲次郎、元良勇次郎、汤本武比古等成立"大日本协会"，强调忠君爱国，排斥基督教，创办杂志《日本主义》。
6月20日	高山樗牛在《太阳》杂志发表《赞日本主义》一文。
6月22日	设立京都帝国大学。
10月13日	文部省严禁教师谈论政治，即"箝口训令"。
10月16日	朝鲜改国号"大韩"。
1898年　明治三十一年　戊戌	
1月20日	公布《元帅府令》，山县有朋、大山岩、西乡从道、小松宫彰仁亲王成为元帅。
3月31日	文部省训令增设学校数量，以满足所有适龄儿童上学要求。
4月27日	片山潜、横山源之助等创立贫民研究会。
6月11日	戊戌变法。9月21日失败。

时间	主要事件
8月21日	文部大臣尾崎行雄在帝国教育会发表"共和演说",遭强烈抨击。
10月18日	安部矶雄、片山潜、幸德秋水等成立"社会主义研究会"。
1899年　明治三十二年　己亥	
2月7日	公布新修订的《中学校令》《实业学校令》。8日,公布《高等女子学校令》。
6月15日	文部省设视学官。
7月10日	明治天皇参加东京帝国大学毕业典礼,授优秀生银表。
8月3日	文部省禁止学校进行宗教教育或举行宗教仪式。
10月	片山潜等组成普通选举促进同盟会。
12月26日	日本承认针对中国的"门户开放"政策。
1900年　明治三十三年　庚子	
1月28日	在东京成立"社会主义研究会",会长安部矶雄,干事长片山潜(后改组为"社会主义协会")。
3月3日	文部省公布《教师合格令》。
3月10日	公布《治安警察法》。
3月16日	公布《市町村立小学校教育费国库补助办法》。
4月	文部省设置"修身教科书调查委员会"。
5月19日	修改陆军、海军两省官制,军部大臣限于现役武官(中、大将)。
6月20日	在北京的11国公使要求清政府镇压义和团运动。
5月30日	日本军舰驶往天津。
6月15日	临时内阁会议决定参加列强对义和团的镇压。
7月6日	日本政府决定增派混成一个师团镇压义和团(日本派兵人数达22,000人)。
8月14日	八国联军进入北京(公使馆区域)。
8月20日	修改《小学校令》,义务教育年限统一为4年,免费。
8月23日	日本政府命令儿玉源太郎(台湾总督)借机占领厦门。
9月24日	近卫笃麿、头山满等主张"积极的大陆政策",并组成"国民同盟"。
12月22日	列强在对清媾和条件上达成一致。24日,提出媾和条件12条。
12月30日	清政府接受列强提出的媾和条件。
1901年　明治三十四年　辛丑	
5月7日	各国公使团通告清政府,赔款四亿五千万两白银。
5月18日	片山潜等成立"社会民主党"。同月,幸德秋水的《二十世纪之怪物:帝国主义》一书出版。
9月17日	对外强硬派内田良平在《黑龙》发表《俄国亡国论》一文,主张对俄作战。

续表

时间	主要事件
同年	教科书事件频发。
1902年 明治三十五年 壬寅	
1月30日	在伦敦签订《日英同盟协约》(2月12日实施)。
7月9日	文部省训令各地中学、师范学校取缔不良活动。
12月13日	哲学馆讲师中岛德藏的《伦理学讲义》,因反对国体论被文部省处分。
12月17日	教科书贿赂事件被披露(教科书丑闻)。
1903年 明治三十六年 癸卯	
1月7日	宫城县知事宗像因为通过教科书受贿被捕。
4月13日	文部省修改《小学校教育令》。废"小学教科书审定委员会"。29日,确定修身、国语、日本历史和地理教科书国定化。
6月10日	(1)东京帝国大学七博士发表《对俄强硬外交意见书》。(2)同月,内村鉴三在《万朝报》发文反对日俄战争。
7月5日	幸德秋水的《社会主义神髓》一书出版。
7月	头山满等组成"对外强硬同志会"。翌月,改称"对俄同志会"。
10月12日	内村鉴三、幸德秋水、堺利彦等人从"非战派"转为"开战派",退出《万朝报》社。
11月	幸德秋水、堺利彦等建立"平民社",创办《平民新闻》周刊。
12月30日	参谋本部、军令部制定《陆海军共同作战计划》。并确保日俄开战时清政府保持中立。
1904年 明治三十七年 甲辰	
1月14日	"社会主义协会"在东京召开"反战大演讲会"。
2月4日	御前会议决定对俄断绝,采取军事行动。10日,对俄宣战。11日,在宫中设大本营。
3月13日	《平民新闻》发表幸德秋水执笔的《与俄国社会党书》。
3月27日	(1)广濑武夫少佐在旅顺口战死,被修身教科书描写成"战神"。(2)左翼团体和人士提出对军国主义开战的主张。
4月	全国小学使用修身、国语、日本历史、日本地理国定教科书(第一期国定教科书)。
8月22日	日本和朝鲜签署新协约(9月5日公布),全面控制朝鲜。
11月6日	解散"社会主义者协会"。
11月13日	《平民新闻》发表幸德秋水和堺利彦翻译的《共产党宣言》,被禁止发行。
1905年 明治三十八年 己巳	
1月3日	日军攻入旅顺,屠杀中国军民。
6月30日	阁议与俄讲和条件。
9月1日	日俄休战议定书签字。5日,签订《日俄和约》(10月16日公布,11月25日批准交换)。

时间	主要事件
9月5日	日俄签署《朴茨茅斯条约》。
9月	在日比谷举行反对媾和国民大会。
11月17日	签署《韩国保护条约》（11月23日告示），朝鲜各地强烈抗议。
12月23日	任命伊藤博文为朝鲜统监。
1906年 明治三十九年 丙午	
2月1日	朝鲜统监府开府。3月2日，伊藤博文到任。
2月24日	堺利彦、西川光次郎等在东京召开"日本社会党"第一次党代会。
3月	《社会主义研究》创刊。
5月22日	伊藤博文、山县有朋、西园寺公望等元老在首相官邸开会，商议满洲问题。
6月9日	为防止社会主义思想传播，文部大臣牧野伸显发布《整肃在校学生风纪案》。
8月1日	公布《关东都督府官制》，都督为陆军大将或中将，管辖和维护南满铁路。
9月1日	大连作为"自由港"开放。
10月	山县有朋上奏《帝国国防方针案》，提出"大陆经营论"。
11月26日	成立"南满洲铁道株式会社"，后藤新平任总裁。
1907年 明治四十年 丁未	
1月15日	幸德秋水等创办日刊《平民新闻》。
3月21日	修订《小学校令》，义务教育延长到六年。
4月17日	公布《师范学校规定》。
7月19日	强迫朝鲜皇帝退位，引发朝鲜强烈反抗。
1908年 明治四十一年 戊申	
6月22日	社会主义党人为欢迎山口义三出狱，举行集会并与警察冲突，大杉荣、堺利彦等14人被捕，史称"赤旗事件"。
10月13日	发布《戊申诏书》。
12月4日	伦敦海军会议召开。
12月	陆军省修订参谋本部条例，使军部成为政府之外的政府。
1909年 明治四十二年 己酉	
7月6日	内阁会议制定"日韩合并"方针。
9月13日	文部省训令各直辖学校彻底贯彻《戊申诏书》精神。
9月27日	文部省指定东京书籍、日本书籍、大阪书籍三社专门出版（第二期）国定教科书。
10月26日	伊藤博文到哈尔滨火车站迎接沙俄财政大臣，被朝鲜义士安重根刺杀。
1910年 明治四十三年 庚戌	
3月19日	众议院通过《关于学制改革的建议案》。

续表

时间	主要事件
4月28日	新渡户稻造在东京成立殖民学会。
4月	使用第二期国定教科书。
5月25日	开始"大逆事件"检举,幸德秋水被捕。
5月	对台湾少数民族的抗日斗争进行军事镇压。
6月3日	阁议决定对韩施政方针。
7月14日	文部省出版《寻常小学读本唱歌》,始有唱歌课。
8月22日	签署《日韩合并条约》(8月29日公布,即日施行)。
8月29日	政府发表《合并韩国宣言》,改"韩国"国号为"朝鲜"。
9月30日	殖民当局公布《朝鲜总督府官制》,陆军大将寺内正毅任初代总督。
11月3日	成立"帝国在乡军人会",会长寺内正毅。
1911年　明治四十四年　辛亥	
1月18日	幸德秋水、内山愚童等12名社会(主义)党人,以"大逆罪"被处死刑。
2月4日	藤泽元造指摘寻常小学国定历史教科书有"南北朝并立"问题,引发"南北朝正闰论"论争。
5月	文部省设置图书局。
8月21日	东京警视厅设置特别高等课("特高课"),专事侦查社会活动。
8月23日	日本殖民当局发布《朝鲜教育令》。
10月10日	中国爆发"辛亥革命"。
11月25日	皇太子(大正天皇)允许趁乱出兵中国。
1912年　大正天皇　大正元年　壬子	
1月1日	中华民国成立。
2月12日	溥仪退位,清朝灭亡。
3月1日	美浓部达吉出版《宪法讲话》。上杉慎吉与其就"天皇机关说"进行论争。
7月30日	明治天皇没。嘉仁践祚,改元大正。
9月13日	乃木希典大将及妻静子殉死。
12月19日	第一次护宪大会召开。
1913年　大正二年　癸丑	
1月28日	制定《学校体操教授要目》。
6月13日	修改陆海军两省官制,废军部大臣现役制。
7月	通过"泽柳事件",促使大学获得自治权。
10月5日	窃取"满蒙铁路"铺设权。

附录一 大事年表(1867—1946)

续表

时间	主要事件
1914年 大正三年 甲寅	
1月14日	京都帝大总长泽柳政太郎无视教授会的人事安排,致使法科大学教授集体提出辞呈。24日,确认教授会具有人事权。
2月10日	在众议院国民党、同志会和中正会3派联合弹劾山本权兵卫内阁。同日,日比谷聚集民众弹劾内阁,被军队、武装警察镇压。
6月28日	奥匈帝国皇储菲迪南大公在萨拉热窝视察时,被塞尔维亚青年普林西普刺杀。
7月28日	奥匈帝国在德国支持下向塞尔维亚宣战,第一次世界大战爆发。
8月1日	德对俄宣战;3日,法对德宣战;4日,英对德宣战;23日,日本对德宣战。
9月2日	日军夺取德国在青岛的权益,从龙口登陆。5日,日本攻打青岛,首次在作战中使用飞机。
11月7日	日军占领青岛。8月,东京举行祝贺青岛陷落游行灯会。
1915年 大正四年 乙卯	
1月18日	日本驻华公使日置益正式向袁世凯提出"对华二十一条要求"。
2月11日	中国留学生在东京举行大会,抗议日本提出的"对华二十一条要求"。
5月4日	阁议,午前决定对华最后通牒案;午后阁老们商讨最后通牒案;到夜间,决定删除第五条。7日,日置益将最终稿交中方代表陆宗舆。
5月9日	中国外交总长正式答复日置益,承认日本方案,此为"中国国耻日"。
6月2日	众议院决定在朝鲜增设两个师团。
6月7日	在俄怂恿下外蒙古"自治"。
9月15日	文部省、内务省制定青年团共同指导方案。
10月19日	日本参加协约国集团。
11月10日	大正天皇即位。
11月30日	"大战景气",股市一时大涨。
1916年 大正五年 丙辰	
1月	吉野作造在《中央公论》第1号发文,提倡"民本主义",成为大正"德谟克拉西"运动的思想支柱。
3月29日	修订《教师审定规则》,实施范围扩大到中学教师。
5月3日	各地教育会联合组成"帝国联合教育会"。
9月	河上肇在《大阪朝日新闻》发表《贫穷的故事》。
1917年 大正六年 丁巳	
4月4日	泽柳政太郎在成城学校开设附属小学。
8月14日	北京政府对奥匈帝国、德国宣战。
9月21日	政府设置隶属于内阁总理大臣的咨询机构"临时教育会议"。

时间	主要事件
11月2日	签署《石井—蓝辛协定》，美国承认日本在中国的特殊利益。日本承认美国的"门户开放"政策。（11月7日发表，1923年4月14日废除）。
11月7日	俄国"十月革命"。
1918年　大正七年　戊午	
1月8日	美国总统威尔逊发表建立世界和平的"14条原则"。
4月17日	公布《军需工业动员法》，由政府控制军需工业。
6月29日	修订《帝国国防方针》，在俄国、美国之后，追加中国为敌国。
7月23日	因米价腾贵，富山县爆发"女人一揆"事件。8月，"米骚动"波及全国各地。
8月2日	日本出兵西伯利亚。
10月9日	大川周明、满川龟太郎成立激进的国家主义团体"老壮会"。
11月11日	第一次世界大战结束。
12月6日	公布《大学令》。
1919年　大正八年　己未	
1月4日	日本殖民当局发布《台湾教育令》。
1月18日	西园寺公望率团参加巴黎和会。
1月27日	牧野伸显全权代表要求将德国在山东的权益等让渡给日本。
2月7日	修订《帝国大学令》《小学校令》《中学校令》，特别强调养成国民道德。
2月8日	在日朝鲜留学生发表《朝鲜独立宣言书》。
3月1日	在高宗国葬期间，朝鲜各地人民举行民族独立大示威，史称"万岁事件"。
4月10日	朝鲜爱国者在上海成立"大韩民国临时政府"。
4月12日	废关东总督府，新设关东厅和关东军司令部，使军事、民政分权，有利于殖民统治。
4月30日	在巴黎和会上，列强承认把德国在胶州湾和山东的权益让渡给日本。
5月4日	在北京爆发五四爱国运动。
5月23日	设置"临时教育委员会"（废"临时教育会议"）。
8月1日	国家主义团体"犹存社"在东京成立。
8月20日	修订《朝鲜总督府官制》《台湾总督府官制》，规定文官可以出任总督。
8月	北一辉在上海完成《国家改造原理大纲》（后改名为《日本改造法案大纲》）。
11月27日	公布1年志愿兵条例和1年现役兵条例。
1920年　大正九年　庚申	
1月6日	内务省、文部省训令"切实改善青年团体的教育实质和内容"。
2月5日	认可私立学校，如庆应义塾、早稻田大学。4月15日，又批准明治大学、法政大学、中央大学、日本大学、国学院、同志社大学。

附录一 大事年表（1867—1946） 续表

时间	主要事件
2月11日	110个团体在东京举行数万人的普选游行。
2月17日	东京大学开始有旁听生制度，而且允许女生入学。
3月15日	爆发战后经济危机。4月，股票大跌。
3月31日	修订《教师审定规程》。
8月24日	内务省设立社会局。
10月1日	进行第一次国势调查，总人口76,898,379人，内地55,963,053人。
12月9日	大杉荣、堺利彦、山崎今朝弥等成立"日本社会主义同盟"。
\multicolumn{2}{c}{1921年　大正十年　辛酉}
4月	使用第三期国定教科书。
5月16日	召开东方会议，各殖民地总督、军部、外务关系者参加。
11月12日	华盛顿会议召开。（到1922年2月6日）
12月13日	签订英、美、法、日"四国协约"。（1902年以来的"日英同盟"失效）
\multicolumn{2}{c}{1922年　大正十一年　壬戌}
1月21日	片山潜、高濑清、德田球一参加莫斯科远东民族会议，决定成立日本共产党。
3月24日	贵族院通过《取缔过激社会运动案》。因舆论反对，众议院未予通过。
4月10日	为了增加中学教师数量，文部省决定在东京新设四所"临时教师养成所"。
4月20日	公布新修订的《治安警察法》。
7月15日	成立日本共产党。（1924年3月解散）
10月20日	政府设置普通选举调查会。
11月	成立"大日本防止赤化团"。
\multicolumn{2}{c}{1923年　大正十二年　癸亥}
3月10日	中国政府要求日本废弃21条，归还旅顺和大连。14日，日本拒绝中国的要求。
5月10日	早稻田成立"军事研究团"，团长是有陆军参谋本部背景的青柳笃恒，遭致学生团体反对，引发"早大军研事件"。
6月5日	第一次检举日本共产党，史称"六月事件"。
9月1日	关东大地震。2日，朝鲜人要暴动的流言四起，市民"自警团"虐杀在日朝鲜人。
11月10日	公布《振作国民精神诏书》。
12月27日	难波大助袭击摄政宫（裕仁），史称"虎门事件"。
\multicolumn{2}{c}{1924年　大正十三年　甲子}
1月10日	政友会、宪政会和革新俱乐部三派掀起第二次护宪运动。
4月3日	在乡陆军海军将校组成"恢弘会"。

续表

时间	主要事件
4月	大川周明、安冈正笃、满川龟太郎等成立"行地社"。
9月4日	政府与政友会等三派共同拟定《普选法案大纲》。
11月12日	以学联为中心,结成"全国学生反对军事教练联盟"。
1925年 大正十四年 乙丑	
3月7日	(1) 众议院通过《普选法修正案》。19日,贵族院通过。29日,通过《普选法案》(《众议院议员选举法修正案》),5月5日公布。(2) 众议院通过《治安维持法修正案》。
4月13日	公布《陆军现役将校学校配属令》,凡中等学校以上学校均由现役将校实施军事训练;大学、私立学校为申请制。
10月1日	实施第2次国势调查,内地总人口59,179,200人。
10月15日	(1) 建成朝鲜神宫。(2) 全国范围内掀起反军事教育运动。
11月7日	庆大教授蓑田胸喜成立"原理日本社",提倡防止政治革命的"学术革命",同时弹劾帝大系教授思想。
12月1日	京都府特高课进入学生宿舍逮捕京大、同志社大学"社会科学联合会"成员23人。
1926年 裕仁天皇 昭和元年 丙寅	
1月15日	特高课开始在全国搜捕"社会科学研究会"学生,京都帝国大学38名学生被起诉("京都学联事件")。
2月11日	在乡军人会和建国会一起举行"第一届建国祭"。
2月19日	帝国教育会、妇女团体等召开"全国联合妇女教育大会",要求促进女子高等教育。
4月1日	设立京城大学。
4月9日	公布《治安警察法》《劳动争议调停法》。
4月20日	公布《青年训练所令》(7月1日施行)。
4月22日	(1) 修订《小学校令》,改"日本历史"为"国史"。(2) 公布《幼稚园令》。
5月29日	文部大臣冈田良平要求高校、高专禁止学生参加社会科学研究会,遭到抗议。6月5日,东京帝国大学和早稻田大学生联合成立"拥护自由同盟"。
6月2日	京都帝国大学成立国家主义团体"犹兴学会"。
6月10日	在朝鲜爆发大规模反日运动,喊出"大韩独立"口号。
12月4日	佐野文夫等在山形县再建日本共产党。
12月25日	大正天皇没。裕仁皇太子践祚,改元昭和。
1927年 昭和二年 丁卯	
3月15日	爆发金融危机。
3月24日	北伐军在南京袭击包括日本在内的外国领事馆,史称"宁案"或"南京事件"。
4月1日	公布《兵役法》,废《征兵令》,现役缩短为一年。

附录一 大事年表(1867—1946)

续表

时间	主要事件
4月20日	政友会总裁田中义一组阁,改"软弱外交"为"积极外交"。
5月28日	日本"第一次出兵山东"。
6月27日	召开"东方会议",确立对华政策。
7月7日	东方会议结束,发表《对支(中国)政策纲领》。
1928年 昭和三年 戊辰	
2月1日	日本共产党中央机关报《赤旗》创刊。
3月15日	在全国检举共产党人,488人被起诉,1000余人被搜捕,又称"三一五"事件。
4月18日	以"赤色教授"名义免去河上肇京都大学教职。23日,以同样名义罢免东京帝大教授大森义太郎、九州帝大教授石滨知行、向坂逸郎等人教职。
4月19日	(1)日本"第二次出兵山东"。(2)5月3日,与北伐军交火。11日,占领济南,随之发生"济南惨案"。
5月10日	中国政府就日本出兵山东及济南惨案,向国际联盟提出诉讼。
6月4日	日本关东军制造"皇姑屯事件",炸死张作霖。
6月29日	修订《治安维持法》。
7月1日	扩充和强化内务省保安课职权,各地必须设置特高课,不许空缺。
7月2日	设立"国民教育奖励会",要求祝日、祭日必须悬挂国旗。
10月30日	文部省设置学生课,主管学生思想工作。同时,要求各官立大学、高等专门学校必须设学生主事(主管思想教育)。
12月2日	在东京代代木练兵场举行特大阅兵式。
1929年 昭和四年 己巳	
4月16日	全国检举共产党员,破坏党组织(史称"四·一六"事件)。
6月10日	(1)拓务省设置"社会教育局"。(2)文部省"学生课"升格为"学生部",以便强化思想对策。
6月9日	内阁发表"十大政纲",包括推进裁军、紧缩财政、抑制国债、黄金解禁、改善国际收支等。
6月	(1)成田忠久成立"北方教育社",反对统一的教育。(2)东北地方兴起"生活缀方"运动。
8月6日	文部大臣发表的"教化运动对策"训令,号召各团体的活动旨在振作国民精神、力行勤俭节约。
9月4日	"全国反战同盟员"在东京银座举行反战示威游行。
9月10日	文部省开展教化团体总动员,要求明确国体观念、振奋国民精神,并设立"中央教化团体联合会"。
10月24日	世界经济危机爆发。
11月2日	查禁《幸德秋水思想论集》。
11月3日	朝鲜爆发光州学生抗日运动。

续表

时间	主要事件
\multicolumn{2}{c}{1930 年　昭和五年　庚午}	
1月11日	解禁黄金输出，时隔13年恢复金本位制。
1月21日	在伦敦举行英、美、法、日、意五国裁军会议（4月22日，会议结束）。
2月26日	在全国检举共产党人。到夏天为止，共逮捕1500人，起诉461人。
5月	政府成立"教育研究会"，总裁近卫文麿。
10月1日	实施第三次国势调查，内地人口64,450,005人，外地人口25,946,038人，失业人口322,527人。
10月	陆军青年将校成立法西斯组织"樱会"。
10月29日	内阁会议决定称中国为"中华民国"，不再使用"支那"旧称。
\multicolumn{2}{c}{1931 年　昭和六年　辛未}	
1月10日	文部省修订《中学校令》，设置公民科，必修柔道和剑道。
3月	桥本欣五郎和大川周明等，企图扶植宇垣内阁的武装政变计划破产，史称"三月事件"。
7月1日	文部省设置"学生思想问题调查委员会"。
7月15日	内务省社会局统计失业人口突破40万，史上最高。
8月4日	陆军大臣南次郎召开军司令官、师团长会议，反对裁军并训令从速解决满蒙问题。
9月18日	日军挑起万宝山事件后，派中村大尉到东北从事间谍活动，不久又以中村"遇匪失踪"为口实，向东北当局施加压力，并集兵于沈阳。复自选炸毁柳条沟之南满铁路，诬陷东北军破坏。遂于此日晚开始军事行动，炮轰北大营。翌日晨，沈阳全城被日军占领，日本人称"满洲事变"。
9月22日	关东军拟定《满蒙问题解决策案》。
9月24日	日本政府通过"不扩大满洲事变的方针"，并通知关东军司令部。在沈阳，袁金铠、干冲汉等成立"地方维持委员会"。
9月28日	全国劳动大众党组成"反对出兵中国斗争委员会"。
10月3日	日本策划"拥立溥仪运动"。
10月9日	内阁会议讨论"东三省问题"，通过《日华根本大纲》。驻华公使重光葵无理要求中国政府取缔中国人民的"排日运动"。
10月17日	参谋总部的桥本欣五郎等"樱会"成员企图政变，建立军部内阁，史称"十月事件"。
10月24日	国联劝告日本撤兵（11月16日撤退）。
11月8日	日军在天津挑起冲突，劫走溥仪（13日到营口）。
\multicolumn{2}{c}{1932 年　昭和七年　壬申}	
1月8日	天皇在参加完陆军阅兵式归途中，遭到朝鲜志士李奉昌的袭击。李奉昌被捕，犬养首相辞职，史称"樱田门事件"。
1月28日	日军进犯上海闸北站、江湾、吴淞等地，国民党第十九路军在蒋光鼐、蔡廷锴的指挥下英勇抵抗，即"一·二八"事变。

时间	主要事件
2月11日	东京帝国大学学生举行大游行,反对建国祭和对华战争。
2月29日	国际联盟派李顿调查团到日本,袒护日本,牺牲中国。
3月1日	伪满政府发表《满洲国建国宣言》。9日,溥仪"执政"。
3月11日	中华民国政府发表声明否认"满洲国"。
3月12日	内阁会议通过《满蒙方针要纲》,包括诱导独立政权、增强驻满兵力、开发资源等。
5月15日	三上卓中尉等海军少壮军官和野村三郎等陆军士官候补生政变流产,首相犬养毅被杀,史称"五·一五"事件。翌日,内阁辞职。
8月8日	设置"国民精神文化研究所"。
9月5日	内务省开展"国民自力更生运动"。
10月3日	"满洲国建设部队"首批武装移民团416人从东京站出发。
12月19日	全国132家新闻媒体共同宣言,支持"满洲国"独立。
1933年 昭和八年 癸酉	
2月4日	在全国检举共产党人。至4月,在65所学校检举138人,史称"赤色教师事件"。
3月3日	三陆地方大地震。
3月27日	日本退出国际联盟(两年后生效)。
4月1日	公布《防止虐待儿童法》,禁止使用童工。
4月28日	设立最初的少年航空兵制度。
5月16日	以在乡将校为中心成立"明伦会",总裁陆军大将田中国重。
5月25日	"文职高等身份委员会"处分泷川幸辰教授,史称"泷川事件"。
7月1日	京都帝国大学和东京帝国大学学生成立"拥护自由联盟"。
10月3日	为了调整国防、外交、财政政策,召开由首相、藏相、陆相、海相、外相参加的"五相会议"。21日,确定"发展满洲国""提携满华"的国策大纲。
1934年 昭和九年 甲戌	
4月3日	在皇居广场举行振作全国小学教师精神大会,参加者36,000人。
4月17日	外务省情报部长天羽英二以谈话方式发表"对华声明"(或称"天羽声明"),主张排挤英美帝国主义的在华势力,关闭中国门户,视中国为日本独家占有,以"东方太上政府"自居。
6月1日	文部省的"学生部"升格为"思想局"。
6月6日	蓑田胸喜抨击东京帝国大学教授末弘严太郎的民法说,违反治安法,符合紊乱朝宪罪和不敬罪。
10月1日	陆军省新闻班发行《重视国防本义及强化国防》的报告书。
11月20日	陆军皇道派和统制派的对立加深,引发"士官学校事件"。
1935年 昭和十年 乙亥	
2月18日	退役军人菊池武夫议员在贵族院质疑美浓部达吉教授的"天皇机关说"破坏国体。25日,美浓部提出反诉。

时间	主要事件
3月24日	政友会、民政党和国民党共同向众议院提出《国体明征决议案》。
4月1日	公布《青年学校令》。到10月，新增学校约17,000所，推行以军事教育为中心的社会教育。
4月9日	美浓部达吉的《逐条宪法精义》《宪法撮要》《日本宪法的基本主义》等著作被禁。
4月23日	帝国"在乡军人会"向全国发行排斥不良思想的小册子15万份。
8月3日	内阁发布《国体明征声明》。随后，文部省发布《关于国体明征的内阁声明》。
10月1日	（1）实施第四次国势调查，内地人口69,254,148人，外地人口28,443,407人。（2）为了满足以军事训练为目的的社会教育，建立约14,000所"勤劳小学生训练校"（男女分营）。
10月4日	外陆海三相统一对华政策。
10月7日	广田弘毅外相和中国驻日大使蒋作宾会谈，提出"日华提携"三条件：停止排日活动；默认伪满；防止赤化。
12月7日	国民政府为满足日本"华北政权特殊化"要求，设立"冀察政务委员会"，宋哲元任委员长。18日，该委员会正式成立。
12月9日	北平学生举行声势浩大的示威游行，打出"武装保卫华北""争取爱国自由""停止内战，一致对外"等口号，史称"一二·九"学生爱国运动。
1936年 昭和十一年 丙子	
1月13日	日本政府确定华北与中国政府分离的政策。
1月15日	日本退出伦敦海军裁军会议。
2月26日	凌晨，陆军将校村中孝次、安藤辉三、粟原安秀等率1400人开始行动，袭击首相官邸、内大臣私邸和东京朝日新闻社等地，致使内大臣斋藤实，藏相高桥是清，教育总监渡边锭太郎等人被刺杀，史称"二·二六"事变。27日，政府实施东京戒严。29日，戒严司令部广播《告士兵书》，要求反乱士兵归顺政府，并同时开始讨伐行动。
3月5日	广田弘毅组阁。9日，内阁成立。
3月10日	戒严司令部公布参与二·二六事变的民间参与者150人，包括北一辉、西田税、中村义明、萨摩雄次、龟川哲也等极端国家主义分子。
3月24日	内务省禁止"五一"活动。
4月18日	外务省对外公告，日本国号为"大日本帝国"，元首称号不得使用"皇帝"须称"天皇"。
5月18日	修改陆、海军省官制，恢复现役武官制。
6月8日	修改《帝国国防方针》及《帝国用兵纲领》，把美、英、苏、中视为敌国。
7月5日	东京陆军法庭判决二·二六事变责任者，原将校13人，民间4人判死刑。18日，解除戒严令。
8月7日	"四相会议"（首相、外相、陆相、海相）决定《帝国外交方针》；"五相会议"（首相、藏相、陆相、海相、外相）决定"国策基准"，向大陆和南方扩充军备，发展实业。
9月25日	公布《帝国在乡军人会令》，强调在乡军人会是军事组织。

时间	主要事件
11月25日	在柏林签署《日德共同防共协定》。
1937年　昭和十二年　丁丑	
4月	使用第四期国定教科书。
4月19日	政府发表《国民教化运动方策》。
5月31日	为彻底振作国民精神，文部省发行《国体本义》，配发全国学校及各教化团体。
7月7日	夜7时许，日军第八中队在卢沟桥附近龙王庙一带进行军事演习，诡称士兵一人失踪，无理要求进宛平城搜查（事先由陆军军部择定）。双方交涉后，中国方面同意互派人员进行调查。第29军代军长秦德纯派宛平行政督专员王冷斋和日本代表寺平谈判。日军已在此时三面包围宛平，并炮轰宛平城，"七七"事变爆发。
7月8日	日军占领通往长辛店的铁桥。下午，日军最后通牒宛平城防司令官，限令其于当晚7时前向日本投降，否则日方继续炮轰宛平。国民党守军拒绝其无理要求。旅长何基沣、二一九团团长吉星文亲赴前线率部英勇抵抗。中共中央向全国通电，号召全民族抗战。
7月17日	蒋介石发表庐山谈话。
7月28日	日军对华北发动总攻。29日，北平沦陷。30日，天津沦陷。
8月9日	日本驻沪海军陆战队大山勇夫中尉和司机斋藤二人，驾汽车携带武器，冲进虹桥中国军用飞机场，侦察中国军队配备，被卫兵击毙。13日，日军进攻闸北、虹口、江湾，"八一三"事件爆发。14日，日本政府发表声明，随后任命松井石根为日本上海派遣军司令官，并增派两个师团，扩大事端。
8月14日	国民党政府外交部照会日本政府，提出"遇有侵略，唯有实行天赋之自卫权以应之"。
8月24日	（1）内阁通过《国民精神总动员实施纲要》。（2）内务省和文部省牵头在全国开展"国民思想动员运动"。
8月25日	中共中央发表《抗日救国十大纲领》。
8月31日	日本设立"满洲拓殖会社"。
9月10日	政府发表《国民精神动员实践事项》。
9月25日	内阁情报部向全国征集"爱国进行曲"。
10月1日	"四相会议"（首、陆、海、外）通过《支那事变处置纲要》。
10月13日	广播反复播放"国民歌曲"，《海行》首次播出。
11月18日	公布《大本营令》，废《战时大本营条例》。
11月20日	大本营设置陆、海军报道部。
12月10日	废"文政审议会"，设"教育审议会"。
12月13日	日军占领南京，进行了惨绝人寰的南京大屠杀。
1938年　昭和十三年　戊寅	
1月11日	（1）御前会议决定《应对支那事变的根本方针》。（2）设置厚生省，推进"健民健兵"运动。

时间	主要事件
1月16日	日本政府发表第1次近卫声明。
2月25日	公布《兵役法修正案》。
4月1日	颁布《国家总动员法》，赋予国家支配全部经济生活的权利。同时，废除《军需工业动员法》。
6月9日	文部省发出《实施集体勤劳作业运动的通知》，开始勤劳动员。
6月24日	"五相会议"（首相、陆相、海相、外相、藏相）通过《今后支那事变的指导方针》。
10月5日	东京帝大教授河合荣治郎的《社会政策原理》等4部著作，因"有反战、反军队"内容，被内务省查禁。
11月3日	第2次近卫声明，宣称建设"东亚新秩序"，调整日华关系方针。
11月7日	开始"国民精神振作周"。
12月8日	"教育审议会"制定《国民学校纲要》。
12月16日	设置"兴亚院"，谋划侵华政策，总务长柳川平助中将。
12月22日	第3次近卫声明，提出"善邻友好，共同防共，经济提携"三原则。
1939年　昭和十四年　己卯	
2月9日	政府决定《强化国民精神总动员方策》；公布《兵役法修改案》。
2月15日	各地"招魂社"改称"护国神社"。
3月28日	设置"国民精神总动员委员会"，文部大臣荒木贞夫任委员长。
4月26日	青年学校义务制，对象是高等小学和中学12—19岁的男生。
5月29日	文部省在小学五、六年级及高等科设置"武道课"（柔道、剑道）。
6月7日	在东京举行"满蒙开拓青少年义勇军壮行会"。（广田内阁为长期统治中国，制定了20年移民100万户的计划，成立"满蒙开拓青少年义勇军"是这一政策的具体化，人员的年龄在16—19岁之间）。
7月4日	政府公布《战时状态下刷新公私生活的基本方针》。
7月8日	公布《国民征用令》（15日施行）。
7月15日	设立陆军少年战车兵，对象是15—18岁的少年。
9月1日	国民精神总动员委员会决定每月一日为"兴亚奉公日"。
9月23日	设置"支那派遣军"总司令部。总司令官西尾寿造大将，总参谋长板垣征四郎中将。
10月1日	为提高男性青少年基础体力，厚生省实施体力测试，考试内容走、跳、投、搬运、悬垂，对象是15—25岁的男性，视其为男子的义务。
10月18日	基于国家总动员法，控制物价等。
11月10日	朝鲜总督府颁布《朝鲜民事令》，要求朝鲜人改用日本姓氏，所谓"创氏改名"，1940年2月实施。

时间	主要事件
1940 年　昭和十五年　庚辰	
3 月 9 日	众议院通过《贯彻圣战决议案》。
4 月 8 日	公布《国民体力法》，要求 17—19 岁男子体检义务化。
7 月 26 日	内阁会议决定《基本国策纲要》，即所谓"建设大东亚新秩序、国防国家、翼赞体制"。
7 月 27 日	在宫中召开大本营和政府联络会议，决定"时局处置纲要"。
9 月 27 日	签订德、意、日《三国同盟条约》（或称《柏林条约》）。
10 月 1 日	第五次国势调查实施。
10 月 12 日	成立以"建设国防国家精神运动"为目的"大政翼赞会"，总裁近卫文麿。
10 月 22 日	解散东方会议。
10 月 23 日	解散国民精神总动员本部。
11 月 1 日	政府举行"纪元 2600 年盛典"。
11 月 2 日	公布《大日本帝国国民服令》。
1941 年　昭和十六年　辛巳	
1 月 8 日	东条英机发布陆军第 1 号训令《战阵训》，此为军人的道义准则。
1 月 16 日	合并原有的 4 个青年团体，成立"大日本青年团"（以未成年者为对象的官制青少年团），文部大臣桥田邦彦任团长。
3 月 1 日	公布《国民学校令》。4 月 1 日施行。
3 月 3 日	公布《国家总动员法修改案》。3 月 20 日施行。
3 月 7 日	公布《国防保安法》，要求严保"政治机密"。5 月 10 日施行。
3 月 21 日	成立"大日本壮年团联盟"。
4 月 1 日	使用第五期国定教科书。翌年，设"教科用书大臣会"，将教科书视为"圣战工具"。
4 月 13 日	签订《日俄中立条约》。
7 月 2 日	御前会议决定《帝国国策纲要》，即时对苏宣战。
7 月 25 日	美国冻结在美日本资产。26 日，英国冻结在英日资产。
8 月 14 日	英美联合发表《大西洋宪章》。
9 月 6 日	御前会议决定《帝国国策实施要领》。
11 月 3 日	永野军令部总长裁决攻击珍珠港的作战方案。
11 月 5 日	御前会议通过对美交涉甲、乙案，决定"外交行为失效时"，于 12 月初对美动用武力（海军部第一号命令，开始作战准备）。
11 月 22 日	公布《国民勤劳报国协力令》，男性 14—39 岁，未婚女子 14—24 岁兼有勤劳奉公义务。23 日，举行对美作战"壮行会"。

续表

时间	主要事件
11月29日	决定对美开战。
12月1日	御前会议决定对美国、英国、荷兰开战（天皇决意）。
12月5日	内阁会议同意《对美最终通告案》。6日，向野村大使发电。
12月8日	零时，美驻日大使格鲁向天皇递交罗斯福总统致天皇的亲启电。20分钟后，日本政府电令驻美大使"在当地时间7日下午，向合众国政府直接递交对美的答复"。3时19分，第一攻击令下达；23分日本海军偷袭珍珠港成功。4时，野村大使、来栖特使将最后通牒递交给美国国务卿赫尔。4时20分，第二次攻击开始。6时，大本营海军部发表："帝国陆海军于8日凌晨在西太平洋同美英进入战争状态。"7时，日本外相召见美国驻日大使格鲁，托其传达日本对美国总统的电文及最后通牒。8时30分，"机动部队退出战斗"。11时45分，颁布"宣战诏书"。随之，英美对日宣战。太平洋战争爆发。
12月10日	大本营政府联席会议确定并使用"大东亚战争"术语。
1942年　昭和十七年　壬午	
1月1日	联合国26国发表《共同宣言》，不单独与法西斯国家讲和，一致共同作战。
1月2日	内阁会议决定每月8日为"大诏奉戴日"，要求各户必须挂国旗，举行"必胜祈祷"，职场奉公等。废"兴亚奉公日"。本月8日，第一次"大诏奉戴日"实施。
1月6日	陆海军出动千架飞机，在东京举行"壮威飞行"。
1月14日	成立"大日本翼赞壮年团"。
1月18日	德、意、日三国签署军事协定，规定东经70至美国西海岸为日本作战地域。
1月24日	在文部省设置"国民练成所"（对象是中等学校教员）。
1月16日	东条英机在议会鼓吹"东亚解放"运动。
2月21日	废"教育审议会"，设"大东亚建设审议会"，总裁东条英机。
2月23日	成立"翼赞政治体制协议会"，会长阿部信行。
3月7日	大本营政府联络会议决定《今后战争指导大纲》。
5月15日	内阁会议决定改组"大政翼赞会"。
5月20日	成立"翼赞政治会"，会长阿部信行。同时解散"翼赞议员同盟"（"翼赞政治会"由1940年10月的"大政翼赞会"发展而来，是日本政府为推行"新体制"运动而建立的法西斯组织。它积极协助强化军国主义体制，扩大侵华战争和进行太平洋战争。1945年3月被"大日本政治会"代替）。
6月5日	中途岛海战开始。
7月11日	因中途岛战败，大本营中止南太平洋作战计划。
9月1日	设置"大东亚省"。
9月26日	陆军省颁行《陆军防卫召集规则》，为强化国土国防，招募在乡军人及民兵下士官，加强总力战体制。同月，"翼赞会炼成局"编制《国民炼成基本纲要》。
11月1日	公布《大东亚省官制》，同时废除拓务省、兴亚院、对满事务所等。
1943年　昭和十八年　癸未	

附录一 大事年表（1867—1946） 365

续表

时间	主要事件
1月1日	中野正刚在《朝日新闻》发表《战时宰相论》，遭报禁。
2月1日	日军从瓜达康纳尔岛分三次撤退（4日和7日），损失惨重。
2月23日	陆军省为提高士气，发行5万张"决战标语"。
3月2日	公布《兵役法修正案》，在朝鲜施行征兵制。8月1日施行。
3月18日	公布《战时行动特例法》《战时行政职权特例》《行政察查规定》《师范教育令》《师范学校规程》。
3月29日	文部省公布《战时学生体育训练实施纲要》。
4月16日	内阁会议决定《紧急物价对策纲要》。
5月11日	内阁会议决定在朝鲜和台湾建立"海军特别志愿兵"。
5月31日	御前会议决定《大东亚政略指导大纲》。
6月25日	内阁会议决定《学生战时动员体制确立纲要》，学生的"勤劳服务"被法制化。
9月21日	内阁会议决定《国内形势强化方策》，将14—25岁的女子编入"勤劳挺身队"。有17种职业禁止男子就业，由女子代替。
9月23日	决定在台湾实施征兵制，1945年实施。
9月30日	御前会议决定实施《今后战争指导大纲》，规定"绝对防卫线"。
11月1日	公布《兵役法修正案》，国民兵役延长到45岁；"国民精神文化研究所"并入"国民炼成所"。
11月5日	在东京召开"大东亚会议"，并发表《大东亚共同宣言》。
11月22日	罗斯福、丘吉尔和蒋介石在开罗会谈。12月1日发布《开罗宣言》，声明三国对日作战的目的，在于制止和惩罚日本侵略，剥夺日本自第一次世界大战始在太平洋占领的一切岛屿，将东北、台湾、澎湖列岛归还中国，朝鲜独立，日本无条件投降等。
11月28日	罗斯福、丘吉尔、斯大林在德黑兰会谈，协议开辟第二战场、伊朗独立、尊重主权、苏联对日作战等重大问题。12月6日，发表《德黑兰宣言》。
1944年　昭和十九年　甲申	
1月24日	大本营命令在华日军"打通大陆交通线"。
2月16日	公布《国民学校战时条例》。
2月25日	内阁颁行《决战非常措施纲要》。
3月7日	内阁颁行《学生全年勤劳动员计划》。
3月18日	公布《战时行政特例法》《战时行政职权特例》《行政审查规程》。
5月16日	文部省发布《学校工场化实施纲要》。
5月31日	御前会议颁行《大东亚政略指导大纲》。
6月4日	阁议颁行《战时衣服生活简素化实施纲要》，男子禁止穿长袖和服和西装。
6月25日	阁议颁行《学生战时动员体制纲要》，本土防卫、学生军训和勤劳动员法制化。
6月30日	内阁颁行《促进学童疏散纲要》。

时间	主要事件
8月4日	内阁会议决定"一亿国民总武装"。
8月5日	"大本营政府联络会议"改称"最高战争指导会议"。
8月19日	天皇亲临最高战争指导会议。
8月23日	公布《学徒青睐令》《女子挺身勤劳令》，强调"勤劳即教育"。
9月23日	阁议决定在台湾实施兵役制（1945年实施）。
10月16日	公布《陆军特别志愿兵令》，允许不满17岁的少年当兵。
10月25日	海军"神风特别攻击队"对美国军舰进行第一次攻击。
11月5日	"大东亚会议"在东京召开。
11月24日	近百架B29轰炸机空袭东京。29日，夜袭东京。
1945年　昭和二十年　乙酉	
1月20日	大本营上奏的《帝国陆海军作战计划大纲》得以通过。
1月25日	召开最高战争指导会议，通过《决战非常措施纲要》。
2月4日—11日	罗斯福、丘吉尔、斯大林在雅尔塔会谈，并签订《雅尔塔协定》。
2月16日	美军打响硫磺岛战役。3月25日，全歼日军。
2月24日	近卫文麿上奏天皇，提出日本战败将引起革命，即"革命危险说"。
3月初	内阁批准文部省《强化学童疏散纲要》。
3月6日	公布《国民勤劳动员令》，废除《国民征用令》《国民勤劳协力令》《女子挺身勤劳令》《劳动调整令》《限制使用学校毕业生令》等。
3月10日	美军出动轰炸机大规模轰炸东京，史称"东京大空袭"。
3月18日	除国民学校初等科外，学校停止授课。
3月30日	成立"大日本政治会"，解散"翼赞政治会"。
4月1日	美军在冲绳登陆。
6月8日	裕仁出席最高战争指导会议，采纳战时指导大纲和本土决战方针。
6月22日	（1）公布《战时紧急措置法》。（2）裕仁指示拟定终战目标。
6月23日	公布《义勇兵役法》，强迫国民编成义勇队进行本土决战。
7月26日	中、美、英三国发表敦促日本投降的《波茨坦公告》。
8月6日	美国在广岛投下第一颗原子弹（7月16日成功试爆）。
8月8日	苏联对日宣战。
8月9日	美军在长崎投下第二颗原子弹。午后11时50分举行御前会议，裕仁决定接受《波茨坦宣言》；10日，外务省通过中立国正式向联合国提出准备接受《波茨坦宣言》。
8月10日	大本营发出命令，动员对苏联作战。
8月14日	御前会议接受《终战诏书》。发生陆军部分将校抢夺《终战诏书》录音带事件。

时间	主要事件
8月15日	裕仁通过广播播出《终战诏书》。日本无条件投降,第二次世界大战结束。
8月30日	联合国军最高司令麦克阿瑟抵达厚木。
9月2日	外相重光葵、参谋总长梅津美治郎走上停泊在东京湾的美国战舰密苏里号,并在投降书上签字。
9月9日	9时,在南京中央陆军军官学校礼堂举行中国战区受降仪式,在华日军总司令冈村宁次在投降书上签字。中国人民的抗日战争胜利。
9月11日	GHQ发布第一号命令,解散日本陆海军,关闭军需工厂,解除大本营武装。
9月20日	文部省要求用墨涂抹中等学校以下教科书中所有反映军国主义、国家主义的内容。
10月24日	联合国成立。中、美、苏、英、法为常任理事国。
11月1日	(1) GHQ下令逮捕战犯东条英机等39人。(2) 实施全国人口普查,总人口71,998,104人,东京人口只是战前的三分之一。
11月4日	政府向GHQ提出株式会社(三井本社、安田保善社、住友本社、三菱本社四大财阀)自发解体计划。6日,财阀解体。
11月21日	废除《治安警察法》。
12月1日	废除陆军省、海军省。
12月2日	GHQ下令逮捕梨本宫守正、平沼骐一郎、广田弘毅、正力松太郎等政、商两界要犯59人。
12月6日	GHQ下令逮捕近卫文麿、木户幸一、大河内正敏、绪方竹虎等9人。
12月15日	GHQ命令,否认天皇具有绝对权威。
12月31日	GHQ命令,停止学校的修身、日本历史及地理课教学,回收全部教科书。
1946年 昭和二十一年 丙戌	
1月1日	天皇发表《人间宣言》,否定自己是"现人神"。
1月4日	HGQ命令,解散军国主义、极端国家主义(右翼)团体。
1月31日	废除神祇院官制。
2月3日	麦克阿瑟令民政局起草日本宪法。
2月8日	日本政府提出宪法修改纲要。
3月6日	日本政府发表主权在民、天皇象征制、放弃战争等原则,得到麦克阿瑟认可。
4月7日	美国教育使团向麦克阿瑟提交教育改革报告书。
4月29日	远东国际军事法庭发表对东条英机等28名战犯的起诉书。
5月3日	远东军事法庭开庭。甲级战犯28人出庭。
10月8日	文部省宣布废除《教育敕语》。
11月3日	颁布《日本国宪法》。

附录二 历代内阁总理大臣一览表

首相姓名	身份或政党	在任时间	备注
伊藤博文（初代）	文官	1885.12.22—1888.4.30（861天）	（1）元勋时代。 （2）明治时期共45年，1868年为元年。
黑田清隆（第2代）	陆军	1888.4.30—1889.10.25（544天）	
山县有朋（第3代）	陆军	1889.12.24—1891.5.6（499天）	
松方正义（第4代）	文官	1891.5.6—1892.8.8（461天）	
伊藤博文（第2次）	文官	1892.8.8—1896.8.31（1485天）	
松方正义（第2次）	文官	1896.9.18—1898.1.12（482天）	
伊藤博文（第3次）	文官	1898.1.12—1898.6.30（170天）	
大隈重信（第5代）	文官 宪政党	1898.6.30—1898.11.8（132天）	
山县有朋（第2次）	陆军	1889.11.8—1900.10.19（711天）	
伊藤博文（第4次）	文官 立宪政友会	1900.10.19—1901.5.10（204天）	
桂太郎（第6代）	陆军	1901.6.2—1906.1.7（1681天）	（1）藩阀政治全盛期。 （2）大正时期共15年，1912年为大正元年。
西园寺公望（第7代）	文官 政友会	1906.1.7—1908.7.14（920天）	
桂太郎（第2次）	陆军	1908.7.14—1911.8.30（1143天）	
西园寺公望	文官 政友会	1911.8.30—1912.12.21（480天）	
桂太郎（第3次）	陆军	1912.12.21—1913.2.20（62天）	

附录二 历代内阁总理大臣一览表

续表

首相姓名	身份或政党	在任时间	备注
山本权兵卫 （第8代）	海军	1913.2.20—1914.4.16 （421天）	(1) 藩阀政治全盛期。 (2) 大正时期共15年，1912年为大正元年。
大隈重信 （第2次）	文官 立宪同志会	1914.4.16—1916.10.9 （908天）	
寺内正毅 （第9代）	陆军	1916.10.9—1918.9.29 （721天）	
原敬 （第10代）	文官 立宪政友会	1918.9.29—1921.11.4 （1133天）	政党内阁时期。
高桥是清 （第11代）	文官 政友会	1921.11.13—1922.6.12 （212天）	
加藤友三郎 （第12代）	海军	1922.6.12—1923.8.24 （440天）	
山本权兵卫 （第2次）	海军	1923.9.2—1924.1.7 （128天）	
清浦奎吾 （第13代）	文官	1924.1.7—1924.6.11 （157天）	
加藤高明	文官 宪政三派	1924.6.11—1925.8.2	
加藤高明 （第2次）	文官 宪政会	1925.8.2—1926.1.28 （597天）	
若槻礼次郎 （第15代）	文官 宪政会	1926.1.30—1927.4.20 （446天）	
田中义一 （第16代）	陆军 政友会	1927.4.20—1929.7.2 （805天）	
滨口雄幸 （第17代）	文官 民政党	1929.7.2—1931.4.14 （652天）	
若槻礼次郎 （第2次）	文官 民政党	1931.4.14—1931.12.13 （244天）	
犬养毅 （第18代）	文官 政友会	1931.12.13—1932.5.16 （156天）	
斋藤实 （第19代）	海军	1932.5.26—1934.7.8 （774天）	(1) 军人宰相时期。 (2) 昭和时期共63年。1926年为昭和元年。1945年日本战败，这一年是昭和二十年。
冈田启介 （20代）	海军	1934.7.8—1936.3.9 （611天）	
广田弘毅 （第21代）	文官	1936.3.9—1937.2.2 （331天）	
林铣十郎 （第22代）	陆军大将	1937.2.2—1937.6.4 （123天）	
近卫文麿 （第23代）	文官	1937.6.4—1939.1.5 （581天）	
平沼骐一郎 （第24代）	文官	1939.1.5—1939.8.30 （238天）	

续表

首相姓名	身份或政党	在任时间	备注
阿部信行（第25代）	陆军大将	1939.8.30—1940.1.16（140天）	（1）军人宰相时期。 （2）昭和时期共63年。1926年为昭和元年。1945年日本战败，这一年是昭和二十年。
米内光政（第26代）	海军大将	1940.1.16—1940.7.22（189天）	
近卫文麿（第2次）	文官	1940.7.22—1941.7.18（362天）	
近卫文麿（第3次）	文官	1941.7.18—1941.10.18（93天）	
东条英机（第27代）	陆军大将	1941.10.18—1944.7.22（1009天）	
小矶国昭（第28代）	陆军大将	1944.7.22—1945.4.7（260天）	
铃木贯太郎（第29代）	海军大将	1945.4.7—1945.8.17（133天）	
东久迩宫稔彦（第30代）	皇族	1945.8.17—1945.10.9（54天）	"战前派"复活时期[1]。

[1] 第31代首相币原喜重郎在加藤高明、若槻和滨口内阁任外相；第32代首相吉田茂在田中内阁任外务次官，广田内阁曾拟任外相，因遭反对派排斥，未果；第35代首相鸠山一郎在犬养、斋藤内阁任文相；第37代首相岸信介在东条内阁任商工大臣。

附录三 历任文部(卿)大臣一览表
（1871.9—1946.1）

（一）文部卿

1. 大木乔任（1871.9.12—1873.4.19）
2. 木户孝允（1874.1.25—1874.5.13）
3. 田中不二麿（1874.5.13—1878.5.24，代理文部卿）
4. 西乡从道（1878.5.24—1878.12.24）
5. 寺岛宗则（1879.9.10—1880.2.28）
6. 河野敏镰（1880.2.28—1881.4.7）
7. 福冈孝悌（1881.4.7—1883.12.12）
8. 大木乔任（1883.12.12—1885.12.22）

（二）文部大臣

1. 森有礼（1885.12.22—1889.2.16）
2. 大山岩（1889.2.16—1889.3.22，临时代理）
3. 榎本武扬（1889.3.22—1890.5.17）
4. 芳川显正（1890.5.17—1891.6.1）
5. 大木乔任（1891.6.1—1892.8.8）
6. 河野敏镰（1892.8.8—1893.3.7）
7. 井上毅（1893.3.7—1894.8.29）
8. 芳川显正（1894.8.29—1894.10.3，临时代理）
9. 西园寺公望（1894.10.3—1896.9.28）
10. 蜂须贺茂韶（1896.9.28—1897.11.6）
11. 滨尾新（1897.11.6—1898.1.12）

12. 西园寺公望（1898.1.12—1898.4.30）

13. 外山正一（1898.4.30—1898.6.30）

14. 尾崎行雄（1898.6.30—1898.10.27）

15. 犬养毅（1898.10.27—1898.11.8）

16. 桦山资纪（1898.11.8—1900.10.19）

17. 松田正久（1900.10.19—1901.6.2）

18. 菊池大麓（1901.6.2—1903.7.17）

19. 儿玉源太郎（1903.7.17—1903.9.22）

20. 久保田让（1903.9.22—1905.12.14）

21. 桂太郎（1905.12.14—1906.1.7）

22. 西园寺公望（1906.1.7—1906.3.27，临时代理）

23. 牧野伸显（1906.3.27—1908.7.14）

24. 小松原英太郎（1908.7.14—1911.8.30）

25. 长谷场纯孝（1911.8.30—1912.11.9）

26. 牧野伸显（1912.11.9—1912.12.21，临时代理）

27. 柴田家门（1912.12.21—1913.2.20）

28. 奥田义人（1913.2.20—1914.3.6）

29. 大冈育造（1914.3.6—1914.4.16）

30. 一木喜德郎（1914.4.16—1915.8.10）

31. 高田早苗（1915.8.10—1916.10.9）

32. 冈田良平（1916.10.9—1918.9.29）

33. 中桥德五郎（1918.9.29—1922.6.12）

34. 镰田荣吉（1922.6.12—1923.9.2）

35. 犬养毅（1923.9.2—1923.9.6）

36. 冈野敬次郎（1923.9.6—1924.1.7）

37. 江木千之（1924.1.7—1924.6.11）

38. 冈田良平（1924.6.11—1927.4.20）

39. 三土忠造（1927.4.20—1927.6.2）

40. 水野錬太郎（1927.6.2—1928.5.25）

41. 胜田主计（1928.5.25—1929.7.2）

42. 小桥一太（1929.7.2—1929.11.29）

43. 田中隆三（1929.11.29—1931.12.13）

附录三 历任文部（卿）大臣一览表（1871.9—1946.1）

44. 鸠山一郎（1931.12.13—1933.3.3）
45. 斋藤实（1933.3.3—1934.7.8）
46. 松田源治（1934.7.8—1936.2.2）
47. 川崎卓吉（1936.2.2—1936.3.9）
48. 潮惠之辅（1936.3.9—1936.3.25）
49. 平生钊三郎（1936.3.25—1937.2.2）
50. 林铣十郎（1937.2.2—1937.6.4）
51. 安井英二（1937.6.4—1937.10.22）
52. 木户幸一（1937.10.22—1938.5.26）
53. 荒木贞夫（1938.5.26—1939.8.30）
54. 河原田稼吉（1939.8.30—1940.1.16）
55. 松浦镇次郎（1940.1.16—1940.7.22）
56. 桥田邦彦（1940.7.22—1943.4.20）
57. 东条英机（1943.4.20—1943.4.23）
58. 冈部长景（1943.4.23—1944.7.22）
59. 二宫治重（1944.7.22—1945.2.10）
60. 儿玉秀雄（1945.2.10—1945.4.7）
61. 太田耕造（1945.4.7—1945.8.17）
62. 松村谦三（1945.8.17—1945.8.18）
63. 前田多门（1945.8.18—1946.1.13）